旅游法律法规

李经龙 编著

清华大学出版社
北京

内 容 简 介

　　本书共分 13 章，具体包括旅游法律法规概述，旅游合同相关法规，旅游权益保护法规，旅行社管理法规，导游人员管理法规，旅游饭店管理法规，旅游景区管理法规，旅游交通管理法规，食品安全管理法规，旅游安全管理法规，旅游出入境管理法规，旅游纠纷、投诉与监管法规，旅游规划与促进法规。本书在内容体系上基本囊括旅游法律法规的各方面，同时结合当前国内外旅游业发展的特点，对旅游法律法规研究的热点和前沿问题进行了专题论述。

　　本书既可以作为旅游管理、酒店管理、旅游管理与服务教育等专业的核心教材，也可以作为导游考试、旅游法律法规培训的参考教材，还可以作为旅游法律法规研究人员和旅游管理人员的参考用书。

图书在版编目(CIP)数据

旅游法律法规/李经龙编著. —北京：清华大学出版社，2022.7（2024.7重印）
ISBN 978-7-302-61154-7

Ⅰ．①旅…　Ⅱ．①李…　Ⅲ．①旅游业—法规—中国　Ⅳ．①D922.296

中国版本图书馆 CIP 数据核字(2022)第 106851 号

责任编辑：施　猛
封面设计：常雪影
版式设计：东方人华平面设计部
责任校对：成凤进
责任印制：杨　艳

出版发行：清华大学出版社
　　　　网　　　址：https://www.tup.com.cn, https://www.wqxuetang.com
　　　　地　　　址：北京清华大学学研大厦 A 座　　　　邮　　　编：100084
　　　　社　总　机：010-83470000　　　　邮　　　购：010-62786544
　　　　投稿与读者服务：010-62776969, c-service@tup.tsinghua.edu.cn
　　　　质　量　反　馈：010-62772015, zhiliang@tup.tsinghua.edu.cn
印　装　者：三河市龙大印装有限公司
经　　　销：全国新华书店
开　　　本：185mm×260mm　　　印　　　张：18　　　字　　　数：438 千字
版　　　次：2022 年 7 月第 1 版　　　印　　　次：2024 年 7 月第 2 次印刷
定　　　价：59.00 元

产品编号：090480-01

前　　言

随着我国旅游业的蓬勃发展，旅游市场陆续出现了一系列不和谐的现象，既有来自经营者的，也有来自旅游者的，还有来自管理者的；既有经营不达标的行为，也有旅游不文明的行为，还有管理不规范的行为。这些现象扰乱了旅游市场，破坏了旅游发展环境，影响了我国旅游业的国际形象。繁杂的旅游市场乱象亟待旅游法律法规加以规范，健康的旅游市场环境也急需旅游法律法规保驾护航。随着我国旅游业的持续发展，旅游市场对旅游法律法规专门人才、专业理论、专业知识、专业技能提出了更高的要求。

作为旅游管理专业的基础课，"旅游法律法规"课程应在阐述基础理论的同时，激发学生的学习兴趣，从而达到新时代教育的目的。本书充分考虑新文科建设和应用型人才培养目标的要求，在内容选择上，力求系统地阐述本学科的基础知识，穿插大量案例分析，帮助学生掌握所学的理论知识；在结构编排上，注重结构的层次性和逻辑性，力求做到脉络清晰；在文字表述上，坚持深入浅出和通俗易懂的基本原则，努力使其符合学生的认知能力。

本书共分13章，具体包括旅游法律法规概述，旅游合同相关法规，旅游权益保护法规，旅行社管理法规，导游人员管理法规，旅游饭店管理法规，旅游景区管理法规，旅游交通管理法规，食品安全管理法规，旅游安全管理法规，旅游出入境管理法规，旅游纠纷、投诉与监管法规，旅游规划与促进法规。

本书是教育部高等教育司产学合作协同育人项目"基于VR技术的'旅游法学'金课建设"(项目编号：201902245005)建设成果，也是首批安徽大学百门研究性教学示范课程"旅游法学"(项目编号：XJYYXKC45)建设成果。

我国的旅游法律法规相对集中且不够全面，编者的认识和归纳也有待进一步完善，因此，书中疏漏和不足之处在所难免，恳请广大读者批评指正。反馈邮箱：wkservice@vip.163.com。

李经龙

2022年4月8日

目 录

第1章　旅游法律法规概述

知识目标	技能目标
① 认识旅游法规建设的必要性； ② 了解旅游法规发展的阶段性； ③ 分析旅游法规发展的局限性； ④ 熟悉旅游法律关系的复杂性	① 能够分析旅游业发展中存在的旅游乱象； ② 熟悉旅游法规建设中的里程碑事件； ③ 能够分析旅游法规体系建设中存在的问题； ④ 了解旅游法律关系构成要素

 **导入案例**

当"旅游法"遭遇"国际惯例"，谁为突变的行程买单

事件回顾：日本三地游变为韩国两地游

2015年8月，因台风"天鹅"(强台风级)以15公里/小时的速度向日本方向移动，近中心风力达14级，将会对海洋量子号8月23日原定前往日本的线路及停靠港口造成极大的影响。基于安全考虑，皇家加勒比邮轮公司决定将本航次原定停靠港口日本广岛、横滨、神户，更改为韩国仁川、釜山。此举引发了一些游客的抗议，皇家加勒比邮轮公司提出了"心意补偿方案"，并表示不会向游客的过激维权妥协，以"国际惯例"为由驳回了游客的种种诉求。面对皇家加勒比邮轮公司的强硬态度，部分游客与船上的安保人员发生了肢体冲突，事件一度升级。

游客诉求：依据《旅游法》解除合同，全额退款

不愿登船的游客代表告诉记者，这是海洋量子号近半年来不多的全日本线路，加之暑假出行，价格比较高。以阳台房为例，每人售价约为人民币12 000元。大多数游客能够理解邮轮公司因不可抗力因素更改行程的做法，此次纠纷的焦点在于因此产生的赔偿问题。韩国游比日本游便宜，游客是按照日本游的标准付的费用，改成韩国游后，皇家加勒比邮轮公司应该把多出来的费用退还给游客。也有游客了解到航线更改后决定退团，要求邮轮公司全额退款。

邮轮公司：符合国际通行做法，无须赔偿

皇家加勒比邮轮公司表示，本次更改航线是因为遇到台风天气，属于不可抗力因素，这种更改在邮轮旅行中很常见。在这种情况下，邮轮船长将秉承"生命权高于一切"的原则，本着对船上人员生命安全的考虑去制定应对方案，更改停靠港口、调整航线是常见的应对之策。根据国际海洋法、海事规则等，船长有权力根据客观情况做出靠港或不靠港的决定，邮轮公司、旅行社并不因此承担违约责任，不需要因此赔偿，这也是目前国际邮轮产业通行的做法。

邮轮旅游是计划性非常强的旅游产品，即便遇到不可抗力因素，从邮轮经营的角度来说，燃油、餐饮、住宿、娱乐等成本已经产生，在这种情况下，邮轮公司仅需退还没有发生的费用(如港务费)给游客。因而，皇家加勒比邮轮公司给出的退赔方案是：如果游客选择

取消旅行，只能退赔千元左右的港务费。同时，按照舱位不同，补偿不同数额的未来航程抵用券，这些抵用券的有效期为 2015 年 8 月 31 日至 2016 年，折合赔偿额约为游客支付费用的 30%。

政策解读：中国旅游法和国际惯例存在出入

由于船方在中国没有船票售卖资质，船方会和旅行社签订包船或包舱位协议，再由旅行社和游客签订合同。前一份合同遵循国际邮轮产业的通行做法，规定了邮轮公司在恶劣天气条件下变更航线，无须承担赔偿责任；而后一份合同是按照《中华人民共和国旅游法》签订的，规定了行程变更后发生的费用退还问题。这也是双方纠纷的根源所在。

邮轮旅游：法制保障还有很大提升空间

邮轮产业进入中国市场后，游客大多将邮轮当作和飞机、火车一样的交通工具，到景点观光是最重要的。而邮轮公司认为，船上的休闲时光才是邮轮旅游的最大卖点，不管去哪里，只要享受了邮轮上的度假时光就不虚此行。理解上的差异令双方无法沟通。邮轮产业要培育和发掘中国市场，应当顺应中国游客的旅游需求，优化和完善适合中国市场的产品，增加景点旅游的比重。

与此同时，与邮轮旅游相关的法制保障应当与国际接轨。2015 年 9 月起在上海市范围内推行使用的《上海市邮轮旅游合同示范文本》中，要求在发生不可抗力情况时，邮轮旅游经营者需要告知游客改变内容，同时对风险分担原则有所涉及，并要求把中国作为邮轮旅游合同司法管辖地之一，以保障中国游客的合法权益。如果发生纠纷，游客、旅行社、邮轮公司三方应按照国际惯例及签订的合同协商解决，关键是按照公平原则共同承担损失。邮轮旅游产业法律规范的不断完善，将更有利于纠纷的解决。此外，与国际接轨的一个重要方面是，与邮轮旅游配套的保险等金融配套产品应当快速发展。

资料来源：贾远琨. 海洋量子号事件：国际邮轮在华有点"水土不服" [N]. 经济参考报，2015-09-11.

根据案例，思考下列问题：

1. 为什么说旅游法律法规是保障旅游业健康发展的重要法宝？
2. 我国旅游法律法规建设还存在哪些问题？
3. 作为旅游新业态，邮轮旅游应怎样做才能健康发展？

1.1 旅游法律法规产生的必要性

1.1.1 我国旅游业大发展

统计数据显示，2019 年，我国接待入境旅游人数 1.45 亿人次，中国公民出境旅游人数 1.55 亿人次。我国已经成为世界第一大客源输出国和第四大入境旅游接待国。同时，国内旅游人数达到 60.06 亿人次。我国是世界最大的国内旅游市场之一。

未来，随着人们闲暇时间和可自由支配收入的增加，必将会有更多的国民投入旅游大军中。旅游业的健康发展必须依赖旅游市场的规范，而旅游市场的规范和旅游权益的实现都离不开旅游法律法规的支持和保障。

1.1.2 行业乱象影响深远

改革开放以来，我国现代旅游业从无到有，从小到大，从弱到强，从事业到产业，从零星布局到遍地开花，一步步艰难地发展壮大起来。在旅游业产生和发展的过程中，旅游市场陆续出现了一系列不和谐的现象，既有来自经营者的，也有来自旅游者的，还有来自管理者的；既有经营不达标的行为，也有旅游不文明的行为，还有管理不规范的行为。这些现象扰乱了旅游市场，破坏了旅游发展环境，影响了我国旅游业的国际形象，制约着我国旅游业的文明发展、健康发展、规范发展和美丽发展。繁杂的旅游市场乱象亟待旅游法律法规予以规范，健康的旅游市场环境也急需旅游法律法规保驾护航。

1.2 旅游法律法规发展的阶段性

旅游法规是调整旅游活动领域中各种社会关系的法律规范的总称。伴随旅游业发展的辉煌历程，我国旅游法制建设经历了从无到有并逐渐自成体系的发展过程。总体而言，我国的旅游法制建设大致经历了以下 5 个历史发展阶段。

1.2.1 旅游政策调整阶段(1949—1984 年)

中华人民共和国成立后，以 1949 年 11 月 9 日厦门华侨服务社成立为标志，开始了旅游业的发展历程。与此相适应，我国旅游立法工作也同步展开。基于当时的国际环境和国内政治背景，我国旅游部门的主要职责是完成国际友人及港澳同胞、海外华侨迎来送往的政治性接待任务。由于接待任务按计划进行，接待人数有限，接待工作有既定的模式和标准。这一时期的旅游接待表现出来的特点是政策性非常强，对接待任务的规范和管理主要靠一些规范性文件来实现。

这一时期的旅游政策和法规主要有：

➢ 1951 年 8 月，公安部公布了《华侨出入国境暂行办法》和《关于往来香港、澳门旅客的管理规定》。

➢ 1951 年 11 月，政务院公布了《外国侨民出入及居留暂行规则》。

➢ 1952 年 7 月，政务院批准实施了《出入国境治安检查暂行条例》。

➢ 1954 年 8 月，公安部公布了《外国侨民居留登记及居留证签发暂行办法》《外国侨民旅行暂行办法》和《外国侨民出境暂行办法》。

➢ 1955 年，公安部转发了外交部《关于改进外交人员"旅行证"的意见》。

➢ 1956 年，国务院批复了外交部《关于批准外国私人旅行游览者来华旅行游览放宽尺度问题的报告》。

➢ 1957 年 3 月，公安部发布了《关于放宽外侨旅行限制的通知》。

➢ 1957 年，国务院印发了《关于加强中国国际旅行社对自费来华外宾接待工作的通知》。

➢ 1958 年，国务院批准了中国国际旅行社《关于国际自费旅行者交通费用优待办法》。

➢ 1958 年，公安部、外交部联合发布了《对外国人自费来华旅行游历的入境审批办法》。

➢ 1958 年，对外贸易部发布了《中华人民共和国海关对进出国境旅客行李物品监管办法》。

➢ 1959 年，中国国际旅行社制定了《中国国际旅行社翻译导游工作守则》《陪同全程译员注意事项》和《翻译导游人员的八项条件》，为我国的旅游接待服务提供了最初的准则。

➢ 1963 年 9 月，中央华侨事务委员会、中国人民银行等 8 个部委联合印发了《关于开展华侨和港澳同胞旅行业务以增加国家外汇收入问题的通知》。

➢ 1964 年 3 月，中共中央批转了中央外事工作领导小组《关于开展我国旅游事业的报告》。

➢ 1964 年 3 月，由全国人民代表大会常务委员会批准、以国务院令形式颁布了《外国人入境出境过境居留旅行管理条例》，确立了外国人出入境、过境和来华居留、旅行的基本管理规范，影响尤为深远。

➢ 1964 年 9 月，国务院批准了外事办公室和财贸办公室印发《关于执行〈供应外国旅客商品的价格和货源等问题的暂行规定〉的几项通知》。

➢ 1964 年 11 月，国务院外事办公室印发了《关于 1965 至 1969 年对外国自费旅行者开放若干城市的问题的通知》。

➢ 1968 年 5 月，中共中央、国务院批准了中国旅行游览事业管理局《关于接待日本学生教职员友好参观团的请求报告》。

➢ 1970 年 2 月，外交部批准了中国旅行游览事业管理局《关于对外国旅行团(者)的收费暂行办法》。

➢ 1971 年 10 月，外交部批准了中国旅行游览事业管理局《关于改进旅游接待工作的意见》。

➢ 1972 年 3 月，国务院批准了中国旅行游览事业管理局《关于组织两批中国赴朝鲜友好参观团的报告》。

➢ 1972 年 7 月，外交部批准了中国旅行游览事业管理局《关于对外国自费旅行者的综合服务收费标准和实施办法的请示》和《关于接待外国自费旅行团(者)的迎送、宴会、会见、报道、检验等规定的请示》。

➢ 1973 年 9 月，外交部、财政部联合印发了《关于接待外国自费旅行者拨款办法的通知》。

➢ 1975 年 12 月，外交部、商业部、铁道部、中国民用航空总局印发了《关于接待部分自费外宾用"经济等"的具体办法的通知》，其中明确规定凡经中国旅行游览事业管理局审核的，由 15 人以上组成的旅行团即可享受"经济等"待遇。

➢ 1976 年 2 月，外交部批准了中国旅行游览事业管理局《关于解决中央各部委借用国际旅行社名义接待外宾问题的报告》。

➢ 1978 年 3 月，中共中央批转了外交部的《关于发展旅游事业的请示报告》。

➢ 1979 年 8 月，国务院批转了中国旅行游览事业管理总局的《关于改变全国高级饭店管理体制的建议》。

➢ 1979 年 10 月，国务院批转了中国旅行游览事业管理总局《关于大力发展旅游事业若干问题的报告》。

> 1981 年 3 月，国务院批转了国家城市建设总局等部门《关于加强风景名胜管理保护工作的报告》。
> 1981 年 10 月，国务院下发了《关于加强旅游工作的决定》。
> 1982 年 9 月，国家旅游局下发了《关于进一步做好外联工作的几点意见》。
> 1984 年 7 月，中央批转了国家旅游局《关于开创旅游工作新局面的几个问题的报告》。
> 1984 年，中共中央办公厅、国务院办公厅联合制定了《关于不以组织群众自费旅游团出国访问的通知》。

1.2.2 旅游法制真正起步阶段(1985—1990 年)

1985 年 5 月 11 日，国务院发布《旅行社管理暂行条例》，这是我国旅游业第一部旅游行政法规，具有划时代的意义，标志着我国旅游管理步入了法治化轨道。这一时期的旅游立法，总体特点是相继出台了旅游行政法规和部门规章，并逐步成为旅游管理的主要形式；政府对旅游业发展的政策性文件相对减少，而管理方面的文件相对增多。从管理的效果看，旅游行政部门在规范新的旅游市场开发、旅游教育、旅游安全、旅游软件设施等方面取得一定进展。

这一时期的旅游政策和法规主要有：

> 1985 年 1 月，国务院批转了国家旅游局《关于当前旅游体制改革几个问题的报告》。
> 1985 年 4 月，国务院办公厅转发了国家旅游局《关于纠正旅游系统不正之风的规定》。
> 1985 年 5 月，国务院发布了《旅行社管理暂行条例》。
> 1985 年 6 月，国务院发布了《风景名胜区管理暂行条例》。
> 1985 年 11 月，第六届全国人民代表大会常务委员会第十三次会议通过了《中华人民共和国外国人入境出境管理法》。
> 1985 年 12 月，国家旅游局、国家物价局联合发布了《中国国际旅游价格管理暂行规定》。
> 1987 年 11 月，公安部颁布了《旅馆业治安管理办法》。
> 1987 年 12 月，国家旅游局发布了《导游人员管理暂行规定》。
> 1988 年 1 月，国家旅游局发布了《关于颁发中华人民共和国导游证书的暂行办法》。
> 1989 年 12 月，国家旅游局发布了《关于颁发和管理导游员证书的通知》。
> 1989 年 12 月，国家外汇管理局、国家旅游局联合印发了《旅游外汇管理暂行办法》。
> 1990 年 2 月，国家旅游局颁布了《旅游行业内部审计工作暂行规定》和《旅游安全管理暂行办法》。
> 1990 年 4 月，国务院办公厅转发了国家旅游局《关于进一步清理整顿旅行社的意见》。
> 1990 年 4 月，国家旅游局下发了《旅游基本建设管理暂行办法》。

1.2.3 旅游法制初步完善阶段(1991—2000 年)

进入 20 世纪 90 年代后，由于在前 10 年大力加强旅游基础设施建设，我国旅游业基本上改变了供给不足的局面，旅游业已经初步具备了大发展的条件。这一时期，社会主义市场经济体制逐步确立和完善，国家、社会、经济发展迅猛，国内旅游迅速发展，入境旅游大幅增长，出境旅游方兴未艾。大部分省份把旅游业作为主导产业来发展，我国旅游业面临发展的大好机遇。这些都对我国的旅游立法工作提出了新的要求。这一阶段，一批对旅游行业的发展和管理有重大意义的法规陆续出台，大部分省份制定了地方性旅游法规，为旅游业的发展提供了法律保障，总体上形成了比较完善的旅游法规体系。

这一时期的旅游政策和法规主要有：

➢ 1991 年 6 月，国家旅游局发布了《旅游投诉暂行规定》。

➢ 1991 年 12 月，国务院颁布了《中国公民往来台湾地区的管理办法》。

➢ 1993 年 4 月，国家旅游局发布了《重大旅游安全事故报告制度试行办法》和《重大旅游安全事故处理程序试行办法》。

➢ 1994 年 1 月，国家旅游局发布了《旅游安全管理暂行办法实施细则》。

➢ 1994 年 5 月，国家旅游局发布了《关于外国企业在中国设立旅游常驻代表机构的审批管理办法》。

➢ 1994 年 10 月，国家旅游局人教司发布了《关于对全国导游员实行等级评定的意见(试行)》《导游员职业等级标准(试行)》和《关于试点单位导游员等级评定的实施细则(试行)》。

➢ 1995 年 1 月，国家旅游局发布了《旅行社质量保证金暂行规定》和《旅行社质量保证金暂行规定实施细则》。

➢ 1995 年 6 月，海南省人民代表大会常务委员会批准了《海南省旅游管理条例》，这是我国第一部由省级人民代表大会通过、以地方立法形式确立的地方性旅游法规。

➢ 1996 年 1 月，卫生部发布了《饭馆(餐厅)卫生标准》。

➢ 1996 年 10 月，国务院发布了《旅行社管理条例》。

➢ 1996 年 12 月，国家旅游局发布了《旅游企业法定代表人离任经济责任审计规定》。

➢ 1997 年 3 月，国家旅游局发布了《旅行社质量保证金赔偿暂行办法》。

➢ 1997 年 5 月，国家旅游局发布了《旅行社经理资格认证管理规定》。

➢ 1997 年 7 月，国家旅游局、公安部联合发布了《中国公民自费出国旅游管理暂行办法》。

➢ 1997 年 10 月，国家旅游局、外交部、公安部、海关总署联合发布了《边境旅游暂行管理办法》。

➢ 1998 年 4 月，国家旅游局发布了《漂流旅游安全管理暂行办法》。

➢ 1998 年 5 月，国家旅游局发布了《旅游统计管理办法》。

➢ 1998 年 6 月，国家旅游局、外交部、公安部、安全部、劳动保障部、海关总署联合发布了《中俄边境旅游暂行管理实施细则》。

➢ 1998 年 6 月，国家旅游局发布了《外国政府旅游部门在中国设立常驻代表机构管理暂行办法》。

➢ 1998 年 12 月，国家旅游局发布了《中外合资旅行社试点暂行办法》。

➢ 1999 年 3 月，国务院发布了《娱乐场所管理条例》。

> 1999 年 5 月，国务院发布了《导游人员管理条例》。
> 1999 年 6 月，国家质量监督检验检疫总局发布了《旅游区(点)质量等级的划分与评定》(GB/T 17775—1999)。
> 1999 年 8 月，国家旅游局发布了《导游证管理办法》。
> 2000 年 10 月，国家旅游局发布了《旅游发展规划管理办法》。

1.2.4 旅游法制建设的调整和巩固阶段(2001—2012 年)

2001 年 12 月 11 日，中国正式加入世界贸易组织，我国的对外开放进入一个新阶段。同时，推动了我国市场经济体制的不断完善。为促进自由贸易，履行我国入世承诺，作为服务贸易的旅游业，有必要对不适合世贸规则的法律进行修订。

这一时期的旅游政策和法规主要有：

> 2001 年 4 月，财政部、国家旅游局联合印发了《旅游发展基金管理暂行办法》。
> 2001 年 5 月，国家旅游局发布了《旅行社投保旅行社责任保险办法》。
> 2001 年 10 月，国家旅游局发布了《出境游领队人员管理办法》。
> 2001 年 12 月，国务院发布了《关于修改〈旅行社管理条例〉的决定》。
> 2001 年 12 月，国家旅游局发布了《导游人员管理条例实施细则》和《旅行社管理条例实施细则》。
> 2002 年 3 月，国家旅游局下发了《关于实行导游人员计分管理有关问题的通知》。
> 2002 年 5 月，国务院发布了《中国公民出国旅游管理办法》。
> 2002 年 9 月，国家旅游局下发了《关于旅行社组织内地居民赴香港澳门旅游有关问题的通知》。
> 2002 年 10 月，国家旅游局发布了《出境旅游领队人员管理办法》。
> 2002 年 12 月，国家旅游局发布了《导游人员管理实施办法》。
> 2003 年 6 月，国家旅游局下发了《旅游服务健康安全工作基本要求》。
> 2003 年 7 月，国家旅游局、商务部联合发布了《设立外商控股、外商独资旅行社暂行规定》。
> 2005 年 6 月，国家旅游局下发了《关于禁止出境旅游团队参与境外赌博活动的规定》。
> 2005 年 7 月，国家旅游局发布了《导游人员等级考核评定管理办法(试行)》和《旅游规划设计单位资质等级认定管理办法》。
> 2005 年 8 月，国家旅游局发布了《旅游景区质量等级评定管理办法》。
> 2006 年 1 月，国家旅游局、商务部联合发布了《关于〈设立外商控股、外商独资旅行社暂行规定〉的补充规定》。
> 2006 年 4 月，国家旅游局、公安部、国台办联合发布了《大陆居民赴台湾地区旅游管理办法》。
> 2006 年 11 月，国家旅游局发布了《国家旅游局行政许可实施暂行办法》。
> 2007 年 9 月，国家旅游局下发了《旅游资源保护暂行办法》。
> 2008 年 11 月，国家旅游局下发了《关于香港、澳门永久性居民中的中国公民报考全国导游人员资格考试有关事项的通知》。

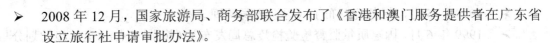

- 2008 年 12 月，国家旅游局、商务部联合发布了《香港和澳门服务提供者在广东省设立旅行社申请审批办法》。
- 2009 年 2 月，国家旅游局发布了《旅行社条例》。
- 2009 年 4 月，国家旅游局发布了《旅行社条例实施细则》。
- 2009 年 6 月，国家旅游局监督管理司下发了《关于旅行社及其分社、服务网点名称和备案管理等事项的通知》。
- 2009 年 6 月，国家旅游局下发了《旅行社质量保证金存取管理办法》。
- 2009 年 7 月，国家旅游局下发了《关于实施〈旅行社条例〉和〈旅行社条例实施细则〉有关问题的通知》。
- 2009 年 9 月，国家旅游局下发了《全国旅游标准化工作管理办法》。
- 2010 年 1 月，国家旅游局下发了《关于出境旅游领队证管理有关事项的通知》。
- 2010 年 4 月，国家旅游局下发了《关于旅行社设立分社有关事宜的通知》。
- 2010 年 5 月，国家旅游局发布了《旅游投诉处理办法》。
- 2010 年 5 月，国家旅游局监督管理司下发了《关于试行旅行社委托代理招徕旅游者业务有关事项的通知》。
- 2010 年 7 月，国家旅游局下发了《国家旅游局信访工作实施细则》。
- 2010 年 8 月，国家旅游局、商务部联合发布了《中外合资经营旅行社试点经营出境旅游业务监管暂行办法》。
- 2010 年 8 月，国家食品药品监督管理局、国家旅游局联合发布了《关于进一步加强旅游景区餐饮服务食品安全监管工作的意见》。
- 2010 年 9 月，国家发展和改革委员会、国家旅游局、国家工商总局联合发布了《关于规范酒店客房市场价格的意见》。
- 2010 年 9 月，中华人民共和国最高人民法院发布了《最高人民法院关于审理旅游纠纷案件适用法律若干问题的规定》。
- 2010 年 11 月，国家旅游局、中国保险监督管理委员会联合下发了《旅行社责任保险管理办法》。
- 2011 年 2 月，国家旅游局下发了《关于加强监督管理规范旅游市场秩序的工作意见》。
- 2011 年 4 月，国家旅游局下发了《国家旅游局规章和规范性文件制定程序规定》。
- 2011 年 6 月，国家旅游局、公安部、国务院台湾事务办公室联合下发了《关于修改〈大陆居民赴台湾地区旅游管理办法〉的决定》。
- 2012 年 4 月，国家工商行政管理总局、国家旅游局联合下发了《关于加强旅游服务广告市场管理的通知》。
- 2012 年 4 月，国家旅游局下发了《关于印发〈旅游景区质量等级管理办法〉的通知》。
- 2012 年 9 月，国家旅游局、环境保护部印发了《国家生态旅游示范区管理规程》和《国家生态旅游示范区建设与运营规范(GB/T 26362—2010)评分实施细则》。
- 2012 年 12 月，国家旅游局办公室下发了《关于落实内地与香港、澳门〈关于建立更紧密经贸关系安排补充协议九〉有关旅游措施的通知》。

1.2.5 旅游法制建设的深入完善阶段(2013 年至今)

2013 年 4 月 25 日，第十二届全国人民代表大会常务委员会第二次会议通过了《中华人民共和国旅游法》(以下简称《旅游法》)，并于 2013 年 10 月 1 日正式实施。这是我国第一部旅游法，它在保障旅游者和旅游经营者的合法权益、规范旅游市场秩序、保护和合理利用旅游资源、促进旅游业持续健康发展等方面都具有里程碑式的意义。

这一时期的旅游政策和法规主要有：

➤ 2013 年 4 月，全国人大常委会通过了《旅游法》。
➤ 2013 年 5 月，国家旅游局下发了《旅游行政处罚办法》。
➤ 2013 年 7 月，国家旅游局办公室印发了《旅游行政处罚文书示范文本》。
➤ 2013 年 7 月，国家旅游局办公室印发了《关于进一步加强旅游团队文明旅游宣传引导的通知》。
➤ 2013 年 9 月，国家旅游局下发了《关于执行〈旅游法〉有关规定的通知》。
➤ 2013 年 9 月，国家旅游局办公室下发了《关于将〈旅行社质量保证金存取管理办法〉修改为〈旅游服务质量保证金存取管理办法〉的通知》。
➤ 2013 年 10 月，国家旅游局办公室印发了《旅行社责任保险投保信息报送和检查暂行办法》。
➤ 2013 年 11 月，国家旅游局办公室印发了《旅游系统先进集体、劳动模范和先进工作者评选表彰管理办法(试行)》。
➤ 2013 年 12 月，国家旅游局下发了《关于严格执行旅游法第三十五条有关规定的通知》。
➤ 2013 年 12 月，国家旅游局下发了《旅行社安全规范》(LBT 028—2014)。
➤ 2014 年 1 月，国家旅游局办公室印发了《旅游行业技术能手评选表彰管理办法》。
➤ 2014 年 1 月，国家旅游局发布了《导游 IC 卡 COS 规范》。
➤ 2014 年 3 月，国家旅游局办公室下发了《关于启用导游从业临时证明的通知》。
➤ 2014 年 5 月，国家旅游局监督管理司发布了《旅行社服务网点服务要求》《旅行社产品第三方网络交易平台经营和服务要求》《旅游类专业学生饭店实习规范》《旅游类专业学生旅行社实习规范》和《旅游类专业学生景区实习规范》5 项行业标准。
➤ 2014 年 9 月，国家旅游局办公室印发了 2014 年版《团队境内旅游合同(示范文本)》《团队出境旅游合同(示范文本)》和《大陆居民赴台湾地区旅游合同(示范文本)》。
➤ 2014 年 11 月，国家旅游局下发了《关于促进导游行业组织建设的指导意见》。
➤ 2014 年 12 月，国家旅游局监督管理司发布了《景区最大承载量核定导则》《绿道旅游设施与服务规范》《自行车骑行游服务规范》《旅游滑雪场质量等级划分》和《国家商务旅游示范区建设与管理规范》5 项行业标准。
➤ 2015 年 2 月，国家旅游局办公室印发了《旅游服务质量"万名社会监督员"工作方案》和《旅游服务质量社会监督员职责和工作办法(试行)》。
➤ 2015 年 2 月，国家旅游局下发了关于发布《〈内地与香港(澳门)关于建立更紧密经贸关系的安排〉关于内地在广东省与香港(澳门)基本实现服务贸易自由化的协议》涉旅游措施的公告。

> 2015 年 3 月，国家旅游局下发了《关于进一步加强旅游行业文明旅游工作的指导意见》。

> 2015 年 3 月，国家旅游局办公室印发了《游客不文明行为记录管理暂行办法》。

> 2015 年 4 月，国家旅游局办公室下发了《关于修改〈游客不文明行为记录管理暂行办法〉的通知》。

> 2015 年 4 月，国家旅游局监督管理司发布了《导游领队引导文明旅游规范》和《旅行社行前说明服务规范》2 项行业标准。

> 2015 年 4 月，国家旅游局办公室下发了《旅游度假区等级管理办法》。

> 2015 年 5 月，国家旅游局、公安部、工商总局联合下发了《关于治理规范旅游市场秩序的通知》。

> 2015 年 7 月，国家旅游局、人力资源和社会保障部、中华全国总工会联合下发了《关于进一步加强导游劳动权益保障的指导意见》。

> 2015 年 7 月，国家旅游局办公室下发了《旅游经营服务不良信息管理办法(试行)》。

> 2015 年 7 月，国家旅游局公布了《旅游发展规划实施评估导则》《国家温泉旅游名镇》《高尔夫管理服务规范》《自驾游管理服务规范》《旅游演艺服务与管理规范》和《温泉旅游服务质量规范》6 项行业标准。

> 2015 年 8 月，公安部、外交部、海关总署、国家旅游局、总参谋部联合下发了《关于进一步规范外国人驾乘自备交通工具来华旅游有关监管工作的通知》。

> 2015 年 8 月，国务院办公厅印发了《关于进一步促进旅游投资和消费的若干意见》。

> 2015 年 9 月，国家旅游局下发了《关于打击旅游活动中欺骗、强制购物行为的意见》《关于打击组织"不合理低价游"的意见》和《关于放宽旅行社设立服务网点政策有关事项的通知》。

> 2015 年 9 月，工业和信息化部、国家发展和改革委员会、交通运输部、质检总局、旅游局、民航局联合下发了《关于促进旅游装备制造业发展的实施意见》。

> 2015 年 10 月，国家旅游局、教育部联合印发了《加快发展现代旅游职业教育的指导意见》。

> 2015 年 11 月，国土资源部、住房和城乡建设部、国家旅游局印发了《关于支持旅游业发展用地政策的意见》。

> 2015 年 12 月，国家旅游局办公室印发了《关于积极推进通过法定途径分类处理旅游领域信访投诉请求工作的通知》。

> 2015 年 12 月，国家旅游局关于规范出境游保证金有关事宜的通知(旅发〔2015〕281 号)。

> 2015 年 12 月，国家旅游局办公室印发了《境外旅游宣传推广工作办法》(旅办发〔2015〕319 号)。

> 2016 年 2 月，最高人民法院、国家旅游局联合印发了《关于进一步发挥审判职能作用 促进旅游业健康发展的通知》。

> 2016 年 4 月，国家旅游局、交通运输部联合印发了《关于进一步规范导游专座等

有关事宜的通知》(旅发〔2016〕51号)。

- 2016年5月，国家旅游局印发了《关于旅游不文明行为记录管理暂行办法》(旅办发〔2016〕139号)。
- 2016年7月，国家旅游局办公室下发了《关于加强出境旅游管理规范出境旅游经营的紧急通知》(旅办发〔2016〕199号)。
- 2016年8月，国家旅游局下发了《关于深化导游体制改革加强导游队伍建设的意见》(旅发〔2016〕104号)。
- 2016年9月，国家旅游局办公室印发了《旅游业国家标准和行业标准制修订工作管理办法》(旅办发〔2016〕274号)。
- 2016年9月，国家旅游局公布了《关于废止〈导游人员管理实施办法〉的决定》(国家旅游局第40号令)。
- 2016年9月，国家旅游局下发了《旅游安全管理办法》(国家旅游局第41号令)。
- 2016年11月，国家旅游局、国家发展和改革委员会、工业和信息化部等11个部门联合发布《关于促进自驾车旅居车旅游发展的若干意见》(旅发〔2016〕148号)。
- 2016年11月，国家旅游局办公室印发了《关于加强旅游诚信建设实施失信联合惩戒的通知》(旅办发〔2016〕296号)。
- 2016年12月，国家旅游局公布了《关于修改〈旅行社条例实施细则〉和废止〈出境旅游领队人员管理办法〉的决定》(国家旅游局第42号令)。
- 2017年3月，国家旅游局办公室下发了《关于换发电子导游证等相关事宜的通知》(旅办发〔2017〕60号)。
- 2017年4月，国家旅游局政策法规司发布了《大陆居民赴台湾地区旅游管理办法》(国家旅游局、公安部、国务院台湾事务办公室第43号令)。
- 2017年5月，国家旅游局办公室下发了《关于进一步加强出境游市场监管的通知》(旅办发〔2017〕133号)。
- 2017年5月，国家旅游局办公室下发了《关于换发电子导游证相关事宜的补充通知》(旅办发〔2017〕135号)。
- 2017年8月，国家旅游局办公室下发了《关于领队管理工作有关事宜的通知》(旅办发〔2017〕213号)。
- 2017年9月，国家旅游局下发了《关于规范旅行社经营行为维护游客合法权益的通知》(旅发〔2017〕130号)。
- 2017年11月，国家旅游局下发了《导游管理办法》(国家旅游局第44号令)。
- 2018年3月，国家旅游局发布了《旅游行政许可办法》(国家旅游局第46号令)。
- 2018年5月，文化和旅游部办公厅印发了《国家旅游人才培训基地管理办法(试行)》(办人发〔2018〕26号)。
- 2018年11月，文化和旅游部等17部门印发了《关于促进乡村旅游可持续发展的指导意见》(文旅资源发〔2018〕98号)。
- 2018年11月，文化和旅游部印发了《提升假日及高峰期旅游供给品质的指导意见》(文旅资源发〔2018〕100号)。
- 2018年12月，文化和旅游部印发了《旅游市场黑名单管理办法(试行)》(文旅市场发〔2018〕119 号)。

- 2019 年 1 月，文化和旅游部下发了《关于实施旅游服务质量提升计划的指导意见》(文旅市场发〔2019〕12 号)。
- 2019 年 3 月，文化和旅游部印发了《关于促进旅游演艺发展的指导意见》(文旅政法发〔2019〕29 号)。
- 2019 年 5 月，文化和旅游部印发了《文化和旅游规划管理办法》(文旅政法发〔2019〕60 号)。
- 2019 年 7 月，文化和旅游部发布了旅游行业标准《旅游民宿基本要求与评价》(LB/T 065—2019)。
- 2019 年 7 月，文化和旅游部办公厅、中国农业银行办公室下发了《关于金融支持全国乡村旅游重点村建设的通知》。
- 2019 年 8 月，国务院办公厅印发了《关于进一步激发文化和旅游消费潜力的意见》(国办发〔2019〕41 号)。
- 2019 年 12 月，文化和旅游部印发了《国家级旅游度假区管理办法》。
- 2020 年 4 月，文化和旅游部办公厅印发了《国家全域旅游示范区验收、认定和管理实施办法(试行)》和《国家全域旅游示范区验收标准(试行)》(办资源发〔2020〕30 号)。
- 2020 年 8 月，文化和旅游部印发了《文化和旅游统计管理办法》(文旅财发〔2020〕54 号)。
- 2020 年 8 月，文化和旅游部发布了《在线旅游经营服务管理暂行规定》(文化和旅游部令第 4 号)。
- 2020 年 11 月，文化和旅游部、国家发展和改革委员会、教育部、工业和信息化部、公安部、财政部、交通运输部、农业农村部、商务部、国家市场监督管理总局联合印发了《关于深化"互联网+旅游"推动旅游业高质量发展的意见》(文旅资源发〔2020〕81 号)。
- 2020 年 12 月，文化和旅游部办公厅、国家文物局办公室联合印发了《关于落实〈关于切实解决老年人运用智能技术困难的实施方案〉的通知》(办公共发〔2020〕165 号)。
- 2021 年 1 月，交通运输部办公厅、公安部办公厅、商务部办公厅、文化和旅游部办公厅、应急管理部办公厅、国家市场监督管理总局办公厅联合发布了《关于进一步加强和改进旅游客运安全管理工作的指导意见》(交办运〔2021〕6 号)。
- 2021 年 1 月，国家市场监督管理总局、商务部、文化和旅游部联合印发了《关于以标准化促进餐饮节约反对餐饮浪费的意见》(国市监标技发〔2021〕7 号)。
- 2021 年 2 月，文化和旅游部发布了《文化和旅游部立法工作规定》。
- 2021 年 3 月，文化和旅游部办公厅印发了《关于加强文化和旅游市场信用监管有关事项的通知》(办市场发〔2021〕54 号)。
- 2021 年 4 月，文化和旅游部、中国人民银行、中国银行保险监督管理委员会联合下发了《关于抓好金融政策落实 进一步支持演出企业和旅行社等市场主体纾困发展的通知》(文旅产业发〔2021〕41 号)。

➤ 2021 年 4 月，文化和旅游部、国家开发银行联合发布了《关于进一步加大开发性金融支持文化产业和旅游产业高质量发展的意见》。

➤ 2021 年 5 月，文化和旅游部发布了《关于加强旅游服务质量监管 提升旅游服务质量的指导意见》(文旅市场发〔2021〕50 号)。

➤ 2021 年 6 月，文化和旅游部印发了《关于加强政策扶持 进一步支持旅行社发展的通知》(文旅市场发〔2021〕60 号)。

➤ 2021 年 6 月，文化和旅游部办公厅、司法部办公厅联合印发了《关于开展旅游投诉调解与仲裁衔接试点工作的通知》(办市场发〔2021〕108 号)。

➤ 2021 年 7 月，文化和旅游部办公厅印发了《关于推进旅游商品创意提升工作的通知》(办资源发〔2021〕124 号)。

➤ 2021 年 11 月，文化和旅游部印发了《文化和旅游市场信用管理规定》(中华人民共和国文化和旅游部令第 7 号)。

➤ 2021 年 12 月，文化和旅游部印发了《文化和旅游部关于废止〈旅游规划设计单位资质等级认定管理办法〉的决定》(中华人民共和国文化和旅游部令第 8 号)。

1.3　旅游法制建设的局限性

改革开放以来，我国旅游业迅速崛起，旅游法制建设经历了从无到有、逐步完善、渐成体系的发展过程，旅游法制体系已初具规模，对我国旅游业的发展起到了较好的管理、促进和保障作用。但是，我国的旅游法制建设还存在一些不和谐的地方，需要逐步完善。

1. 国家级旅游立法数量少、层次低，旅游法律体系很不完备

旅游业是一个综合性产业，涉及范围较广，需要有足够权威的法律、法规来保障其健康发展。但至今我国只有一部《旅游法》，而其他绝大部分旅游法规由旅游主管部门颁布，旅游立法数量少、层次低，旅游法律体系很不完备。这种立法上的滞后性不利于调整旅游行业与其相关行业的利益关系，不利于旅游事业的发展与保护，从而制约了旅游活动中各种关系调节机制的运转。

2. 旅游法律法规内容不详细，具有暂时性和应急性，缺乏可操作性

从旅游业发展初期到现在，我国已公布了一些旅游市场法规、条例、规定等，从范围来看，已涉及旅游业的方方面面。这些法规、条例在调整旅游业结构、规范旅游市场、解决旅游纠纷、保护旅游法律关系主体各方权利义务等方面起到了一定的作用，但很多规定过于宽泛，缺乏实施细则。例如，《旅游基本建设管理暂行办法》《旅游投诉暂行规定》等规章具有暂时性，对相应部门、行业的规范和约束逐渐失去法律效力。又如，有关旅游行政部门对某些法规条例的修订、完善的节奏太慢，致使这部分立法相对滞后，不利于规范行业市场秩序，不利于有效地加强行业管理。

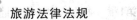

3. 地方性旅游立法各自为政，缺乏统一性和协调性

近年来，一些地方为了实现和保障旅游业在本地产业中的支柱性地位，相继出台了地方性旅游法规。但由于各地市场经济和旅游业发育程度不同，这些地方性旅游法规的立法水平参差不齐，内容不一，个别法规还存在与国家政策导向相抵触的现象。同时，部分法规适用范围仅限于本行政区域，因而无法实现对整个区域旅游资源的整合，也不可能统一协调各地区之间的利益关系，更无法实现跨省、跨区域的旅游合作。

4. 旅游执法主体缺失，执法力量薄弱，执法各部门之间关系不顺

旅游执法是旅游法律的适用，它是旅游法律实施的重要方式之一，也是我国旅游业得以发展的保障。文化和旅游主管部门作为行政机关是行政主体，具有独立的行政执法主体地位，能够代表各级政府行使旅游行政管理权和旅游法规执行权，但实际情况是，我国县级以下旅游主管部门大多数是事业单位，只有小部分是行政编制的行政机关。我国大多数世界遗产地，国家级、省级旅游景区都在县级行政区内，这种情况使县级旅游主管部门在行政执法过程中常常处于十分尴尬的境地。旅游资源、旅游产业、旅游管理本应是有机的统一体，但旅游资源和产业要素分散于各部门，部门职能和利益的交叉，导致涉及方方面面的旅游行政执法难度很大。

1.4 旅游法律关系的复杂性

旅游法律关系是法律关系的一种，是指由旅游法律规范所确认和调整的，在旅游活动中所形成的各方当事人享有的权利和承担的义务的关系。在现实生活中，自然人之间、法人之间、自然人与法人之间经常会发生这样或那样的社会关系。法律关系主体在旅游活动中所形成的社会关系，一旦被旅游法律调整，就具有旅游权利义务的内容，成为旅游法律关系。

1.4.1 旅游法律关系的构成

法律关系包含三个构成要素，即法律关系的主体、法律关系的客体和法律关系的内容。三个要素缺一不可，任何一个要素的变更，都会导致原来的法律关系的改变。旅游法律关系也是由这三个要素构成的，具体包括以下内容。

1. 旅游法律关系的主体

法律关系的主体是法律关系的参加者，即在法律关系中一定的权利享有者和一定的义务承担者。旅游法律关系的主体既可以是自然人也可以是法人，但是法律关系的主体必须具有相应的权利能力和行为能力。在旅游活动中，旅游法律关系的主体主要包括旅游者、旅游企业、旅游组织和旅游行政管理部门。

2. 旅游法律关系的客体

法律关系的客体是指法律关系的主体之间权利和义务所指向的对象。旅游法律关系的客体有以下三种。

(1) 物，即法律关系主体所支配的、在生产和生活中所需要的客观实体。这些物必须能为人们所控制，并且具有经济价值，如旅游资源、旅游商品、旅游娱乐设施等。

(2) 行为，即旅游法律关系中主体行使权利、履行义务的劳务活动，如导游服务行为、外语翻译行为、旅游管理行为等。

(3) 非物质财富，它包括创作活动的产品和其他与人身相联系的非财产性财富。它不直接体现为物质财富，但是可以转化为物质财富，如旅游企业的发明专利、企业商标、旅游信息服务、旅游智力服务等。

3. 旅游法律关系的内容

旅游法律关系的内容是指旅游法律关系依法享有的权利和依法所承担的义务。权利和义务是对等的，有权利就必然有义务，有义务也必然有权利，权利和义务缺一不可。例如，游客入住酒店，酒店就有为游客提供符合要求的服务的义务，同时也有向游客收取合理费用的权利；游客有享受其服务的权利，也有支付相应费用的义务。

案例分析

原告王某与被告王府国际旅行社于 2004 年 1 月 11 日签订旅游服务合同，约定原告参加被告组织的赴八达岭滑雪场的滑雪活动。原告除了交纳相关费用，还按组团规定投保了旅游意外保险。1 月 11 日上午 10 时，原告在八达岭滑雪场滑雪时，与滑道左侧缆车立柱发生强烈碰撞，被裸露在雪面外的钢板划成重伤，后被送往积水潭医院进行治疗。原告认为，双方签订的旅游合同合法有效，被告应保障原告旅游期间的人身、财产安全，故要求被告支付住院费、误工费及护理费共 3.4 万余元。被告辩称，其已经履行了告知义务，明确告知作为初学者的原告应在初级雪道上滑雪，但原告不顾被告劝阻，自作主张到中级雪道上滑雪，发生的后果应由原告自行承担责任。协商未果，王某将旅行社告上法庭。

资料来源：陈新. 滑雪被钢板划伤 旅客状告王府旅行社[EB/OL]. (2005-03-25)[2021-06-20]. https://www.chinacourt.org/article/detail/2005/03/id/156709.shtml.

问题

1. 指出本案中旅游法律关系的主体和客体。
2. 指出本案中旅游法律关系的内容，并对其进行分析。

1.4.2 旅游法律关系的确立

旅游法律关系的确立是指旅游法律关系的产生、变更、终止等情形。旅游法律关系的确立必须具备两个条件。

1. 要有一定的法律事实

1) 法律事实的含义

法律事实是指符合法律规定，能够引起旅游法律关系的产生、变更和终止的客观情况。

2) 法律事实的分类

(1) 事件：不以旅游法律关系主体的意志为转移的客观事实或者现象。

(2) 行为：有意识的活动，包括合法行为和违法行为。其中，违法行为从性质上分为民事违法、行政违法、刑事违法；从违法方式上分为作为的违法与不作为的违法。

2. 法律行为合法有效

(1) 主体合格(民事行为能力+民事权利能力)。

(2) 内容合法。

(3) 表示合法。

形式要件，即意思表示的方式，包括口头、书面、推定(例如，超过中午 12 时，旅客未退房，可视为继续延长住宿合同)、默示(沉默不作为的意思表示方式，如果在规定的期限内未申诉，则默示其认可)。

1.4.3　旅游法律关系的类型

旅游领域的广泛性和关联性，决定了旅游法律关系的多样性，不同的旅游法律规范调整着不同的旅游法律关系，其中，既有横向主体之间的关系，又有纵向的管理与被管理之间的关系。

1. 纵向关系

纵向关系是指国家旅游行政管理部门上下级之间的领导与被领导关系；旅游行政管理部门与旅游企业之间的指导、协调、监督、管理的关系；旅游企业内部各部门之间的关系；旅游企业与职工之间的关系。

2. 横向关系

横向关系是指旅游企业之间的相互关系；旅游企业与旅游者之间的相互关系；旅游者与旅游行政管理部门之间的相互关系。

3. 涉外关系

涉外关系是指三资企业的中外双方之间的合作经营关系；外国旅游者在华的法律地位所具有的涉外关系；外国旅游企业与中国旅游企业之间的关系。

4. 综合关系

综合关系是指以上三者之间的交叉关系。

1.4.4 旅游法律关系的保护

旅游法律关系的保护，就是由相关主管部门严格监督旅游法律关系主体正确行使其权利，确实履行其义务，通过奖励或者惩罚的方法使旅游法律关系各主体的合法权益不受侵犯。

1. 旅游法律关系的保护机构

我国旅游法律关系的保护机构包括：旅游行政管理部门；相关行政机关，如工商、税务、卫生等管理部门；司法机关，指各级人民法院和人民检察院。

2. 旅游法律关系的保护方法

对现行的旅游法律关系的保护主要有两种方法：一是奖励的方法，即对遵纪守法、积极履行义务、成绩显著的单位和个人给予适当奖励，以促使其更好地维护旅游法律关系的方法。二是惩罚的方法，包括对违反刑事法律的单位和个人追究刑事责任；对违反行政法规、破坏旅游市场秩序等行为，根据其程度处以罚款、责令停业整顿和吊销营业执照；对不履行旅游合同的行为，判处一定的违约金；等等。

本 章 小 结

随着旅游业的迅速发展，我国已经成为世界上最大的国内旅游接待国、最大的出境旅游客源国、最大的出境旅游消费国、第四大入境旅游接待国。

我国旅游法规从无到有、从少到多、渐成体系，大致经历了旅游政策调整阶段(1949—1984 年)、旅游法制真正起步阶段(1985—1990 年)、旅游法制初步完善阶段(1991—2000 年)、旅游法制建设的调整和巩固阶段(2001—2012 年)、旅游法制建设的深入完善阶段(2013 年至今)5 个历史阶段。

我国的旅游法制建设取得了一定的成就，但是还存在一些不够完善的地方。第一，国家级旅游立法数量少、层次低，旅游法律体系很不完备；第二，旅游法律法规内容不详细，具有暂时性和应急性，缺乏可操作性；第三，地方性旅游立法各自为政，缺乏统一性和协调性；第四，旅游执法主体缺失，执法力量薄弱，执法各部门之间关系不顺。

我国的旅游法律关系比较复杂，大致有纵向关系、横向关系、涉外关系、综合关系四种类型。旅游法律关系包含 3 个构成要素，即法律关系的主体、法律关系的客体和法律关系的内容。旅游法律关系的确立必须具备两个条件：一是要有一定的法律事实；二是法律行为合法有效。

关键术语

旅游法律法规　旅游法制建设　旅游法律关系

知识链接

1. 韩玉灵. 旅游法教程[M]. 4 版. 北京：高等教育出版社，2018.
2. 傅云新，蔡晓梅. 旅游学[M]. 广州：中山大学出版社，2007.

课 后 习 题

一、单项选择题

1. 《旅游法》于(　　)正式实施。
　　A. 2013 年 2 月 2 日　　　　　　　　B. 2013 年 4 月 25 日
　　C. 2013 年 5 月 1 日　　　　　　　　D. 2013 年 10 月 1 日

2. 1985 年 5 月 11 日，国务院发布(　　)，这是我国旅游业第一部旅游行政法规，具有划时代的意义，标志着我国旅游管理步入了法治化轨道。
　　A. 《旅行社管理暂行条例》　　　　　B. 《导游人员管理暂行规定》
　　C. 《风景名胜区管理暂行条例》　　　D. 《旅游基本建设管理暂行办法》

3. 下列选项中，不属于旅游法律关系构成要素的是(　　)。
　　A. 法律关系的主体　　　　　　　　　B. 法律关系的客体
　　C. 法律关系的内容　　　　　　　　　D. 法律关系的中介

二、名词解释

1. 旅游法规
2. 旅游法律关系

三、思考题

1. 我国旅游业发展中滋生了哪些旅游乱象？
2. 我国的旅游法制建设经历了哪几个发展阶段？
3. 我国旅游法制建设目前存在什么问题？

四、案例分析题

2004 年 1 月 22 日，张先生夫妇参加了鑫海国际旅行社组织的"泰国 8 日游"，每人交了 4730 元团费和 1000 元自费项目费，旅行社承诺到境外不再交任何费用。但是到了曼谷，导游沈某却说因该团人数不足，鑫海国际旅行社已经将旅游团转给了海洋国际旅行社，并要求张先生夫妇每人再交 2000 元自费金。张先生觉得自己已经交足费用，便不愿再交自费金。因为这 2000 元，张先生夫妇与沈某的矛盾逐渐升级。据张先生回忆，沈某和泰国导游曾威胁自己说："泰国是枪支泛滥的国家，如果你们不交钱，你们的安全和所有一切我们都不保证。"当地导游甚至不让张先生夫妇跟团旅游。1 月 29 日，张先生夫妇乘飞机从泰国返京，在首都机场航站楼内，导游沈某伙同几个朋友竟对张先生夫妇进行殴打，警方随后将沈某等 3 人拘留。经诊断，张先生左肩韧带断裂，眼睛出血，司法鉴定为轻微伤偏重，他的妻子也有多处软组织损伤。

资料来源：何灵灵. 国外被转团国内还遭打 游客状告旅行社违约案宣判[EB/OL]. (2005-02-27)[2021-06-20]. https://www.chinacourt.org/article/detail/2005/02/id/152877.shtml.

根据案例，分析下列问题：

1. 本案例中是否存在旅游法律关系？
2. 如果存在旅游法律关系，则其主体、客体、内容分别是什么？
3. 上述旅游法律关系属于哪种类型的旅游法律关系？

第2章 旅游合同相关法规

知识目标	技能目标
① 了解旅游合同订立的程序； ② 掌握旅游合同的基本内容； ③ 理解旅游合同的生效条件； ④ 理解旅游合同履行中的抗辩权； ⑤ 了解旅游合同转让的基本类型； ⑥ 了解旅游合同违约责任的基本形式； ⑦ 了解旅游合同违约责任的免责条款	① 能够辨析要约与要约邀请之间的异同； ② 能够分析旅游合同主体的资格要求； ③ 能够分析旅游格式合同的利弊； ④ 能够掌握无效旅游合同的基本情形； ⑤ 能够辨析旅游合同履行中的三种抗辩权； ⑥ 能够辨析预付款、定金、订金、违约金的差异

导入案例 ▪▪▪▪

已经口头达成协议，是否还需要签订合同

一天，王先生正在办公室上班，接到朋友李先生的电话。

李先生：最近我们旅行社推出了一条新的旅游线路，价格比较优惠，你有意向参加我们的旅游团吗？

王先生：我很想去啊，价格怎么样？

李先生：你如果决定去，我们签合同时再协商。

第二天，王先生到旅行社准备签订合同，李先生递给王先生一份旅游线路安排表。王先生对旅游行程的安排比较满意，但对旅游价格提出了异议。经过近一个小时的协商，最后双方对旅游价格达成了协议，准备签订旅游合同。

这时王先生犹豫了，他想：我已有旅行社的旅游行程安排表，旅游费也交了，还要不要签订一份旅游合同呢？如果要签合同，应当写明哪些内容呢？

资料来源：佚名. 模块一：旅游合同法律制度[EB/OL]. (2015-04-01)[2021-09-29]. http://www.doc88.com/p-8478556131087.html.

根据案例，思考下列问题：

1. 王先生和旅行社是否需要签订合同？
2. 王先生和旅行社订立合同需经过哪些程序？
3. 王先生和旅行社订立旅游合同应当载明哪些内容？
4. 王先生和旅行社订立旅游合同应当采取何种形式？

2020年5月28日，第十三届全国人民代表大会第三次会议通过了《中华人民共和国民法典》(以下简称《民法典》)，自2021年1月1日起施行。《民法典》第四百六十四条规定："合同是民事主体之间设立、变更、终止民事法律关系的协议。"旅游合同属于民事合同，是指作为平等主体的旅游企业与自然人、法人和其他组织之间设立、变更或终止民事权利义务关系的协议。也就是说，旅游合同包括旅游企业之间、旅游企业与其他企业之间、旅

游企业与旅游者之间签订的合同。

2.1 旅游合同的订立

合同的订立又称为合同的签订，是欲签订合同的双方当事人进行协商，达成一致意思表示的过程。

2.1.1 旅游合同订立的主体资格

合同主体主要包括自然人和组织两类，自然人是因出生而取得民事主体资格的人，包括国内公民、外国人及无国籍人；组织包括法人组织和没有取得法人资格的其他组织。当事人订立合同，应当具有相应的民事权利能力和民事行为能力。

1. 自然人的民事权利能力和行为能力

《民法典》第十三条规定："自然人从出生时起到死亡时止，具有民事权利能力，依法享有民事权利，承担民事义务。"《民法典》第十八至二十四条根据自然人的年龄与智力状况，将自然人的民事行为能力分为3种，即完全民事行为能力、限制民事行为能力、无民事行为能力。

(1) 18周岁以上的自然人具有完全民事行为能力。16周岁以上不满18周岁的自然人，以自己的劳动收入为主要生活来源的，也可视为完全民事行为能力人。具有完全民事行为能力的人，可以订立一切法律允许自然人作为合同主体的合同。

(2) 8周岁以上的未成年人和不能完全辨认自己行为的成年人，属于限制民事行为能力人。限制民事行为能力人订立的合同，经法定代理人追认后，该合同有效，但纯获利益的合同或者与其年龄、智力、精神健康状况相适应而订立的合同，不必经法定代理人追认。

(3) 8周岁以下的未成年人和不能辨认自己行为的成年人是无民事行为能力人，无民事行为能力人不能成为合同主体。

2. 法人和其他组织的民事权利能力和行为能力

《民法典》第五十九条规定："法人的民事权利能力和民事行为能力，从法人成立时产生，到法人终止时消灭。"根据这一规定，法人的民事权利能力和民事行为能力一致，始于法人成立并终于法人终止。法人经核准的经营范围决定了法人的民事权利能力和民事行为能力的范围，法人有权就其经营范围内的事项签订合同。

其他组织的民事权利能力和民事行为能力与《民法典》中关于法人的民事权利能力和民事行为能力的规定相同，始于其成立并终于其终止。其他组织的民事权利能力和民事行为能力的范围也取决于其核准的经营范围，并就其经营范围内的事项签订合同。

2.1.2 旅游合同订立的程序

《民法典》第四百七十一条规定："当事人订立合同，可以采取要约、承诺方式或者其他方式。"据此，合同的订立程序应当包括要约和承诺两个阶段。

1. 要约和要约邀请

要约是希望与他人订立合同的意思表示。发出要约的一方称为要约人，接受要约的一方称为受要约人。要约必须具备以下条件：①要约必须是向特定的人发出的；②要约的内容必须是具体确定的；③要约人必须向受要约人表明，要约一经承诺，要约人即受该要约的约束。

要约邀请是希望他人向自己发出要约的表示。拍卖公告、招标公告、招股说明书、债券募集办法、基金招募说明书、商业广告和宣传、寄送的价目表等为要约邀请。商业广告和宣传的内容符合要约条件的，构成要约。譬如，商业广告中明确注明了是要约，或者含有广告者希望与他人订立合同的意思表示，且内容具体确定并注明只要受要约人承诺，广告者即受该承诺约束，则应当属于要约，而不再是要约邀请。

要约与要约邀请的区别：首先，要约邀请是希望他人向自己发出要约，要约是希望和他人订立合同；其次，要约邀请是向不特定的多数人作出，要约是向特定的人作出；再次，要约邀请往往只含有合同要素的某一方面，要约的内容是具体确定的；最后，要约邀请并不表明一经承诺即受约束，要约一经承诺即具有法律效力。

2. 承诺

承诺是受要约人同意要约的意思表示。作出承诺的受要约人称为承诺人。

承诺生效必须符合4个条件：①承诺必须由受要约人对要约人作出；②承诺必须在要约的有效期内作出，否则视为新的要约；③承诺必须与要约的内容一致，即受要约人完全同意要约人的建议而不对要约内容作出实质性的变更，否则视为新的要约；④承诺不得以沉默的方式作出，并且要符合要约规定的方式。

旅行社对于其组织的旅游活动，一般通过报纸、杂志、广播、网络等媒体或举办旅游展览会招揽公众。除了广告宣传的内容，旅行社通常还在旅游者到其柜台询问旅游事宜的时候向他们发放有关旅游线路的其他文字说明和宣传资料。所有这些行为，可以理解为旅行社的要约邀请。旅游者根据自己的要求或者旅行社的宣传提出的订约为要约，而旅行社予以接受为承诺。合同据以成立的广告、旅游线路说明和其他宣传资料能够具体确定的，都应该是合同的内容。如有违反，应当承担相应的责任。

案例分析 2.1

某旅行社一日在报上刊登了云南双飞 5 日游的旅游广告，并注明了报名方法：①电话咨询旅游线路；②传真签订合同；③指定银行账户存款。但是报社排版失误，将报价 3200元排为 320 元。外地游客小李通过电话向旅行社报名，在电话中询问："是否按照报纸刊登的广告办理？"接待人员给予肯定，并给出了银行账号、明确了出发时间。小李将 320 元汇入指定账户，并请假按预定时间前往旅行社。当小李得知费用为 3200 元时，便决定不参加该旅游项目，并要求旅行社退还 320 元，给予双倍赔偿，同时承担误工费和路费，理由是他已经按照广告中的要求与旅行社达成协议。双方协商不成，小李遂以旅行社欺诈消费者为由向法院起诉。

问题

1. 报纸上的旅游广告是要约吗？
2. 旅行社是否存在欺诈？能否满足小李的赔偿要求？

2.1.3 旅游合同的内容

1. 合同条款

合同的内容是指将当事人权利义务关系具体化的各项条款。《旅游法》第五十八条规定："包价旅游合同应当采用书面形式，包括下列内容：

（一）旅行社、旅游者的基本信息；

（二）旅游行程安排；

（三）旅游团成团的最低人数；

（四）交通、住宿、餐饮等旅游服务安排和标准；

（五）游览、娱乐等项目的具体内容和时间；

（六）自由活动时间安排；

（七）旅游费用及其交纳的期限和方式；

（八）违约责任和解决纠纷的方式；

（九）法律、法规规定和双方约定的其他事项。

订立包价旅游合同时，旅行社应当向旅游者详细说明前款第二项至第八项所载内容。"

2. 格式条款

在旅游实践中，为了简化程序，方便交易，提高效率，节约交易成本，旅行社和旅游者订立的旅游合同往往采用具有定型化特点的格式条款。格式条款是指当事人为了重复使用而预先拟定，并在订立合同时未与对方协商的条款。全部采用格式条款订立的合同称为格式合同，亦称为定式合同、标准合同。旅行社在提供格式合同时，应当遵循公平原则确定当事人之间的权利和义务，并采取合理的方式提示对方注意免除或者减轻其责任等与对方有重大利害关系的条款，按照对方的要求，对该条款予以说明。提供格式条款的一方未履行提示或者说明义务，致使对方没有注意或者理解与其有重大利害关系的条款的，对方可以主张该条款不成为合同的内容。旅行社和旅游者签订的旅游合同约定不明确或者对格式条款的理解发生争议的，应当按照通常理解予以解释；对格式条款有两种以上解释的，应当作出有利于旅游者的解释；格式条款和非格式条款不一致的，应当采用非格式条款。

《民法典》第四百九十七条规定："有下列情形之一的，该格式条款无效：

（一）具有本法第一编第六章第三节和本法第五百零六条规定的无效情形；

（二）提供格式条款一方不合理地免除或者减轻其责任、加重对方责任、限制对方主要权利；

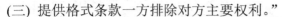

（三）提供格式条款一方排除对方主要权利。"

排除对方当事人主要权利是指格式条款中含有排除对方当事人按照通常情形应当享有的主要权利。譬如，旅游者依法享有选择并接受服务的权利。如果旅游经营者在格式合同中规定旅游者必须接受某项服务，就是排除了旅游者的主要权利，因为选择权是旅游消费者依法享有的一项主要权利。

2014年4月14日，国家旅游局、国家工商行政管理总局联合印发了《团队境内旅游合同(示范文本)》(GF-2014-2401)、《团队出境旅游合同(示范文本)》(GF-2014-2402)、《大陆居民赴台湾地区旅游合同(示范文本)》(GF-2014-2403)、《境内旅游组团社与地接社合同(示范文本)》(GF-2014-2411)，力图通过规范示范文本引导行业自律，把法律的强制性规范变成行业的自觉规范。各地在旅游市场监管工作中，要大力引导旅行社和广大旅游者使用示范文本，发挥示范文本宣传、贯彻、落实《旅游法》的重要作用。

 案例分析 2.2

2019年1月30日，某高校大学三年级学生小王前往上海迪士尼乐园游玩，并携带部分即食食品以备游玩时食用。在乐园安检时，小王被工作人员告知，根据《上海迪士尼乐园游客须知》，游客不得携带食品进入乐园。经交涉未果，小王自行处置食品后入园。3月15日，小王诉至上海浦东法院，请求判令：①确认被告在《上海迪士尼乐园游客须知》中规定的"不得携带以下物品入园"部分的"食品、酒精饮料、超过600毫升的非酒精饮料"条款内容无效；②被告赔偿原告因上述入园规则被迫丢弃的食品损失46.30元。

小王表示，2017年11月15日，上海迪士尼乐园在乐园须知一栏中新增规定："不得携带以下物品入园：食品、酒精饮料、超过600毫升的非酒精饮料……"此前上海迪士尼乐园并未禁止游客携带有原始包装、密封的、未开封及不需加工的食品入园。

"乐园外寄存包裹无论大小均收费80元/天，如果不在入口当场将自带食品吃掉，游客只能选择迪士尼提供的餐饮服务或支付寄存费用。"小王说，"我认为自带食品或园内购买均应由游客自行选择，禁止游客自带食品，这隐藏着强买强卖的实质。"

小王认为，上海迪士尼为了经营利益或以园内卫生问题为借口来实施此规定，这是一种霸王条款，直接侵犯了消费者权益，侵害了公众利益。

上海浦东法院于2019年3月15日立案受理该案，于4月23日公开开庭审理，审理期间多次组织双方调解。期间，被告对入园规则中的相关条款内容进行了修改：除少数特殊食品仍禁止携带外，游客可携带供本人食用的食品及饮料进入上海迪士尼乐园。

9月12日，经上海浦东法院主持调解，原、被告双方自愿达成调解协议：被告上海国际主题乐园有限公司补偿原告小王50元人民币(当庭给付)。该调解协议已经双方当事人签收生效。

资料来源：黄安琪，许晓青，兰天鸣. 大学生诉上海迪士尼 请求确认"禁止游客携带食品入园"格式条款无效[EB/OL]. (2019-08-12)[2021-09-29]. https://share.gmw.cn/guancha/2019/08/12/content_33070834.htm.

问题

1. 《上海迪士尼乐园游客须知》中有关禁带食品入园的规定是否属于格式条款？
2. 如果禁带食品入园的规定是格式条款，该条款是否有效？依据是什么？

2.1.4　旅游合同的形式

合同的形式是指当事人之间订立的旅游合同的方式。《民法典》第四百六十九条第一款规定："当事人订立合同，可以采用书面形式、口头形式或者其他形式。"法律、行政法规规定采用书面形式的，应当采用书面形式。当事人约定采用书面形式的，应当采用书面形式。《旅游法》第五十八条规定："包价旅游合同应当采用书面形式。"

1. 书面形式

书面形式是指以文字的方式表现当事人之间所订合同内容的形式。《民法典》第四百六十九条第二款、第三款规定："书面形式是合同书、信件、电报、电传、传真等可以有形地表现所载内容的形式。以电子数据交换、电子邮件等方式能够有形地表现所载内容，并可以随时调取查用的数据电文，视为书面形式。"

2. 口头形式

合同的口头形式是指当事人以谈话或口头表述的形式订立合同，包括当面交谈、电话联系等。

3. 其他形式

其他形式是指采用除书面形式、口头形式以外的方式订立合同的形式。其他形式一般包括推定形式和默示形式。推定形式是指当事人并不直接用书面或口头形式进行意思表示，而是通过实施某种行为来作意思表示。默示形式是指当事人采用沉默的形式进行意思表示，也就是以默认的形式对合同表示认可。

 案例分析 2.3

家住哈尔滨的杨某一家三口准备在五一期间去新加坡、马来西亚、泰国(以下简称新马泰)旅游，比较数家旅行社后，杨某和宏达海外旅行社初步确定了行程，双方达成一致意见。杨某一家参加由宏达海外旅行社组织的"新马泰15日游"，发团时间定在 4 月 30 日，杨某一家总共需交团费 1 万元。4 月 10 日，旅行社先让杨某交了 500 元定金，并开了一张收据，收据上的公章是哈尔滨宏达海外旅行社南岗区营业部财务章。杨某以为这件事就算定了下来，没有想到和对方签订旅游合同。4 月 15 日，杨某全额缴清剩余的 9500 元团费，旅行社为杨某全家办理了出国旅行的相关手续。但在旅游期间，负责地接的马来西亚旅行社擅自降低了服务标准，杨某全家所住的酒店由四星级变成了二星级，而且导游服务态度恶劣，经常带游客去购物，游说游客参加自费旅游项目。在泰国旅游过程中，杨某的小孩因吃了不干净的食物而上吐下泻，花掉医疗费 1200 元，并且耽误了 3 个景点的游览。这使得全家人的游兴大减。由于服务质量差，全团游客都满腹抱怨。

旅游团返回哈尔滨后，杨某和其他游客找到宏达海外旅行社想讨个说法，却受到接待人员的冷遇。旅行社对游客反映的问题一拖再拖，最后游客只好向哈尔滨市旅游质量监督所投诉。质量监督所的工作人员经过调查核实，发现具体组团的经办单位哈尔滨宏达海外旅行社南岗区营业部没有任何许可文件，属于非法设立。哈尔滨宏达海外旅行社和个人签订承包合同后，由承包人独立经营，只是到年终向宏达海外旅行社缴纳一定的承包费，而且哈尔滨宏达海外旅行社没有出国组团资格，属于超范围经营。对游客投诉的服务质量差的问题，因为游客没有和旅行社签订旅游合同，很多旅游中的细节问题无法一一核实，只能根据游客反映的情况与旅行社交涉，判定旅行社方给予游客一定的赔偿，返还部分旅游费用。

资料来源：佚名. 旅游合同案例解析总结[EB/OL]. (2020-12-18)[2021-09-29]. https://www.taodocs.com/p-451212921.html.

问题

1. 本案例中，杨某一家与宏达海外旅行社是否形成了旅游合同关系？案例中采用的是什么形式的合同？

2. 哈尔滨宏达海外旅行社南岗区营业部能否作为合同的主体签署合同？

3. 哈尔滨宏达海外旅行社能否签署出国旅游合同？

2.2　旅游合同的效力

2.2.1　旅游合同的生效

旅游合同的生效是指具备有效要件的合同按其意思表示的内容产生了法律效力。合同的有效要件主要有 3 个。

(1) 订立合同的当事人具有相应的民事权利能力和民事行为能力。这是对合同主体资格的一种规定。

(2) 合同当事人意思表示真实。这是合同有效的另一个要件，即订立合同的行为是出于合同当事人的自愿，是自己内心的意愿、想法表现出来的行为。

(3) 合同不违反法律或者社会公共利益。这是合同有效要件中最重要的一个。合同不违反法律或者社会公共利益，包括合同的内容和目的两个方面都不得违反法律或者社会公共利益。

案例分析 2.4

2019 年暑假，12 周岁的安徽某中学初一学生黄某和他的同学张某、李某商量一起去黄山玩，想找一家旅行社跟团旅游。T 旅行社以"未成年人不能自己报名，须由其父母陪同方可办理"为由予以拒绝。黄某等人又来到 H 旅行社门市部，当时 H 社职员田某接待了他们，得知几人来意后，田某热情地向他们推荐了"黄山 3 日游"。他们即按报价每人 550 元交清团费，并和 H 旅行社签订旅游合同。黄某的父亲得知此事后，坚决不让黄某去旅游。随后黄某的父亲向安徽省旅游质量监督管理所投诉，不同意履行旅行社和黄某签订的旅游合同，并要求退还团费。

资料来源：佚名. 旅游法律法规案例分析[EB/OL]. (2012-10-29)[2021-09-29]. https://www.docin.com/p-511538834.html.

问题

1. 旅游合同的效力有几种情形？
2. 黄某等和 H 旅行社签订的合同是否有效？为什么？
3. 黄某父亲的要求是否有法律依据？依据是什么？

2.2.2 旅游合同的无效

旅游合同的无效是指旅游合同成立后，因缺乏有效要件而自始就不具有法律约束力。《民法典》对民事法律行为无效的情形进行了规定。

第一百四十四条规定："无民事行为能力人实施的民事法律行为无效。"

第一百四十六条规定："行为人与相对人以虚假的意思表示实施的民事法律行为无效。"

第一百五十三条规定："违反法律、行政法规的强制性规定的民事法律行为无效。但是，该强制性规定不导致该民事法律行为无效的除外。违背公序良俗的民事法律行为无效。"

第一百五十四条规定："行为人与相对人恶意串通，损害他人合法权益的民事法律行为无效。"

案例分析 2.5

家住北京的小李平日里喜欢玩枪，经常在公园等地玩气枪游戏，而且每次都能够取得非常好的成绩。他有几个好朋友，喜欢打猎。有一天，他们突发奇想，来到旅行社询问有没有可以专门打野味的旅游路线，他们愿意出高价，只要旅行社将住宿设施、来往车票安排好就行。他们还表示，现在相关部门对打猎管得太严，想到一个偏远的地方，最好是自然保护区，因为那里野味比较多，而且也没人管，他们对其他旅游景点都不感兴趣，只要玩得好就行。旅行社一听有利可图，就答应了下来，每人收取旅游费 7000 元，并且签订了旅游合同。通过多方联系，旅行社以开展生态旅游为名将小李等人组团运到了保护区。小李等人非常高兴，背上猎枪开始了"打猎之旅"。随着枪声不断，他们收获颇丰，但就在他们正高兴的时候，被当地公安机关抓获。公安机关不仅没收了他们的猎枪，而且将每人拘留了 15 天。回到北京后，小李等人将旅行社投诉到旅游质量监督部门，要求其返还团费并赔偿损失。

资料来源：上海市旅游事业管理委员会. 旅游案例评析[M]. 上海：华东师范大学出版社，2003.

问题

1. 本案例中的旅游合同是否有效？为什么？
2. 应如何处理本案？

2.2.3 可撤销的旅游合同

《民法典》规定，在以下情况下，当事人一方有权请求人民法院或仲裁机构予以撤销合同。

第一百四十七条规定："基于重大误解实施的民事法律行为，行为人有权请求人民法院或者仲裁机构予以撤销。"

第一百四十八条规定："一方以欺诈手段，使对方在违背真实意思的情况下实施的民事法律行为，受欺诈方有权请求人民法院或者仲裁机构予以撤销。"

第一百四十九条规定："第三人实施欺诈行为，使一方在违背真实意思的情况下实施的民事法律行为，对方知道或者应当知道该欺诈行为的，受欺诈方有权请求人民法院或者仲裁机构予以撤销。"

第一百五十条规定："一方或者第三人以胁迫手段，使对方在违背真实意思的情况下实施的民事法律行为，受胁迫方有权请求人民法院或者仲裁机构予以撤销。"

第一百五十一条规定："一方利用对方处于危困状态、缺乏判断能力等情形，致使民事法律行为成立时显失公平的，受损害方有权请求人民法院或者仲裁机构予以撤销。"

2.2.4　旅游合同无效或被撤销的法律后果

旅游合同被确认无效或被撤销后，将导致旅游合同自订立时起就没有法律约束力。旅游合同部分无效，不影响其他部分效力的，其他部分仍然有效。旅游合同无效、被撤销或者确定不发生效力后，旅游合同尚未履行的，不得履行；正在履行的，终止履行；已经履行的，分不同情况进行如下处理。

(1) 返还因该合同取得的财产。合同无效或被撤销后，如果双方都从对方取得了财产，则双方应返还已经得到的财产；如果仅一方取得了财产，则应当将取得的财产返还另一方。

(2) 折价补偿。合同无效或被撤销后，如果不能返还或者没有必要返还从另一方取得的财产，则可以折成一定的价款进行补偿。

(3) 赔偿损失。一方有过错的，应当赔偿对方因此遭受的损失；双方都有过错的，应各自承担自己的过错给对方造成损失的责任。如果是双方共同的过错造成的损失，则应根据各自的过错程度承担与自己过错相适应的责任。

(4) 收归国家所有或返还集体、第三人。属于损害国家利益而取得的财产，应收归国家所有；属于损害集体利益取得的财产，应返还集体；属于损害第三人利益而取得的财产，应返还第三人。

2.3　旅游合同的履行

2.3.1　旅游合同履行的原则

为了实现签订旅游合同的目的，合同当事人应当按照法律规定的原则，认真履行合同。旅游合同履行的基本原则包括全面履行原则、诚实信用原则和生态环保原则。

(1) 全面履行原则。全面履行原则又称实际履行原则，是指旅游合同当事人按照合同约定全面履行自己的义务。该原则包括两个方面的含义：一是全面履行合同约定的各项义务；二是要按照合同约定正确履行各项义务。

(2) 诚实信用原则。当事人根据合同的性质、目的和交易习惯履行通知、协助、保密等义务。

(3) 生态环保原则。当事人在履行合同过程中，应当避免浪费资源、污染环境和破坏生态。

2.3.2　旅游合同履行的规则

1.　协议补充履行规则

《民法典》第五百一十条规定："合同生效后，当事人就质量、价款或者报酬、履行地点等内容没有约定或者约定不明确的，可以协议补充；不能达成补充协议的，按照合同相关条款或者交易习惯确定。"由此可见，当事人可以依照合同订立的原则就没有约定或者约定不够明确的条款进行协商，达成补充协议。这种补充协议和原协议一样反映了各方当事人的共同愿望，同样具有法律约束力，是当事人履行合同的依据。

2.　合同约定不明确的有关履行规则

《民法典》第五百一十一条规定："当事人就有关合同内容约定不明确，依据前条规定仍不能确定的，适用下列规定：

（一）质量要求不明确的，按照强制性国家标准履行；没有强制性国家标准的，按照推荐性国家标准履行；没有推荐性国家标准的，按照行业标准履行；没有国家标准、行业标准的，按照通常标准或者符合合同目的的特定标准履行。

（二）价款或者报酬不明确的，按照订立合同时履行地的市场价格履行；依法应当执行政府定价或者政府指导价的，依照规定履行。

（三）履行地点不明确，给付货币的，在接受货币一方所在地履行；交付不动产的，在不动产所在地履行；其他标的，在履行义务一方所在地履行。

（四）履行期限不明确的，债务人可以随时履行，债权人也可以随时请求履行，但是应当给对方必要的准备时间。

（五）履行方式不明确的，按照有利于实现合同目的的方式履行。

（六）履行费用的负担不明确的，由履行义务一方负担；因债权人原因增加的履行费用，由债权人负担。"

3.　当事人不得因变动而影响合同履行的规则

《民法典》第五百三十二条规定："合同生效后，当事人不得因姓名、名称的变更或者法定代表人、负责人、承办人的变动而不履行合同义务。"

合同是当事人之间设立、变更、终止民事权利义务关系的协议。当事人姓名、名称的变更，并未使当事人的权利能力和行为能力有所变化，因此当事人的姓名、名称发生变动时，其承担的履约义务不发生变化，当事人必须继续履行合同义务。如不履行合同义务，则必须承担违约责任。同样，当事人的法定代表人、负责人、承办人，均不是合同的当事人，其订立合同的行为是代表法人进行的，不是个人行为，法人应当承担责任，不能因法定代表人、负责人、承办人的变化而影响合同当事人义务的履行，合同当事人应当全面履行合同所规定的义务。

2.3.3　旅游合同履行中的抗辩权

合同履行中的抗辩权是指在合同当事人互负债务的双务合同中，一方当事人根据法律规定就特定事项具有对抗对方当事人的履行请求权,暂时拒绝履行其债务的权利。抗辩权的功能是使对方的请求权消灭或使其效力延期发生。行使合同履行中的抗辩权只是在一定期限内中止履行合同,当发生抗辩权的原因消失后,合同当事人仍应履行合同义务。所以,行使抗辩权行为是《民法典》规定的权利,不属于违约行为。根据《民法典》的规定,抗辩权包括同时履行抗辩权、后履行抗辩权和先履行抗辩权。

1. 同时履行抗辩权

《民法典》第五百二十五条规定:"当事人互负债务,没有先后履行顺序的,应当同时履行。一方在对方履行之前有权拒绝其履行请求。一方在对方履行债务不符合约定时,有权拒绝其相应的履行请求。"应当履行的当事人部分履行合同的,对方当事人有权就未履行部分提出抗辩,拒绝相应的给付,只履行对应的部分。

行使同时履行抗辩权的条件包括以下几方面。

(1) 由同一双务合同产生的互负对价给付债务。

(2) 合同中未约定履行顺序。

(3) 对方当事人没有履行债务或者没有正确履行债务。

(4) 对方的对价给付是可能的履行义务。

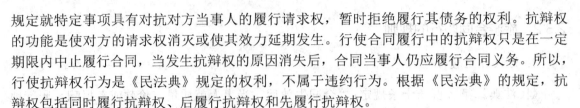

案例分析 2.6

2013 年 12 月 2 日,某旅游涉外饭店与某家具公司签订了客房家具买卖合同。合同约定:家具公司供给饭店包厢中的沙发、茶几、餐桌、椅子、洗漱台等木制家具若干,总价款 380 万元;2014 年 4 月 10 日前在饭店仓库验收交货,饭店支付总货款的 40%;双方验收后,家具公司负责在 15 日内完成家具安装,安装完成后 10 日内,饭店付清余款,运费由家具公司负担;合同签订后 20 日内饭店先预付货款 40 万元,合同当事人如违约,每天按货款总额的 1%支付违约金。

签约后,饭店于 2013 年 12 月 18 日将预付款 40 万元汇入家具公司指定的银行账户。2014 年 4 月 4 日,家具公司用汽车将家具运至饭店指定的仓库,并提交了商检合格证明,但由于饭店只筹集到 60 万元货款,不能按约定支付总货款的 40%(计 152 万元),家具公司始终未卸货验收。家具公司等候数日后,饭店仍不能按约定付足 40%货款,双方协商不成,家具公司的运货车队于 4 月 16 日返回公司所在地。饭店为此诉至市中级人民法院,要求家具公司返还 40 万元预付货款,并按约定支付违约金。

资料来源:李娌. 案例解读《旅游法》[M]. 北京:旅游教育出版社,2014.

问题

1. 家具公司的行为是否构成违约?为什么?

2. 合同当事人行使同时履行抗辩权要具备哪些条件?

2. 后履行抗辩权

《民法典》第五百二十六条规定:"当事人互负债务,有先后履行顺序,应当先履行债务一方未履行的，后履行一方有权拒绝其履行请求。先履行一方履行债务不符合约定的，后履行一方有权拒绝其相应的履行请求。"

行使后履行抗辩权的条件包括以下几方面。

(1) 由同一双务合同产生互负的对价给付债务。

(2) 合同中约定了履行顺序。

(3) 应当先履行的合同当事人没有履行债务或者没有正确履行债务。

(4) 应当先履行的对价给付是可能履行的义务。

 案例分析 2.7

范某准备出国旅游，根据报纸上登载的广告，与某旅行社协商签订了一份旅游合同。合同规定，行程自 1999 年 7 月 15 日开始；范某应在 6 月底之前支付旅游费 10 860 元，在 7 月 10 日前支付担保费 4500 元(按期返回退还)。范某按合同约定的期限支付了旅游费 10 860 元，同时提出是否可减免担保费，旅行社未予同意；范某后又提出是否可交支票抵押，旅行社予以认可。7 月 10 日之后，范某的担保费逾期未交，经旅行社多次催促，范某才于出发前一天，即 7 月 14 日交给旅行社一张 4500 元的支票，作为担保费。7 月 15 日上午，经银行检验，该支票系过期使用，不予兑现。旅行社因此取消了范某 7 月 15 日出国旅游的资格。范某要求旅行社退还全部费用，而旅行社认为范某未按约定交纳担保费，取消其出游资格也是不得已而为之，故同意扣除签证费和机票损失后退还余款。

资料来源：佚名. 旅游管理案例分析[EB/OL]. (2016-05-29)[2021-09-29]. https://www.docin.com/p-1606342865.html.

问题

1. 旅行社行为是违约还是行使抗辩权？为什么？

2. 旅行社行使的是哪一种抗辩权？其成立的要件是什么？

3. 先履行抗辩权

先履行抗辩权又称不安抗辩权，是指合同中约定了履行顺序，合同成立后发生了应当后履行合同一方财务状况恶化的情况。《民法典》第五百二十七条规定："应当先履行债务的当事人，有确切证据证明对方有下列情形之一的，可以中止履行：

(一) 经营状况严重恶化；

(二) 转移财产、抽逃资金，以逃避债务；

(三) 丧失商业信誉；

(四) 有丧失或者可能丧失履行债务能力的其他情形。

当事人没有确切证据中止履行的，应当承担违约责任。"

先履行合同的一方当事人行使不安抗辩权，中止合同的履行时，应当及时通知对方。对方提供适当担保时，应当恢复履行。中止履行后，对方在合理期限内未恢复履行能力且未提供适当担保的，视为以自己的行为表明不履行主要债务，中止履行的一方可以解除合同并可以请求对方承担违约责任。

案例分析 2.8

甲旅游工艺品制造公司与乙旅游工艺品销售公司于 2015 年 3 月 1 日签订一份旅游工艺品买卖合同，约定甲公司于 2015 年 6 月 1 日交付工艺品 600 套，而乙公司收到工艺品后一个月内支付货款 60 万元。甲公司在签订合同后积极组织生产，到 5 月 1 日已经完成 500 套工艺品。此时，乙公司出现经营危机，欠债颇多。乙公司为避债，将存款和一些设备抽调重新组建另一家公司。于是甲公司于 5 月 10 日向法院起诉，主张乙公司预期违约，要求解除与乙公司的合同，并主张赔偿，理由是乙公司抽逃资金转移财产的行为足以使甲公司相信乙公司到期将不履行合同。乙公司辩称，其不存在预期违约行为，对于抽逃资金的行为，依据不安抗辩权的规定，甲公司只能在 6 月 1 日行使不安抗辩权，并履行通知的义务，只有当乙公司在合理期限内没有恢复履行能力或者提供担保时，才能解除合同。

资料来源：佚名. 从本案看预期违约与不安抗辩权的区别适用[EB/OL]. (2018-03-06)[2021-09-29]. http://www.maxlaw.cn/z/20180306/863171551061.shtml.

问题

1. 甲、乙两公司谁的说法是合理的？为什么？
2. 合同当事人行使不安抗辩权要具备哪些条件？

2.3.4 旅游合同的变更与转让

1. 旅游合同的变更

旅游合同的变更是指依法成立的旅游合同尚未履行或未全部履行之前，由合同当事人依法对其内容进行部分修改或补充。

旅游合同的变更具有以下特征。

(1) 旅游合同的变更是以合同有效为前提。

(2) 旅游合同的变更是在合同尚未履行或未全部履行之前进行。

(3) 旅游合同的变更是对合同内容的部分变更。

(4) 旅游合同的变更需双方当事人协商一致。

(5) 旅游合同变更后，当事人应按变更后的合同内容履行；当事人对旅游合同变更的内容约定不明确的，推定旅游合同未变更。

 案例分析 2.9

赵先生于 2015 年国庆节长假期间在某旅行社报名参加韶关游，行程表和报名单上均注明"韶关丹霞山、南华寺、九泷十八滩 3 天团"。但在实际行程中，旅行社改变了漂流地点，在没有任何解释和告知的情况下，改"60 公里 4 小时漂流"为"10 公里 1 小时漂流"。后来，赵先生提出损害赔偿要求。

资料来源：朱迎波. 旅游政策与法规——第五章[EB/OL]. (2012-07-29)[2021-09-29]. https://www.docin.com/p-451580939.html.

问题

1. 旅游合同开始履行后，旅行社在什么情形下可以变更旅游行程？
2. 旅行社的变更行为属于什么性质？
3. 如果旅行社的变更行为构成违约，赵先生该怎么办？

2. 旅游合同的转让

旅游合同的转让，即合同主体的变更，是指合同当事人依法将合同的全部或者部分权利义务转让给第三人的民事法律行为。旅游合同的转让分为旅游合同权利的转让、旅游合同义务的转让、旅游合同权利义务的一并转让。

1）旅游合同权利的转让

旅游合同权利的转让是指旅游合同的债权人通过协议，依法将自己的权利全部或者部分转让给第三人的行为。债权人转让合同权利，应当通知债务人；未经通知，该转让对债务人不发生效力。

在以下几种特殊情况下，旅游合同权利的转让将受到限制。

(1) 根据合同性质不得转让的。这主要是指具有人身性质的权利不得转让。

(2) 按照当事人约定不得转让的。合同是双方当事人意思表示一致的结果，如果双方当事人在合同中约定了合同权利不得转让，债权人就不得违反该约定进行转让。

(3) 依照法律规定不得转让的。依照法律规定不得转让的合同权利，一般是指转让将会危及国家利益和社会公共利益的合同权利。

2）旅游合同义务的转让

旅游合同义务的转让是指旅游合同的债务人依法将其在合同中的义务全部或部分转让给第三人的行为。旅游合同义务的转让须取得债权人的同意，才能对债权人产生法律效力。为保护债权人的利益，法律规定债务人转让合同义务时须征得债权人的同意。

3）旅游合同权利义务的一并转让

旅游合同权利义务的一并转让又称合同权利义务的概括转让，是指旅游合同当事人一方将合同权利和义务一并转让给第三人。合同权利义务的一并转让须征得对方当事人的同意。

案例分析 2.10

张先生与某国际旅行社签订了出境旅游合同。由于临时有重要客户需要接待，张先生无法按约前往旅游。根据合同约定，假如张先生就此放弃旅游，损失会很大。张先生向旅行社提出，由张先生的朋友李先生顶替该名额。由于时间紧迫，无法及时办理护照、签证等相关手续，旅行社拒绝了张先生的要求。在协商未果的情况下，张先生向旅游管理部门投诉。

某旅行社与王先生签订了赴内蒙古旅游合同，王先生交纳了全额团费。合同对住宿的约定是：住蒙古包一晚，住三星级酒店三晚。合同签订后的第 4 天，由于旅行社未能招揽到足够的游客，取消了团队行程。旅行社通知王先生，请他随另一家旅行社去内蒙古旅游，并且住宿变更为住蒙古包两晚，住三星级酒店两晚。王先生拒绝了组团社的变更，并向旅

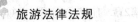

游管理部门投诉。

资料来源：佚名. 2018 年导游资格考试政策与法律法规基础备考题及答案七[EB/OL]. (2018-04-20) [2021-09-29]. https://m.examw.com/dy/Law/moniti/481489/index-3.html；佚名.旅游法知识竞赛库[EB/OL]. [2021-09-29]. https://www.asklib.com/view/41e1a88a83b0.html.

问题

1. 两个案例分别属于哪种类型的旅游合同转让？
2. 旅游合同转让需要遵循哪些法律要求？
3. 对于旅游合同来说，旅游者和旅行社都有单方提出转让的权利吗？

2.3.5　旅游合同的解除

旅游合同的解除，即依法提前终止旅游合同关系，是指旅游合同成立并生效后，因双方当事人约守或者法定事由而终止已经生效的合同权利义务关系的行为。合同的解除有约定解除和法定解除两种形式。

1. 约定解除

约定解除是指旅游合同当事人通过其约定或者行使约定的解除权，自愿解除合同的法律行为。《民法典》第五百六十二条规定："当事人协商一致，可以解除合同。当事人可以约定一方解除合同的事由。解除合同的事由发生时，解除权人可以解除合同。"

约定解除包括协议解除和约定解除权两种情况。协议解除是指合同未履行或未完全履行时，当事人双方通过协商解除合同，从而使合同效力归于消灭。约定解除权是指当事人双方在合同中约定一方解除合同的条件，在条件成就时通过行使合同解除权，使合同效力归于消灭。

2. 法定解除

法定解除是指当事人因法定事由的出现而被迫解除旅游合同的法律行为。

《民法典》第五百六十三条规定："有下列情形之一的，当事人可以解除合同：

(一) 因不可抗力致使不能实现合同目的。

(二) 在履行期限届满前，当事人一方明确表示或者以自己的行为表明不履行主要债务。

(三) 当事人一方迟延履行主要债务，经催告后在合理期限内仍未履行。

(四) 当事人一方迟延履行债务或者有其他违约行为致使不能实现合同目的。

(五) 法律规定的其他情形。

以持续履行的债务为内容的不定期合同，当事人可以随时解除合同，但是应当在合理期限之前通知对方。"

当事人一方依法主张解除合同的，应当通知对方。合同自通知到达对方时解除；通知载明债务人在一定期限内不履行债务则合同自动解除，债务人在该期限内未履行债务的，合同自通知载明的期限届满时解除。对方对解除合同有异议的，任何一方当事人均可以请求人民法院或者仲裁机构确认解除行为的效力。当事人一方未通知对方，直接以提起诉讼或者申请仲裁的方式依法主张解除合同，人民法院或者仲裁机构确认该主张的，合同自起诉状副本或者仲裁申请书副本送达对方时解除。

合同解除后，尚未履行的，终止履行；已经履行的，根据履行情况和合同性质，当事人可以请求恢复原状或者采取其他补救措施，并有权请求赔偿损失。合同因违约解除的，解除权人可以请求违约方承担违约责任，但是当事人另有约定的除外。主合同解除后，担保人对债务人应当承担的民事责任仍应当承担担保责任，但是担保合同另有约定的除外。

案例分析 2.11

刘先生等17人参加了由田园旅行社组织的"峨眉3日游"，双方签订了旅游合同，刘先生等17人交了团费。出发前，旅行社详细介绍了此次旅游的行程安排，游客表示同意。出发当日，刘先生等17人按照约定的时间到达集合地点，旅行社的导游已经在那里等候，导游感到天气突然变凉，便吩咐大家多加点衣服，以防着凉。在旅游车行驶过程中，导游一边讲解沿途的景致，一边和游客聊天。旅游车行驶3个多小时，马上就要进入峨眉山景区的时候，突然发现所有车辆都放慢了速度，而且前方好像出现了交通事故，游客只能看到往峨眉山方向行进的车辆，而看不到从峨眉山返回的车辆。

这时，导游接到旅行社打来的电话，称由于天气原因，峨眉山突然出现霜冻的情况，前方道路非常滑，来往的旅游车已经有近百辆不敢行驶而停在原地，前方交通出现严重堵塞，如果旅游车现在还没有进入景区，请和游客协商解决。导游马上转达了旅行社的意见，如果旅游车继续往前走，很可能被困在路上，到那时就麻烦了。导游耐心地和大家协商并取得了12位游客的同意，而刘先生等5位游客表示异议，但看到大多数人表示同意也就勉强同意了。当导游与游客返回后，旅行社取消了此次"峨眉3日游"并全额退还了游客团费。刘先生等5人以旅行社单方解除合同违反约定为由，要求其赔偿部分损失，旅行社不同意，双方协商未果，刘先生便投诉到旅游质量监督所，要求给予解决。

资料来源：李娌. 案例解读《旅游法》[M]. 北京：旅游教育出版社，2014.

问题

1. 旅行社解除合同的行为合法吗？
2. 刘先生等5位游客不同意解除合同，要求旅行社赔偿是否合理？

2.3.6　旅游合同的终止

旅游合同的终止又称合同的消灭，即由于一定的法律事实的发生，使合同所设定的权利与义务在客观上已不再存在，合同权利与义务归于消灭。

《民法典》第五百五十七条规定："有下列情形之一的，债权债务终止：

（一）债务已经履行；

（二）债务相互抵销；

（三）债务人依法将标的物提存；

（四）债权人免除债务；

（五）债权债务同归于一人；

（六）法律规定或者当事人约定终止的其他情形。

合同解除的，该合同的权利义务关系终止。"

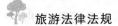

债权债务终止后，当事人应当遵循诚信等原则，根据交易习惯履行通知、协助、保密、旧物回收等义务。

2.4 旅游合同违约责任

违约责任是指合同当事人违反合同义务所应承担的法律责任。违约责任的构成不包括主观要件，不论当事人在主观上是否有过错，只要他在客观上存在没有履行合同约定的行为，即需要承担违约责任。

2.4.1 违约责任的特征

与其他民事责任相比，违约责任具有以下特征。

1. 以违约行为为前提

违约责任的产生是因为旅游合同当事人不履行或不完全履行旅游合同义务，即存在违约行为。

2. 相对性

违约责任仅存在于合同当事人之间，违约责任只能由合同的违约方来承担，而不能将违约责任转嫁给没有合同关系的第三人来承担。

3. 补偿性

违约责任以补偿守约方因违约行为所受的损失为主要目的，以损害赔偿为主要责任形式。

2.4.2 违约责任的归责原则

《民法典》第五百七十七条规定：“当事人一方不履行合同义务或者履行合同义务不符合约定的，应当承担继续履行、采取补救措施或者赔偿损失等违约责任。”由此可见，《民法典》对违约责任采取严格责任原则进行归责。严格责任原则又称无过错责任原则，是指除不可抗力和当事人约定的免责条款外，只要有违约行为，就构成违约责任。

2.4.3 违约责任的承担方式

1. 继续履行

继续履行是指当事人一方不履行合同或者履行合同义务不符合规定时，该违约方根据对方当事人的请求继续履行合同义务的违约责任形式。

2. 采取补救措施

采取补救措施是指消除或者减轻违约损害后果的特殊救济措施。这种违约责任形式一般适用于合同履行不当。

3. 赔偿损失

赔偿损失是指违约方依照法律规定或者合同约定赔偿对方当事人所受损失的责任形式。赔偿损失是最重要的违约责任形式。当事人一方违约的赔偿责任，应当相当于另一方因此所受的损失，包括合同履行后可以获得的利益，但不得超过违约方在订立合同时预见或者应当预见因违反合同可能造成的损失。同时，一方违约后，另一方当事人应当及时采取合理措施防止损失的扩大。否则，不得就扩大的损失要求赔偿。

4. 违约金

当事人可以约定一方违约时应当根据违约情况向对方支付一定数额的违约金，也可以约定因违约产生的损失赔偿额的计算方法。约定的违约金低于造成的损失的，人民法院或者仲裁机构可以根据当事人的请求予以增加；约定的违约金过分高于造成的损失的，人民法院或者仲裁机构可以根据当事人的请求予以适当减少。当事人就迟延履行约定违约金的，违约方支付违约金后，还应当履行债务。

5. 定金责任

定金是指合同当事人为了确保合同的履行，约定由一方按合同标的额的一定比例预先给付对方的金钱。《民法典》五百八十六条规定："当事人可以约定一方向对方给付定金作为债权的担保。定金合同自实际交付定金时成立。定金的数额由当事人约定；但是，不得超过主合同标的额的百分之二十，超过部分不产生定金的效力。实际交付的定金数额多于或者少于约定数额的，视为变更约定的定金数额。"债务人履行债务的，定金应当抵作价款或者收回。给付定金的一方不履行债务或者履行债务不符合约定，致使不能实现合同目的的，无权请求返还定金；收受定金的一方不履行债务或者履行债务不符合约定，致使不能实现合同目的的，应当双倍返还定金。

定金和违约金作为合同违约责任的形式，当事人都可以在合同中进行约定，但两者存在根本区别：定金重在对违约行为的惩罚，以惩罚性为主；而违约金重在对违约所造成的损失补偿，以补偿性为主。当事人在合同中既约定违约金又约定定金的，一方违约时，对方可以选择适用违约金或者定金条款，但不得重复适用。定金不足以弥补一方违约造成的损失的，对方可以请求赔偿超过定金数额的损失。

定金与订金都属于预先给付金钱的范畴，且在合同履行后都发生抵作价款的功能。但定金和订金是不同的：定金作为一种违约责任形式，适用定金罚则，即给付定金的一方不履行约定的债务的，无权要求返还定金；收受定金的一方不履行约定的债务的，应当双倍返还定金。订金在性质上只是一种预付款，如发生违约，支付订金的一方并不失去已支付订金的追索权，收受订金的一方责任止于返还订金。

2.4.4　违约责任的免除

违约责任的免除是指在一定条件下，即使发生了违约行为，违约方也可以不承担违约

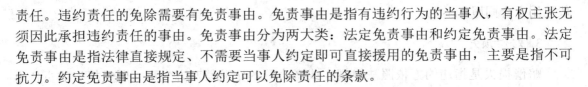

责任。违约责任的免除需要有免责事由。免责事由是指有违约行为的当事人，有权主张无须因此承担违约责任的事由。免责事由分为两大类：法定免责事由和约定免责事由。法定免责事由是指法律直接规定、不需要当事人约定即可直接援用的免责事由，主要是指不可抗力。约定免责事由是指当事人约定可以免除责任的条款。

1. 不可抗力

1) 不可抗力的内涵

不可抗力是指不能预见、不能避免并不能克服的客观情况。不可抗力的发生，严重地阻碍了当事人实施履行合同的行为，因此免除当事人的违约责任，是对当事人合同责任的合理分配，符合公平的原则和通常的交易规则。

根据法律规定，不可抗力作为合同的免责事由，应符合以下条件。

(1) 该事件发生在合同订立之后。当事人在订立合同时，就已经发生的事件，不能作为不可抗力要求免责。

(2) 不可抗力在订立合同时，是双方不能预见的。在判断双方是否能够预见时，不是以具体当事人的预见能力，而是以一般人通常的预见能力为准。

(3) 不可抗力的发生是不可避免的。不可避免是指合同当事人对于可能出现的意外情况尽管采取了及时合理的措施，但是在客观上并不能阻止这一意外情况的发生，即尽管当事人在主观上做了很大的努力，但在客观上并不能阻止这一意外情况的发生。

(4) 不可抗力的影响是不可克服的。不可克服是指合同当事人对于意外事件所造成的损失是不能克服的。如果意外事件造成的结果可以通过当事人的努力而得到克服，则该事件不属于不可抗力事件。

2) 不可抗力的范围

虽然法律明确规定了不可抗力的构成要件，但在具体案例中，对某一事件是否属于不可抗力，以及该不可抗力对合同所造成的影响，仍可能发生争议。通常认为，不可抗力包括以下事件。

(1) 自然灾害。尽管现代科学技术极大地提高了人类对自然灾害的预见和防范能力，但是自然灾害对人类生产生活的负面影响仍然很大。在履行合同的过程中，如遭遇洪灾、地震、泥石流、滑坡、台风、海啸、火山爆发、冻害、雹灾等自然灾害，致使当事人不能履行合同的，当事人通常可以不可抗力为由要求免责。

(2) 社会事件。相对于自然灾害，对这一种类的不可抗力的判断争议更大。通常的情况有：①因政府的行为导致合同不能履行。合同订立之后，政府颁布了有关法律法规、政策，这些法律法规及政策的内容与合同的内容抵触，或者使合同的履行客观上变得不可能，当事人有权因此要求免责。②社会异常事件。例如，战争、罢工、政治动乱、瘟疫等偶发事件，虽然是人为的行为，但也属于当事人在订立合同时不能预见的，会阻碍合同的履行。

3) 不可抗力的法律后果

《民法典》第五百九十条规定："当事人一方因不可抗力不能履行合同的，根据不可抗力的影响，部分或者全部免除责任，但是法律另有规定的除外。当事人迟延履行后发生不可抗力的，不免除其违约责任。"

《旅游法》第六十七条规定："因不可抗力或者旅行社、履行辅助人已尽合理注意义务仍不能避免的事件，影响旅游行程的，按照下列情形处理：

（一）合同不能继续履行的，旅行社和旅游者均可以解除合同。合同不能完全履行的，旅行社经向旅游者作出说明，可以在合理范围内变更合同；旅游者不同意变更的，可以解除合同。

（二）合同解除的，组团社应当在扣除已向地接社或者履行辅助人支付且不可退还的费用后，将余款退还旅游者；合同变更的，因此增加的费用由旅游者承担，减少的费用退还旅游者。

（三）危及旅游者人身、财产安全的，旅行社应当采取相应的安全措施，因此支出的费用，由旅行社与旅游者分担。

（四）造成旅游者滞留的，旅行社应当采取相应的安置措施。因此增加的食宿费用，由旅游者承担；增加的返程费用，由旅行社与旅游者分担。"

由上述规定可见，不可抗力是法定的违约责任的免除条件或免责事由之一。因此，如果当事人对自己主观上无法预见，客观上不能避免、不能克服的事件造成的损失承担法律责任，是不符合公平原则的。不可抗力作为免责事由是有时间限制的，即它只有发生在合同订立之后、履行完毕之前，才能发生作用。

 案例分析 2.12

2016年2月，甲旅行社接待香港某旅游团。按照合同约定，该旅游团在北京游览4天，其中2月11日游览长城。甲旅行社委派导游王某担任该团陪同。王某无正当理由，也未征得该旅游团的同意，擅自变更游览日程，将游览长城的日期改为2月14日，即离京前一天，而将2月11日的行程改为购物。旅游团员对此变更提出疑问，但导游王某未作解释。不料，2月13日天降大雪。2月14日晨，该旅游团赴长城，车至八达岭脚下，积雪封路，不能前行，该团只得返回。第二天，该团成员返回香港，并书面向旅游局投诉称，导游王某未征得旅游者同意，擅自变更接待计划，违反了合同约定，使该旅游团未能游览长城，旅行社应承担赔偿责任。甲旅行社辩称，变更旅游行程属导游员个人行为，与旅行社无关；而导游王某则辩称，造成未能游览长城的原因是大雪封路，属于不可抗力，他本人可以不承担赔偿责任。

资料来源：佚名. 智能考试题库[EB/OL]. (2016-11-23)[2021-10-01]. https://tiku.baidu.com/web/view/609 ca4340166f5335a8102d276a20029bd64630e.

问题

1. 导游王某的辩解合理吗？如果不合理，其行为应受到什么样的处罚？

2. 旅行社的辩解合理吗？如果不合理，其应受到什么样的处罚？

4) 遭遇不可抗力一方当事人的义务

《民法典》第五百九十条规定："因不可抗力不能履行合同的，应当及时通知对方，以减轻可能给对方造成的损失，并应当在合理期限内提供证明。"由此可知，遭遇不可抗力一方当事人具有下列义务。

(1) 及时通知义务。不可抗力发生后，遭遇不可抗力的一方应当及时通知对方，向对方通报自己不能履行或者不能完全履行或者延期履行合同的情况和理由，以期得到对方的协助，共同采取措施，防止和减少损失。

(2) 提供证明义务。不可抗力发生后，遭遇不可抗力的一方当事人应当在合理期限内提供有关机构的证明，以证明不可抗力事件发生及影响当事人履行合同的具体情况。依据合同实践及相关规定，证明应当采用书面形式，而且应当在合理的期限内提供。

需要注意的是，当一方当事人遭遇不可抗力时，必须及时通知对方，并在合理期限内提供证明，这是法定的义务。如果当事人没有履行这两项义务，则不能部分或者全部免除违约责任。

2. 免责条款

免责条款是指当事人在合同中约定免除将来可能发生的违约责任的条款，其所规定的免责事由即约定免责事由。免责条款必须是合法的，《民法典》第五百零六条规定："合同中的下列免责条款无效：

(一) 造成对方人身伤害的；

(二) 因故意或者重大过失造成对方财产损失的。"

本 章 小 结

旅游合同订立的主体资格：当事人应当具有相应的民事权利能力和民事行为能力。

合同的订立程序应当包括要约和承诺两个阶段。

旅游合同包括下列内容：旅行社、旅游者的基本信息；旅游行程安排；旅游团成团的最低人数；交通、住宿、餐饮等旅游服务安排和标准；游览、娱乐等项目的具体内容和时间；自由活动时间安排；旅游费用及其交纳的期限和方式；违约责任和解决纠纷的方式；法律、法规规定和双方约定的其他事项。

包价旅游合同的形式主要包括书面形式、口头形式和其他形式。

旅游合同的有效要件主要有 3 个：第一，订立合同的当事人具有相应的民事权利能力和民事行为能力；第二，合同当事人意思表示真实；第三，合同不违反法律或者社会公共利益。

旅游合同的无效情形包括以下 4 个方面：第一，无民事行为能力人实施的民事法律行为无效；第二，行为人与相对人以虚假的意思表示实施的民事法律行为无效；第三，违反法律、行政法规的强制性规定的民事法律行为无效，违背公序良俗的民事法律行为无效；第四，行为人与相对人恶意串通，损害他人合法权益的民事法律行为无效。

合同履行中的抗辩权主要包括同时履行抗辩权、后履行抗辩权和先履行抗辩权。

违约责任的承担方式主要有继续履行、采取补救措施、赔偿损失、违约金、定金责任。

不可抗力作为合同的免责事由，应符合以下条件：第一，该事件发生在合同订立之后；第二，不可抗力在订立合同时，是双方不能预见的；第三，不可抗力的发生是不可避免的；第四，不可抗力的影响是不可克服的。

关键术语

旅游合同　要约　承诺　同时履行抗辩权　后履行抗辩权　先履行抗辩权　不可抗力
免责事由　订金　定金　违约金

知识链接

1. 全国人大常委会办公厅. 中华人民共和国民法典[M]. 北京：中国民主法制出版社，
2020.

2. 韩玉灵. 旅游法教程[M]. 4 版. 北京：高等教育出版社，2018.

3. 安徽省旅游局. 旅游政策与法规[M]. 合肥：安徽人民出版社，2010.

4. 伏六明. 旅游法规教程[M]. 长沙：湖南大学出版社，2009.

课后习题

一、辨析题

1. 简述要约与要约邀请的区别。

2. 简述定金、订金、违约金的区别。

3. 简述同时履行抗辩权、后履行抗辩权、先履行抗辩权的区别。

4. 简述旅游合同、旅游格式合同的区别。

二、名词解释

1. 不可抗力

2. 法定解除

3. 旅游合同的转让

三、思考题

1. 什么样的合同属于无效合同？

2. 旅游合同违约责任的承担方式有哪些？

3. 旅游合同违约责任的免责事由有哪些？

四、案例分析题

案例 1

某旅游运输公司打算转让一艘豪华邮轮，遂在报纸和电台上发布转让消息。个体业主
张某知道后，去电询问并索要相关资料，该公司传真了资料，报出了转让底价。之后，张
某复电同意购买，但提出要给时间筹集资金，该公司同意给 5 天时间。第 5 天，当张某急匆
匆带着购货款赶到该旅游运输公司时，被告知邮轮已被另一家旅游公司以超过底价的价格
买走。张某当即要求该公司对其往返路费、误工费、贷款利息等进行赔偿，遭到公司拒绝。

根据案例，分析下列问题：

1. 该旅游运输公司拒绝赔偿有无理由？为什么？

2. 要约、要约邀请、承诺之间有什么联系？

案例 2

某境外旅游公司以为旅游者提供旅游咨询和宣传为名，在北京设立了代办处，但是在接待旅游者咨询的过程中，经常私下询问旅游者有没有去国外打工赚钱的意向，并且描述了在国外打工一年可赚 30 万元的诱人前景。李某等 3 人在得到这个消息后，积极与该代办处联系。代办处的人说出国非常容易，只要以旅游的名义即可，当人到了国外，就是自己的事情了。李某等人听后非常高兴，每人交给代办处 2 万元。代办处很快联系了一家国内旅行社，把李某等 3 人编入了去法国的旅游团。在旅游过程中，李某等 3 人故意离团，最后被法国警方抓获，通过中国使馆遣送回国。回国后，一分钱没有赚到的李某等 3 人起诉该旅游公司代办处，要求返还 2 万元旅游费用。

根据案例，分析下列问题：

1. 本案中的旅游合同是否有效？为什么？

2. 应如何处理本案？

第3章 旅游权益保护法规

知识目标	技能目标
① 了解《中华人民共和国消费者权益保护法》； ② 熟悉旅游消费者的基本权利； ③ 熟悉旅游经营者的基本义务； ④ 了解旅游消费者权益争议的解决途径	① 能够分析霸王条款对旅游消费者权益的侵害； ② 能够分析强迫购物对旅游消费者权益的侵害； ③ 了解消费者协会的主要职能

导入案例

因新冠肺炎疫情导致旅游服务合同无法履行的费用能退吗

12月21日，司法部发布3起仲裁工作指导案例，其中包括"大连仲裁委员会关于申请人对被申请人就旅游服务合同纠纷仲裁案"。2020年以来，因新冠疫情导致旅游服务合同无法履行的纠纷逐步增加。上述案件以仲裁方式高效解决双方当事人的旅游合同纠纷，切实维护了旅游者的合法权益。

2020年1月，申请人甲某、乙某与被申请人丙公司签订"度假权益合同"，并于合同签订当日向丙公司支付度假权益价款60 000元。合同签订后，两位申请人要求被申请人提供赴澳大利亚的优惠机票等服务，被申请人告知因疫情不能履约。此后，两位申请人多次要求解除合同并退还60 000元，但遭到丙公司的拒绝。2020年8月，两位申请人和被申请人根据达成的仲裁协议，提请大连仲裁委员会进行仲裁，要求解除合同并返还度假权益价款60 000元。

仲裁庭经审查认为，两位申请人与被申请人签订的"度假权益合同"系双方当事人真实意思的表示，不违反法律、行政法规的强制性规定，对双方当事人均有法律约束力。被申请人因疫情导致合同无法继续履行，应当与两位申请人积极沟通，变更或解除度假旅游合同。在两位申请人明确要求解除合同退还度假权益费用的情况下，被申请人怠于履行退款义务有过错。仲裁庭于2021年5月作出裁决，对两位申请人请求解除合同并退还度假旅游权益费60 000元的仲裁请求予以支持。

记者从司法部获悉，近年来，司法部积极推进仲裁机构专业化建设，支持仲裁机构设立证券期货、知识产权、建设工程等专业仲裁工作平台。2021年6月，司法部与文化和旅游部联合印发《关于开展旅游投诉调解与仲裁衔接试点工作的通知》，研究确定了19个省(区)的34个城市为试点地区，搭建专门的旅游投诉纠纷仲裁平台，建立旅游投诉调解与仲裁工作衔接机制。各仲裁机构围绕仲裁专业化发展有关要求，结合行业特点研究建立专业仲裁工作平台，充分发挥仲裁在化解矛盾纠纷中的专业优势，为推进便捷高效化解纠纷、推进全面依法治国发挥了重要作用。

资料来源：周静圆. 因疫情导致旅游合同无法履行？司法部发布指导案例维护合法权益[EB/OL]. (2021-12-22) [2021-12-27]. https://baijiahao.baidu.com/s?id=1719835115038106697&wfr=spider&for=pc.

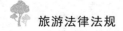

根据案例，思考下列问题：

1. 旅游消费者权益争议的解决途径有哪些？
2. 什么是仲裁？仲裁与其他消费者权益争议解决途径的区别有哪些？

3.1 旅游消费者权益保护法规概述

3.1.1 消费者权益保护法

消费者权益保护法是调整在保护公民消费权益过程中所产生的社会关系的法律规范的总称。消费者权益保护法有广义和狭义两种解释。广义上，消费者权益保护法是指所有保护消费者权益的法律法规。具体而言，除了《中华人民共和国消费者权益保护法》（以下简称《消费者权益保护法》），还包括《中华人民共和国产品质量法》（以下简称《产品质量法》）、《中华人民共和国反不正当竞争法》、《中华人民共和国食品安全法》（以下简称《食品安全法》）、《中华人民共和国广告法》等法律法规中有关保护消费者权益的内容，也包括有关消费者权益保护的地方性法规，如各省份的消费者权益保护条例。狭义上，消费者权益保护法仅指《消费者权益保护法》，该法是我国保护消费者权益的基本法。

1993 年 10 月 31 日，第八届全国人民代表大会常务委员会第四次会议通过了《消费者权益保护法》，自 1994 年 1 月 1 日起施行。2009 年 8 月 27 日，第十一届全国人民代表大会常务委员会第十次会议通过了《关于修改部分法律的规定》，进行第一次修正。2013 年 10 月 25 日，第十二届全国人民代表大会常务委员会第五次会议通过了《全国人民代表大会常务委员会关于修改〈中华人民共和国消费者权益保护法〉的决定》，进行了第二次修正，并于 2014 年 3 月 15 日起施行。该法的颁布实施，是我国第一次以立法的形式全面确认消费者的权利。该法对保护消费者的权益，规范经营者的行为，维护社会经济秩序，促进社会主义市场经济健康发展具有十分重要的意义。

3.1.2 消费者和经营者的定义与特征

消费者是指为生活消费需要而购买、使用商品或者接受服务的个人或单位。

消费者具有以下法律特征：消费特征属生活消费；消费客体是商品或服务；消费方式包括购买、使用商品或接受服务；消费主体包括公民个人和进行生活消费的单位。

经营者是指以营利为目的，从事经营活动的公民、法人和其他经济组织。

经营者具有以下法律特征：主体包括为消费者提供其生产、销售的商品或者提供服务的所有经营者；提供商品或服务以营利为目的，即提供有偿服务；提供商品或服务的方式包括直接和间接两种形式；其成立一般须依法注册登记。在实践中，个别单位或个人未经登记注册而从事经营活动，或者持他人营业执照从事生产经营活动，由于他们所提供的商品或服务直接关系到消费者的切身利益，实际上处于与消费者相对应的经营者地位。因此，我国消费者权益保护法中规定的经营者也涵盖这些单位和个人。

3.1.3 旅游消费者的定义与特征

旅游者作为旅游活动的重要主体，从经济学的范畴来说，首先是一名消费者，具有一般消费者的共性。他们主要通过从市场购买、使用旅游经营者提供的旅游商品和服务，满足其旅游需求。从这个意义上讲，旅游者也是旅游消费者。旅游消费属于生活消费，是满足人的高层次需求，满足人的发展与享受需要的消费，包括旅游者在旅游过程中所购买的物质产品、精神产品及旅游服务。

旅游消费者具有消费者的共性，也具有旅游者的个性。与一般消费者相比，旅游消费者具有以下特征。

(1) 弱者地位更明显。旅游活动空间的移动性和目的性，决定了旅游消费活动在异地进行且停留时间短暂。这种在陌生环境中参加旅游活动、停留时间受到限制的消费特征，决定了旅游者缺乏安全感及需要保护的感受更加强烈。

(2) 对满足消费需求的消费对象有特殊的品质要求。旅游者参加旅游活动是为了满足高层次的消费需求，通过领略风景名胜、体验民俗风情、感受异域风情等消费方式，达到愉悦身心、陶冶情操的目的。从旅游消费行为的角度分析，该消费需求属于精神和文化消费的范畴，与有形产品的消费显然不同。

(3) 风险防范成本高，维权难度大。旅游者购买的旅游产品和服务具有综合消费的特征，对于消费需求满意度，只有在旅游活动结束、旅游者亲身体验或感受后才能作出真实评价。由于旅游活动有"先付费，后服务"的行业特点，旅游合同违约问题难以通过维修、退换等方式予以解决。

3.2 旅游消费者的权利与义务及旅游经营者的义务

3.2.1 旅游消费者的权利

消费者权利是指消费者在购买、使用商品或者接受服务时依法享有的受法律保护的利益。消费者权利是法定权利，通常由一国法律基于消费者的弱势地位而特别赋予。《消费者权益保护法》规定消费者享有 9 项基本权利。

1. 安全保障权

旅游消费者在购买、使用商品或者接受服务时，享有人身、财产安全不受侵犯的权益。为保障旅游消费者安全保障权的实现，旅游者有权要求经营者提供的商品和服务符合保障人身、财产安全的要求。

安全保障权包括人身安全权和财产安全权。人身安全权是指生命安全权和健康安全权不受损害，即享有保持身体各器官及其机能的完整以及生命不受危害的权利。财产安全权是指消费者购买、使用的商品或接受的服务本身的安全，并包括除购买、使用的商品或接受服务之外的其他财产的安全。财产安全是旅游者顺利参加旅游活动的物质基础，也是法律予以保护的内容。

安全保障权是旅游消费者最为关注的基本权利，旅游者的安全问题关系到一个国家或地区旅游业的命运。2020 年以来，新型冠状肺炎疫情全球肆虐，疫情几乎使得国际旅游业陷入瘫痪状态。

为保障旅游消费者安全权的实现，旅游经营者应当做到：①提供的旅游产品和服务应当符合国家标准或者行业标准。对于暂时没有标准的，应保证不存在不合理的危险，符合人身健康、财产安全的要求。②提供的旅游产品和服务在指定用途或者通常可能预见到的用途方面应当安全可靠。③对可能危及旅游者人身、财产安全的旅游产品或服务，旅游经营者要事先向旅游者作出真实的说明和明确的警示，并标明或说明正确使用旅游产品和接受服务的方法。④发现提供的旅游产品和服务存在严重缺陷，应当向有关行政管理部门报告和告知旅游者，并采取各种及时有效的补救、防范措施。

案例分析 3.1

游客李某到某景区游览时，因不慎在景区的一个冰洞摔断腿，与景区就赔偿责任发生纠纷。景区认为自己不应承担责任，其理由是：景区已在冰洞入口处放置了一个提示牌，上面有"小心路滑，注意安全"的警示，因此景区已经尽到告知义务。况且李某是个成年人，自己应该知道冰洞的危险性，所以不应承担责任。李某则辩称，虽然冰洞入口确实有一个提示牌，但是牌子太小且放在暗处，一般游客很难注意到。并且，这种提示非常笼统，并没有明确地说明冰洞路面有冰，不宜穿高跟鞋，等等。所以自己摔断腿的责任，主要应由景区负责。双方各持己见，互不相让。后经法院调查，李某的陈述是真实的。

资料来源：佚名. 旅游法规案例分析[EB/OL]. (2020-05-13)[2021-10-01]. https://wenku.baidu.com/view/2e8069baae1ffc4ffe4733687e21af45b207fedb.html.

问题

在本案中，谁应对此事故承担主要责任？

2. 知悉真情权

知悉真情权是指旅游者在购买、使用旅游服务产品或接受服务时，享有知悉其所购买、使用的旅游服务产品或接受服务的真实情况的权利。旅游者有权要求旅游经营者提供相关情况说明。

知悉真情权的主要内容包括：①有权要求经营者按照法律、法规规定的方式标明商品或者服务的真实情况，如住宿饭店的星级标准、团队餐饮标准等。②有权在购买、使用商品或者接受服务时，询问和了解商品或者服务的有关情况。③有权知悉商品和服务的真实情况。在旅游活动中，这项权利的内容是：在旅游者接受旅游服务时，经营者有为旅游者提供有关知识和真实信息的义务。

为保障旅游消费者知悉真情权的实现，旅游经营者应当做到：①为旅游者提供有关旅游消费的真实信息，不得做引人误解的虚假宣传。②提供的旅游服务项目应当明码标价、质价相符，不得有价格欺诈行为。③提供有偿服务，应当按照规定出具购物凭证和服务单据。

3. 自主选择权

自主选择权是指旅游者在购买旅游产品或者接受旅游服务时，享有根据意愿自主选择商品或者接受服务的权利。

自主选择权的主要内容包括：①旅游者有权自主选择提供商品或者服务的经营者。②旅游者有权自主选择商品品种或者服务方式，即旅游者有权根据自己的经济水平、兴趣爱好进行选择，旅游经营者不得干涉，不得提出强制要求。③旅游者有权自主决定是否购买任何一种商品或者是否接受任何一项服务。旅游者的消费行为和消费范围不受来自任何方面的影响，由自己决定，经营者不得干涉。④在选择商品或者接受服务时，旅游者有权进行比较、鉴别和挑选。譬如，旅游者可以对几家旅行社推出的欧洲游线路进行行程、价格、天数、住宿标准、餐饮标准等方面的对比和鉴别，从中选择最满意的旅游产品。

4. 公平交易权

公平交易权是指旅游者在购买商品或者接受服务时所享有的获得质量优良、价格合理、计量正确等公平交易条件的权利。

公平交易权的主要内容包括：①旅游者与经营者交易行为的发生不存在强迫或歧视。②交易双方以诚相待。一方面，交易结果能够实现旅游者参加旅游活动的预期目的，且物有所值，即旅游者所付出的费用和得到的产品质量、服务质量相匹配；另一方面，旅游经营者的交易目的也能够实现。③公平交易的实现条件是保障质量、价格合理、计量正确以及拒绝强制交易，具体指旅游者有权要求旅游经营者提供的商品、服务不存在不合理的危险，符合国家相关规定和标准；价格应与相应的产品和服务价值大体相当；旅游者对违背其意愿的交易行为可以拒绝。这些条件符合平等、自愿、等价有偿、公平、诚实守信等市场交易的基本原则，是对旅游者合法权益的有效保障。④旅游经营者与旅游者签订合同时应遵循市场交易的基本原则，旅游者有权享受合同约定的服务。

为保障旅游者公平交易权的实现，旅游经营者要做到：①自觉履行合同义务，即按合同约定的期限、路线、航班、车次和服务标准为旅游者提供相应的服务。②履行出具购货凭证或服务单据的义务。③严格遵守国家有关法律、法规和政策，执行有关收费标准。④正确使用格式合同。

5. 获得赔偿权

获得赔偿权又称求偿权，是指旅游者因购买、使用商品或者接受服务受到人身、财产损害的，享有依照法律规定或者合同约定向旅游经营者索赔的权利。享有获得赔偿权的主体是受害人，包括购买者、使用者、接受服务者和第三人(在他人购买、使用旅游产品或接受旅游服务过程中受到人身或财产损害的其他人)。

旅游者获得赔偿权的范围，通常包括人身损害赔偿、财产损害赔偿和精神损害赔偿3个方面：①人身损害，消费者因购买、使用商品或接受服务而致人身损害的，可依法向经营者求偿。②财产损害，主要是指财产上的损失，包括直接损失和间接损失，如旅游中财物被盗、购买假货、发生车祸后付出的医疗费、因受伤不能工作而减少的收入等。③精神损害，是指违反社会公共利益、社会公德侵害他人隐私或者其他人利益的，造成受害人精神痛苦。

6. 依法结社权

旅游者的依法结社权是指旅游者享有的，依照我国有关法律的规定，按照法定程序成立社会团体，以维护自身合法权益的权利。

旅游者的结社权来自《中华人民共和国宪法》(以下简称《宪法》)第三十五条的规定，公民有结社的自由。但是，《宪法》规定的是广泛的结社权，消费领域的结社权源自《宪法》的授权，即主要是指消费者为维护自身利益，依法组织起来的、固定的社会团体组织，以改变单个消费者面对强势经营者的不利地位。

消费者协会和其他消费者组织是依法成立的对商品和服务进行社会监督的保护消费者合法权益的社会团体。成立这些消费者社会团体的主要作用包括：①形成对商品和服务的广泛社会监督。②使侵害消费者利益的行为得到及时纠正。③充当消费纠纷的调解人。④充当政府和消费者之间的桥梁。⑤指导消费者的消费行为，提高消费者的自我保护意识。

7. 获取知识权

获取知识权是指旅游者在购买商品、接受旅游服务时，享有获得与旅游有关的消费知识(诸如服务内容、接受服务的相关信息、实施方法等)以及旅游者合法权益保护知识的权利(诸如权益保护的途径和权益保护的部门等)。

需要说明的是，获取知识权是消费者知情权的延伸，也是消费者获得自主选择权的前提条件。旅游者获取知识权的真正实现，还有赖于旅游者自身的努力。旅游者应不断提高自我保护意识，努力掌握所需商品与服务的相关知识和使用技能，正确使用商品、接受服务。

8. 维护尊严权

维护尊严权是指旅游消费者在购买、使用商品或者接受服务时，享有其人格尊严、民族风俗习惯得到尊重的权利，享有个人信息依法得到保护的权利。

维护尊严权的内容主要包括：①人格尊严得到尊重的权利。人格尊严是人身权的组成部分。人格尊严是旅游者在旅游活动中所享有的名誉权及尊严权不受侵犯的一种民事权利。人格尊严是指人的自尊心和自爱心，包括生命健康权、姓名权、名誉权、荣誉权和肖像权等，上述权利是旅游者参加旅游活动时的基本权利。②民族风俗习惯得到尊重的权利。我国是一个有着 56 个民族的大家庭，各自迥异的风俗习惯不同程度地反映了各民族的历史传统和心理素质；他们有权利保持自己的习俗，也有权利改变自己的习俗；尊重各民族的习俗，就是尊重各民族人民的民族感情、民族意识和民族尊严，也是使这个大家庭得以团结、和谐发展、共同进步的重要条件之一。

为了使旅游者的维护尊严权得到保障，在旅游活动中，旅游经营者和导游人员需要做到以下几点：①不得侮辱、诽谤旅游者。②不得捏造、散布虚假事实。③不得使用不文明、不礼貌语言。④不得搜查旅游者身体及携带的物品。⑤不得侵犯旅游者人身自由。

案例分析 3.2

2013 年 8 月 1 日中午，游客王某与妻子在陕西某饭店用餐时，两名携带宠物狗的妇女一起走进来，坐在王某与妻子的对面用餐。其中一名妇女让小狗趴在桌上，并使用饭店的公用餐具给小狗喂馄饨。王某见状，叫来餐厅服务员，服务员制止了这名妇女的行为。此后，餐厅负责人向王某及其妻子表示歉意，并当场将狗用过的餐具销毁。但王某及其妻子认为他们的人格受到侮辱，要求饭店公开赔礼道歉，并赔偿精神损失费 25 000 元。

无独有偶。2014 年 2 月 13 日中午，游客霍某夫妇来到武昌区一家个体酒吧，点了三菜一汤，正准备就餐时，一对青年男女牵着一只宠物狗坐到霍某夫妇对面，并点了小笼包、牛肉块、一瓶牛奶喂狗。看到此景，霍某夫妇顿感恶心，愤然去找餐厅经理。经理认为这是小事，主要责任在带狗人身上，并且说："法律没有明文规定不让狗进入餐厅，我们也没有办法拒绝类似的客人。"霍某不服，于 16 日上午找律师写起诉书，怒将酒吧告上法庭。

资料来源：佚名. 旅游消费者权益保护法律制度演示教学[EB/OL]. (2018-11-13)[2021-10-01]. https://www.docin.com/p-2150046610.html.

问题

在这类案件中，旅游消费者能否获得精神赔偿？

9. 监督批评权

旅游者享有对旅游商品和服务以及旅游者权益保护工作进行监督的权利，旅游者有权检举、控告侵害旅游者权益的行为和国家机关及其工作人员在保护旅游者权益工作中的违法失职行为，有权对保护旅游者的工作提出批评、建议。消费者权益保护法赋予消费者监督批评权，其目的在于保护广泛的消费者群体，同时也有利于旅游经营者提高服务质量，有助于相关国家机关改进工作作风。

监督批评权的主要内容包括：①旅游者有权对旅游经营者提供的旅游商品和服务的价格、质量、计量、服务态度等进行监督。②旅游者有权对旅游者权益保护工作进行监督，并提出批评和建议。③旅游者有权控告侵害旅游者合法权益的行为和国家机关及其工作人员在保护旅游者权益的过程中的违法失职行为。

旅游者进行监督的方式多种多样，可以向有关机关进行检举和控告，或通过新闻舆论、消费者保护组织对经营者进行监督。

10. 其他权利

除了《消费者权益保护法》规定的 9 项权利，《中华人民共和国旅游法》(以下简称《旅游法》)还另外赋予了旅游者两大权益：①特殊待遇权，即残疾人、老年人、未成年人等旅游者在旅游活动中依照法律、法规和有关规定享受便利和优惠。②寻求救助权，即旅游者在人身、财产遇有危险时，有请求救助和保护的权利。

3.2.2　旅游消费者的义务

旅游消费者在享受权利的同时，要尽一定的义务，只有尽到这些义务，旅游消费者才能真正享有应该享受的权利。《旅游法》第十三至十六条对旅游消费者的义务进行了相应的规定。

1. 文明出游

旅游者在旅游活动中应当遵守社会公共秩序和社会公德，尊重当地的风俗习惯、文化传统和宗教信仰，爱护旅游资源，保护生态环境，遵守旅游文明行为规范。

2. 守法出游

旅游者在旅游活动中或者在解决纠纷时，不得损害当地居民的合法权益，不得干扰他人的旅游活动，不得损害旅游经营者和旅游从业人员的合法权益。出境旅游者不得在境外非法滞留，随团出境的旅游者不得擅自分团、脱团。入境旅游者不得在境内非法滞留，随团入境的旅游者不得擅自分团、脱团。

3. 协作出游

旅游者购买、接受旅游服务时，应当向旅游经营者如实告知与旅游活动相关的个人健康信息，遵守旅游活动中的安全警示规定。旅游者对国家应对重大突发事件暂时限制旅游活动的措施，以及有关部门、机构或者旅游经营者采取的安全防范和应急处置措施，应当予以配合。旅游者违反安全警示规定，或者对国家应对重大突发事件暂时限制旅游活动的措施、安全防范和应急处置措施不予配合的，依法承担相应责任。

 案例分析 3.3

游客王某想去尝试漂流探险。在买票的时候，工作人员告诉王某，有高血压、心脏病和骨骼疾病的人不能参加漂流探险，并且询问王某是否有上述疾病。王某本身有心脏病，但她特别想体验漂流探险的乐趣，便向工作人员隐瞒了有心脏病的事实。结果，王某在漂流探险中因心脏病突发而休克身亡。

资料来源：李娌. 案例解读《旅游法》[M]. 北京：旅游教育出版社，2014.

问题

景区和游客谁应该对此事故负责？

3.2.3　旅游经营者的义务

旅游经营者的义务是指旅游经营者在经营旅游活动中应履行的责任，即旅游经营者依法必须作出一定的行为或者抑制自己的某种行为。旅游经营者的义务与旅游消费者的权利相对应，旅游消费者权利的实现在一定程度上是通过旅游经营者履行义务来实现的。《消费者权益保护法》第十六至二十五条规定，旅游经营者必须履行的义务有以下几项。

1. 依法或约定履行的义务

依法或约定履行的义务包括下列内容：①旅游经营者向旅游消费者提供商品或者服务时，应当履行我国《产品质量法》《食品安全法》《中华人民共和国药品管理法》《广告管理条例》《中华人民共和国商标法》等法律、法规规定的义务。②旅游经营者有履行与旅游消费者合法约定的义务。旅游经营者与旅游消费者的约定是指旅游经营者与旅游消费者之间就商品或服务达成的协议，这是一种双务合同。当然，这种约定不得违背法律、法规的规定。

2. 接受旅游消费者监督的义务

接受旅游消费者监督的义务包括下列内容：①旅游经营者要通过有效途径或方式接受

旅游消费者的批评和建议，诸如设立专门机构、配置专职人员收集、听取旅游消费者的批评和建议，与旅游消费者对话等。②把向旅游消费者提供商品或服务的活动置于旅游消费者有效监督之下。

3. 保证商品或服务安全的义务

保证商品或服务安全的义务包括下列内容：①旅游经营者提供的商品或者服务要符合保障人身、财产安全的要求。旅游经营者应当配备旅游安全设施和安全设备，对旅游设施定期检查、维修，建立安全管理责任制，保障旅游消费者的人身、财产安全。游乐设施运营应当按照国家有关规定取得技术检验部门验收的合格证书。②对可能危及人身、财产安全的商品和服务，应当向旅游消费者作出真实的说明和明确的警示，并说明和标明正确的使用方法以及防止危害发生的方法。③商品或服务存在严重缺陷，即使正确使用也可能造成旅游消费者人身、财产危害的，旅游经营者应立即向有关部门报告并告知旅游消费者，同时采取防止危害发生的措施。

4. 提供商品或服务的真实信息的义务

提供商品或服务的真实信息的义务包括下列内容：①旅游经营者应当向旅游消费者提供有关商品或者服务的真实信息，不得做引人误解的虚假宣传。②旅游经营者对旅游消费者提出的商品或者服务质量、使用方法等问题，应当作出真实、明确的答复。③提供商品或者服务应明码标价。

5. 标明经营者真实名称和标记的义务

标明经营者真实名称和标记的义务包括下列内容：①旅游经营者、租赁他人柜台或营业场所的经营者，应当如实标明企业名称和营业标记。②旅游经营者只能使用自己真实的旅游企业名称或营业标记。不得使用未经核准登记的企业名称；不准擅自改动经核准登记的企业名称；不准假冒他人企业名称和他人持有的营业标记，不准仿冒或使用与他人企业名称或营业标记相似、足以造成旅游消费者误认的企业名称或营业标记。③采用网络、电视、电话、邮购等方式提供商品或者服务的经营者，以及提供证券、保险、银行等金融服务的经营者，还应当向消费者提供经营地址、联系方式、商品或者服务的数量和质量、价款或者费用、履行期限和方式、安全注意事项和风险警示、售后服务、民事责任等信息。

6. 出具购货凭证或服务单据的义务

出具购货凭证或服务单据的义务包括下列内容：①旅游经营者提供商品或者服务，应按国家有关规定或商业惯例向旅游消费者出具购货凭证或服务单据。商业惯例是指某行业的经营者在销售商品或提供服务时普遍遵循的做法，特别是指在向消费者出具购货凭证或服务单据方面的习惯做法。商业惯例虽不是国家法律、法规规定，但为有关的经营者所公认和遵守，在维护正常的交易秩序、保护消费者权益方面发挥着重要作用。购货凭证是指商品销售者在履行买卖合同后向商品购买者出具的证明合同履行的书面凭据。②旅游消费者索要消费凭证、单据，旅游经营者必须出具。

7. 保证商品或服务质量的义务

保证商品或服务质量的义务包括下列内容：①除旅游消费者在购买该商品或接受该服务前已经知道其存在瑕疵外，旅游经营者应当保证在正常使用旅游商品或者接受旅游服务的情况下，其提供的旅游商品或者旅游服务具有一定的质量、性能、用途和有效期限。②旅游经营者以广告、产品、说明、实物样品或其他方式表明旅游商品或者旅游服务的质量状况时，应当保证其提供的旅游商品或者旅游服务的实际质量与标明的质量状况相符合。

8. 承担"三包"和其他责任的义务

承担"三包"和其他责任的义务包括下列内容：①旅游经营者按照规定或者约定对旅游商品承担包修、包换、包退的责任或者其他责任(如违约、侵权、不履行其他义务的责任)。②旅游经营者采用网络、电视、电话、邮购等方式销售商品，消费者有权自收到商品之日起 7 日内退货，且无须说明理由。③根据不同服务行业的特点，按照有关国家规定或约定对其提供的服务承担责任。④不得故意拖延或者无理拒绝履行有关义务。

9. 不得以格式合同等方式限制消费者权利的义务

不得以格式合同等方式限制消费者权利的义务包括下列内容：①旅游经营者不得以格式合同、通知、声明、店堂告示等方式作出对旅游消费者不公平、不合理的规定。②不得以上述方式减轻、免除其损害旅游消费者合法权益应承担的民事责任。③格式合同违反前两项义务的，内容无效。

格式合同又称定型化合同或标准化合同，在消费领域，格式合同指经营者为了与消费者订立合同而单方面拟定的合同条款，其特征为：制定格式合同的主体是经营者；相对方只有接受合同与否的自由，而无参与决定合同内容的自由；合同指向的对象为不特定的多数消费者，在适用对象上具有普遍性；一经制定，可以在相当长的期限内使用，具有固定性和连续性。通知、声明、店堂告示等其他方式是指经营者采用明示的手段，向消费者告知其有关经营情况。通知、声明、店堂告示是实践中的常见方式，此外还有说明、告示、顾客须知等方式。

 案例分析3.4

经常去 KTV 唱歌的市民刘女士，买了一个大号保温杯，去唱歌前在家中装了满满一杯茶，而和她一起去 KTV 的朋友大多也准备了这种保温杯。"记得第一次去 KTV，服务员把我们自带的饮料扣在服务台，大家不得不在包间里点了一壶 58 元的红茶，结果我们发现这壶茶是用两包立顿泡出来的。我们很生气，立顿一包才 1 元钱啊。"说起带保温杯去唱歌的原因，刘女士开始抱怨 KTV 禁止消费者自带酒水的规定。但她并不知道，若按 2014 年 3 月 15 日起实施的《消费者权益保护法》，KTV 禁止消费者自带酒水的做法已经构成违法。《消费者权益保护法》第二十六条规定："经营者不得以格式条款、通知、声明、店堂告示等方式，作出排除或者限制消费者权利、减轻或者免除经营者责任、加重消费者责任等对消费者不公平、不合理的规定，不得利用格式条款并借助技术手段强制交易。格式条款、通知、声明、店堂告示等含有前款所列内容的，其内容无效。"

2013 年 12 月 9 日，北京市工商局公布了餐饮行业 6 种不公平合同格式条款，分别是：禁止自带酒水；消毒餐具工本费一元或消毒餐具另收费；包间最低消费××元；如甲方需减少订席数，须提前 15 天告知乙方，否则乙方将按原订席数全额收费；请保管好自己的物品，谨防被盗，丢失本店概不负责，或公共场所请您携带好您的随身物品，如有丢失后果自负；餐厅有权接受或拒绝顾客自带酒水和食品，如果顾客不接受餐厅建议将被视为自动放弃食品卫生投诉权利。

2014 年 2 月 12 日，最高人民法院明确：禁止自带酒水和包间设置最低消费属于服务合同中的不平等格式条款，俗称霸王条款，是餐饮行业利用其优势地位，在向消费者提供餐饮服务中作出的对于消费者不公平、不合理的规定。消费者在餐饮经营者提供服务时遭遇霸王条款产生纠纷，适用《消费者权益保护法》的规定，维护自身权益。

资料来源：季善红，张冠超. "新消法"实施月余不少 KTV 仍禁止自带酒水[EB/OL]. (2014-04-29) [2021-10-01]. http://dezhou.dzwww.com/focus/201404/t20140429_10146913.htm.

问题

禁止消费者自带酒水的门店告示侵犯了消费者的哪些权利？

10. 尊重消费者人身权利的义务

尊重消费者人身权利的义务包括下列内容：①不得对旅游消费者进行侮辱、诽谤。经营者或利用他人，通过捏造、散布虚伪事实，或以不文明、不礼貌的语言，贬低、诋毁旅游消费者的人格尊严，是侵犯公民名誉权的行为。②不得搜查旅游消费者的身体及其携带的物品。③不得侵犯旅游消费者的人身自由。

11. 为消费者基本信息保密的义务

为消费者基本信息保密的义务包括下列内容：①经营者收集、使用消费者个人信息，应当遵循合法、正当、必要的原则，明示收集、使用信息的目的、方式和范围，并经消费者同意。②经营者收集、使用消费者个人信息，应当公开其收集、使用规则，不得违反法律、法规的规定和双方的约定收集、使用信息。③经营者及其工作人员对收集的消费者个人信息必须严格保密，不得泄露、出售或者非法向他人提供。④经营者应当采取技术措施和其他必要措施，确保信息安全，防止消费者个人信息泄露、丢失。⑤在发生或者可能发生信息泄露、丢失的情况时，应当立即采取补救措施。⑥经营者未经消费者同意或者请求，或者消费者明确表示拒绝的，不得向其发送商业性信息。

12. 其他义务

其他义务包括下列内容：①旅游经营者在经营活动中应当遵守职业道德，依法经营；遵循平等、自愿、公平、诚实信用的原则；公开服务项目和收费标准。②旅游经营者应当建立和保存完整的业务档案，接受旅游行政部门的监督和管理，如实提供旅游经营情况和旅游统计等有关资料。③旅游经营者应当加强对从业人员的教育和培训，按照国家和旅游行业标准，实行规范化、标准化服务。④旅游经营者应当按照国家有关规定取得服务质量等级，实行服务质量标准化管理。未取得服务质量等级的旅游经营者，不得使用服务质量等级标志和称谓进行广告宣传或者经营活动。国家鼓励旅游经营者申请企业质量体系认证。

3.3　旅游消费者权益的保护

3.3.1　国家对旅游消费者权益的保护

保护旅游消费者合法权益是国家应尽的职责，由立法机关、行政机关、司法机关通过采取相应措施来保护。

1. 国家对旅游消费者合法权益的立法保护

完善的法律、法规、政策体系是国家保护旅游消费者合法权益的基础和依据。国家对旅游消费者合法权益的立法保护表现在：①法律规定国家采取立法措施保护旅游消费者合法权益。②国家制定有关旅游消费者权益的法律、法规和政策时，应当根据不同情况，通过不同方式听取旅游消费者的意见和要求。③为了保护消费者的合法权益，维护社会经济秩序，促进社会主义市场经济健康发展，根据《消费者权益保护法》等有关法律、行政法规，各地应结合本地实际，制定保护消费者权益的地方性法规。

2. 国家对旅游消费者合法权益的行政保护

在行政保护措施中，《消费者权益保护法》加重了各级人民政府和工商行政管理部门的责任，通过相应条款将各级人民政府作为该法的主要实施者，并将工商行政管理部门作为该法的主要行政执法机关。各级人民政府通过行使领导权、监督权来履行保护消费者合法权益的职责。有关部门通过行政执法来履行保护消费者合法权益的职责。承担保护职责的有关行政执法机关主要是工商行政管理部门，此外还有技术监督部门、卫生监督管理部门、进出口商品检查部门、各行业主管部门等。

按照国家有关规定，行业主管部门负有对所属行业经营者的监督管理职责。据此，旅游行政管理部门保护旅游者合法权益的责任在于：①加强对旅游经营者的管理，防止损害旅游者利益行为的发生。②参与市场调查，查处违法违规行为。③对已出现的问题积极进行调查处理。④强化有关旅游者权益的服务职能。⑤认真听取旅游者、消费者协会及其他保护消费者权益的社会团体对经营者的交易行为、商品和服务质量问题的意见，及时调查处理。

3. 国家对旅游消费者合法权益的司法保护

负有惩处经营者在提供商品和服务中侵害旅游消费者合法权益的违法犯罪行为职责的公安机关、检察机关、审判机关，应当依照法律、法规规定履行职责。人民法院应当采取措施，方便旅游消费者提起诉讼。对符合《中华人民共和国民事诉讼法》起诉条件的旅游消费者权益争议，必须受理，及时审理。

3.3.2　消费者组织对旅游消费者权益的保护

消费者组织，目前主要是指中国消费者协会和地方各级消费者协会，它们是依法成立的对商品和服务进行社会监督的保护消费者合法权益的社会团体。《消费者权益保护法》对消费者组织的范围、性质、设立、任务等作了规定。

依据《消费者权益保护法》的规定，消费者协会行使下列职能。

(1) 向消费者提供消费信息和咨询服务，提高消费者维护自身合法权益的能力，引导文明、健康、节约资源和保护环境的消费方式。

(2) 参与制定有关消费者权益的法律、法规、规章和强制性标准。

(3) 参与有关行政部门对商品和服务的监督、检查。

(4) 就有关消费者合法权益的问题，向有关部门反映、查询，提出建议。

(5) 受理消费者的投诉，并对投诉事项进行调查、调解。

(6) 投诉事项涉及商品和服务质量问题的，可以委托具备资格的鉴定人鉴定，鉴定人应当告知鉴定意见。

(7) 就损害消费者合法权益的行为，支持受损害的消费者提起诉讼或者依照本法提起诉讼。

(8) 对损害消费者合法权益的行为，通过大众传播媒介予以揭露、批评。

案例分析 3.5

2014 年 10 月至 2015 年 6 月，某市消费者协会先后接到 9 起旅游消费者对某国内旅行社的投诉，并 3 次传唤该社负责人至消费者协会解决与消费者的纠纷，其中 4 起投诉得以解决，剩下 5 起投诉一直未解决。为此，该市消费者协会于 2015 年 6 月 15 日向该旅行社发出黄牌警告通知。通告注明："自 2014 年 10 月至 2015 年 6 月，××旅行社在服务质量方面存在严重损害消费者权益的问题，现已投诉多起，故根据本协会制定的《黄牌警示制度》之规定，决定于 2015 年 6 月 17 日至 6 月 23 日对××旅行社予以挂黄牌警示。"通知送达旅行社的第 3 天，市消费者协会即在其门前挂上了"消费者信不过"的黄牌，当地某媒体也对此事进行了报道。黄牌挂上仅 20 分钟就被旅行社员工摘下。6 月 22 日，旅行社向该市人民法院提起诉讼，诉某市消费者协会、某媒体及记者侵害其名誉权，索赔 20 万元。

资料来源：佚名. 精品旅游消费者权益保护法律制度[EB/OL]. (2018-01-26)[2021-10-01]. https://max.book118. com/html/2018/0125/150514611.shtm.

问题
该消费者协会的行为是否合法？

3.4　消费者权益争议的解决

3.4.1　争议解决的途径

依据《消费者权益保护法》的规定，消费者和经营者发生的消费者权益争议可以通过 5 个途径予以解决，旅游者也可以通过这 5 个途径解决与旅游经营者发生的纠纷。

1. 与经营者协商和解

协商和解是指双方在发生争议后，在平等自愿的基础上，本着公平、合理解决问题的态度和诚意，就与争议有关的问题，相互交换意见，达成和解协议，使纠纷得以解决的活动。

2. 请求消费者协会调解

请求消费者协会调解是指由消费者协会对争议双方当事人进行说服劝导、沟通调解，以促成争议双方达成解决纠纷的协议的活动。

3. 向有关行政部门申诉

发生权益纠纷后，旅游消费者可向有关行政部门提出申诉，要求行政机关维护自身的合法权益。

4. 申请仲裁

双方当事人自愿将争议提交仲裁委员会裁决，其前提是投诉者和被投诉者必须同意采用此种方式解决纠纷并达成协议。

5. 向人民法院提起诉讼

旅游消费者在其合法权益受到侵害时，可以向人民法院起诉，请求人民法院行使国家审判权，依法解决权益争议，保护自身的合法权益。提起诉讼的旅游消费者一定是与争议案件有直接利害关系的受害人；有明确的被告和诉讼请求；有受损害的事实及证据；向有管辖权的人民法院提起诉讼。

3.4.2 赔偿主体及责任的承担

当旅游消费者的合法权益受到损害时，旅游消费者可以依法要求旅游经营者承担损害赔偿的责任。具体而言，有以下几种情形。

(1) 旅游消费者在购买、使用商品时，其合法权益受到损害的，可以向旅游经营者要求赔偿。旅游经营者赔偿后，属于生产者的责任或者属于向旅游经营者提供商品的其他旅游经营者的责任的，旅游经营者有权向生产者或者其他旅游经营者追偿。

(2) 旅游消费者或者其他受害人因商品缺陷而遭受人身、财产损害的，可以向旅游经营者要求赔偿，也可以向生产者要求赔偿。属于生产者责任的，旅游经营者赔偿后，有权向生产者追偿；属于旅游经营者责任的，生产者赔偿后，有权向旅游经营者追偿。

(3) 旅游消费者在接受服务时，若其合法权益受到损害，旅游消费者可以向旅游服务者要求赔偿。

(4) 旅游消费者在购买、使用商品或者接受服务时，其合法权益受到损害，因原企业分立、合并的，旅游消费者可以向变更后承受其权利义务的企业要求赔偿。

(5) 使用他人营业执照的违法经营者，若其提供的商品或者服务损害了旅游消费者的合法权益，则旅游消费者可以直接向其要求赔偿，也可以向营业执照的持有人要求赔偿。

(6) 旅游消费者在展销会、租赁柜台购买商品或者接受服务，其合法权益受到损害的，可以向旅游经营者或者服务者要求赔偿。展销会结束或者柜台租赁期满后，也可以向展销会的举办者、柜台的出租者要求赔偿。展销会的举办者、柜台的出租者赔偿后，有权向旅游经营者或者服务者追偿。

（7）旅游消费者因旅游经营者利用虚假言行提供商品或者服务，其合法权益受到损害的，可以向旅游经营者要求赔偿。旅游经营者发布虚假广告的，旅游消费者可以请求行政主管部门予以惩处。广告经营者不能提供真实名称、地址的，应当承担赔偿责任。

 案例分析 3.6

任某从某旅游景点的一个玉器出租柜台购买了一把价值 3000 元的玉壶，后经专家鉴定，该玉壶为赝品，仅值 200 元。任某立即返回该景点，但已找不到玉器柜台主人。经询问得知，该玉器柜台是某摊主向景区租用的，现租期已满，承租人已不知去向。于是任某与景区交涉，要求景区承担赔偿责任，但景区拒绝给予赔偿。

资料来源：佚名. 消费者[EB/OL]. (2014-04-07)[2021-10-01]. https://wenku.baidu.com/view/2d2bd125ddccda38376baf4b.html.

（问题）

任某是否可以向景区索赔？为什么？

3.4.3　违反《消费者权益保护法》的法律责任

侵害旅游消费者合法权益的单位和个人，应当依法承担法律责任。

1. 违法经营者的民事责任

《消费者权益保护法》第四十八条规定："经营者提供商品或者服务有下列情形之一的，除本法另有规定外，应当依照其他有关法律、法规的规定，承担民事责任：

（一）商品或者服务存在缺陷的；

（二）不具备商品应当具备的使用性能而出售时未作说明的；

（三）不符合在商品或者其包装上注明采用的商品标准的；

（四）不符合商品说明、实物样品等方式表明的质量状况的；

（五）生产国家明令淘汰的商品或者销售失效、变质的商品的；

（六）销售的商品数量不足的；

（七）服务的内容和费用违反约定的；

（八）对消费者提出的修理、重作、更换、退货、补足商品数量、退还货款和服务费用或者赔偿损失的要求，故意拖延或者无理拒绝的；

（九）法律、法规规定的其他损害消费者权益的情形。"

1）侵害人身权的民事责任

经营者提供商品或者服务，造成消费者或者其他受害人人身伤害的，应当赔偿医疗费、护理费、交通费等为治疗和康复支出的合理费用，以及因误工减少的收入。造成残疾的，还应当赔偿残疾生活辅助器具费和残疾赔偿金。造成死亡的，还应当赔偿丧葬费和死亡赔偿金。

经营者侵害消费者的人格尊严、侵犯消费者人身自由或者侵害消费者个人信息依法得到保护的权利的，应当停止侵害、恢复名誉、消除影响、赔礼道歉，并赔偿损失。

经营者有侮辱诽谤、搜查身体、侵犯人身自由等侵害消费者或者其他受害人人身权益的行为，造成严重精神损害的，受害人可以要求精神损害赔偿。

2) 侵犯财产权的民事责任

经营者提供商品或者服务，造成消费者财产损害的，应当依照法律规定或者当事人约定承担修理、重作、更换、退货、补足商品数量、退还货款和服务费用或者赔偿损失等民事责任。

3) 违反约定的民事责任

经营者以预收款方式提供商品或者服务的，应当按照约定提供；未按照约定提供的，应当按照消费者的要求履行约定或者退回预付款，并应当承担预付款的利息、消费者必须支付的合理费用。

4) 提供不合格商品的民事责任

依法经有关行政部门认定为不合格的商品，消费者要求退货的，经营者应当负责退货。

5) 欺诈行为的民事责任

经营者提供商品或者服务有欺诈行为的，应当按照消费者的要求增加赔偿其受到的损失，增加赔偿的金额为消费者购买商品的价款或者接受服务的费用的 3 倍；增加赔偿的金额不足 500 元的，按 500 元赔偿。法律另有规定的，依照其规定。

经营者明知商品或者服务存在缺陷，仍然向消费者提供，造成消费者或者其他受害人死亡或者健康严重损害的，受害人有权要求经营者依照《消费者权益保护法》第四十九条、第五十一条等法律规定赔偿损失，并有权要求所受损失 2 倍以下的惩罚性赔偿。

2. 违法经营者的行政责任

《消费者权益保护法》第五十六条规定："经营者有下列情形之一，除承担相应的民事责任外，其他有关法律、法规对处罚机关和处罚方式有规定的，依照法律、法规的规定执行；法律、法规未作规定的，由工商行政管理部门或者其他有关行政部门责令改正，可以根据情节单处或者并处警告、没收违法所得、处以违法所得一倍以上十倍以下的罚款，没有违法所得的，处以五十万元以下的罚款；情节严重的，责令停业整顿、吊销营业执照：

（一）提供的商品或者服务不符合保障人身、财产安全要求的；

（二）在商品中掺杂、掺假，以假充真，以次充好，或者以不合格商品冒充合格商品的；

（三）生产国家明令淘汰的商品或者销售失效、变质的商品的；

（四）伪造商品的产地，伪造或者冒用他人的厂名、厂址，篡改生产日期，伪造或者冒用认证标志等质量标志的；

（五）销售的商品应当检验、检疫而未检验、检疫或者伪造检验、检疫结果的；

（六）对商品或者服务作虚假或者引人误解的宣传的；

（七）拒绝或者拖延有关行政部门责令对缺陷商品或者服务采取停止销售、警示、召回、无害化处理、销毁、停止生产或者服务等措施的；

（八）对消费者提出的修理、重作、更换、退货、补足商品数量、退还货款和服务费用或者赔偿损失的要求，故意拖延或者无理拒绝的；

(九) 侵害消费者人格尊严、侵犯消费者人身自由或者侵害消费者个人信息依法得到保护的权利的；

(十) 法律、法规规定的对损害消费者权益应当予以处罚的其他情形。

经营者有前款规定情形的，除依照法律、法规规定予以处罚外，处罚机关应当记入信用档案，向社会公布。"

经营者对行政处罚决定不服的，可以依法申请行政复议或者提起行政诉讼。

3. 经营者和国家机关工作人员的刑事责任

(1) 经营者的刑事责任。经营者违反《消费者权益保护法》规定提供商品或者服务，侵害消费者合法权益，构成犯罪的，依法追究刑事责任。以暴力、威胁等方法阻碍有关行政部门工作人员依法执行职务的，依法追究刑事责任；拒绝、阻碍有关行政部门工作人员依法执行职务，未使用暴力、威胁方法的，由公安机关依照《中华人民共和国治安管理处罚法》的规定处罚。

(2) 国家机关工作人员的刑事责任。国家机关工作人员玩忽职守或者包庇经营者侵害消费者合法权益的行为的，由其所在单位或者上级机关给予行政处分；情节严重，构成犯罪的，依法追究刑事责任。

本 章 小 结

作为消费者，旅游者享有 9 项权利：安全保障权、知悉真情权、自主选择权、公平交易权、获得赔偿权、依法结社权、获取知识权、维护尊严权、监督批评权。

为了保障旅游消费者的合法权益，旅游经营者应尽如下义务：依法或约定履行的义务；接受旅游消费者监督的义务；保证商品或服务安全的义务；提供商品或服务的真实信息的义务；标明经营者真实名称和标记的义务；出具购货凭证或服务单据的义务；保证商品或服务质量的义务；承担"三包"和其他责任的义务；不得以格式合同等方式限制消费者权利的义务；尊重消费者人身权利的义务；为消费者基本信息保密的义务；其他义务。

消费者协会的 8 项职能：向消费者提供消费信息和咨询服务，提高消费者维护自身合法权益的能力，引导文明、健康、节约资源和保护环境的消费方式；参与制定有关消费者权益的法律、法规、规章和强制性标准；参与有关行政部门对商品和服务的监督、检查；就有关消费者合法权益的问题，向有关部门反映、查询，提出建议；受理消费者的投诉，并对投诉事项进行调查、调解；投诉事项涉及商品和服务质量问题的，可以委托具备资格的鉴定人鉴定，鉴定人应当告知鉴定意见；就损害消费者合法权益的行为，支持受损害的消费者提起诉讼或者依照《消费者权益保护法》提起诉讼；对损害消费者合法权益的行为，通过大众传播媒介予以揭露、批评。

旅游消费者权益争议解决的 5 个途径：与经营者协商和解；请求消费者协会调解；向有关行政部门申诉；申请仲裁；向人民法院提起诉讼。

关键术语

旅游消费者　旅游经营者　消费者权利　经营者义务　旅游消费者权益保护　中国消费者协会

知识链接

1. 中国法制出版社. 中华人民共和国消费者权益保护法[M]. 北京：中国法制出版社，2013.

2. 中国法制出版社. 中华人民共和国旅游法[M]. 北京：中国法制出版社，2018.

3. 韩玉灵. 旅游法教程[M]. 4 版. 北京：高等教育出版社，2018.

4. 安徽省旅游局. 旅游政策与法规[M]. 合肥：安徽人民出版社，2010.

5. 卢世菊. 旅游法教程[M]. 5 版. 武汉：武汉大学出版社，2014.

6. 伏六明. 旅游法规教程[M]. 长沙：湖南大学出版社，2009.

课 后 习 题

一、单项选择题

现行《消费者权益保护法》于(　　)正式实施。

A. 1994 年 1 月 1 日　　　　　　　　B. 2009 年 8 月 27 日

C. 2013 年 10 月 25 日　　　　　　　D. 2014 年 3 月 15 日

二、多项选择题

1. 旅游消费者权益争议解决的途径主要有(　　)。

A. 与经营者协商和解　　　　　　　B. 请求消费者协会调解

C. 向有关行政部门申诉　　　　　　D. 申请仲裁

E. 向人民法院提起诉讼

2. 为了使旅游消费者的维护尊严权得到保障，在旅游活动中，旅游经营者和导游人员需要做到(　　)。

A. 不得侮辱、诽谤旅游者　　　　　B. 不得捏造、散布虚假事实

C. 不得使用不文明、不礼貌的语言　D. 不得搜查旅游者身体及携带的物品

E. 不得侵犯旅游者人身自由

三、思考题

1. 旅游者是不是消费者？为什么？

2. 作为消费者，旅游者享有哪些权利？

3. 为了保障旅游消费者的权益，旅游经营者应该尽哪些义务？

四、案例分析题

某旅游团一行 20 人，参加某国际旅行社组织的新马泰游，返程后游客诉称，他们按合同约定足额交纳了团款和每人 1500 元的自费项目费，到达泰国后，泰国地接社导游又向每人收取 1000 元的自费项目费。他们对此质疑，但泰国地接社导游解释每人之前所交的 1500 元是补交的团款。他们认为领队伙同泰国地接社导游，巧立名目，违反合同约定，擅自加收自费项目费。他们要求旅行社就此事予以说明，并退还每人多收的 1000 元自费项目费。

旅行社辩称，临行前向游客收取的 1500 元是境外白天参加自费项目的费用，到泰国后，游客自愿参加了泰国地接社组织的夜间自费项目。泰国地接社导游所说，前面每人所交的 1500 元用于补团款，这是为能顺利推销自费项目所采取的不负责的说法，领队没有及时制止，负有不可推卸的责任。但是游客已经参加了这 1000 元自费项目费所包括的活动，已产生了费用，故无法向游客退还 1000 元。旅行社愿与投诉者协商解决经济赔偿问题，并对领队严肃处理。

经旅游质监所调查核实，并召集旅行社与游客进行调解后，旅行社与游客达成了和解协议，一次性补偿每位游客 400 元，20 人共计 8000 元。

资料来源：佚名. 旅游消费者权益保护法律制度演示教学[EB/OL]. (2018-11-13)[2021-10-01]. https://www.docin.com/p-2150046610.html.

根据案例，分析下列问题：

1. 案例中，游客的权益是否受到侵害？哪方面权利受到侵害？
2. 领队应尽什么义务？在本案例中，领队是否尽到义务？
3. 应如何处理本案？

第4章 旅行社管理法规

知识目标	技能目标
① 了解旅行社的基本概念；	① 能够区分旅行社责任保险和旅游意外保险；
② 掌握旅行社的业务范围；	② 能够分析旅行社超范围经营的主要情形；
③ 熟悉旅行社设立的条件；	③ 能够剖析旅行社组织的不合理低价游现象；
④ 熟悉旅行社管理规范；	④ 能够阐述网络经营旅行社的规范化问题；
⑤ 掌握旅行社经营规范	⑤ 能够分析旅行社如何保障旅游者的安全权

旅行社到底是做什么的

甲：你是做什么工作的？

乙：我是做导游工作的。

甲：你在旅游公司上班？

乙：是的，我在旅行社上班。

甲：旅行社是不是就负责带游客出去玩啊？

乙：不完全是这样。

甲：我想到日本旅游找你行吗？

乙：我们旅行社不能做日本线路旅游项目。

资料来源：佚名. 模块三旅行社法规制度[EB/OL]. (2015-02-28)[2021-10-01]. http://www.doc88.com/p-0098549685668.html.

根据案例，思考下列问题：

1. 旅行社是做什么业务的？

2. 是不是所有的旅行社都可以随意组织游客去任何地方旅游？

4.1 旅行社的概念及业务经营范围

2009年1月21日，《旅行社条例》(国务院令第550号)正式发布，自2009年5月1日起施行，根据2016年2月6日《国务院关于修改部分行政法规的决定》予以第一次修订，根据2017年3月1日《国务院关于修改和废止部分行政法规的决定》予以第二次修订，根据2020年11月29日《国务院关于修改和废止部分行政法规的决定》予以第三次修订。

2009年4月2日，《旅行社条例实施细则》经国家旅游局第四次局长办公会议审议通过，自2009年5月3日起施行，根据2016年12月6日国家旅游局第十七次局长办公会议审议通过，2016年12月12日国家旅游局令第42号公布施行的《国家旅游局关于修改〈旅行社条例实施细则〉和废止〈出境旅游领队人员管理办法〉的决定》修改。

4.1.1　旅行社的概念

《旅行社条例》第二条规定："本条例所称旅行社，是指从事招徕、组织、接待旅游者等活动，为旅游者提供相关旅游服务，开展国内旅游业务、入境旅游业务或者出境旅游业务的企业法人。"

《旅行社条例实施细则》指出，《旅行社条例》第二条所称招徕、组织、接待旅游者提供的相关旅游服务，主要包括：①安排交通服务；②安排住宿服务；③安排餐饮服务；④安排观光游览、休闲度假等服务；⑤导游、领队服务；⑥旅游咨询、旅游活动设计服务。

旅行社还可以接受委托，提供下列旅游服务：①接受旅游者的委托，代订交通客票、代订住宿和代办出境、入境、签证手续等；②接受机关、事业单位和社会团体的委托，为其差旅、考察、会议、展览等公务活动，代办交通、住宿、餐饮、会务等事务；③接受企业委托，为其各类商务活动、奖励旅游等，代办交通、住宿、餐饮、会务、观光游览、休闲度假等事务；④其他旅游服务。前款所列出境、签证手续等服务，应当由具备出境旅游业务经营权的旅行社代办。

4.1.2　旅行社的业务经营范围

《旅游法》第二十九条规定："旅行社可以经营下列业务：
(一) 境内旅游；
(二) 出境旅游；
(三) 边境旅游；
(四) 入境旅游；
(五) 其他旅游业务。
旅行社经营前款第二项和第三项业务，应当取得相应的业务经营许可，具体条件由国务院规定。"

(1) 境内旅游业务是指旅行社招徕、组织和接待中国境内居民在中国境内旅游的业务。

(2) 出境旅游业务是指旅行社招徕、组织、接待中国境内居民出国旅游、赴中国香港特别行政区、中国澳门特别行政区和中国台湾地区旅游，以及招徕、组织、接待在中国境内的外国人，在内地的香港特别行政区、澳门特别行政区居民和在大陆的台湾地区居民出境旅游的业务。

(3) 边境旅游业务，一般而言，它是指中国边境地区的居民到相邻国家的边境城市所做的短期旅游活动。具体来说，它是指经批准的旅行社组织和接待我国及毗邻国家的公民，集体从指定的边境口岸出入境，在双方政府商定的区域和期限内进行的旅游活动。旅游者参加边境游，只需要办一张两天左右就可以签出的边境通行证，不用耗费半个月时间办护照拿签证，就能参团畅游邻国，相当方便快捷。

(4) 入境旅游业务是指旅行社招徕、组织、接待外国旅游者来中国境内旅游，中国香港特别行政区、中国澳门特别行政区旅游者来内地旅游，中国台湾地区居民来大陆旅游，以及招徕、组织、接待在中国境内的外国人，在内地的香港特别行政区、澳门特别行政区居民和在大陆的台湾地区居民在境内旅游的业务。

4.2 旅行社的设立

4.2.1 设立旅行社的条件

《旅游法》第二十八条规定，设立旅行社，招徕、组织、接待旅游者，为其提供旅游服务，应当具备下列条件，取得旅游主管部门的许可，依法办理工商登记。

(1) 有固定的经营场所。《旅行社条例实施细则》第六条规定，旅行社的经营场所应当符合下列要求：第一，申请者拥有产权的营业用房，或者申请者租用的、租期不少于 1 年的营业用房；第二，营业用房应当满足申请者业务经营的需要。

(2) 有必要的营业设施。《旅行社条例实施细则》第六条规定，旅行社的营业设施应当至少包括下列设施、设备：第一，两部以上直线固定电话；第二，传真机、复印机；第三，具备与旅游行政管理部门及其他旅游经营者联网条件的计算机。

(3) 有符合规定的注册资本。《旅行社条例》第六条规定，旅行社应有不少于 30 万元的注册资本。

(4) 有必要的经营管理人员和导游。2013 年 9 月 2 日，国家旅游局《关于执行〈旅游法〉有关规定的通知》(旅发〔2013〕280 号)规定，"必要的经营管理人员"是指具有旅行社从业经历或者相关专业经历的经理人员和计调人员；"必要的导游"是指有不低于旅行社在职员工总数 20%且不少于 3 名、与旅行社签订固定期限或者无固定期限劳动合同的持有导游证的导游。2013 年 10 月 1 日前已取得旅行社业务经营许可证的旅行社，在 2014 年 10 月 1 日前，应当具备《旅游法》规定的相应许可条件。

(5) 法律、行政法规规定的其他条件。

4.2.2 设立旅行社的程序

1. 提出申请

《旅行社条例实施细则》第八条规定："申请设立旅行社，经营国内旅游业务和入境旅游业务的，应当向省、自治区、直辖市旅游行政管理部门提交下列文件：

(一) 设立申请书。内容包括申请设立的旅行社的中英文名称及英文缩写，设立地址，企业形式、出资人、出资额和出资方式，申请人、受理申请部门的全称、申请书名称和申请的时间；

(二) 法定代表人履历表及身份证明；

(三) 企业章程；

(四) 经营场所的证明；

(五) 营业设施、设备的证明或者说明；

(六) 工商行政管理部门出具的《企业法人营业执照》。"

2. 取得业务经营许可证

《旅行社条例》第七条规定："申请设立旅行社，经营国内旅游业务和入境旅游业务的，应当向所在地省、自治区、直辖市旅游行政管理部门或者其委托的设区的市级旅游行政管理部门提出申请，并提交符合本条例第六条规定的相关证明文件。受理申请的旅游行政管理部门应当自受理申请之日起二十个工作日内作出许可或者不予许可的决定。予以许可的，向申请人颁发旅行社业务经营许可证，申请人持旅行社业务经营许可证向工商行政管理部门办理设立登记；不予许可的，书面通知申请人并说明理由。"

《旅行社条例》第八条规定："旅行社取得经营许可满两年，且未因侵害旅游者合法权益受到行政机关罚款以上处罚的，可以申请经营出境旅游业务。"

《旅行社条例》第九条规定："申请经营出境旅游业务的，应当向国务院旅游行政主管部门或者其委托的省、自治区、直辖市旅游行政管理部门提出申请，同第 7 条向申请人换发旅行社业务经营许可证，旅行社应当持换发的旅行社业务经营许可证到工商行政管理部门办理变更登记；不予许可的，书面通知申请人并说明理由。"

3. 存入旅游服务质量保证金

2013 年 9 月 26 日，国家旅游局办公室将《旅行社质量保证金存取管理办法》修改为《旅游服务质量保证金存取管理办法》(旅办发〔2013〕170 号)。《旅游服务质量保证金存取管理办法》第二条规定："旅游服务质量保证金是指根据《中华人民共和国旅游法》及《旅行社条例》的规定，由旅行社在指定银行缴存或由银行担保提供的一定数额用于旅游服务质量赔偿支付和团队旅游者人身安全遇有危险时紧急救助费用垫付的资金。"

《旅行社条例》第十三条规定："旅行社应当自取得旅行社业务经营许可证之日起 3 个工作日内，在国务院旅游行政主管部门指定的银行开设专门的质量保证金账户，存入质量保证金，或者向作出许可的旅游行政管理部门提交依法取得的担保额度不低于相应质量保证金数额的银行担保。经营国内旅游业务和入境旅游业务的旅行社，应当存入质量保证金20 万元；经营出境旅游业务的旅行社，应当增存质量保证金120 万元。"

4.2.3 旅行社分支机构的设立

旅行社根据业务经营和发展的需要，可以设立旅行社分社和旅行社服务网点等分支机构。旅行社分社及服务网点不具有法人资格，以设立分社、服务网点的旅行社的名义从事《旅行社条例》规定的经营活动，其经营活动的责任和后果由设立社承担。

1. 旅行社分社的设立

《旅行社条例》第十条规定："旅行社设立分社的，应当持旅行社业务经营许可证副本向分社所在地的工商行政管理部门办理设立登记，并自设立登记之日起 3 个工作日内向分社所在地的旅游行政管理部门备案。"分社的名称中应当包含设立社名称、分社所在地地名和"分社"或者"分公司"字样。

(1) 设立分社的区域范围。《旅行社条例》第十条规定："旅行社分社的设立不受地域限制。"也就是说，分社可以在设立社所在行政区域内设立，也可以在全国范围内设立。

(2) 设立分社的数量。《旅行社条例》和《旅行社条例实施细则》均没有对旅行社设立分社数量进行限制，旅行社设立分社的数量，包括在同一区域、同一城市设立分社的数量，由旅行社根据经营服务的需要决定，旅游行政管理部门应该会同工商行政管理部门加强指导、规范。

(3) 分社的经营范围。分社不具有法人资格，没有民事主体资格，不能独立承担民事责任。据此，分社的经营范围不得超出设立分社的旅行社的经营范围。经营出境旅游业务的旅行社可以根据市场发展需要来设立分社，既可以设立只经营境内旅游业务和入境旅游业务的分社，也可以设立只经营出境旅游业务的分社，还可以设立经营境内、入境和出境旅游业务的分社。赴台游旅行社跨省级行政区域设立的分社，一律不得经营赴台游业务，在本省级行政区域内设立的分社只能从事赴台游客招徕业务。

(4) 分社增存质量保证金数量。许可经营境内旅游业务和入境旅游业务的旅行社每设立一个经营境内旅游业务和入境旅游业务的分社，应当向其质量保证金账户增存5万元。许可经营出境旅游业务的旅行社每设立一个经营境内旅游业务和入境旅游业务的分社，应当向其质量保证金账户增存5万元；每设立一个经营出境旅游业务的分社，应当向其质量保证金账户增存30万元；每设立一个经营境内旅游业务、入境旅游业务和出境旅游业务的分社，应当向其质量保证金账户增存35万元。根据国家旅游局《关于实施〈旅行社条例〉和〈旅行社条例实施细则〉有关问题的通知》(旅监管发〔2009〕231号)第三条的规定，旅行社在降低质量保证金比例后设立分社，其应当相应增存质量保证金的数额分别为2.5万元、15万元和17.5万元。

(5) 分社增存质量保证金的管辖地。根据《旅行社条例》第十四条的规定，旅行社设立分社，应当向本社质量保证金账户增存相应数量的质量保证金，而非在分社设立地开设质量保证金账户增存质量保证金。

2. 旅游服务网点的设立

旅游服务网点是旅行社设立的，为旅行社招徕旅游者，并以旅行社的名义与旅游者签订旅游合同的门市部等机构。

关于设立社设立服务网点的区域范围，2015年9月22日，国家旅游局发布了《关于放宽旅行社设立服务网点政策有关事项的通知》(旅发〔2015〕211号)，允许设立社在所在地的省(自治区、直辖市)行政区划内及其分社所在地的设区的市的行政区划内设立服务网点，不受数量限制。

在设立社所在地的省(自治区、直辖市)行政区划内设立服务网点的，设立社在服务网点所在地工商行政管理部门办理服务网点设立登记后，应当在3个工作日内，持设立社营业执照副本、设立社旅行社业务经营许可证副本、服务网点的营业执照、服务网点经理的履历表和身份证明向服务网点所在地与工商登记同级的旅游主管部门备案。

旅行社在其分社所在地的设区的市的行政区划内设立服务网点的，设立社在服务网点所在地工商行政管理部门办理服务网点设立登记后，应当在3个工作日内，持设立社营业执照副本、设立社旅行社业务经营许可证副本、分社的营业执照、旅行社分社备案登记证明、服务网点的营业执照、服务网点经理的履历表和身份证明向服务网点所在地与工商登记同级的旅游主管部门备案。

服务网点应当设在方便旅游者认识和出入的公共场所。

旅行社服务网点名称应当由设立旅行社名称、服务网点所在地地名、"门市部"或"营业部"三部分构成。服务网点的名称、标牌不得含有使消费者误解为是旅行社或者分社的内容，也不得使用易使消费者误解的简称。

服务网点应当在设立社的经营范围内招徕旅游者、提供旅游咨询服务。旅行社服务网点应当接受旅行社的统一管理，不得从事招徕、咨询以外的旅行社业务经营活动。

3. 对分社和服务网点的管理

分社、服务网点备案后，受理备案的旅游行政管理部门应当向旅行社颁发《旅行社分社备案登记证明》或者《旅行社服务网点备案登记证明》。

设立社应当与分社、服务网点的员工订立劳动合同。

设立社应当加强对分社和服务网点的管理，对分社实行统一的人事、财务、招徕、接待制度规范，对服务网点实行统一管理、统一财务、统一招徕和统一咨询服务规范。

根据《旅行社条例》第四十六条和《旅行社条例实施细则》第五十八条的规定，分社超出设立分社的旅行社的经营范围经营旅游业务的，旅行社服务网点从事招徕、咨询以外的旅行社业务经营活动的，或者旅行社的办事处、联络处、代表处等从事旅行社业务经营活动的，由旅游行政管理部门或者工商行政管理部门责令改正，没收违法所得，违法所得十万元以上的，并处违法所得一倍以上五倍以下的罚款；违法所得不足十万元或者没有违法所得的，并处十万元以上五十万元以下的罚款。

🌳 案例分析 4.1

广州大型国际旅行社广之旅表示，该社在珠三角地区设立的 7 家非法人分社已正式开张营业，这一举措意味着珠三角居民可以在居住地报名参加名牌旅行社出境游旅行团，使更多的游客得到实惠，并有利于旅行社在经营操作中形成"航母式"规模效应。这是实施新的行政许可法后，旅游业首开跨地区成立分社的先河。随着旅行社设立分社壁垒的打破，珠三角旅游一体化进入实质性阶段，越来越多的市民将享受到出境游自由选择组团社的便利和自由市场竞争下性价比更高的旅游产品。

资料来源：莫非，汤绮婷. 广之旅首设非法人分社 广东旅游航母扬帆起航[EB/OL]. (2005-01-06)[2021-10-01]. http://news.sina.com.cn/o/2005-01-06/09164734175s.shtml.

问题

1. 旅行社分社的设立是否有地域限制？
2. 非法人分社与独立法人分社有何区别？

4.2.4　外商投资旅行社的设立

1. 审批程序

《旅行社条例》第二十二条规定："设立外商投资旅行社，由投资者向国务院旅游行政主管部门提出申请，并提交符合本条例第六条规定条件的相关证明文件。国务院旅游行政主管部门应当自受理申请之日起 30 个工作日内审查完毕。同意设立的，出具外商投资旅行社业务许可审定意见书；不同意设立的，书面通知申请人并说明理由。

申请人持外商投资旅行社业务许可审定意见书、章程,合资、合作双方签订的合同向国务院商务主管部门提出设立外商投资企业的申请。国务院商务主管部门应当依照有关法律、法规的规定,作出批准或者不予批准的决定。予以批准的,颁发外商投资企业批准证书,并通知申请人向国务院旅游行政主管部门领取旅行社业务经营许可证,申请人持旅行社业务经营许可证和外商投资企业批准证书向工商行政管理部门办理设立登记;不予批准的,书面通知申请人并说明理由。"

2. 经营管理

《旅行社条例》第二十三条规定:"外商投资旅行社不得经营中国内地居民出国旅游业务以及赴香港特别行政区、澳门特别行政区和台湾地区旅游的业务,但是国务院决定或者我国签署的自由贸易协定和内地与香港、澳门关于建立更紧密经贸关系的安排另有规定的除外。"

2010年8月29日,国家旅游局和商务部联合下发的《中外合资经营旅行社试点经营出境旅游业务监管暂行办法》规定,国家在试点的基础上,逐步对外商投资旅行社开放经营中国内地居民出境旅游业务。2011年5月23日,国家旅游局公布了第一批试点经营中国公民出境旅游业务的三家中外合资经营旅行社名单,分别为中旅途易旅游有限公司、国旅运通旅行社有限公司、交通公社新纪元国际旅行社有限公司。

2012年12月19日,国家旅游局办公室下发了《关于落实内地与香港、澳门〈关于建立更紧密经贸关系安排补充协议九〉有关旅游措施的通知》,通知规定,在内地设立的香港、澳门独资或合资旅行社,可以申请经营旅行社所在地省、自治区、直辖市正式户籍的居民前往香港、澳门的团队旅游业务。允许符合条件的内地与香港、澳门各一家合资旅行社试点经营内地居民前往香港及澳门以外目的地(不含台湾地区)的团队出境游业务。具体许可条件和程序等按照《旅行社条例》和《中外合资经营旅行社试点经营出境旅游业务监管暂行办法》的有关规定执行。

2019年1月13日,国务院批复了《全面推进北京市服务业扩大开放综合试点工作方案》,明确支持在京设立并符合条件的中外合资旅行社从事除中国台湾地区以外的出境游业务,允许在京设立的外商独资经营旅行社试点经营中国公民出境旅游业务(赴中国台湾地区除外)。

《旅行社条例》第五十一条规定:"违反本条例的规定,外商投资旅行社经营中国内地居民出国旅游业务以及赴香港特别行政区、澳门特别行政区和台湾地区旅游业务,或者经营出境旅游业务的旅行社组织旅游者到国务院旅游行政主管部门公布的中国公民出境旅游目的地之外的国家和地区旅游的,由旅游行政管理部门责令改正,同第四十六条,并处10万元以上50万元以下的罚款;情节严重的,吊销旅行社业务经营许可证。"

4.3 旅行社管理制度

4.3.1 旅行社业务经营许可制度

旅行社业务经营许可证是指有许可权的旅游主管部门颁发的、证明持证人具有从事旅游业务资格经营的凭证。为保证许可证的权威性、严肃性和统一性，旅行社业务经营许可证及其副本由国家旅游行政管理部门统一样式，国家旅游行政管理部门和省级旅游行政管理部门分别印制。

未取得相应的旅行社业务经营许可，经营国内旅游业务、入境旅游业务、出境旅游业务的，由旅游行政管理部门或者工商行政管理部门责令改正，没收违法所得，违法所得 10 万元以上的，并处违法所得 1 倍以上 5 倍以下的罚款；违法所得不足 10 万元或者没有违法所得的，并处 10 万元以上 50 万元以下的罚款。

旅行社及其分社、服务网点，应当将《旅行社业务经营许可证》《旅行社分社备案登记证明》或《旅行社服务网点备案登记证明》，与营业执照一起，悬挂在经营场所的显要位置，以便有关部门监督检查以及旅游者和其他企业识别。

旅行社业务经营许可证及其副本损毁或者遗失的，旅行社应当向原许可的旅游行政管理部门申请换发或者补发。申请补发旅行社业务经营许可证及其副本的，旅行社应当通过本省、自治区、直辖市范围内公开发行的报刊，或者省级以上旅游行政管理部门网站，刊登损毁或者遗失声明。

旅行社业务经营许可证不得转让、出租或者出借。

《旅行社条例实施细则》第二十七条规定："旅行社的下列行为属于转让、出租或者出借旅行社业务经营许可证的行为：

(一) 除招徕旅游者和符合本实施细则第四十条第一款规定的接待旅游者的情形外，准许或者默许其他企业、团体或者个人，以自己的名义从事旅行社业务经营活动的；

(二) 准许其他企业、团体或者个人，以部门或者个人承包、挂靠的形式经营旅行社业务的。"

《旅行社条例实施细则》第四十条第一款规定："旅行社需要将在旅游目的地接待旅游者的业务作出委托的，应当按照《条例》第三十六条的规定，委托给旅游目的地的旅行社并签订委托接待合同。"

《旅行社条例》第四十七条规定："旅行社转让、出租、出借旅行社业务经营许可证的，由旅游行政管理部门责令停业整顿 1 个月至 3 个月，并没收违法所得；情节严重的，吊销旅行社业务经营许可证。受让或者租借旅行社业务经营许可证的，由旅游行政管理部门责令停止非法经营，没收违法所得，并处 10 万元以上 50 万元以下的罚款。"

《旅游法》第九十五条补充规定："对直接负责的主管人员，处二千元以上二万元以下罚款。"

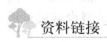 资料链接

指定旅行社经营大陆居民赴台旅游业务

2006 年 4 月 16 日，国家旅游局、公安部、国务院台湾事务办公室联合印发了《大陆居民赴台湾地区旅游管理办法》，该办法规定：大陆居民赴台湾地区旅游，须由指定经营大陆居民赴台旅游业务的旅行社组织，以团队形式整团往返。参游人员在台湾地区期间须集体活动。组团社由国家旅游局会同有关部门，从已批准的特许经营出境旅游业务的旅行社范

围内指定，由海峡两岸旅游交流协会公布。除被指定的组团社外，任何单位和个人不得经营大陆居民赴台旅游业务。

2008年6月17日，海峡两岸旅游交流协会公布了我国首批33家指定经营大陆居民赴台旅游业务旅行社。此后，2009年2月、2010年7月、2012年7月、2013年8月、2015年3月又先后公布了5批。截至2015年3月18日，我国共有6批311家指定经营大陆居民赴台旅游业务的旅行社。

资料来源：佚名. 第一至第六批指定经营大陆居民赴台旅游业务旅行社名单[EB/OL]. (2015-09-11)[2021-10-01]. https://www.docin.com/p-1286252874.html.

4.3.2 旅游服务质量保证金制度

1995年1月1日，国家旅游局颁布了《旅行社质量保证金暂行规定》和《旅行社质量保证金暂行规定实施细则》，初步形成了旅行社质量保证金制度。它在保障旅游者权益、规范旅行社经营服务、提高旅行社的整体质量和服务水准等方面发挥了非常重要的作用。2009年发布的《旅行社条例》及《旅行社质量保证金存取管理办法》对这一制度进行了一定的改革。2013年，国家旅游局将《旅行社质量保证金存取管理办法》修改为《旅游服务质量保证金存取管理办法》，使之进一步丰富和完善。

1. 保证金的基本特征

旅游服务质量保证金具有以下4个特征。

(1) 保证金为现金。

(2) 保证金账户时刻保持满额。

(3) 专款专用，保证金只用来保障旅游者的权益。

(4) 保证金所有权归存入保证金的旅游企业所有，保证金的利息也属于该企业所有。

2. 保证金的存取办法

《旅行社条例》第四十八条规定："违反本条例的规定，旅行社未在规定期限内向其质量保证金账户存入、增存、补足质量保证金或者提交相应的银行担保的，由旅游行政管理部门责令改正；拒不改正的，吊销旅行社业务经营许可证。"

旅行社自交纳或者补足质量保证金之日起3年内未因侵害旅游者合法权益受到行政机关罚款以上处罚的，旅游行政管理部门应当将质量保证金的交存数额降低50%，并向社会公告。旅行社可凭省、自治区、直辖市旅游行政管理部门出具的凭证减少其质量保证金。

旅行社在旅游行政管理部门使用质量保证金赔偿旅游者的损失，或者依法减少质量保证金后，因侵害旅游者合法权益受到行政机关罚款以上处罚的，应当在收到旅游行政管理部门补交质量保证金的通知之日起5个工作日内补足质量保证金。

旅行社不再从事旅游业务的，可凭旅游行政管理部门出具的凭证，向银行取回质量保证金。

3. 保证金的存取银行

《旅行社条例》第十三条规定："旅行社应当自取得旅行社业务经营许可证之日起3个工作日内，在国务院旅游行政主管部门指定的银行开设专门的质量保证金账户，存入质量保证金，或者向作出许可的旅游行政管理部门提交依法取得的担保额度不低于相应质量保证金数额的银行担保。"

《旅行社实施条例细则》第十三条和第十四条规定，旅行社应当在国务院旅游行政主管部门指定银行的范围内，选择存入质量保证金的银行。旅行社在银行存入质量保证金的，应当设立独立账户，存期由旅行社确定，但不得少于1年。账户存期届满1个月前，旅行社应当办理续存手续或者提交银行担保。

4. 保证金的使用

1) 适用范围

旅游行政管理部门按照"统一制度、统一标准、分级管理"的原则对质量保证金实行管理。有下列情形之一的，可以使用旅游服务质量保证金。

(1) 旅行社违反旅游合同约定，侵害旅游者合法权益，经旅游行政管理部门查证属实的。

(2) 旅行社解散、破产或者其他原因造成旅游者预交旅游费用损失的。

(3) 人民法院判决、裁定及其他生效法律文书认定旅行社损害旅游者合法权益，旅行社拒绝或者无力赔偿的，人民法院可以从旅行社的质量保证金账户上划拨赔偿款。

(4) 用于垫付旅游者人身安全遇有危险时紧急救助的费用。该条款为《旅游法》第三十一条新补充内容。

使用旅游服务质量保证金对旅游者权益损害进行赔偿，按《旅行社条例》第十五条和第十六条的规定执行。旅游者人身安全遇有危险时，旅行社无力垫付紧急救助费用的，由旅行社提出申请，经对旅行社作出许可的旅游主管部门同意后，可使用旅游服务质量保证金垫付；旅行社拒不垫付的，由对旅行社作出许可的旅游主管部门决定。

请求质量保证金赔偿的时效期限为90天，从赔偿请求人受侵害事实发生时计算。

2) 不适用情形

下列情形不适用保证金赔偿案件的审理。

(1) 旅行社因不可抗力因素不能履行合同的。

(2) 旅游者在旅游期间发生人身、财物意外事故的。

(3) 适用保证金情形之外的其他经济纠纷。

(4) 超过规定的时效期限的。

(5) 司法机关已经受理的。

 案例分析 4.2

李先生在2016年春节携妻参加某旅行社组织的"张家界4日游"，书面合同约定，旅游活动全程住宿标准为双人标准间。旅游活动第二天，张家界突降百年不遇的大雪，李先生入住的宾馆水管冻裂，导致住店客人无水洗漱和冲卫生间，臭味熏人。事后，李先生向旅行社索赔。

2015 年国庆节长假期间，王先生随旅游团在长城游玩时，不慎踏空石阶，造成手臂粉碎性骨折，共花费医疗费 3000 元。事后，王先生要求旅行社赔偿损失。

资料来源: 段国强. 旅游投诉案例与分析[M]. 北京: 中国旅游出版社, 2003; 高攀. 旅途中的法规[EB/OL]. (2012-05-14)[2021-10-01]. https://www.docin.com/p-401805062.html.

问题

在上述两则案例中，旅游服务质量保证金能否承担赔偿责任？

5. 保证金的赔偿标准

2011 年 4 月 12 日，国家旅游局办公室印发了《旅行社服务质量赔偿标准》，以下为具体内容。

(1) 因旅行社的故意或过失，未达到合同约定的服务质量标准，而造成旅游者经济损失的，旅行社应当承担下列赔偿责任。

① 旅行社与旅游者订立合同或收取旅游者预付旅游费用后，因旅行社原因不能成行的，旅行社应在合理期限内通知旅游者，否则按下列标准承担赔偿责任。

➤ 国内旅游应提前 7 日(不含 7 日)通知旅游者，否则应向旅游者全额退还预付旅游费用，并按下述标准向旅游者支付违约金：出发前 7 日(含 7 日)至 4 日，支付旅游费用总额 10%的违约金；出发前 3 日至 1 日，支付旅游费用总额 15%的违约金；出发当日，支付旅游费用总额 20%的违约金。

➤ 出境旅游(含赴台游)应提前 30 日(不含 30 日)通知旅游者，否则应向旅游者全额退还预付旅游费用，并按下述标准向旅游者支付违约金：出发前 30 日至 15 日，支付旅游费用总额 2%的违约金；出发前 14 日至 7 日，支付旅游费用总额 5%的违约金；出发前 6 日至 4 日，支付旅游费用总额 10%的违约金；出发前 3 日至 1 日，支付旅游费用总额 15%的违约金；出发当日，支付旅游费用总额 20%的违约金。

② 旅行社未经旅游者同意，擅自将旅游者转团、拼团的，旅行社应向旅游者支付旅游费用总额 25%的违约金。解除合同的，还应向未随团出行的旅游者全额退还预付旅游费用，向已随团出行的旅游者退还未实际发生的旅游费用。

③ 在同一旅游行程中，旅行社提供相同服务，因旅游者的年龄、职业等差异增收费用的，旅行社应返还增收的费用。

④ 因旅行社原因造成旅游者未能乘坐预定的公共交通工具的，旅行社应赔偿旅游者的直接经济损失，并支付直接经济损失 20%的违约金。

⑤ 旅行社安排的旅游活动及服务档次与合同不符，造成旅游者经济损失的，旅行社应退还旅游者合同金额与实际花费的差额，并支付同额违约金。

⑥ 旅行社违反合同约定，中止对旅游者提供住宿、用餐、交通等旅游服务的，应当负担旅游者在被中止旅游服务期间所订的同等级别的住宿、用餐、交通等必要费用，并向旅游者支付旅游费用总额 30%的违约金。

(2) 导游或领队人员违反有关规定造成旅游者损害的，旅行社应当承担下列赔偿责任。

① 导游或领队未按照国家或旅游行业对旅游者服务标准提供导游或者领队服务，影响

旅游服务质量的,旅行社应向旅游者支付旅游费用总额 1%~5%的违约金,本赔偿标准另有规定的除外。

② 擅自缩短游览时间、遗漏旅游景点、减少旅游服务项目的,旅行社应赔偿未完成约定旅游服务项目等合理费用,并支付同额违约金。遗漏无门票景点的,每遗漏一处,旅行社向旅游者支付旅游费用总额 5%的违约金。

③ 未经旅游者签字确认,擅自安排合同约定以外的用餐、娱乐、医疗保健、参观等另行付费项目的,旅行社应承担另行付费项目的费用。

④ 未经旅游者签字确认,擅自违反合同约定增加购物次数、延长停留时间的,每次向旅游者支付旅游费用总额 10%的违约金。

⑤ 强迫或者变相强迫旅游者购物的,每次向旅游者支付旅游费用总额 20%的违约金。

⑥ 旅游者在合同约定的购物场所所购物品系假冒伪劣商品的,旅行社应负责挽回或赔偿旅游者的直接经济损失。

⑦ 私自兜售商品,旅行社应全额退还旅游者购物价款。

(3) 可以免除赔偿责任的情形是:由于不可抗力等不可归责于旅行社的客观原因或旅游者个人原因,造成旅游者经济损失的,旅行社不承担赔偿责任。

4.3.3 旅行社责任保险制度

为了保障旅游者和旅行社的合法权益,促进旅游业的健康发展,2001 年 5 月 15 日,国家旅游局颁布了《旅行社投保旅行社责任保险规定》,确立了旅行社责任保险制度。2009 年发布的《旅行社条例》明确了旅行社责任保险的强制保险性质,第 49 条规定,违反本条例的规定,旅行社不投保旅行社责任保险的,由旅游行政管理部门责令改正;拒不改正的,吊销旅行社业务经营许可证。2011 年 2 月 1 日,《旅行社责任保险管理办法》正式施行,进一步规范了这一制度。

1. 旅行社责任保险的概念

《旅行社责任保险管理办法》第二条规定:"本办法所称旅行社责任保险,是指以旅行社因其组织的旅游活动对旅游者和受其委派并为旅游者提供服务的导游或者领队人员依法应当承担的赔偿责任为保险标的的保险。"

旅行社责任保险具有如下特征。

(1) 旅行社责任保险属于强制保险。旅行社从事旅游经营活动必须投保旅行社责任保险。

(2) 旅行社责任保险的投保人、被保险人是经营旅游业务的旅行社。

(3) 旅行社责任保险的保险责任,应当包括旅行社在组织旅游活动中依法对旅游者的人身伤亡、财产损失承担的赔偿责任和依法对受旅行社委派并为旅游者提供服务的导游或者领队人员的人身伤亡承担的赔偿责任。根据《旅行社责任保险管理办法》第四条的规定旅行社责任保险具体包括下列情形:第一,因旅行社疏忽或过失应当承担赔偿责任的;第二,因发生意外事故旅行社应当承担赔偿责任的;第三,国家旅游行政主管部门会同中国保险监督管理委员会规定的其他情形。

案例分析 4.3

　　某旅行社组织了一个老年旅游团赴外地旅游，并告知游客投保了旅行社责任保险。在旅游过程中，导游尽心尽力，对游客照顾有加，深得游客的赞许。在前往某景点的途中，导游提醒全体游客注意道路上的一道坎，但仍有一位游客不小心摔倒，导致小腿骨折。行程结束后，该游客向保险公司索赔。

　　资料来源：佚名. 旅游安全管理规章制度要点[EB/OL]. (2017-05-13)[2021-10-01]. https://max.book118. com/html/2017/0513/106450512.shtm.

问题

保险公司会支持该游客的索赔要求吗？

　　2. 旅行社责任保险期限和保险金额

　　旅行社责任保险的保险期限为 1 年。旅行社应当在保险合同期满前及时续保。

　　《旅行社责任保险管理办法》第十八条规定："旅行社在组织旅游活动中发生本办法第四条所列情形的，保险公司依法根据保险合同约定，在旅行社责任保险责任限额内予以赔偿。责任限额可以根据旅行社业务经营范围、经营规模、风险管控能力、当地经济社会发展水平和旅行社自身需要，由旅行社与保险公司协商确定，但每人人身伤亡责任限额不得低于 20 万元人民币。"

　　3. 旅行社责任保险的理赔

　　(1) 旅行社组织的旅游活动中发生保险事故，旅行社或者受害的旅游者、导游、领队人员通知保险公司的，保险公司应当及时告知具体的赔偿程序等有关事项。

　　(2) 保险事故发生后，旅行社按照保险合同请求保险公司赔偿保险金时，应当向保险公司提供其所能提供的与确认保险事故的性质、原因、损失程度等有关的证明和资料。

　　保险公司按照保险合同的约定，认为有关的证明和资料不完整的，应当及时一次性通知旅行社补充提供。

　　旅行社对旅游者、导游或者领队人员应负的赔偿责任确定的，根据旅行社的请求，保险公司应当直接向受害的旅游者、导游或者领队人员赔偿保险金。旅行社怠于请求的，受害的旅游者、导游或者领队人员有权就其应获赔偿部分直接向保险公司请求赔偿保险金。

　　(3) 保险公司收到赔偿保险金的请求和相关证明、资料后，应当及时作出核定；情形复杂的，应当在 30 日内作出核定，但合同另有约定的除外。保险公司应当将核定结果通知旅行社以及受害的旅游者、导游、领队人员；对属于保险责任的，在与旅行社达成赔偿保险金的协议后 10 日内，履行赔偿保险金义务。

　　(4) 因抢救受伤人员需要保险公司先行赔偿保险金用于支付抢救费用的，保险公司在接到旅行社或者受害的旅游者、导游、领队人员通知后，经核对属于保险责任的，可以在责任限额内先向医疗机构支付必要的费用。

　　(5) 因第三者损害而造成保险事故的，保险公司自直接赔偿保险金或者先行支付抢救费用之日起，在赔偿、支付金额范围内代位行使对第三者请求赔偿的权利。旅行社及受害的旅游者、导游或者领队人员应当向保险公司提供必要的文件和所知道的有关情况。

(6) 旅行社与保险公司对赔偿有争议的，可以按照双方的约定申请仲裁，或者依法向人民法院提起诉讼。

4. 旅行社责任保险与旅游意外保险的区别

旅游意外保险是指投保人和保险人约定，在旅游过程中被保险人遭受意外事故直接引起伤残、死亡或其他各种损失时，由保险人向被保险人或受益人给付保险金的保险。旅游意外保险是在合同期内，在旅游活动中，遭遇外来的、突发的、非疾病导致的意外保险。

旅游意外保险是一种短期保险，对于团队旅游者来说，一般自旅游者踏上旅行社提供的交通工具开始，到行程结束后离开旅行社安排的交通工具终止。

旅游意外保险保的是旅游者不是旅行社，是由旅游者自愿购买的短期补偿性险种。

《旅游法》第六十一条规定："旅行社应当提示参加团队旅游的旅游者按照规定投保人身意外伤害保险。"

旅行社责任保险与旅游意外保险的区别如表 4.1 所示。

表 4.1 旅行社责任保险与旅游意外保险的区别

比较项目	旅行社责任保险	旅游意外保险
保险主体	经营旅游业务的旅行社为自己投保	投保人可以是被保险人自己，也可以是与被保险人有关系的其他人
保险标的	旅行社在从事旅游业务经营活动中，致使旅游者人身、财产遭受损害或者其委派的导游、领队人身遭受损害应由旅行社承担的责任	在旅游过程中，被保险人的人身、财产安全
保险性质	经营旅行社业务必须购买	自由决定是否购买
投保金额	有最低限制	无限制
保险期限	1 年	一次旅游过程

中华人民共和国境内的旅行社组织的旅游团队的全体成员，包括旅游者及旅行社派出的为旅游者提供服务的导游、领队人员，均可作为被保险人参加旅游意外保险；具有完全民事行为能力的被保险人本人或者对被保险人具有保险利益的其他人可作为投保人。

旅行社责任保险是一种法定强制保险，是对旅行社在从事旅游业务经营活动中，致使旅游者人身、财产遭受损害或者受旅行社委派为旅游者提供服务的导游或领队人员的人身伤亡应由旅行社承担的责任，承担赔偿保险金责任。其主体在旅行社本身，保障的是旅行社而不是旅游者。

4.4 旅行社合法经营

《旅行社条例》第四条规定："旅行社在经营活动中应当遵循自愿、平等、公平、诚信的原则，提高服务质量，维护旅游者的合法权益。"要想提高服务质量、维护旅游者的合法权益，旅行社应从以下几方面着手。

1. 提供真实可靠的信息

《旅游法》第三十二条规定："旅行社为招徕、组织旅游者发布信息，必须真实、准确，不得进行虚假宣传，误导旅游者。"

《旅游法》第九十七条规定："旅行社违反本法规定，有下列行为之一的，由旅游主管部门或者有关部门责令改正，没收违法所得，并处五千元以上五万元以下罚款；违法所得五万元以上的，并处违法所得一倍以上五倍以下罚款；情节严重的，责令停业整顿或者吊销旅行社业务经营许可证；对直接负责的主管人员和其他直接责任人员，处二千元以上二万元以下罚款：

（一）进行虚假宣传，误导旅游者的；

（二）向不合格的供应商订购产品和服务的；

（三）未按照规定投保旅行社责任保险的。"

2. 按照核定的经营范围开展经营活动

旅行社的超范围经营，大致包括以下情形。

(1) 未取得相应的旅行社业务经营许可，经营境内旅游业务、入境旅游业务、出境旅游业务、边境旅游业务。

(2) 分社的经营范围超出设立社的经营范围。

(3) 旅行社服务网点从事招徕、咨询以外的旅行社业务活动。

(4) 旅行社设立的办事处、代表处或者联络处等办事机构，从事旅行社业务经营活动。

(5) 外商投资旅行社未经许可经营中国内地居民出国旅游业务、赴港澳台地区旅游业务和边境旅游业务。

《旅游法》第九十五条规定："违反本法规定，未经许可经营旅行社业务的，由旅游主管部门或者市场监督管理部门责令改正，没收违法所得，并处一万元以上十万元以下罚款；违法所得十万元以上的，并处违法所得一倍以上五倍以下罚款；对有关责任人员，处二千元以上二万元以下罚款。"

旅行社违反《旅游法》规定，未经许可经营出境旅游和边境旅游业务的，除依照前款规定处罚外，并责令停业整顿；情节严重的，吊销旅行社业务经营许可证；对直接负责的主管人员，处二千元以上二万元以下罚款。

3. 不得组织旅游者到国家公布的出境旅游目的地之外的国家和地区旅游

《旅行社条例》第二十五条规定："经营出境旅游业务的旅行社不得组织旅游者到国务院旅游行政主管部门公布的中国公民出境旅游目的地之外的国家和地区旅游。"

《旅行社条例》第五十一条规定："违反本条例的规定，外商投资旅行社经营中国内地居民出国旅游业务以及赴香港特别行政区、澳门特别行政区和台湾地区旅游业务，或者经营出境旅游业务的旅行社组织旅游者到国务院旅游行政主管部门公布的中国公民出境旅游目的地之外的国家和地区旅游的，由旅游行政管理部门责令改正，没收违法所得，违法所得10万元以上的，并处违法所得1倍以上5倍以下的罚款；违法所得不足10万元或者没有违法所得的，并处10万元以上50万元以下的罚款；情节严重的，吊销旅行社业务经营许可证。"

4. 向合格的供应商订购产品和服务

《旅游法》第三十四条规定："旅行社组织旅游活动应当向合格的供应商订购产品和服务。"

《旅游法》第九十七条规定："旅行社违反本法规定，有下列行为之一的，由旅游主管部门或者有关部门责令改正，没收违法所得，并处五千元以上五万元以下罚款；违法所得五万元以上的，并处违法所得一倍以上五倍以下罚款；情节严重的，责令停业整顿或者吊销旅行社业务经营许可证；对直接负责的主管人员和其他直接责任人员，处二千元以上二万元以下罚款：

(一) 进行虚假宣传，误导旅游者的；

(二) 向不合格的供应商订购产品和服务的；

(三) 未按照规定投保旅行社责任保险的。"

《旅行社条例实施细则》第三十八条规定：旅行社招徕、组织、接待旅游者，其选择的交通、住宿、餐饮、景区等企业，应当符合具有合法经营资格和接待服务能力的要求。

《旅行社条例实施细则》第六十条规定："违反本实施细则第三十八条的规定，旅行社为接待旅游者选择的交通、住宿、餐饮、景区等企业，不具有合法经营资格或者接待服务能力的，由县级以上旅游行政管理部门责令改正，没收违法所得，处违法所得 3 倍以下但最高不超过 3 万元的罚款，没有违法所得的，处 1 万元以下的罚款。"

《旅行社条例》第五十五条规定："违反本条例的规定，旅行社有下列情形之一的，由旅游行政管理部门责令改正，处 2 万元以上 10 万元以下的罚款；情节严重的，责令停业整顿 1 个月至 3 个月：

(一) 未与旅游者签订旅游合同；

(二) 与旅游者签订的旅游合同未载明本条例第二十八条规定的事项；

(三) 未取得旅游者同意，将旅游业务委托给其他旅行社；

(四) 将旅游业务委托给不具有相应资质的旅行社；

(五) 未与接受委托的旅行社就接待旅游者的事宜签订委托合同。"

5. 不得以不合理的低价组织旅游活动

《旅游法》第三十五条规定："旅行社不得以不合理的低价组织旅游活动，诱骗旅游者，并通过安排购物或者另行付费旅游项目获取回扣等不正当利益。旅行社组织、接待旅游者，不得指定具体购物场所，不得安排另行付费旅游项目。但是，经双方协商一致或者旅游者要求，且不影响其他旅游者行程安排的除外。发生违反前两款规定情形的，旅游者有权在旅游行程结束后三十日内，要求旅行社为其办理退货并先行垫付退货货款，或者退还另行付费旅游项目的费用。"

2015 年 9 月 29 日，国家旅游局发布了《关于打击组织"不合理低价游"的意见》，进一步界定了不合理低价游的范畴。不合理低价是指背离价值规律，低于经营成本，以不实价格招揽游客，以不实宣传诱导消费，以不正当竞争扰乱市场。有以下行为之一，可被认定为"不合理低价"：一是旅行社的旅游产品价格低于当地旅游部门或旅游行业协会公布的诚信旅游指导价 30%以上的；二是组团社将业务委托给地接社履行，不向地接社支付费用或者支付的费用低于接待和服务成本的；三是地接社接待不支付接待和服务费用或者支付的费用低于接待和服务成本的旅游团队的；四是旅行社安排导游领队为团队旅游提供服务，要求导游领队垫付或者向导游领队收取费用的；五是法律、法规规定的旅行社损害旅游者合法权益的其他"不合理低价"行为。

各级旅游部门按以下标准依法对"不合理低价游"违法行为进行处罚处理。

(1) 对旅行社的处罚处理。一是没收违法所得，责令停业整顿 3 个月，情节严重的，吊销旅行社业务经营许可证；二是处 30 万元罚款，违法所得 30 万元以上的，处违法所得 5 倍罚款；三是列入旅游经营服务不良信息，并转入旅游经营服务信用档案，向社会予以公布。

(2) 对旅行社相关责任人的处罚处理。一是对直接负责主管人员和其他直接责任人员，没收违法所得，处 2 万元罚款；二是被吊销旅行社业务经营许可证的旅行社法人代表和主要管理人员，自处罚之日起未逾 3 年的，不得从事旅行社业务；三是列入旅游经营服务不良信息，并转入旅游经营服务信用档案，向社会予以公布。

6. 应当与旅游者签订合同

《旅游法》第五十七条规定："旅行社组织和安排旅游活动，应当与旅游者订立合同。"

《旅行社条例》第五十五条规定，未与旅游者签订旅游合同的、与旅游者签订的旅游合同未载明本条例规定合同内容的、未与接受委托的旅行社就接待旅游者的事宜签订委托合同的，由旅游行政管理部门责令改正，处 2 万元以上 10 万元以下的罚款；情节严重的，责令停业整顿 1～3 个月。

2015 年 10 月，国家旅游局强调，旅游者不得与旅行社签订虚假合同。虚假合同是经营者为规避行政主管部门执法检查，与旅游者达成某种默契，签订的非"不合理低价游"的合同，而实际执行不合理低价游，变更行程，减少游览时间，增加购物时间。依据旅游法规相关规定，旅游者与经营者签订虚假合同，一方面，需要承担法律责任；另一方面，一旦被查获，不仅不能获得赔偿，还将受到处理。

7. 聘用合格导游和领队

《旅游法》第三十六条规定："旅行社组织团队出境旅游或者组织、接待团队入境旅游，应当按照规定安排领队或者导游全程陪同。"

《旅游法》第三十八条规定："旅行社应当与其聘用的导游依法订立劳动合同，支付劳动报酬，缴纳社会保险费用。旅行社临时聘用导游为旅游者提供服务的，应当全额向导游支付导游服务费用。旅行社安排导游为团队旅游提供服务的，不得要求导游垫付或者向导游收取任何费用。"

《旅游法》第九十六条规定："旅行社违反本法规定，有下列行为之一的，由旅游主管部门责令改正，没收违法所得，并处五千元以上五万元以下罚款；情节严重的，责令停业整顿或者吊销旅行社业务经营许可证；对直接负责的主管人员和其他直接责任人员，处二千元以上二万元以下罚款：

(一) 未按照规定为出境或者入境团队旅游安排领队或者导游全程陪同的；

(二) 安排未取得导游证的人员提供导游服务或者安排不具备领队条件的人员提供领队服务的；

(三) 未向临时聘用的导游支付导游服务费用的；

(四) 要求导游垫付或者向导游收取费用的。"

8. 按旅游合同约定提供服务

《旅游法》第六十九条规定："旅行社应当按照包价旅游合同的约定履行义务，不得擅自变更旅游行程安排。"

《旅行社条例实施细则》第四十二条规定："旅行社及其委派的导游人员和领队人员的下列行为，属于擅自改变旅游合同安排行程：

(一) 减少游览项目或者缩短游览时间的；

(二) 增加或者变更旅游项目的；

(三) 增加购物次数或者延长购物时间的；

(四) 其他擅自改变旅游合同安排的行为。"

《旅行社条例实施细则》第四十三条规定："在旅游行程中，当发生不可抗力或者危及旅游者人身、财产安全，或者非旅行社责任造成的意外情形，旅行社不得不调整或者变更旅游合同约定的行程安排时，应当在事前向旅游者作出说明；确因客观情况无法在事前说明的，应当在事后作出说明。"

《旅游法》第七十条规定："旅行社不履行包价旅游合同义务或者履行合同义务不符合约定的，应当依法承担继续履行、采取补救措施或者赔偿损失等违约责任；造成旅游者人身损害、财产损失的，应当依法承担赔偿责任。旅行社具备履行条件，经旅游者要求仍拒绝履行合同，造成旅游者人身损害、滞留等严重后果的，旅游者还可以要求旅行社支付旅游费用一倍以上三倍以下的赔偿金。

由于旅游者自身原因导致包价旅游合同不能履行或者不能按照约定履行，或者造成旅游者人身损害、财产损失的，旅行社不承担责任。

在旅游者自行安排活动期间，旅行社未尽到安全提示、救助义务的，应当对旅游者的人身损害、财产损失承担相应责任。"

《旅游法》第一百条规定："旅行社违反本法规定，有下列行为之一的，由旅游主管部门责令改正，处三万元以上三十万元以下罚款，并责令停业整顿；造成旅游者滞留等严重后果的，吊销旅行社业务经营许可证；对直接负责的主管人员和其他直接责任人员，处二千元以上二万元以下罚款，并暂扣或者吊销导游证：

(一) 在旅游行程中擅自变更旅游行程安排，严重损害旅游者权益的；

(二) 拒绝履行合同的；

(三) 未征得旅游者书面同意，委托其他旅行社履行包价旅游合同的。"

 案例分析 4.4

2015 年 7 月，李某等 28 名游客参加北京某旅行社组织的"兴城 3 日游"。按旅游协议所定的交通、住宿等标准，游客每人交纳旅游费 388 元。然而，在旅游协议的履行过程中，该旅行社将承诺的"空调旅游巴士"换成普通京通大客车，将"双人标准间"改为 4 人间，且卫生间公用。事后，李某等游客以旅行社违约为由，向旅游质量监督管理部门投诉，要求旅行社赔偿旅游费用的一半，以维护其合法权益。被投诉的旅行社辩称，兴城是近年来新开发的旅游地，各方面旅游设施有限；加上暑假是旅游旺季，大批游客涌入，造成旅游交通用车、住宿紧张。旅行社降低接待档次标准，是由客观原因造成的，并非旅行社的主观意愿。因此，旅行社不应承担赔偿责任。若需要赔偿，也只能退赔差额。

资料来源：佚名. 旅游案例分析一[EB/OL]. (2016-02-19)[2021-10-01]. https://www.docin.com/p-1462135053.html.

问题

该旅行社的行为是否合法？如果违法，应该如何处理？

9. 不得欺骗、强制购物

2015 年 9 月 29 日，国家旅游局发布了《关于打击旅游活动中欺骗、强制购物行为的意见》(旅发〔2015〕217 号)，对欺骗、强制购物行为进行了明确规定。

有以下行为之一，可被认定为"欺骗、强制旅游购物"：①旅行社未经旅游者书面同意，安排购物的；②旅行社、导游领队对旅游者进行人身威胁、恐吓等行为强迫旅游者购物的；③旅行社、导游领队安排的购物场所属于非法营业或者未向社会公众开放的；④旅行社、导游领队安排的购物场所销售商品掺杂、掺假，以假充真、以次充好，以不合格产品冒充合格产品的；⑤旅行社、导游领队明知或者应知安排的购物场所的经营者有严重损害旅游者权益记录的；⑥旅行社、导游领队收取购物场所经营者回扣等不正当利益的；⑦购物场所经营者存在《消费者权益保护法》第五十六条(参见本书第 58 页)规定情形的；⑧法律、法规规定的旅行社、导游领队及购物场所经营者通过安排购物损害旅游者合法权益的其他行为。

各级旅游部门应按以下标准依法对"欺骗、强制旅游购物"违法行为进行处罚。

(1) 对旅行社的处罚处理。一是没收违法所得，责令停业整顿 3 个月，情节严重的，吊销旅行社业务经营许可证；二是处 30 万元罚款，违法所得 30 万元以上的，处违法所得 5 倍罚款；三是列入旅游经营服务不良信息，并转入旅游经营服务信用档案，向社会公布。

(2) 对旅行社相关责任人的处罚处理。一是对直接负责主管人员和其他直接责任人员，没收违法所得，处 2 万元罚款；二是被吊销旅行社业务经营许可证的旅行社法人代表和主要管理人员，自处罚之日起未逾 3 年的，不得从事旅行社业务；三是列入旅游经营服务不良信息，并转入旅游经营服务信用档案，向社会予以公布。

(3) 对导游、领队的处罚处理。一是没收违法所得，处 2 万元罚款，并吊销导游证；二是被吊销导游证的导游、领队，自处罚之日起未逾 3 年的，不得重新申请导游证；三是列入旅游经营服务不良信息，并转入旅游经营服务信用档案，向社会予以公布。

(4) 对购物场所及其经营者的处理。一是列入旅游经营服务不良信息，并转入旅游经营服务信用档案，向社会予以公布；二是要求旅行社及其从业人员不得带旅游者进入被列入旅游经营服务信用档案名单的购物场所；三是依法移送公安、工商等相关部门。

10. 旅游活动内容合法

《旅游法》第三十三条规定："旅行社及其从业人员组织、接待旅游者，不得安排参观或者参与违反我国法律、法规和社会公德的项目或者活动。"

《旅行社条例实施细则》第三十条规定："《条例》第二十六条规定的旅行社不得安排的活动，主要包括：

(一) 含有损害国家利益和民族尊严内容的;

(二) 含有民族、种族、宗教歧视内容的;

(三) 含有淫秽、赌博、涉毒内容的;

(四) 其他含有违反法律、法规规定内容的。"

《旅游法》第一百零一条规定:"旅行社违反本法规定,安排旅游者参观或者参与违反我国法律、法规和社会公德的项目或者活动的,由旅游主管部门责令改正,没收违法所得,责令停业整顿,并处二万元以上二十万元以下罚款;情节严重的,吊销旅行社业务经营许可证;对直接负责的主管人员和其他直接责任人员,处二千元以上二万元以下罚款,并暂扣或者吊销导游证。"

11. 依法向相关部门行使报告义务

《旅游法》第五十五条规定:"旅游经营者组织、接待出入境旅游,发现旅游者从事违法活动或者出、入境旅游者在境外、境内非法滞留,擅自分团、脱团的,应当及时向公安机关、旅游主管部门或者我国驻外机构报告。"

《旅游法》第九十九条规定:"旅行社未履行本法第五十五条规定的报告义务的,由旅游主管部门处五千元以上五万元以下罚款;情节严重的,责令停业整顿或者吊销旅行社业务经营许可证;对直接负责的主管人员和其他直接责任人员,处二千元以上二万元以下罚款,并暂扣或者吊销导游证。"

12. 依法向旅游者行使提醒义务

《旅游法》第六十一条规定:"旅行社应当提示参加团队旅游的旅游者按照规定投保人身意外伤害保险。"

《旅游法》第六十二条规定:"订立包价旅游合同时,旅行社应当向旅游者告知下列事项:

(一) 旅游者不适合参加旅游活动的情形;

(二) 旅游活动中的安全注意事项;

(三) 旅行社依法可以减免责任的信息;

(四) 旅游者应当注意的旅游目的地相关法律、法规和风俗习惯、宗教禁忌,依照中国法律不宜参加的活动等;

(五) 法律、法规规定的其他应当告知的事项。在包价旅游合同履行中,遇有前款规定事项的,旅行社也应当告知旅游者。"

《旅行社条例》第三十九条第一款规定:"旅行社对可能危及旅游者人身、财产安全的事项,应当向旅游者作出真实的说明和明确的警示,并采取防止危害发生的必要措施。"

《旅行社条例实施细则》第四十八条规定:"在旅游行程中,旅行社及其委派的导游人员、领队人员应当提示旅游者遵守文明旅游公约和礼仪。"

2015年5月1日,旅游行业标准《旅行社行前说明服务规范》(LB/T 040—2015)正式实施。这是国家旅游主管部门首次对旅行社服务全过程中的某一环节提出专门的行业服务标准,从"事前沟通、安全防范、应急避险、文明旅游"入手,对旅行社履行旅游提示义务、促进服务向精细化方向发展具有深远意义。

13. 规范旅行社网络经营业务

《旅游法》第四十八条规定："通过网络经营旅行社业务的，应当依法取得旅行社业务经营许可，并在其网站主页的显著位置标明其业务经营许可证信息。发布旅游经营信息的网站，应当保证其信息真实、准确。"

《旅行社条例实施细则》第二十九条规定："旅行社以互联网形式经营旅行社业务的，除符合法律、法规规定外，其网站首页应当载明旅行社的名称、法定代表人、许可证编号和业务经营范围，以及原许可的旅游行政管理部门的投诉电话。"

2020年8月，文化和旅游部发布了《在线旅游经营服务管理暂行规定》。在线旅游经营者经营旅行社业务的，需要符合下列规定。

第十条规定："在线旅游经营者经营旅行社业务的，应当依法取得旅行社业务经营许可。"

第十二条规定："在线旅游经营者应当提供真实、准确的旅游服务信息，不得进行虚假宣传；未取得质量标准、信用等级的，不得使用相关称谓和标识。平台经营者应当以显著方式区分标记自营业务和平台内经营者开展的业务。在线旅游经营者为旅游者提供交通、住宿、游览等预订服务的，应当建立公开、透明、可查询的预订渠道，促成相关预订服务依约履行。"

第十三条规定："在线旅游经营者应当保障旅游者的正当评价权，不得擅自屏蔽、删除旅游者对其产品和服务的评价，不得误导、引诱、替代或者强制旅游者作出评价，对旅游者作出的评价应当保存并向社会公开。在线旅游经营者删除法律、法规禁止发布或者传输的评价信息的，应当在后台记录和保存。"

第十四条规定："在线旅游经营者应当保护旅游者个人信息等数据安全，在收集旅游者信息时事先明示收集旅游者个人信息的目的、方式和范围，并经旅游者同意。在线旅游经营者在签订包价旅游合同或者出境旅游产品代订合同时，应当提示旅游者提供紧急联络人信息。"

第十五条规定："在线旅游经营者不得滥用大数据分析等技术手段，基于旅游者消费记录、旅游偏好等设置不公平的交易条件，侵犯旅游者合法权益。"

第十六条规定："在线旅游经营者为旅游者提供包价旅游服务的，应当依法与旅游者签订合同，并在全国旅游监管服务平台填报合同有关信息。"

第十七条规定："经营旅行社业务的在线旅游经营者应当投保旅行社责任保险。在线旅游经营者应当提示旅游者投保人身意外伤害保险。销售出境旅游产品时，应当为有购买境外旅游目的地保险需求的旅游者提供必要协助。"

第十八条规定："在线旅游经营者应当协助文化和旅游主管部门对不合理低价游进行管理，不得为其提供交易机会。"

14. 妥善保存相关旅游文件和资料

《旅行社条例实施细则》第五十条规定："旅行社应当妥善保存《条例》规定的招徕、组织、接待旅游者的各类合同及相关文件、资料，以备县级以上旅游行政管理部门核查。

前款所称的合同及文件、资料的保存期，应当不少于两年。

旅行社不得向其他经营者或者个人，泄露旅游者因签订旅游合同提供的个人信息；超过保存期限的旅游者个人信息资料，应当妥善销毁。"

《旅行社条例实施细则》第六十五条规定："违反本实施细则第五十条的规定，未妥善保存各类旅游合同及相关文件、资料，保存期不够两年，或者泄露旅游者个人信息的，由县级以上旅游行政管理部门责令改正，没收违法所得，处违法所得三倍以下但最高不超过三万元的罚款；没有违法所得的，处一万元以下的罚款。"

本 章 小 结

旅行社是指从事招徕、组织、接待旅游者等活动，为旅游者提供相关旅游服务，开展国内旅游业务、入境旅游业务或者出境旅游业务的企业法人。

《旅游法》规定，旅行社可以经营下列业务：①境内旅游；②出境旅游；③边境旅游；④入境旅游；⑤其他旅游业务。

《旅游法》规定，设立旅行社，应当具备下列条件，取得旅游主管部门的许可，依法办理工商登记：①有固定的经营场所；②有必要的营业设施；③有符合规定的注册资本；④有必要的经营管理人员和导游；⑤法律、行政法规规定的其他条件。

旅游服务质量保证金是指根据《旅游法》及《旅行社条例》的规定，由旅行社在指定银行缴存或由银行担保提供的一定数额用于旅游服务质量赔偿支付和团队旅游者人身安全遇有危险时紧急救助费用垫付的资金。

旅行社责任保险是指以旅行社因其组织的旅游活动对旅游者和受其委派并为旅游者提供服务的导游或者领队人员依法应当承担的赔偿责任为保险标的的保险。

旅行社合法经营的主要举措有：①提供真实可靠的信息；②按照核定的经营范围开展经营活动；③不得组织旅游者到国家公布的出境旅游目的地之外的国家和地区旅游；④向合格的供应商订购产品和服务；⑤不得以不合理的低价组织旅游活动；⑥应当与旅游者签订合同；⑦聘用合格导游和领队；⑧按旅游合同约定提供服务；⑨不得欺骗、强制购物；⑩旅游活动内容合法；⑪依法向相关部门行使报告义务；⑫依法向旅游者行使提醒义务；⑬规范旅行社网络经营业务；⑭妥善保存相关旅游文件、资料。

关键术语

旅游法　旅行社条例　旅行社条例实施细则　旅行社责任保险　旅游服务质量保证金

知识链接

1. 中国法制出版社. 中华人民共和国旅游法[M]. 北京：中国法制出版社，2018.
2. 国务院. 旅行社条例[EB/OL]. (2020-11-29)[2021-06-25]. http://www.faxin.cn/lib/zyfl/ZyflContent.aspx?gid=A297590&libid=all&userinput=旅行社条例.
3. 国家旅游局.旅行社条例实施细则[EB/OL]. (2016-12-12)[2021-06-25]. http://www.faxin.cn/lib/zyfl/ZyflContent.aspx?gid=A262491&libid=all&userinput=旅行社条例实施细则.
4. 国家旅游局. 旅行社服务质量赔偿标准[EB/OL]. (2011-04-12)[2021-06-25]. http://www.

faxin.cn/lib/zyfl/ZyflContent.aspx?gid=A34064&libid=all&userinput=旅行社服务质量赔偿标准.

5. 文化和旅游部. 在线旅游经营服务管理暂行规定[EB/OL]. (2020-08-20)[2021-06-25]. http://www.faxin.cn/lib/Zyfl/ZyflContent.aspx?gid=A293573&userinput=在线旅游经营服务管理暂行规定.

6. 韩玉灵. 旅游法教程[M]. 4 版. 北京：高等教育出版社，2018.

7. 安徽省旅游局. 旅游政策与法规[M]. 合肥：安徽人民出版社，2010.

8. 伏六明. 旅游法规教程[M]. 长沙：湖南大学出版社，2009.

课 后 习 题

一、单项选择题

1. 《旅行社条例》于(　　　)正式实施。
   A. 2009 年 1 月 21 日　　　　　　　　　　B. 2009 年 5 月 1 日
   C. 1996 年 10 月 15 日　　　　　　　　　　D. 2001 年 1 月 1 日

2. 经营出境旅游业务的旅行社，应缴存(　　　)旅游服务质量保证金。
   A. 20 万元　　　　　B. 30 万元　　　　　C. 120 万元　　　　　D. 140 万元

3. 某旅行社 2015 年初核准经营入境旅游和境内旅游业务，现申请开设 2 家分社，需增存(　　　)旅游服务质量保证金。
   A. 5 万元　　　　　B. 10 万元　　　　　C. 20 万元　　　　　D. 30 万元

二、判断题

1. 外商投资旅行社都不得经营中国内地居民出国旅游业务以及赴香港特别行政区、澳门特别行政区和台湾地区旅游的业务。　　　　　　　　　　　　　　　　(　　　)

2. 旅行社只能在本行政区域内设立分社和服务网点。　　　　　　　　　(　　　)

3. 旅行社有义务为旅游者购买旅游意外保险。　　　　　　　　　　　　(　　　)

4. 经营出境旅游业务的旅行社可以组织旅游者到任何国家和地区旅游。　(　　　)

三、思考题

1. 不合理低价游包括哪些情形？

2. 旅行社责任保险与旅游意外保险有何区别？

3. 国家倡导健康、文明、环保的旅游方式，旅行社在经营旅游业务中应如何予以响应？

四、案例分析题

游客赖某投诉 L 旅行社在办理香港游的过程中拒绝退返押金 5000 元人民币。福建省旅游质量监督所依法受理，召集双方当事人进行了调查核实。经查证，2018 年 8 月 21 日，赖某向旅行社原总经理刘某交款 1600 元，委托 L 旅行社办理香港旅游。出游前，赖某向 L 旅行社交了香港游押金 5000 元人民币，并收到由原总经理刘某签名并盖有该社公章的收条。在 L 旅行社的帮助下，赖某加入福建省 H 社组织的香港团赴港旅游。途中，赖某因有事须提前返程，向香港某旅游公司交款 300 港元后，于 9 月 20 日返回内地，没有滞留行为。赖某回来后向 L 旅行社要求退还押金 5000 元人民币，L 社以团款 1600 元人民币及押金 5000 元人民币被刘某私吞，要等司法部门对刘某刑事案处理终结后再来退返押金及企业困难等理由拒退押金。赖某向旅游质监所投诉，旅游质监所作出《旅游服务质量保证金赔偿决定书》，但旅行社仍拒绝退返押金。

资料来源：佚名. 旅行社[EB/OL]. (2011-03-13)[2021-10-01]. https://www.docin.com/p-147508178.html.

根据案例，分析下列问题：

1. 什么是旅游服务质量保证金？
2. 什么情况下旅游者能获得旅游服务质量保证金的赔偿？
3. 旅行社如果不服从赔偿决定，可以采取什么措施？
4. 旅游服务质量保证金具体如何赔偿？

第5章 导游人员管理法规

知识目标	技能目标
① 了解导游人员的基本概念； ② 了解导游人员的主要分类； ③ 熟悉导游人员执业许可制度； ④ 熟悉导游人员等级考核评定制度； ⑤ 了解导游服务星级评价制度； ⑥ 了解导游人员的基本权利； ⑦ 掌握导游人员的基本义务	① 能够辨析导游人员资格证书与导游证的联系和区别； ② 能够分析导游与领队的联系和区别； ③ 能够阐述导游人员的监督举报权； ④ 能够分析导游人员引导游客文明旅游的义务

 **导入案例**

考取了导游资格证就是导游员吗

　　游客叶某与一家旅行社签订了一份某地4日游的旅游合同，按照合同约定，导游员应全程陪同服务。旅游团队到达旅游目的地后，迎接旅游团队的是一位年轻漂亮的姑娘。她在致欢迎词的时候讲的是本地语，游客要求她讲普通话，可她的普通话并不标准，游客听了半天不知所云。之后，游客请她出示导游证，过了很久，她才拿出来一张旅行社开具的证明，证明她于去年考了导游资格证，但是导游证还没有办下来。在接下来的参观游览中，这位姑娘不太会讲解，游客只能听其他旅游团的导游员讲解。事后，游客都表示对这位姑娘不满意。于是大家委托叶某起草一封投诉信，集体签字后寄给了当地的旅游质监部门，要求赔偿导游服务费损失。旅游质监部门接到投诉信后十分重视，经过核查确认投诉信所述为事实。

　　资料来源: 佚名. 实例: 考出证就是导游员吗？[EB/OL]. (2019-01-03)[2021-10-05].https://www.51test.net/show/478377.html.

　　根据案例，思考下列问题：

　　1. 什么是导游人员？

　　2. 导游人员有哪些类别？

　　3. 导游人员资格证书与导游证有什么联系和区别？

　　4. 如何才能取得导游证？

　　1999年5月14日，国务院发布了《导游人员管理条例》，自1999年10月1日起施行，并于2017年10月7日根据国务院《关于修改部分行政法规的决定》修正。2017年11月1日，国家旅游局发布了《导游管理办法》，自2018年1月1日起施行。《导游管理办法》对导游人员的执业行为作出规范，是对导游人员的一种保护和约束。

5.1　导游人员的概念与分类

5.1.1　导游人员的概念

《导游人员管理条例》第二条规定："本条例所称导游人员，是指依照本条例的规定取得导游证，接受旅行社委派，为旅游者提供向导、讲解及相关旅游服务的人员。"

由上述导游人员的法定概念可知，导游人员这一概念包含以下3层含义。

(1) 从事导游业务的资格：按规定参加导游资格考试、取得导游证。

(2) 从事导游活动的前提：经旅行社委派。

(3) 导游业务工作的内容：向旅游者提供向导、讲解及相关旅游服务。

 案例分析 5.1

李成是某国际旅行社的一名正式导游人员，从事导游工作多年，颇有业绩，在导游行业结交了许多朋友。2019年7月中旬的一天晚上，正准备休息的李成接到一位导游朋友的电话，称其手头有一个旅游团找不到合适的导游，但又不愿失去这个客户，希望李成能帮忙，导游费400元。出于朋友情谊，李成毫不犹豫地答应了。第二天早上8时，李成仓促上团，毕竟是老导游，介绍景点时轻车熟路还不时有出彩之处，游客较满意。但食宿方面出了不少问题，住宿由原定三星级饭店降为二星级，饭菜的质量也不尽如人意，尽管李成竭力弥补，但终难令游客满意。几天后，游客向市旅游局投诉了该旅行社及李成。

资料来源：吴景青. 全国导游人员资格考试模拟金题——政策法规[EB/OL]. (2013-05-21)[2021-10-05]. http://www.doc88.com/p-1495955785479.html.

问题

李成在哪些方面违反了《导游人员管理条例》的规定？应该如何处理？

5.1.2　导游人员的分类

导游人员由于业务范围、业务内容不同，服务对象和使用的语言各异，其业务性质和服务方式也不尽相同。即使是同一个导游人员，从事不同性质的业务时，其所扮演的社会角色也是不同的。

1. 按业务范围划分

按业务范围，导游人员可分为境外领队、全程陪同导游人员、地方陪同导游人员和景区景点导游人员。

(1) 境外领队是指经国家旅游行政主管部门批准可以经营出境旅游业务的旅行社的委派，全权代表该旅行社带领旅游团从事境外旅游活动的工作人员。

(2) 全程陪同导游人员(简称全陪)是指受组团旅行社委派，作为组团社的代表，在地方陪同导游人员的配合下实施接待计划，为旅游团(者)提供全程陪同服务的工作人员。

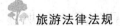

(3) 地方陪同导游人员(简称地陪)是指受接待旅行社委派，代表接待社实施接待计划，为旅游团(者)提供当地旅游活动安排、讲解、翻译等服务的工作人员。

(4) 景区景点导游人员亦称讲解员，是指在旅游景区景点，如博物馆、自然保护区等为游客进行导游讲解的工作人员。

前两类导游人员的主要业务是组织和协调旅游活动。第三类导游人员既负责组织和协调当地旅游活动，又要负责导游讲解或翻译。第四类导游人员的主要业务是从事所在景区景点的导游讲解。

2. 按职业性质划分

按职业性质，导游人员可分为专职导游人员和兼职导游人员。

(1) 专职导游人员是指在一定时期内以导游工作为其主要职业的导游人员。他们是当前我国导游队伍的主体。

(2) 兼职导游人员亦称业余导游人员，是指不以导游工作为其主要职业，而利用业余时间从事导游工作的人员。

3. 按导游使用的语言划分

按导游使用的语言，导游人员可分为中文导游人员和外语导游人员。

(1) 中文导游人员是指能够使用普通话、地方话或者少数民族语言，从事导游业务的人员。

(2) 外语导游人员是指能够运用外语从事导游业务的人员。目前，这类导游人员的主要服务对象是入境旅游的外国游客和出境旅游的中国公民。

4. 按技术等级划分

按技术等级，导游人员可分为初级导游人员、中级导游人员、高级导游人员和特级导游人员。

(1) 初级导游人员。获导游人员资格证书一年后，就技能、业绩和资历对其进行考核，合格者自动成为初级导游人员。

(2) 中级导游人员。获初级导游人员资格两年以上，业绩明显，考核、考试合格者晋升为中级导游人员。他们是旅行社的业务骨干。

(3) 高级导游人员。取得中级导游人员资格 4 年以上，业绩突出、水平较高，在国内外同行和旅行商中有一定影响，考核、考试合格者晋升为高级导游人员。

(4) 特级导游人员。取得高级导游人员资格 5 年以上，业绩优异，有突出贡献，有高水平的科研成果，在国内外同行和旅行商中有较大影响，经考核合格者晋升为特级导游人员。

5.2　导游人员管理制度

5.2.1　导游执业许可制度

国家对导游执业实行许可制度。从事导游执业活动的人员，应当取得导游人员资格证和导游证。

1. 导游人员资格考试制度

《导游人员管理条例》第三条规定："国家实行全国统一的导游人员资格考试制度。

具有高级中学、中等专业学校或者以上学历，身体健康，具有适应导游需要的基本知识和语言表达能力的中华人民共和国公民，可以参加导游人员资格考试；经考试合格的，由国务院旅游行政部门或者国务院旅游行政部门委托省、自治区、直辖市人民政府旅游行政部门颁发导游人员资格证书。"

国务院旅游行政部门负责制定全国导游资格考试政策、标准，组织导游资格统一考试，以及对地方各级旅游主管部门导游资格考试实施工作进行监督管理。省、自治区、直辖市旅游主管部门负责组织、实施本行政区域内导游资格考试具体工作。经考试合格的，由国务院旅游行政部门或者国务院旅游行政部门委托省、自治区、直辖市人民政府旅游行政部门颁发导游人员资格证书。

2015年8月，国家旅游局办公室发布了《全国导游人员资格考试管理办法(试行)》，详细规定了全国导游人员资格考试报名组织、考区考点和考场设置、试卷管理、考试实施、评卷与成绩管理、收费等具体问题。

2016年9月27日，国家旅游局公布了《关于废止〈导游人员管理实施办法〉的决定》，自本决定公布之日起，《导游人员管理实施办法》规定的导游岗前培训考核制度、计分管理制度、年审管理制度和导游人员资格证3年有效制度等停止实施。因此，导游资格证终身有效。

2. 导游证管理制度

《导游管理办法》第七条规定："取得导游人员资格证，并与旅行社订立劳动合同或者在旅游行业组织注册的人员，可以通过全国旅游监管服务信息系统向所在地旅游主管部门申请取得导游证。导游证采用电子证件形式，由国务院旅游行政部门制定格式标准，由各级旅游主管部门通过全国旅游监管服务信息系统实施管理。电子导游证以电子数据形式保存于导游个人移动电话等移动终端设备中。"

1) 导游证的领取

申请领取导游证的前提，是参加导游人员资格考试并合格。在满足这一前提条件下，可以申请领取导游证的人员又可分为以下两类。

(1) 与旅行社订立劳动合同的人员，是指订立固定期限或者无固定期限劳动合同的人员。

(2) 在相关旅游行业组织注册的人员，是指在设区的市级以上地方依法成立的导游协会、旅游协会成立的导游分会或者内设的相应工作部门注册的人员。

2) 不得颁发导游证的情形

《导游管理办法》第十二条规定："具有下列情形的，不予核发导游证：

(一) 无民事行为能力或者限制民事行为能力的；

(二) 患有甲类、乙类以及其他可能危害旅游者人身健康安全的传染性疾病的；

(三) 受过刑事处罚的，过失犯罪的除外；

(四) 被吊销导游证之日起未逾 3 年的。"

3) 导游人员资格证书与导游证的联系和区别

导游人员资格证书与导游证是两种既有联系又有区别的证书。

(1) 两者的联系。导游人员资格证书是取得导游证的必要前提。也就是说，要取得导游证，首先必须取得导游人员资格证书。但应当指出的是，取得导游人员资格证书，并不意味着必然取得导游证。

(2) 两者的区别。①性质不同。导游人员资格证书是标志某人具备从事导游职业资格的证书；而导游证则是标志国家准许某人从事导游职业的证书。前者表明某人具备导游职业的资格，而后者表明某人获准从事导游职业。②颁证机构不同。导游人员资格证书由国务院旅游行政部门或国务院旅游行政部门委托的省、自治区、直辖市人民政府旅游部门颁发；而导游证则由省、自治区、直辖市人民政府旅游部门颁发。③领取程序不同。导游人员资格证书是参加导游人员资格考试并合格后，向旅游行政部门领取；而导游证则必须是取得导游人员资格证书，并与旅行社订立劳动合同或者在相关旅游行业组织注册后，方可向旅游行政部门领取。④作用不同。导游人员资格证书仅仅是表明持证人具备了从事导游职业的资格，但并不能实际从事导游职业；而导游证则表明持证人可以实际从事导游职业。前者是从业的资格；后者是从业的许可。⑤期限不同。导游资格证终身有效；而导游证是有期限规定的，导游证的有效期限为 3 年。导游需要在导游证有效期届满后继续执业的，应当在有效期限届满前 3 个月内，通过全国旅游监管服务信息系统向所在地旅游主管部门提出申请，并提交规定的相关材料。⑥存在形式不同。导游人员资格证书是纸质证书；而导游证是电子证书。

 案例分析 5.2

武汉某旅行社在"五一"期间组织团队到湖南旅游，因导游不够，聘请了仅有导游人员资格证书的非本旅行社员工鲁某为该团导游。因时间匆忙，在旅行社没有与鲁某签订书面聘用合同的情况下就发团了。当游客看到鲁某没有佩戴导游证提出疑问时，鲁某说自己有导游人员资格证书，戴不戴导游证都可以。行程第 3 天，旅游团在游览洞庭湖时，因游船上游客太多，相互拥挤，一位姓吴的游客掉入湖中，后被救起并送往医院急救，花费医药费 1020 元。返回武汉后，吴某找到该旅行社，要求该旅行社赔偿医药费并退还旅游费。旅行社辩称，吴先生是由于自己不小心掉进湖里的，旅行社没有责任，即使有责任，也是导游有责任，与旅行社无关。鲁某则称，自己不是旅行社员工，况且旅行社没有与自己订立合同，出了事故与自己无关。最后，游客吴先生向武汉市旅游质监所递交了投诉状，要求获得赔偿。

资料来源：佚名. 模块三：导游人管理法律制度[EB/OL]. (2016-10-18)[2021-10-05]. https://max.book118.com/html/2016/1018/59918406.shtm.

问题

1. 旅行社在哪些方面有违法经营情节？

2. 旅行社的辩称是否合理？导游的辩称是否合理？

4) 导游与领队的联系和区别

《旅游法》第三十九条规定："从事领队业务，应当取得导游证，具有相应的学历、语言能力和旅游从业经历，并与委派其从事领队业务的取得出境旅游业务经营许可的旅行社订立劳动合同。"可见，领队是一类特殊的"导游"。

从所接触的游客来说，领队主要从事出国出境游的带团任务，工作重点是带领团队、督促境外接待社严格履行合同约定接待任务和办理出入境手续；而导游分为目的地陪同导游和全程陪同导游，主要工作重点是旅游接待和景区讲解。简单来说，凡是组团社派出，带领团队出国出境的都被称为"领队"。

从素质要求上来说，领队的要求更高。领队应具备一定的英语或目的地国家/地区语言的表达能力，部分省份还要求领队上岗前应具备1年以上、带团5个以上的导游工作经验，并能履行领队职责、严格遵守外事纪律，具有较强的应急处理能力。导游则应具备较好的语言表达能力和沟通能力，掌握当地人文、历史、地理知识，有较强的承上启下、联结内外、左右协调的组织能力。

5) 导游身份标识

导游身份标识是指标识有导游姓名、证件号码等导游基本信息，以便于旅游者和执法人员识别身份的工作标牌。导游身份标识的具体标准由国务院旅游行政部门制定。

《导游管理办法》第二十一条规定："导游身份标识中的导游信息发生变化，导游应当自导游信息发生变化之日起10个工作日内，向所在地旅游主管部门申请更换导游身份标识。旅游主管部门应当自收到申请之日起5个工作日内予以确认更换。导游身份标识丢失或者因磨损影响使用的，导游可以向所在地旅游主管部门申请重新领取，旅游主管部门应当自收到申请之日起10个工作日内予以发放或者更换。"

5.2.2 导游人员等级考核评定制度

2005年6月3日，国家旅游局发布了《导游人员等级考核评定管理办法(试行)》。

1. 导游人员等级考核评定的管理

导游人员等级考核评定工作，遵循自愿申报、逐级晋升、动态管理的原则。

导游人员等级考核评定工作，按照"申请、受理、考核评定、告知、发证"的程序进行。

凡通过全国导游人员资格考试并取得导游人员资格证书，符合全国导游人员等级考核评定委员会规定报考条件的导游人员，均可申请参加相应的等级考核评定。

国家旅游主管部门负责导游人员等级考核评定标准、实施细则的制定工作，负责对导游人员等级考核评定工作进行监督检查。国家旅游主管部门组织设立全国导游人员等级考核评定委员会。全国导游人员等级考核评定委员会组织实施全国导游人员等级考核评定工作。省、自治区、直辖市和新疆生产建设兵团旅游行政管理部门组织设立导游人员等级考核评定办公室，在全国导游人员等级考核评定委员会的授权和指导下开展相应的工作。

旅行社和导游管理服务机构应当采取有效措施，鼓励导游人员积极参加导游人员等级考核评定。

2. 导游人员等级的划分及其考核标准

导游人员等级分为初级、中级、高级、特级4个等级。导游人员申报等级时，由低到高，逐级递升，经考核评定合格者，颁发相应的导游人员等级证书。中级导游人员的考核采取笔试方式。其中，中文导游人员的考试科目为"导游知识专题"和"汉语言文学知识"；外语导游人员的考试科目为"导游知识专题"和"外语"。高级导游人员的考核采取笔试方式，考试科目为"导游案例分析"和"导游词创作"。特级导游人员的考核采取论文答辩方式。

3. 导游人员奖励晋升规定

参加省部级以上单位组织的导游技能大赛获得最佳名次的导游人员，报全国导游人员等级考核评定委员会批准后，可晋升一级导游人员等级。一人多次获奖只能晋升一次，晋升的最高等级为高级。2011 年，全国导游人员等级考核评定委员会印发了《导游奖励晋升和加分备案办理程序》，进一步明确了通过以赛促训的方式展示导游人员风采，激励导游人员不断提高自身素质和服务质量。

4. 导游人员等级证书

导游人员等级证书由全国导游人员等级考核评定委员会统一印制。

导游人员获得导游人员资格证书和中级、高级、特级导游人员证书后，可通过省、自治区、直辖市和新疆生产建设兵团旅游行政管理部门申请办理相应等级的导游证。

5.2.3　导游服务星级评价制度

1. 导游服务星级评价

《导游管理办法》第三十条规定："导游服务星级评价是对导游服务水平的综合评价，星级评价指标由技能水平、学习培训经历、从业年限、奖惩情况、执业经历和社会评价等构成。导游服务星级根据星级评价指标，通过全国旅游监管服务信息系统自动生成，并根据导游执业情况每年度更新一次。

旅游主管部门、旅游行业组织和旅行社等单位应当通过全国旅游监管服务信息系统，及时、真实地备注各自获取的导游奖惩情况等信息。"

2. 导游等级考核评定制度与导游服务星级评价制度的联系和区别

导游等级考核评定制度与导游服务星级评价制度都是为便于旅游者和社会各方面对导游水平能力的识别，并激励导游自我提升导游执业素养而确立的制度。两者互为补充，但也存在明显的区别。

(1) 评价功能不同。导游等级考核评定制度是对导游职业技能水平的评价，侧重的是技能水平，相对是静态的，等级一般只升不降；导游服务星级评价制度侧重对导游执业服务能力、质量和信用水平的评价，侧重的是服务水平，相对是动态的，星级有升有降。

(2) 评价方式不同。导游等级考核评定主要通过考试方式，对导游技能大赛获得最佳名次的导游也可以晋升等级；导游服务星级评价主要基于旅游者对导游服务的客观评价，不组织考试、不设评定机构，通过全国旅游监管服务平台自动计分生成导游服务星级。

(3) 评价内容不同。在导游等级考核评定中，中级导游人员的考核内容主要为"导游知识专题"和"汉语言文学知识"，高级导游人员的考核内容主要为"导游案例分析"和"导游词创作",特级导游人员的考核采取论文答辩方式;导游服务星级主要以游客对导游服务的满意度为导向,对导游服务水平进行综合评价,评价指标包括社会评价、技能水平、执业经历、学习培训和奖惩情况等,促进导游以诚实劳动、至诚服务赢得更好的社会评价,取得更高的服务星级,获取更多的就业机会。

5.3　导游人员的权利与义务

5.3.1　导游人员的权利

1. 人格尊严权

《导游人员管理条例》第十条规定:"导游人员进行导游活动时,其人格尊严应当受到尊重,其人身安全不受侵犯。导游人员有权拒绝旅游者提出的侮辱其人格尊严或者违反其职业道德的不合理要求。"

案例分析 5.3

2019 年 1 月,导游王某受旅行社委派带团赴新加坡、马来西亚、泰国旅游。当团队行至泰国时,游客李某提出让王某带其到色情场所,王某对此要求当即予以拒绝。为此,李某觉得很没面子,心怀不满,在团队里散布有辱王某人格的谣言。

资料来源:佚名. 旅游案例答案[EB/OL]. (2012-12-16)[2021-10-05]. https://wenku.baidu.com/view/29903f7527284b73f24250c4.

问题

1. 导游王某能否拒绝游客李某的上述要求?为什么?
2. 王某对游客侮辱自身人格的言行应当怎么办?

2. 调整行程权

《导游人员管理条例》第十三条第二款规定:"导游人员在引导旅游者旅行、游览过程中,遇有可能危及旅游者人身安全的紧急情形时,经征得多数旅游者的同意,可以调整或者变更接待计划,但是应当立即报告旅行社。"

由此可见,导游人员行使调整行程权时,必须符合下列条件。

(1) 必须是在引导旅游者旅行、游览的过程中。
(2) 必须是遇有可能危及旅游者人身、财产安全的紧急情形时。
(3) 必须征得多数旅游者的同意。
(4) 必须立即报告旅行社。

3. 请求配合权

《旅行社条例实施细则》第四十九条规定:"旅行社及其委派的导游人员、领队人员在经营、服务中享有下列权利:

（一）要求旅游者如实提供旅游所必需的个人信息，按时提交相关证明文件；

（二）要求旅游者遵守旅游合同约定的旅游行程安排，妥善保管随身物品；

（三）出现突发公共事件或者其他危急情形，以及旅行社因违反旅游合同约定采取补救措施时，要求旅游者配合处理防止扩大损失，以将损失降低到最低程度；

（四）拒绝旅游者提出的超出旅游合同约定的不合理要求；

（五）制止旅游者违背旅游目的地的法律、风俗习惯的言行。"

4. 合理拒绝权

《导游管理办法》第二十八条规定："导游有权拒绝旅行社和旅游者的下列要求：

（一）侮辱其人格尊严的要求；

（二）违反其职业道德的要求；

（三）不符合我国民族风俗习惯的要求；

（四）可能危害其人身安全的要求；

（五）其他违反法律、法规和规章规定的要求。"

5. 解除合同权

《旅游法》第六十六条规定："旅游者有下列情形之一的，旅行社可以解除合同：

（一）患有传染病等疾病，可能危害其他旅游者健康和安全的。

（二）携带危害公共安全的物品且不同意交有关部门处理的。

（三）从事违法或者违反社会公德的活动的。

（四）从事严重影响其他旅游者权益的活动，且不听劝阻、不能制止的。

（五）法律规定的其他情形。"

导游人员和领队人员接受旅行社委派组织接待旅游服务过程中，遇到上述情形，可以汇报旅行社，代替旅行社行使解除合同权。

6. 监督举报权

《导游管理办法》第二十七条规定："旅行社有下列行为的，导游有权向劳动行政部门投诉举报、申请仲裁或者向人民法院提起诉讼：

（一）不依法与聘用的导游订立劳动合同的。

（二）不依法向聘用的导游支付劳动报酬、导游服务费用或者缴纳社会保险费用的。

（三）要求导游缴纳自身社会保险费用的。

（四）支付导游的报酬低于当地最低工资标准的。

旅行社要求导游接待以不合理低价组织的旅游团队或者承担接待旅游团队的相关费用的，导游有权向旅游主管部门投诉举报。"

2015 年 4 月 24 日，国家旅游局发布了《导游领队引导文明旅游规范》(LB/T 039—2015)，本规范赋予了导游领队通过旅行社将严重违背社会公德、违反法律规范，影响恶劣，后果严重的游客向旅游主管部门报告的权利，并在旅游主管部门核实后将该游客纳入"游客不文明行为记录"。

将监督举报权赋予导游，可充分发挥导游的正面引导和督促提醒作用，约束游客行为，不失为强化游客文明旅游的一项有效举措。导游和领队作为最接近游客的人员，不能只承担讲解的任务，也应该发挥监督提醒义务；不能只做游客的服务员，也要敢于做不文明游客的监督员。

7. 获得救济权

获得救济权具体包括投诉权、申请行政复议权和诉讼权。

(1) 投诉权。导游人员在导游活动中，如其合法权益受到损害，有权向有关部门投诉，请求予以调解。

(2) 申请行政复议权。导游人员对旅游行政管理部门的具体行政行为不服时，依照《中华人民共和国行政复议法》的规定，有权向旅游行政机关申请复议。

(3) 诉讼权。导游人员对旅游行政部门的具体行为不服时，依照《中华人民共和国行政诉讼法》的规定，享有向人民法院提起行政诉讼的权利。

8. 基本保障权

《导游管理办法》第二十六条规定："旅行社等用人单位应当维护导游执业安全、提供必要的职业安全卫生条件，并为女性导游提供执业便利、实行特殊劳动保护。"

《导游管理办法》第二十七条规定："鼓励景区对持有导游证从事执业活动或者与执业相关活动的导游免除门票。"

《导游管理办法》第二十八条规定："旅行社应当与通过其取得导游证的导游订立不少于1个月期限的劳动合同，并支付基本工资、带团补贴等劳动报酬，缴纳社会保险费用。旅行社临时聘用在旅游行业组织注册的导游为旅游者提供服务的，应当依照旅游和劳动相关法律、法规的规定足额支付导游服务费用；旅行社临时聘用的导游与其他单位不具有劳动关系或者人事关系的，旅行社应当与其订立劳动合同。"

《导游管理办法》第二十九条规定："旅行社应当提供设置'导游专座'的旅游客运车辆，安排的旅游者与导游总人数不得超过旅游客运车辆核定乘员数。导游应当在旅游车辆'导游专座'就座，避免在高速公路或者危险路段站立讲解。"

9. 免费培训权

《导游管理办法》第三十一条规定："各级旅游主管部门应当积极组织开展导游培训，培训内容应当包括政策法规、安全生产、突发事件应对和文明服务等，培训方式可以包括培训班、专题讲座和网络在线培训等，每年累计培训时间不得少于 24 小时。培训不得向参加人员收取费用。旅游行业组织和旅行社等应当对导游进行包括安全生产、岗位技能、文明服务和文明引导等内容的岗前培训和执业培训。"

5.3.2 导游人员的义务

1. 不断提高自身业务素质和职业技能

《导游人员管理条例》第七条规定："导游人员应当不断提高自身业务素质和职业技能。"

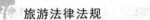

《导游管理办法》第三十一条规定："导游应当参加旅游主管部门、旅游行业组织和旅行社开展的有关政策法规、安全生产、突发事件应对和文明服务内容的培训；鼓励导游积极参加其他培训，提高服务水平。"

导游人员自身业务素质的高低，职能、技能的优劣，直接关系到导游服务质量的高低，影响到能否为旅游者提供优良的导游服务。旅游者往往通过导游人员去认识一家旅行社、一个城市乃至一个民族、一个国家。因此，提高导游人员的业务素质及导游职业技能，对旅游业的发展至关重要。

2. 进行导游活动时佩戴导游证

《导游管理办法》第二十条规定："导游在执业过程中应当携带电子导游证、佩戴导游身份标识，并开启导游执业相关应用软件。"

《导游人员管理条例》第二十一条规定："导游人员进行导游活动时未佩戴导游证的，由旅游行政部门责令改正；拒不改正的，处 500 元以下的罚款。"

3. 进行导游活动须经旅行社委派

《导游管理办法》第十九条规定："导游为旅游者提供服务应当接受旅行社委派，但另有规定的除外。"

《旅游法》第一百零二条第二款规定："导游、领队违反本法规定，私自承揽业务的，由旅游主管部门责令改正，没收违法所得，处一千元以上一万元以下罚款，并暂扣或者吊销导游证。"

4. 维护国家利益和民族尊严

《导游人员管理条例》第十一条规定："导游人员进行导游活动时，应当自觉维护国家利益和民族尊严，不得有损害国家利益和民族尊严的言行。"

热爱祖国、拥护社会主义制度，以自己的一言一行来维护国家利益和民族尊严，是每个导游人员必须具备的政治条件和业务要求。特别是在接待海外旅游者时，导游人员就是国家对外形象的一个"窗口"。如果导游人员在进行导游活动时，有损害国家利益和民族尊严的言行，所产生的影响是极其恶劣的。

《导游人员管理条例》第二十条规定："导游人员进行导游活动时，有损害国家利益和民族尊严的言行的，由旅游行政部门责令改正；情节严重的，由省、自治区、直辖市人民政府旅游行政部门吊销导游证并予以公告；对该导游人员所在的旅行社给予警告直至责令停业整顿。"

5. 遵守职业道德

《导游人员管理条例》第十二条规定："导游人员进行导游活动时，应当遵守职业道德，着装整洁，礼貌待人，尊重旅游者的宗教信仰、民族习俗和生活习惯。导游人员进行导游活动时，应当向旅游者讲解旅游地点的人文和自然情况，介绍风土人情和习俗。但是，不得迎合个别旅游者的低级趣味，在讲解、介绍中掺杂庸俗下流的内容。"

导游人员讲解服务的根本内容，应当是向国内外旅游者介绍我国的大好河山、悠久历史、灿烂文化、勤劳好客的各族人民及其各具特色的风土人情和习俗。在旅游者这个群体中，绝大多数是健康的、友好的，但确实也存在个别旅游者在旅游过程中会提出一些低级趣味的讲解要求。对于这种无理要求，导游人员应当予以拒绝，不得在讲解、介绍中掺杂庸俗下流的内容。导游人员应当遵守的职业道德主要是指爱岗敬业、诚实守信、办事公道、服务游客、奉献社会。导游人员应当本着这一职业道德要求在导游活动中营造相互尊重、和睦相处、轻松愉快的旅游氛围。

6. 严格履行接待计划

《导游人员管理条例》第十三条规定："导游人员应当严格按照旅行社确定的接待计划，安排旅游者的旅行、游览活动，不得擅自增加、减少旅游项目或者中止导游活动。"

导游人员必须履行按接待计划组织旅游者旅游的义务。由旅行社确定的接待计划是经旅游者认可的，是旅游者与旅行社订立的旅游合同的一个重要组成部分。旅游接待计划一般包括乘坐交通工具、游览景点、住宿标准、餐饮标准、娱乐标准等内容的安排。因此，导游人员接受旅行社的委派带团旅游时，应当严格按照旅行社确定、经旅游者认可的旅游接待计划，安排旅游者的旅行、游览活动，不得擅自增加、减少旅游项目或者中止导游活动。这也符合《中华人民共和国民法典》规定的"当事人应当按照约定全面履行自己的义务"，否则，就要承担相应的违约责任。

《导游人员管理条例》第二十二条规定："导游人员有下列情形之一的，由旅游行政部门责令改正，暂扣导游证3至6个月；情节严重的，由省、自治区、直辖市人民政府旅游行政部门吊销导游证并予以公告：

(一) 擅自增加或者减少旅游项目的；

(二) 擅自变更接待计划的；

(三) 擅自中止导游活动的。"

案例分析 5.4

2015年7月，北京某国内旅行社组织接待了从某市来北京旅游的一行34人的团队。在参观游览过程中，作为地陪的高某为了节省时间并增加计划以外的游览项目，私自取消了两个计划景点的参观行程，并一再对游客说，大家来北京一次不容易，既然来了就应多看一些景点。在征得大多数游客同意并对每位游客加收50元的基础上，高某私自增加了4个景点(包括高某从计划中减去的两个景点)。在团队活动期间，高某还向游客兜售纪念邮册8套。由于夏天气候炎热，加上团队中老年人较多，许多游客感到在计划景点的参观时间太短、行程太仓促，并对高某额外增加景点的行为表示不满。旅游结束后，该团游客集体签名向旅游行政管理部门投诉，并要求对导游员高某进行处罚。

资料来源：佚名. 旅游政策法规与职业道德案例[EB/OL]. (2014-05-01)[2021-10-05]. https://wenku.baidu.com/view/b11935b6700abb68a982fb63.html.

问题

1. 导游员高某的行为违反了哪些规定？

2. 导游员高某以及委派高某的旅行社将受到怎样的处罚？

7. 履行告知和警示义务

《导游人员管理条例》第十四条规定："导游人员在引导旅游者旅行、游览过程中，应当就可能发生危及旅游者人身、财物安全的情况，向旅游者作出真实说明和明确警示，并按照旅行社的要求采取防止危害发生的措施。"

这是有关导游人员必须履行的"说明"和"警示"义务的规定。

旅游是一种体验或者经历，旅游者在旅游过程中，有赏心悦目的体验，也可能会经历危难，尤其是在探险旅游中，可能危及旅游者人身、财产安全的情形往往是客观存在的。遇有这类情形，导游人员应当就可能发生危及旅游者人身、财产安全的情况，向旅游者作出真实的说明和明确的警示。说明和警示要求真实、准确、通俗易懂，不致发生歧义；同时，导游人员要按照旅行社的要求采取防止危害发生的措施，否则导游人员和旅行社就要承担相应的法律责任。

8. 不向旅游者买卖物品、索要小费

《导游人员管理条例》第十五条规定："导游人员进行导游活动时，不得向旅游者兜售物品或者购买旅游者的物品，不得以明示或者暗示的方式向旅游者索要小费。"

导游人员在进行导游活动时，其职责就是为旅游者提供向导、讲解及相关的旅游服务，而向旅游者兜售物品或者购买旅游者的物品，不属于其职责范围，也与其导游身份不相称。同时，由于导游人员身份的特殊性，如其向旅游者兜售物品或者购买旅游者的物品，极易造成交易上的不公平与不公正，侵害旅游者的合法权益，损害导游人员的职业形象，也极易因此造成纠纷。

以明示或者暗示的方式向旅游者索要小费，是我国旅游法规历来禁止的。1987 年 8 月 17 日，经国务院批准，国家旅游局发布了《关于严格禁止在旅游业务中私自收授回扣和收取小费的规定》，明确规定导游人员不得向旅游者索要小费。《导游人员管理条例》之所以再次规定导游人员不得以明示或暗示的方式向旅游者索要小费，是因为在旅游过程中，有些导游人员不是以自己的优质服务赢得旅游者的感谢或奖赏，而是不择手段，以明示或暗示的方式向旅游者索取小费，给旅游业的声誉造成了极其恶劣的影响。

《导游人员管理条例》第二十三条规定："导游人员进行导游活动，向旅游者兜售物品或者购买旅游者的物品的，或者以明示或暗示的方式向旅游者索要小费的，由旅游行政部门责令改正，处 1000 元以上 3 万元以下的罚款；有违法所得的，并处没收违法所得；情节严重的，由省、自治区、直辖市人民政府旅游行政部门吊销导游证并予以公告；对委派该导游人员的旅行社给予警告直至责令停业整顿。"

《旅游法》第一百零二条第三款规定："导游、领队违反本法规定，向旅游者索取小费的，由旅游主管部门责令退还，处一千元以上一万元以下罚款；情节严重的，并暂扣或者吊销导游证。"

 案例分析 5.5

2016 年 2 月，徐某受某国际旅行社委派，为法国某某来华旅游团担任导游。在游览过程

中，徐某见某游客随身携带的照相机小巧玲珑，而且功能齐全，心里很喜欢。经询问，该相机在法国的售价比在中国便宜，徐某遂与游客商量，购买了该相机。后徐某因此事受到旅游行政管理部门的处罚。

资料来源：佚名. 旅游政策与法规案例分析[EB/OL]. (2012-06-01)[2021-10-05]. https://wenku.baidu.com/view/88ed86a0f524ccbff12184f9.html.

问题

1. 徐某能否购买外国旅游者的物品？为什么？
2. 旅游行政管理部门根据什么法规对徐某进行处罚？规定的具体内容是什么？

9. 不得欺骗、胁迫旅游者消费

《导游人员管理条例》第十六条规定："导游人员进行导游活动，不得欺骗、胁迫旅游者消费或者与经营者串通欺骗、胁迫旅游者消费。"

欺骗是指导游人员或者导游人员与经营者串通，故意告知旅游者虚假情况，或者故意隐瞒真实情况，诱使旅游者作出错误消费的意思表示的行为。例如，在旅游购物中，导游人员明知是虚假、伪劣商品，却告知旅游者是货真价实的商品，或者故意对旅游者隐瞒该商品的真实情况，诱使旅游者作出购买该商品的错误选择。在此过程中，可能是导游人员个人欺骗旅游者，也可能是导游人员与商品经营者串通欺骗旅游者。但不论何种形式，都属于欺骗旅游者消费的行为。

胁迫是指以给旅游者及其亲友的生命健康、名誉、荣誉、财产等造成损害为要挟，迫使旅游者作出违背真实的消费意思表示的行为。胁迫旅游者消费，既可以是导游人员个人胁迫旅游者消费，也可以是导游人员与经营者串通起来，胁迫旅游者消费。

《导游人员管理条例》第二十四条规定："导游人员进行导游活动，欺骗、胁迫旅游者消费或者与经营者串通欺骗、胁迫旅游者消费的，由旅游行政部门责令改正，处 1000 元以上 3 万元以下的罚款；有违法所得的，并处没收违法所得；情节严重的，由省、自治区、直辖市人民政府旅游行政部门吊销导游证并予以公告；对委派该导游人员的旅行社给予警告直至责令停业整顿；构成犯罪的，依法追究刑事责任。"

10. 引导游客文明旅游

《旅游法》第四十一条规定："导游和领队从事业务活动，应当佩戴导游证，遵守职业道德，尊重旅游者的风俗习惯和宗教信仰，应当向旅游者告知和解释旅游文明行为规范，引导旅游者健康、文明旅游，劝阻旅游者违反社会公德的行为。"

2013 年 7 月 16 日，国家旅游局办公室印发了《关于进一步加强旅游团队文明旅游宣传引导的通知》(旅办发〔2013〕134 号)。2015 年 3 月 17 日，国家旅游局印发了《关于进一步加强旅游行业文明旅游工作的指导意见》(旅办〔2015〕42 号)。2015 年 5 月 1 日，旅游行业标准《导游领队引导文明旅游规范》(LB/T 039—2015)和《旅行社行前说明服务规范》(LB/T 040—2015)正式实施。这一系列文件都反复强调了导游人员和领队人员在游客文明出游中的重要性和行为规范。

11. 依法向旅行社和相关部门行使报告义务

《旅行社条例》第三十九条第二款规定："发生危及旅游者人身安全的情形的，旅行社及其委派的导游人员、领队人员应当采取必要的处置措施并及时报告旅游行政管理部门；在境外发生的，还应当及时报告中华人民共和国驻该国使领馆、相关驻外机构、当地警方。"

《旅行社条例》第四十条规定："旅游者在境外滞留不归的，旅行社委派的领队人员应当及时向旅行社和中华人民共和国驻该国使领馆、相关驻外机构报告。旅行社接到报告后应当及时向旅游行政管理部门和公安机关报告，并协助提供非法滞留者的信息。旅行社接待入境旅游，发生旅游者非法滞留我国境内的，应当及时向旅游行政管理部门、公安机关和外事部门报告，并协助提供非法滞留者的信息。"

《旅行社条例》第六十三条规定："违反本条例的规定，旅行社及其委派的导游人员、领队人员有下列情形之一的，由旅游行政管理部门责令改正，对旅行社处 2 万元以上 10 万元以下的罚款；对导游人员、领队人员处 4000 元以上 2 万元以下的罚款；情节严重的，责令旅行社停业整顿 1 个月至 3 个月，或者吊销旅行社业务经营许可证、导游证：

（一）发生危及旅游者人身安全的情形，未采取必要的处置措施并及时报告的；

（二）旅行社组织出境旅游的旅游者非法滞留境外，旅行社未及时报告并协助提供非法滞留者信息的；

（三）旅行社接待入境旅游的旅游者非法滞留境内，旅行社未及时报告并协助提供非法滞留者信息的。"

■■■ 本 章 小 结 ■■■

导游人员是指依法取得导游证，接受旅行社委派，为旅游者提供向导、讲解及相关旅游服务的人员。

参加导游资格考试成绩合格，与旅行社订立劳动合同或者在相关旅游行业组织注册的人员，可以申请取得导游证。

国家对导游人员实行等级考核制度。导游人员等级分为初级、中级、高级、特级 4 个等级。

导游人员依法具有下列权利：人格尊严权、调整行程权、请求配合权、合理拒绝权、解除合同权、监督举报权、获得救济权、基本保障权、免费培训权。

导游人员依法具有下列义务：不断提高自身业务素质和职业技能；进行导游活动时佩戴导游证；进行导游活动须经旅行社委派；维护国家利益和民族尊严；遵守职业道德；严格履行接待计划；履行告知和警示义务；不向旅游者买卖物品、索要小费；不得欺骗、胁迫旅游者消费；引导游客文明旅游；依法向旅行社和相关部门行使报告义务。

关键术语

导游　领队　导游人员执业许可制度　导游等级考核制度　导游服务星级评价制度

知识链接

1. 中国法制出版社. 中华人民共和国旅游法[M]. 北京：中国法制出版社，2018.

2. 国务院. 导游人员管理条例[EB/OL]. (2017-10-07)[2021-06-25]. http://www.faxin.cn/lib/zyfl/ZyflContent.aspx?gid=A260687&libid=all&userinput=导游人员管理条例.

3. 国家旅游局. 导游管理办法[EB/OL]. (2017-11-01)[2021-06-25]. http://www.faxin.cn/lib/Zyfl/ZyflContent.aspx?gid=A262487&userinput=导游管理办法.

4. 国务院. 旅行社条例[EB/OL]. (2020-11-29)[2021-06-25]. http://www.faxin.cn/lib/zyfl/ZyflContent.aspx?gid=A297590&libid=all&userinput=旅行社条例.

5. 国家旅游局. 旅行社条例实施细则[EB/OL]. (2016-12-12)[2021-06-25]. http://www.faxin.cn/lib/zyfl/ZyflContent.aspx?gid=A262491&libid=all&userinput=旅行社条例实施细则.

6. 韩玉灵. 旅游法教程[M]. 4版. 北京：高等教育出版社，2018.

7. 安徽省旅游局. 旅游政策与法规[M]. 合肥：安徽人民出版社，2010.

8. 李远慧，郑宇飞. 旅游法规实务[M]. 武汉：武汉大学出版社，2008.

9. 宋才发，杨富斌. 旅游法教程[M]. 北京：知识产权出版社，2006.

10. 伏六明. 旅游法规教程[M]. 长沙：湖南大学出版社，2009.

课后习题

一、多项选择题

1. 按业务范围，导游人员分为(　　)。
   A. 境外领队　　　　　　　　　　B. 全程陪同导游人员
   C. 地方陪同导游人员　　　　　　D. 景区景点导游人员

2. 按技术等级，导游人员分为(　　)。
   A. 初级导游人员　　　　　　　　B. 中级导游人员
   C. 高级导游人员　　　　　　　　D. 特级导游人员

3. 根据《导游人员管理条例》规定，参加导游人员资格考试的人员需要具备的条件包括(　　)。
   A. 必须是中华人民共和国公民
   B. 必须具有高级中学、中等专业学校或者以上的学历
   C. 必须身体健康
   D. 必须具有适应导游需要的基本知识和语言表达能力

4. 根据《导游管理办法》规定，不得颁发导游证的情形主要有(　　)。
   A. 无民事行为能力或者限制民事行为能力的
   B. 受过刑事处罚的，过失犯罪的除外
   C. 患有甲类、乙类以及其他可能危害旅游者人身健康安全的传染性疾病的
   D. 被吊销导游证之日起未逾3年的

5. 导游人员获得救济的权利主要体现在(　　)。

  A. 投诉权   B. 申请行政复议权   C. 诉讼权   D. 获得赔偿权

二、判断题

1. 导游服务星级根据星级评价指标，通过全国旅游监管服务信息系统自动生成，并根据导游执业情况每季度更新一次。　　　　　　　　　　　　　　　　　　　　　　　(　　)

2. 根据《导游人员等级考核评定管理办法》的规定，特级导游人员的考核采取论文答辩方式。　　　　　　　　　　　　　　　　　　　　　　　　　　　　　　　　　(　　)

3. 从事领队业务，应当取得导游证，具有相应的学历、语言能力和旅游从业经历，并与委派其从事领队业务的取得出境旅游业务经营许可的旅行社订立劳动合同。　(　　)

三、思考题

1. 导游人员资格证书与导游证有什么联系和区别？

2. 导游与领队有什么联系和区别？

3. 导游服务星级评价制度与导游等级考核制度有什么联系和区别？

4. 如何看待导游、领队人员在旅游行程中的监督举报权？

5. 在什么情况下，导游人员可以调整或者变更接待计划？

四、案例分析题

案例 1

2014 年，某国际旅行社导游王某因犯过失伤害被人民法院审理，因其行为情节轻微，被判处免予刑事处罚。2015 年，因王某在带团过程中胁迫旅游者消费，情节严重，被旅游行政管理部门依法吊销导游证。2016 年，王某又参加导游人员资格考试并合格，取得导游人员资格证书。但当其向旅游行政管理部门申请领取导游证时，被旅游行政管理部门拒绝。王某对旅游行政管理部门的这一具体行政行为不服，依法向上一级旅游行政机关申请复议。

资料来源：佚名. 旅游政策与法规案例分析[EB/OL]. (2012-06-01)[2021-10-05]. https://wenku.baidu.com/view/88ed86a0f524ccbff12184f9.html.

根据案例，分析下列问题：

1. 王某是否可以就旅游行政管理部门拒绝对其颁发导游证的行为向上一级旅游行政机关申请复议？其法律依据是什么？

2. 旅游行政机关拒绝对王某颁发导游证的行为是否正确？其法律依据是什么？

案例 2

张某是某高校一名三年级学生，非常喜欢游山玩水，对导游这一职业很感兴趣，她认为从事导游工作是锻炼自己并增长社会实践经验的良好机会。于是，她在 2013 年、2014 年先后两次参加导游人员资格考试，但考试未合格。她急于从事导游工作，于是多次与某旅行社联系，希望该社能给予其带团导游实习机会。2015 年国庆节长假期间，该旅行社因导游不足失去许多客源，经理遂打电话聘张某担任导游，让其带 23 人到黄山旅游，结果被黄山旅游质监部门查出张某不具导游资格，并以其擅自从事导游活动为由处以1500元罚款。张某对此感到十分委屈，她认为自己是受旅行社聘用才从事导游工作的，并非擅自进行导游活动，旅游行政部门处罚不当，遂向上一级旅游行政部门申请复议。

资料来源：佚名. 2017年导游资格考试《政策法规》冲刺题十[EB/OL]. (2017-10-18)[2021-10-05]. https://www.examw.com/dy/Law/moniti/441765/.

根据案例，分析下列问题：

1. 张某的观点是否成立？有何依据？
2. 旅行社能否聘用张某从事导游工作？有何依据？

五、综合分析题

2016年1月29日，全国旅游工作会议在海口召开。会议指出，要开展改革试点，放开导游自由执业，取消"导游必须经旅行社委派"的政策规定，拓宽导游执业途径，建立导游服务预约平台，游客既可通过线上平台预约导游，也可线下自主联系，实现交易方式完全放开；要改革导游管理模式，取消"获得资格证3年未从业的，资格证自动失效"的政策规定，导游资格证终身有效，导游证全国通用，取消导游年审制度，用信息化手段实现对导游的常态管理，实行动态进出机制；要建立"投诉+仲裁"与巡回法庭的联合处理机制，以导游与游客平等、责权利对等为原则，依法治旅；要召开全国导游工作会议，出台《关于进一步促进导游队伍健康发展的指导意见》，实现"进出、监管、保障、奖惩"四位一体，坚决依法处理导游队伍中的害群之马，依法保护导游的人身财产权益，禁止对导游乱收费。各地成立导游协会并加强引导，要努力增加导游在各级人大代表、政协委员及劳模中的名额，提升导游社会地位。

资料来源：齐中熙，周慧敏. 中国将放开导游自由执业[EB/OL]. (2016-01-30)[2021-10-05]. https://www.sohu.com/a/57288081_119663.

根据材料，分析下列问题：

1. 在自由执业背景下，简述导游的业务范围。
2. 导游自由执业是否会给旅行社行业带来冲击？
3. 导游如果负责订房、订餐、订车、订票等业务，其风险如何承担？
4. 取消导游年审，如何对导游进行常态化管理？
5. 要实现报告中的改革目标，需要修订哪些旅游法规？具体条款是什么？

第6章　旅游饭店管理法规

知识目标	技能目标
① 了解《旅馆业治安管理办法》； ② 了解《旅游饭店星级的划分与评定》； ③ 了解《中国旅游饭店行业规范》； ④ 了解《旅游民宿基本要求与评价》； ⑤ 掌握饭店经营者的权利与义务	① 能够分析饭店经营者的权利； ② 能够阐述饭店经营者的义务

导入案例

北京 HJ 酒店女生遇袭事件

2016 年 4 月 5 日，一则标题为"国内知名品牌连锁酒店女生深夜遭遇劫持"的帖子刷爆网络。作者弯弯表示，自己于 4 月 3 日晚上 11 时在 HJ 酒店，遭遇陌生男子尾随及强行拖拽，险遭劫持。当事人上传的监控视频显示，一名酒店保安在她呼救后赶到旁边，全程在场但未有动作，后来一名女房客拉住她的手，才使她未被拖入楼道。随着围观者增多，欲实施劫持的男子逃走。整个过程持续了五六分钟，在一个布满监控摄像头的地方，没有任何安保人员、酒店管理人员出来搭救，值班经理是在事情结束之后才到场的。

资料来源：佚名. 国内知名品牌连锁酒店女生深夜遭遇劫持[EB/OL]. (2016-04-06)[2021-10-09]. https:// yule.360.com/detail/1459906647616778.

根据案例，思考下列问题：

1. 客人入住酒店，酒店是否应该保障客人的人身安全？为什么？
2. 酒店应该采取哪些举措保障入住客人的人身财产安全？
3. HJ 酒店在哪些方面存在问题？如何整改？

旅游饭店(tourist hotel)是以间(套)夜为单位出租客房，以住宿服务为主，并提供商务、会议、休闲、度假等相应服务的住宿设施。按不同习惯，饭店可能被称为宾馆、酒店、旅馆、旅社、宾舍、度假村、俱乐部、大厦、中心等。

6.1　旅馆业管理法规

1951 年 8 月 15 日，公安部发布了《城市旅栈业暂行管理规则》。1987 年 11 月 10 日，公安部发布了《旅馆业治安管理办法》，同时废止了《城市旅栈业暂行管理规则》。2011 年 1 月 8 日，公安部对《旅馆业治安管理办法》予以修订；2020 年 11 月 29 日，再次修订。该办法就申请开办旅馆的手续、经营旅馆应遵循的事项以及对违法者的处罚都作出了明确规定。凡经营接待旅客住宿的旅馆、饭店、宾馆、招待所、客货栈、车马店、浴池等，不论是国营、集体经营还是合伙经营、个体经营、中外合资、中外合作经营，不论是专营还是兼营，不论是常年经营还是季节性经营，都必须遵守该办法。

6.1.1　开办旅馆的条件和程序

关于开办旅馆的条件和程序，《旅馆业治安管理办法》有以下规定。

第三条规定："开办旅馆，其房屋建筑、消防设备、出入口和通道等，必须符合《中华人民共和国消防法》等有关规定，并且要具备必要的防盗安全设施。"

第四条规定："申请开办旅馆，应经主管部门审查批准，经当地公安机关签署意见，向工商行政管理部门申请登记，领取营业执照后，方准开业。经批准开业的旅馆，如有歇业、转业、合并、迁移、改变名称等情况，应当在工商行政管理部门办理变更登记后 3 日内，向当地的县、市公安局、公安分局备案。"

6.1.2　旅馆的合法经营

关于旅馆的合法经营，《旅馆业治安管理办法》有以下规定。

第五条规定："经营旅馆，必须遵守国家的法律，建立各项安全管理制度，设置治安保卫组织或者指定安全保卫人员。"

第六条规定："旅馆接待旅客住宿必须登记。登记时，应当查验旅客的身份证件，按规定的项目如实登记。接待境外旅客住宿，还应当在 24 小时内向当地公安机关报送住宿登记表。"

第七条规定："旅馆应当设置旅客财物保管箱、柜或者保管室、保险柜，指定专人负责保管工作。对旅客寄存的财物，要建立登记、领取和交接制度。"

第八条规定："旅馆对旅客遗留的物品，应当妥为保管，设法归还原主或揭示招领；经招领 3 个月后无人认领的，要登记造册，送当地公安机关按拾遗物品处理。对违禁物品和可疑物品，应当及时报告公安机关处理。"

第九条规定："旅馆工作人员发现违法犯罪分子、形迹可疑的人员和被公安机关通缉的罪犯，应当立即向当地公安机关报告，不得知情不报或隐瞒包庇。"

第十条规定："在旅馆内开办舞厅、音乐茶座等娱乐、服务场所的，除执行本办法有关规定外，还应当按照国家和当地政府的有关规定管理。"

第十一条规定："严禁旅客将易燃、易爆、剧毒、腐蚀性和放射性等危险物品带入旅馆。"

第十二条规定："旅馆内，严禁卖淫、嫖宿、赌博、吸毒、传播淫秽物品等违法犯罪活动。"

第十三条规定："旅馆内，不得酗酒滋事、大声喧哗，影响他人休息，旅客不得私自留客住宿或者转让床位。"

6.1.3　旅馆的管理机构

关于旅馆的管理机构，《旅馆业治安管理办法》有以下规定。

第十四条规定："公安机关对旅馆治安管理的职责是，指导、监督旅馆建立各项安全管理制度和落实安全防范措施，协助旅馆对工作人员进行安全业务知识的培训，依法惩办侵犯旅馆和旅客合法权益的违法犯罪分子。公安人员到旅馆执行公务时，应当出示证件，严格依法办事，文明礼貌待人，维护旅馆的正常经营和旅客的合法权益。旅馆工作人员和旅客应当予以协助。"

6.1.4　旅馆经营的违法责任

关于旅馆经营的违法责任，《旅馆业治安管理办法》有以下规定。

第十五条规定："违反本办法第四条规定开办旅馆的，公安机关可以酌情给予警告或者处以 200 元以下罚款；未经登记，私自开业的，公安机关应当协助工商行政管理部门依法处理。"

第十六条规定："旅馆工作人员违反本办法第九条规定的，公安机关可以酌情给予警告或者处以 200 元以下罚款；情节严重构成犯罪的，依法追究刑事责任。旅馆负责人参与违法犯罪活动，其所经营的旅馆已成为犯罪活动场所的，公安机关除依法追究其责任外，对该旅馆还应当会同工商行政管理部门依法处理。"

第十七条规定："违反本办法第六、十一、十二条规定的，依照《中华人民共和国治安管理处罚法》有关条款的规定，处罚有关人员；发生重大事故、造成严重后果构成犯罪的，依法追究刑事责任。"

第十八条规定："当事人对公安机关的行政处罚决定不服的，按照《中华人民共和国治安管理处罚法》第一百零二条的规定办理。"

6.2　星级饭店管理法规

1988 年 8 月 22 日，国家旅游局参照国际标准，结合中国国情，发布了《中华人民共和国评定旅游(涉外)饭店星级的规定》和《中华人民共和国旅游(涉外)饭店星级标准》，开始在我国实行星级评定制度。1993 年，国家技术监督局颁布了《旅游涉外饭店星级的划分及评定》(GB/T 14308—1993)。这个标准于 1997 年、2003 年、2010 年作了 3 次修订，2003 年修订以后的名称变为"旅游饭店星级的划分与评定"，去掉了"涉外"两个字，因为中国加入世界贸易组织后遵循国民待遇原则，不再有涉外区别。2010 年 11 月 19 日，国家旅游局发布了《〈旅游饭店星级的划分与评定〉(GB/T 14308—2010)实施办法》(以下简称《实施办法》)，确保星级饭店的评定工作能够有序开展。

6.2.1　星级饭店的划分及标志

在划分与评定旅游饭店星级时，用星的数量和颜色表示旅游饭店的星级。星级饭店分为 5 个级别，即一星级、二星级、三星级、四星级、五星级(含白金五星级)。最低为一星级，最高为五星级。星级越高，表示饭店的等级越高。

星级标志由长城与五角星图案构成，一颗五角星表示一星级，两颗五角星表示二星级，三颗五角星表示三星级，四颗五角星表示四星级，五颗五角星表示五星级，五颗白金五角星表示白金五星级。

6.2.2 星级评定的组织机构和责任

1. 全国星评委

《实施办法》第四条规定，国家旅游局设全国旅游星级饭店评定委员会(以下简称"全国星评委")。全国星评委是负责全国星评工作的最高机构。

(1) 职能：统筹负责全国旅游饭店星评工作；聘任与管理国家级星评员；组织五星级饭店的评定和复核工作；授权并监管地方旅游饭店星级评定机构开展工作。

(2) 组成人员：全国星评委由中国旅游协会领导、中国旅游饭店业协会领导、国家旅游局监督管理司领导、政策法规司领导、监察局领导、中国旅游协会和中国旅游饭店业协会秘书处相关负责人及各省、自治区、直辖市旅游星级饭店评定委员会主任组成。

(3) 办事机构：全国星评委下设办公室，作为全国星评委的办事机构，设在中国旅游饭店业协会秘书处。

(4) 饭店星级评定职责和权限：

① 执行饭店星级评定工作的实施办法。

② 授权和督导地方旅游饭店星级评定机构的星级评定和复核工作。

③ 对地方旅游饭店星级评定机构违反规定所评定和复核的结果拥有否决权。

④ 实施或组织实施对五星级饭店的星级评定和复核工作。

⑤ 统一制作和核发星级饭店的证书、标志牌。

⑥ 按照《饭店星评员章程》要求聘任国家级星评员，监管其工作。

⑦ 负责国家级星评员的培训工作。

2. 省级星评委

《实施办法》第五条规定，各省、自治区、直辖市旅游局设省级旅游星级饭店评定委员会(以下简称"省级星评委")。省级星评委报全国星评委备案后，根据全国星评委的授权开展星评和复核工作。

(1) 组成人员：省级星评委的组建，根据本地实际情况确定，由地方旅游行业管理部门负责人和旅游饭店协会负责人等组成。

(2) 办事机构：省级星评委下设办公室为办事机构，可设在当地旅游局行业管理处或旅游饭店协会。

(3) 饭店星级评定职责和权限：

① 贯彻执行并保证质量完成全国星评委部署的各项工作任务。

② 负责并督导本省内各级旅游饭店星级评定机构的工作。

③ 对本省副省级城市、地级市(地区、州、盟)及下一级星级评定机构违反规定所评定的结果拥有否决权。

④ 实施或组织实施本省四星级饭店的星级评定和复核工作。

⑤ 向全国星评委推荐五星级饭店并严格把关。

⑥ 按照《饭店星评员章程》要求聘任省级星评员。

⑦ 负责副省级城市、地级市(地区、州、盟)星评员的培训工作。

3. 地区星评委

《实施办法》第六条规定，副省级城市、地级市(地区、州、盟)旅游局设地区旅游星级饭店评定委员会(以下简称"地区星评委")。地区星评委在省级星评委的指导下，参照省级星评委的模式组建。

(1) 组成人员：地区星评委可由地方旅游行业管理部门负责人和旅游饭店协会负责人等组成。

(2) 办事机构：地区星评委的办事机构可设在当地旅游局行业管理处(科)或旅游饭店协会。

(3) 饭店星级评定职责和权限：地区星评委依照省级星评委的授权开展以下工作。

① 贯彻执行并保证质量完成全国星评委和省级星评委布置的各项工作任务。

② 负责本地区星级评定机构的工作。

③ 按照《饭店星评员章程》要求聘任地市级星评员，实施或组织实施本地区三星级及以下饭店的星级评定和复核工作。

④ 向省级星评委推荐四、五星级饭店。

6.2.3 星级申报及标志使用要求

关于星级申报及标志使用要求，《实施办法》有以下规定。

第七条规定："饭店星级评定遵循企业自愿申报的原则。"

第八条规定："凡在中华人民共和国境内正式营业1年以上的旅游饭店，均可申请星级评定。经评定达到相应星级标准的饭店，由全国旅游饭店星级评定机构颁发相应的星级证书和标志牌。星级标志的有效期为3年。"

第九条规定："饭店星级标志应置于饭店前厅最明显位置，接受公众监督。饭店星级标志已在国家工商行政管理总局商标局登记注册为证明商标，其使用要求必须严格按照《星级饭店图形证明商标使用管理规则》执行。任何单位或个人未经授权或认可，不得擅自制作和使用。同时，任何饭店以'准X星''超X星'或者'相当于X星'等作为宣传手段的行为均属违法行为。"

第十条规定："饭店星级证书和标志牌由全国星评委统一制作、核发。标志牌工本费按照国家相关部门批准的标准收取。"

第十一条规定："每块星级标志牌上的编号，与相应的星级饭店证书号一致。每家星级饭店原则上只可申领一块星级标志牌。如星级标志牌破损或丢失，应及时报告，经所在省级星评委查明属实后，可向全国星评委申请补发。星级饭店如因更名需更换星级证书，可凭工商部门有关文件证明进行更换，同时必须交还原星级证书。"

6.2.4 星级评定的标准和基本要求

关于星级评定的标准和基本要求，《实施办法》有以下规定。

第十二条规定，饭店星级评定依据《旅游饭店星级的划分与评定》(GB/T 14308—2010)进行，具体要求如下。

(1)《旅游饭店星级的划分与评定》附录 A"必备项目检查表"。该表规定了各星级必须具备的硬件设施和服务项目。要求相应星级的每个项目都必须达标，缺一不可。

(2)《旅游饭店星级的划分与评定》附录 B"设施设备评分表"(硬件表，共 600 分)。该表主要是对饭店硬件设施的档次进行评价打分。三、四、五星级规定最低得分线：三星 220 分、四星 320 分、五星 420 分，一、二星级不作要求。

(3)《旅游饭店星级的划分与评定》附录 C"饭店运营质量评价表"(软件表，共 600 分)。该表主要是评价饭店的"软件"，包括对饭店各项服务的基本流程、设施维护保养和清洁卫生方面的评价。三、四、五星级规定最低得分率：三星 70%、四星 80%、五星 85%，一、二星级不作要求。

第十三条规定："申请星级评定的饭店，如达不到本办法第十二条要求及最低分数或得分率，则不能取得所申请的星级。"

第十四条规定："星级饭店强调整体性，评定星级时不能因为某一区域所有权或经营权的分离，或因为建筑物的分隔而区别对待。饭店内所有区域应达到同一星级的质量标准和管理要求。否则，星评委对饭店所申请星级不予批准。"

第十五条规定："饭店取得星级后，因改造发生建筑规格、设施设备和服务项目的变化，关闭或取消原有设施设备、服务功能或项目，导致达不到原星级标准的，必须向相应级别星评委申报，接受复核或重新评定。否则，相应级别星评委应收回该饭店的星级证书和标志牌。"

 案例分析 6.1

2015 年 6 月，某旅行社组织了一个"北京 7 日游"的旅游团。在旅游合同中，旅行社向游客承诺，住宿饭店为三星级饭店。该团到达北京后，入住北京某饭店，该饭店自称是三星级饭店。游客被分为两组，甲组入住该饭店 A 座，乙组入住该饭店 B 座。甲组游客对住宿条件没有异议，而乙组游客则十分不满，因其所住的 B 座设施、条件都很差，甚至没有电梯。因此，乙组游客对其所住的饭店是否为三星级饭店提出了异议，并要求赔偿。

资料来源：佚名. 旅游饭店管理法律制度考核要求及习题[EB/OL]. (2015-02-03)[2021-10-09]. https://www.docin.com/p-1053017397.html.

问题

该饭店的三星级标准是否有效？乙组游客的要求是否合理？

6.2.5　星级评定程序和执行

1. 星级评定程序

关于星级评定程序，《实施办法》有以下规定。

第十六条规定，五星级按照以下程序评定。

(1) 申请。申请评定五星级的饭店应在对照《旅游饭店星级的划分与评定》(GB/T 14308—2010)充分准备的基础上，按属地原则向地区星评委和省级星评委逐级递交星级申请材料。申请材料包括：饭店星级申请报告、自查打分表、消防验收合格证(复印件)、卫生许可证(复印件)、工商营业执照(复印件)、饭店装修设计说明等。

(2) 推荐。省级星评委收到饭店申请材料后,应严格按照《旅游饭店星级的划分与评定》(GB/T 14308—2010)的要求,于1个月内对申报饭店进行星评工作指导。对符合申报要求的饭店,以省级星评委名义向全国星评委递交推荐报告。

(3) 审查与公示。全国星评委在接到省级星评委推荐报告和饭店星级申请材料后,应在1个月内完成审定申请资格、核实申请报告等工作,并对通过资格审查的饭店,在中国旅游网和中国旅游饭店业协会网站上同时公示。对未通过资格审查的饭店,全国星评委应下发正式文件通知省级星评委。

(4) 宾客满意度调查。对通过五星级资格审查的饭店,全国星评委可根据工作需要安排宾客满意度调查,并形成专业调查报告,作为星评工作的参考意见。

(5) 国家级星评员检查。全国星评委发出《星级评定检查通知书》,委派二到三名国家级星评员,以明查或暗访的形式对申请五星级的饭店进行评定检查。评定检查工作应在36~48小时内完成。检查未予通过的饭店,应根据全国星评委反馈的有关意见进行整改。全国星评委待接到饭店整改完成并申请重新检查的报告后,于1个月内再次安排评定检查。

(6) 审核。检查结束后1个月内,全国星评委应根据检查结果对申请五星级的饭店进行审核。审核的主要内容及材料有:国家级星评员检查报告(须有国家级星评员签名)、星级评定检查反馈会原始记录材料(须有国家级星评员及饭店负责人签名)、依据《旅游饭店星级的划分与评定》(GB/T 14308—2010)打分情况(打分总表须有国家级星评员签名)等。

(7) 批复。对于经审核认定达到标准的饭店,全国星评委应作出批准其为五星级旅游饭店的批复,并授予五星级证书和标志牌。对于经审核认定达不到标准的饭店,全国星评委应作出不批准其为五星级饭店的批复。批复结果在中国旅游网和中国旅游饭店业协会网站上同时公示,公示内容包括饭店名称、全国星评委受理时间、国家级星评员评定检查时间、国家级星评员姓名、批复时间。

(8) 申诉。申请星级评定的饭店对星评过程及其结果如有异议,可直接向国家旅游局申诉。国家旅游局根据调查结果予以答复,并保留最终裁定权。

(9) 抽查。国家旅游局根据《国家级星评监督员管理规则》,派出国家级星评监督员随机抽查星级评定情况,对星评工作进行监督。一旦发现星评过程中存在不符合程序的现象或检查结果不符合标准要求的情况,国家旅游局可对星级评定结果予以否决,并对执行该任务的国家级星评员进行处理。

第十七条规定:"一星级到四星级饭店的评定程序,各级星评委应严格按照相应职责和权限,参照五星级饭店评定程序执行。一、二、三星级饭店的评定检查工作应在24小时内完成,四星级饭店的评定检查工作应在36小时内完成。全国星评委保留对一星级到四星级饭店评定结果的否决权。"

第十八条规定:"对于以住宿为主营业务,建筑与装修风格独特,拥有独特客户群体,管理和服务特色鲜明,且业内知名度较高旅游饭店的星级评定,可按照本办法第16条要求的程序申请评定五星级饭店。"

2. 星级评定的执行

关于星级评定的执行,《实施办法》有以下规定。

第二十条规定："星级评定工作由相应级别星评委委派饭店星评员承担。各级星评委在委派饭店星评员执行工作时，应尽量按照不同地区、不同职业(行业管理人员、院校专家、企业管理人员)的原则进行搭配。"

第二十一条规定："各级星评委应按照《饭店星评员章程》组建相应的星评员队伍，并将名单在其辖区范围内公布。每届星评任期两年，到期后根据实际情况进行换届。省级星评员名单需报全国星评委备案。"

第二十二条规定："在五星级饭店星评工作中，相关单位和个人应严格遵守《饭店星评工作'十不准'》。一旦违反'十不准'规定，全国星评委将给予以下相应处理：对国家级星评员给予通报批评或取消资格；对地方星级评定机构给予通报批评；对受评饭店给予通报批评或取消星评资格并于 5 年内不接受星评申请。四星级及以下星级饭店评定工作应参照执行。"

第二十三条规定："星级评定检查工作暂不收费。星评员往返受检饭店的交通费以及评定期间在饭店内所发生的合理费用，均由受检饭店据实核销。"

6.2.6　星级复核及处理制度

关于星级复核及处理制度，《实施办法》有以下规定。

1. 星级复核工作

第二十四条规定："星级复核是星级评定工作的重要组成部分，其目的是督促已取得星级的饭店持续达标，其组织和责任划分完全依照星级评定的责任分工。星级复核分为年度复核和 3 年期满的评定性复核。"

第二十五条规定："年度复核工作由饭店对照星级标准自查自纠，并将自查结果报告相应级别星评委，相应级别星评委根据自查结果进行抽查。评定性复核工作由各级星评委委派星评员以明查或暗访的方式进行。各级星评委应于本地区复核工作结束后进行认真总结，并逐级上报复核结果。"

第二十六条规定："全国星评委委派二至三名国家级星评员同行，以明查或暗访的方式对饭店进行评定性复核检查。全国星评委可根据工作需要，对满三期的五星级饭店进行宾客满意度调查，并形成专业调查报告，作为评定性复核的参考意见。"

2. 星级复核处理制度

关于星级复核处理制度，《实施办法》有以下规定。

第二十七条规定："对复核结果达不到相应标准的星级饭店，相应级别星评委根据情节轻重给予限期整改、取消星级的处理，并公布处理结果。对于取消星级的饭店，应将其星级证书和星级标志牌收回。"

根据《实施办法》第二十八条规定，对星级饭店的复核结果进行处理的具体依据如下所述。

(1) 凡被复核饭店出现以下情况，相应级别星评委应作出"限期整改"的处理意见。

五星级："必备项目检查表"达标，但附录 B "设施设备评分表"得分低于 420 分但高于 380 分，或附录 C "饭店运营质量评价表"得分率低于 85%但高于 75%。

四星级："必备项目检查表"达标，但附录 B "设施设备评分表"得分低于 320 分但高于 280 分，或附录 C "饭店运营质量评价表"得分率低于 80%但高于 70%。

三星级："必备项目检查表"达标，但附录 B "设施设备评分表"得分低于 220 分但高于 180 分，或附录 C "饭店运营质量评价表"得分率低于 70%但高于 60%。

(2) 凡被复核饭店出现以下任何一种情况，相应级别星评委应作出"取消星级"的处理意见。

五星级：①"必备项目检查表"不达标；②"必备项目检查表"达标，但附录 B "设施设备评分表"得分低于 380 分；③"必备项目检查表"达标，但附录 C "饭店运营质量评价表"得分率低于 75%；④发生重大事故，或遭遇重大投诉事件并被查实，造成恶劣影响；⑤停止饭店经营业务或停业装修改造一年以上。

四星级：①"必备项目检查表"不达标；②"必备项目检查表"达标，但附录 B "设施设备评分表"得分低于 280 分；③"必备项目检查表"达标，但附录 C "饭店运营质量评价表"得分率低于 70%；④发生重大事故，或遭遇重大投诉事件并被查实，造成恶劣影响；⑤停止饭店经营业务或停业装修改造一年以上。

三星级：①"必备项目检查表"不达标；②"必备项目检查表"达标，但附录 B "设施设备评分表"得分低于 180 分；③"必备项目检查表"达标，但附录 C "饭店运营质量评价表"得分率低于 60%；④发生重大事故，或遭遇重大投诉事件并被查实，造成恶劣影响；⑤停止饭店经营业务或停业装修改造一年以上。

二星级：①"必备项目检查表"不达标；②发生重大事故，或遭遇重大投诉事件并被查实，造成恶劣影响；③停止饭店经营业务或停业装修改造一年以上。

一星级：①"必备项目检查表"不达标；②发生重大事故，或遭遇重大投诉事件并被查实，造成恶劣影响；③停止饭店经营业务或停业装修改造一年以上。

第二十九条规定："整改期限原则上不能超过一年。被取消星级的饭店，自取消星级之日起 1 年后，方可重新申请星级评定。"

第三十条规定："各级星评委对星级饭店作出处理的责任划分依照星级评定的责任分工执行。全国星评委保留对各星级饭店复核结果的最终处理权。"

第三十一条规定："接受评定性复核的星级饭店，如其正在进行大规模装修改造，或者其他适当原因而致使暂停营业，可以在评定性复核当年年前提出延期申请。经查属实后，相应级别星评委可以酌情批准其延期一次。延期复核的最长时限不应超过一年，如延期超过一年，须重新申请星级评定。"

第三十二条规定："国家旅游局根据《国家级星评监督员管理规则》，派出国家级星评监督员随机抽查年度复核和评定性复核情况，对复核工作进行监督。一旦发现复核过程中存在不符合程序的现象或检查结果不符合标准要求的情况，国家旅游局可对星级复核结果予以否决。"

6.3 旅游饭店行业规范

2002 年 5 月 1 日，《中国旅游饭店行业规范》正式颁布实施。2009 年 8 月，中国旅游饭店业协会对《中国旅游饭店行业规范》进行了修订。

6.3.1　预订、登记、入住

关于预订、登记、入住，《中国旅游饭店行业规范》有以下规定。

第四条规定："饭店应当与客人共同履行住宿合同，因不可抗力不能履行双方住宿合同的，任何一方均应当及时通知对方。双方另有约定的，按约定处理。"

第五条规定："饭店由于出现超额预订而使预订客人不能入住的，饭店应当主动替客人安排本地同档次或高于本饭店档次的饭店入住，所产生的有关费用由饭店承担。"

第六条规定："饭店应当同团队、会议、长住客人签订住房合同。合同内容应当包括客人入住和离店的时间、房间等级与价格、餐饮价格、付款方式、违约责任等款项。"

第七条规定："饭店在办理客人入住手续时，应当按照国家的有关规定，要求客人出示有效证件，并如实登记。"

 案例分析 6.2

2007 年 9 月 25 日下午，流窜到西安的湖北籍逃犯徐某在西安市尚德宾馆登记住宿，晚11 时许即被西安公安站前分局警方抓获，而"立功"的正是"旅馆警察"系统。这也是自2007 年 9 月起，该系统在站前分局辖区全部正式投入运行以来的第一次"立功"。

20 岁的徐某是湖北省洪湖市瞿家湾人，2006 年 2 月因聚众打架并纠集社会人员等实施绑架，被湖北警方通缉。25 日下午，徐某来西安游玩，当晚就被西安警方抓获。

民警透露，在徐某登记时，宾馆前台将其身份证通过"旅馆警察"系统进行识别，该数据随后传到了联网的分局指挥中心。由于该系统和公安部追逃网挂钩，系统发出提示，警方轻松锁定目标。"旅馆警察"系统其实就是"旅馆业治安管理信息系统"。目前，站前分局所辖的 67 家中小旅馆均已被"武装"，只要嫌疑人办理住宿登记，系统就可以鉴别真假身份证，并能将身份证信息通过联网传送给分局、市局，嫌疑人和逃犯均难逃法网。

资料来源：陈樱. 逃犯登记住宿被抓获 "旅馆警察"系统立大功[EB/OL]. (2007-09-27)[2021-06-20].
http://news.hsw.cn/system/2007/09/27/005591281.shtml?from=timeline.

问题

饭店住宿是否必须登记？能否甲登记乙住宿、一人登记多人住宿甚至不登记就住宿？

6.3.2　饭店收费

关于饭店收费，《中国旅游饭店行业规范》有以下规定。

第九条规定："饭店应当将房价表置于总服务台显著位置，供客人参考。饭店如给予客人房价折扣，应当书面约定。"

第十条规定："饭店应在前厅显著位置明示客房价格和住宿时间结算方法，或者确认已将上述信息用适当方式告知客人。"

第十一条规定："根据国家规定，饭店如果对客房、餐饮、洗衣、电话等服务项目加收服务费，应当在房价表或有关服务价目单上明码标价。"

6.3.3 保护客人人身和财产安全

关于保护客人人身和财产安全，《中国旅游饭店行业规范》有以下规定。

第十二条规定："为了保护客人的人身和财产安全，饭店客房房门应当装置防盗链、门镜、应急疏散图，卫生间内应当采取有效的防滑措施。客房内应当放置服务指南、住宿须知和防火指南。有条件的饭店应当安装客房电子门锁和公共区域安全监控系统。"

第十三条规定："饭店应当确保健身、娱乐等场所设施、设备的完好和安全。"

第十四条规定："对可能损害客人人身和财产安全的场所，饭店应当采取防护、警示措施。警示牌应当中外文对照。"

第十五条规定："饭店应当采取措施，防止客人放置在客房内的财物灭失、毁损。由于饭店的原因造成客人财物灭失、毁损的，饭店应当承担责任。"

第十六条规定："饭店应当保护客人的隐私权。除日常清扫卫生、维修保养设施设备或者发生火灾等紧急情况外，饭店员工未经客人许可不得随意进入客人下榻的房间。"

6.3.4 保管客人贵重物品

关于保管客人贵重物品，《中国旅游饭店行业规范》有以下规定。

第十七条规定："饭店应当在前厅处设置有双锁的客人贵重物品保险箱。贵重物品保险箱的位置应当安全、方便、隐蔽，能够保护客人的隐私。饭店应当按照规定的时限，免费提供住店客人贵重物品的保管服务。"

第十八条规定："饭店应当对住店客人贵重物品的保管服务作出书面规定，并在客人办理入住登记时予以提示。违反第十七条和本条规定，造成客人贵重物品灭失的，饭店应当承担赔偿责任。"

第十九条规定："客人寄存贵重物品时，饭店应当要求客人填写贵重物品寄存单，并办理有关手续。"

第二十条规定："饭店客房内设置的保险箱仅为住店客人提供存放一般物品之用。对没有按规定将贵重物品存放在饭店前厅贵重物品保险箱内，而造成客房里客人的贵重物品灭失、毁损的，如果责任在饭店一方，可视为一般物品予以赔偿。"

第二十一条规定："如无事先约定，在客人结账退房离开饭店以后，饭店可以将客人寄存在贵重物品保险箱内的物品取出，并按照有关规定处理。饭店应当将此条规定在客人贵重物品寄存单上明示。"

第二十二条规定："客人如果遗失饭店贵重物品保险箱的钥匙，除赔偿锁匙成本费用外，饭店还可以要求客人承担维修保险箱的费用。"

6.3.5 保管客人一般物品

关于保管客人一般物品，《中国旅游饭店行业规范》有以下规定。

第二十三条规定："饭店保管客人寄存在前厅行李寄存处的行李物品时，应当检查其包装是否完好、安全，询问有无违禁物品，并经双方当面确认后，给客人签发行李寄存牌。"

第二十四条规定："客人在餐饮、康乐、前厅行李寄存处等场所寄存物品时，饭店应当当面询问客人寄存物品中有无贵重物品。客人寄存的物品中如有贵重物品的，应当向饭店声明，由饭店员工验收并交饭店贵重物品保管处免费保管；客人事先未声明或不同意核实而造成物品灭失、毁损的，如果责任在饭店一方，饭店按照一般物品予以赔偿；客人对寄存物品没有提出需要采取特殊保管措施的，因为物品自身的原因造成毁损或损耗的，饭店不承担赔偿责任；由于客人没有事先说明寄存物品的情况，造成饭店损失的，除饭店知道或者应当知道而没有采取补救措施的以外，饭店可以要求客人承担相应的赔偿责任。"

6.3.6 洗衣服务

关于洗衣服务，《中国旅游饭店行业规范》有以下规定。

第二十五条规定："客人送洗衣物，饭店应当要求客人在洗衣单上注明洗涤种类及要求，并应当检查衣物状况有无破损。客人如有特殊要求或者饭店员工发现衣物破损的，双方应当事先确认并在洗衣单上注明。客人事先没有提出特殊要求，饭店按照常规进行洗涤，造成衣物损坏的，饭店不承担赔偿责任。客人送洗衣物在洗涤后即时发现破损等问题，而饭店无法证明该衣物是在洗涤以前破损的，饭店承担相应责任。"

第二十六条规定："饭店应当在洗衣单上注明，要求客人将送洗衣物内的物品取出。对洗涤后客人衣物内物品的灭失，饭店不承担责任。"

6.3.7 停车场管理

关于停车场管理，《中国旅游饭店行业规范》有以下规定。

第二十七条规定："饭店应当保护停车场内饭店客人的车辆安全。由于保管不善，造成车辆灭失或者毁损的，饭店承担相应责任，但因为客人自身的原因造成车辆灭失或者毁损的除外。双方均有过错的，应当各自承担相应的责任。"

第二十八条规定："饭店应当提示客人保管好放置在汽车内的物品。对汽车内放置的物品的灭失，饭店不承担责任。"

 案例分析 6.3

2015 年 7 月 8 日，广州一家房地产公司总经理张某开车到广州市某宾馆参加一场会议。到达宾馆后，张某按照宾馆停车场保安人员的指挥，将车停到了宾馆的收费停车场，并交了 5 元停车费。会议结束后，张某准备离开宾馆，此时却发现自己的车不见了，后经寻找，确认车已经丢失。这是一辆刚买一个多月的凌志牌 400 型轿车，张某买这辆车总共花费 79.6 万元，由于丢车事件发生在宾馆的收费停车场，张某要求宾馆进行赔偿。但宾馆声明，5 元停车费只是场地占用费，宾馆并不负责保管车辆，而且在停车费收据上有两条声明：一是停车场只提供停放场所；二是车辆损坏、遗失本停车场概不负责。

资料来源：佚名. 旅游住宿业法规制度[EB/OL]. (2020-05-29)[2021-10-09]. https://www.renrendoc.com/p-81913408.html.

问题

该宾馆是否需要承担张某丢车的责任？为什么？

6.3.8 其他

以下为《中国旅游饭店行业规范》的其他规定。

第二十九条规定:"饭店如果谢绝客人自带酒水和食品进入餐厅、酒吧、舞厅等场所享用,应当将谢绝的告示设置于经营场所的显著位置,或者确认已将上述信息用适当方式告知客人。"

第三十条规定:"饭店有义务提醒客人在客房内遵守国家有关规定,不得私留他人住宿或者擅自将客房转让给他人使用及改变使用用途。对违反规定造成饭店损失的,饭店可以要求入住该房间的客人承担相应的赔偿责任。"

第三十一条规定:"饭店可以口头提示或书面通知客人不得自行对客房进行改造、装饰。未经饭店同意进行改造、装饰而造成损失的,饭店可以要求客人承担相应的赔偿责任。"

第三十二条规定:"饭店有义务提示客人爱护饭店的财物。由于客人的原因造成损坏的,饭店可以要求客人承担赔偿责任。由于客人原因,饭店维修受损设施、设备期间导致客房不能出租、场所不能开放而发生的营业损失,饭店可视其情况要求客人承担责任。"

第三十三条规定:"对饮酒过量的客人,饭店应恰当、及时地劝阻,防止客人在饭店内醉酒。客人醉酒后在饭店内肇事造成损失的,饭店可以要求肇事者承担相应的赔偿责任。"

第三十四条规定:"客人结账离店后,如有物品遗留在客房内,饭店应当设法同客人取得联系,将物品归还或寄还给客人,或替客人保管,所产生的费用由客人承担。三个月后仍无人认领的,饭店可登记造册,按拾遗物品处理。"

第三十五条规定:"饭店应当提供与本饭店档次相符的产品与服务。饭店所提供的产品与服务如果存在瑕疵,饭店应当采取措施及时加以改进。由于饭店的原因而给客人造成损失的,饭店应当根据损失程度向客人赔礼道歉,或给予相应的赔偿。"

 案例分析 6.4

周末,孟先生带女友去 H 市度假。他早就预订了酒店,网上介绍这家酒店是具有浓郁的巴厘岛风情特色的五星级度假酒店,开业才半年左右。由于飞机晚点,孟先生和女友抵达酒店的时候已是次日凌晨 1 时 30 分。进房后,两人感到饥饿,孟先生找出服务指南翻阅,见上面印有 24 小时送餐服务电话,就按号码拨打过去,但很长时间没人接听。孟先生感觉奇怪,又试了两次,还是无人接听。孟先生随即联系客房中心提出送餐要求,服务员称:"西餐厅 24 时就下班了,酒店后半夜并无送餐服务。"孟先生听后有点恼火,提高了声音说:"服务指南上明明写着有 24 小时送餐服务啊!"客房中心服务员在电话中向孟先生表示了歉意,说:"客房中心备有碗面出售,如果有需要,可以立即送来。"孟先生勉强表示同意。

资料来源:张金枝. 酒店客房服务礼仪[EB/OL]. (2020-05-09)[2021-10-09]. https://www.renrendoc.com/p-78106989.html.

问题

1. 五星级酒店是否应该提供 24 小时送餐服务?

2. 消费者入住酒店后发现酒店实际服务与标准服务不一致时该怎么办?

6.4　民宿管理规范

2017 年 8 月，国家旅游局发布了旅游行业标准《旅游民宿基本要求与评价》(LB/T 065—2017)。2019 年 7 月，文化和旅游部修订发布了旅游行业标准《旅游民宿基本要求与评价》(LB/T 065—2019)。2021 年 2 月，文化和旅游部再次修订了《旅游民宿基本要求与评价》(LB/T 065—2019)。本标准适用于正式营业的小型旅游住宿设施，包括但不限于客栈、庄园、宅院、驿站、山庄等。

6.4.1　旅游民宿的概念

旅游民宿是指利用当地民居等相关闲置资源，经营用客房不超过 4 层、建筑面积不超过 800 平方米，主人参与接待，为游客提供体验当地自然、文化与生产生活方式的小型住宿设施。

根据所处地域的不同，旅游民宿可分为城镇民宿和乡村民宿。

民宿主人主要是民宿业主或经营管理者。

6.4.2　旅游民宿的基本要求

1. 规范经营

旅游民宿应符合治安、消防、卫生、环境保护、安全等有关规定与要求，取得当地政府要求的相关证照。

经营场地应符合本市县国土空间总体规划(包括现行城镇总体规划、土地利用总体规划)、所在地民宿发展有关规划。

服务项目应通过文字、图形方式公示，并标明营业时间，收费项目应明码标价。

经营者应定期向文化和旅游行政部门报送统计调查数据，及时向相关部门上报突发事件等信息。

2. 安全卫生

经营场地无地质灾害和其他影响公共安全的隐患。

易发生危险的区域和设施应设置安全警示标志，安全警示标志应清晰、醒目；易燃、易爆物品的储存和管理应采取必要的防护措施，符合相关法律法规。

应配备必要的防盗、应急、逃生安全设施，确保游客和从业人员的人身和财产安全。

应建立各类相关安全管理制度和突发事件应急预案，落实安全责任，定期演练。

食品来源、加工、销售应符合相关食品安全国家标准要求。

从业人员应按照要求持健康证上岗。

3. 生态环保

生活用水(包括自备水源和二次供水)应符合 GB 5749 要求。

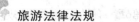

室内外装修与用材应符合环保规定，达到 GB 50222 的要求。

建设、运营应因地制宜，采取节能减排措施，污水统一截污纳管或自行有效处理达标排放。

提供餐饮服务时应制定并严格执行制止餐饮浪费行为的相应措施。

4. 其他

旅游民宿开业 1 年后可自愿申报等级评定，应近 1 年未发生相关违法违规事件，同一地点、同一投资经营主体只能以一个整体申报。

经评定合格可使用等级标志，有效期为 3 年，3 年期满后应进行复核。

旅游民宿评定实行退出机制，经营过程中出现以下情况的将取消等级。

(1) 发生相关违法违规事件。

(2) 出现卫生、消防、安全等责任事故。

(3) 发生重大有效投诉。

(4) 发生私自设置摄像头侵犯游客隐私等造成社会恶劣影响的其他事件。

(5) 日常运营管理达不到或不符合相应等级标准要求。

取消等级后满 3 年，可重新申请等级评定。

6.4.3　旅游民宿等级划分条件

旅游民宿等级分为 3 个级别，由低到高分别为丙级、乙级和甲级。

1. 丙级

1) 环境和建筑

(1) 周边环境应整洁干净。

(2) 建筑外观应与周边环境相协调。

2) 设施和设备

(1) 客房应配备必要的家具。

(2) 客房应有舒适的床垫和床上棉织品(被套、被芯、床单、枕芯、枕套等)及毛巾。

(3) 客房应有水壶、茶杯。

(4) 客房应有充足的照明，有窗帘。

(5) 应有方便使用的卫生间，提供冷、热水。照明和排风应效果良好，排水通畅，有防滑防溅措施。

(6) 各区域应有方便使用的开关和电源插座。

(7) 厨房应有消毒设施，有效使用。

(8) 厨房应有冷冻、冷藏设施，生、熟食品及半成品食品分柜置放。

(9) 应有适应所在地区气候的采暖、制冷设施，各区域通风良好。

3) 服务和接待

(1) 各区域应整洁、卫生，相关设施应安全有效。

(2) 客房床单、被套、枕套、毛巾等应做到每客必换，并能应游客要求提供相应服务。

(3) 拖鞋、杯具等公用物品应一客一消毒。

(4) 卫生间应每天清理不少于一次，无异味、无积水、无污渍。

(5) 应有有效的防虫、防蛇、防鼠等措施。

(6) 民宿主人应参与接待，邻里关系融洽。

(7) 接待人员应热情好客，穿着整齐清洁，礼仪礼节得当。

(8) 接待人员应能用普通话提供服务。

(9) 接待人员应掌握并应用相应的服务技能。

(10) 接待人员应保护游客隐私，尊重游客的宗教信仰与风俗习惯，保护游客的合法权益。

(11) 夜间应有值班人员或值班电话。

4) 特色和其他

应为所在乡村(社区)人员提供就业或发展机会。

2. 乙级

1) 环境和建筑

(1) 周边环境应整洁干净，绿植维护较好，宜有良好的空气质量和地表水质。

(2) 周边宜有医院或医疗点。

(3) 周边宜有停车场，方便出入。

(4) 周边宜有地方特色餐饮。

(5) 周边宜有地方生产生活方式活动体验点。

(6) 建筑外观应与周边环境相协调，宜体现当地特色。

2) 设施和设备

(1) 客房应配备必要的家具，摆放合理、方便使用、舒适美观。

(2) 客房应有舒适的床垫和柔软舒适的床上棉织品(被套、被芯、床单、枕芯、枕套及床衬垫等)及毛巾。

(3) 客房应有水壶、茶杯和饮用水。

(4) 客房应有充足的照明，有窗帘，隔音效果较好。

(5) 应有方便使用的卫生间，24 小时供应冷水，定时供应热水。照明和排风应效果良好，排水通畅，有防滑防溅措施。客房卫生间盥洗、洗浴、厕位宜布局合理。

(6) 各区域应有满足游客需求、方便使用的开关和电源插座。

(7) 宜有满足游客需求、方便使用的餐饮区。

(8) 厨房应有消毒设施，有效使用。

(9) 厨房应有与接待规模相匹配的冷冻、冷藏设施，生、熟食品及半成食品分柜置放。

(10) 应有清洗、消毒场所，位置合理，整洁卫生，方便使用。

(11) 应有布局合理、方便使用的公共卫生间。

(12) 应有适应所在地区气候的采暖、制冷设施，效果较好，各区域通风良好。

(13) 宜有与接待规模相匹配的公共区域，配置必要的休闲设施。

(14) 室内外装修宜体现文化特色。

3) 服务和接待

(1) 各区域应整洁、卫生，相关设施应安全有效。

(2) 客房床单、被套、枕套、毛巾等应做到每客必换，并能应游客要求提供相应服务。

(3) 拖鞋、杯具等公用物品应一客一消毒。

(4) 卫生间应每天清理不少于一次，无异味、无积水、无污渍。

(5) 应有有效的防虫、防蛇、防鼠等措施。

(6) 应提供或推荐多种特色餐饮产品。

(7) 接待人员应热情好客，穿着整齐清洁，礼仪礼节得当。

(8) 接待人员应熟悉当地文化旅游资源和特色产品，用普通话提供服务。

(9) 接待人员应掌握并熟练应用相应的服务技能。

(10) 接待人员应满足游客合理需求，提供相应服务。

(11) 接待人员应保护游客隐私，尊重游客的宗教信仰与风俗习惯，保护游客的合法权益。

(12) 夜间应有值班人员或值班电话。

4) 特色和其他

(1) 宜建立有关规章制度，定期开展员工培训。

(2) 宜建立水电气管理制度，有设施设备维保记录。

(3) 宜提供线上预订、支付服务，利用互联网技术宣传、营销。

(4) 宜购买公众责任险以及相关保险。

(5) 应为所在乡村(社区)人员提供就业或发展机会。

3. 甲级

1) 环境和建筑

(1) 周边环境应整洁干净、环境优美，宜有良好的空气质量和地表水质。

(2) 周边宜有医院或医疗点。

(3) 周边宜有停车场，方便出入。

(4) 周边宜有较多地方特色餐饮。

(5) 周边宜有地方非遗、风俗、生产生活方式等活动体验点。

(6) 建筑外观应与周边环境相协调，宜就地取材，突出当地特色。

2) 设施和设备

(1) 客房、餐厅、公共活动等区域应布局合理。

(2) 客房应配备必要的家具，品质优良、摆放合理、方便使用、舒适美观。

(3) 客房应有品质优良的床垫和床上棉织品(被套、被芯、床单、枕芯、枕套及床衬垫等)及毛巾。

(4) 客房应有水壶、茶具和饮用水，品质优良。

(5) 客房应有充足的照明，有窗帘，遮光和隔音效果较好。

(6) 客房应有方便舒适的独立卫生间，24小时供应冷、热水，客用品品质优良。照明和通风应效果良好，排水通畅，有防滑防溅措施。盥洗、洗浴、厕位布局合理。

(7) 餐厅宜氛围浓郁、方便舒适，满足游客需求。

(8) 各区域应有满足游客需求、方便使用的开关和电源插座。

(9) 应有专门的布草存放场所，位置合理，整洁卫生。

(10) 宜提供方便游客使用的消毒设施。

(11) 厨房应有消毒设施，有效使用。

(12) 厨房应有与接待规模相匹配的冷冻、冷藏设施，生、熟食品及半成食品分柜置放。

(13) 应有清洗、消毒场所，位置合理，整洁卫生，方便使用。

(14) 应有布局合理、整洁卫生、方便使用的公共卫生间。

(15) 应有适应所在地区气候的采暖、制冷设施，效果较好，各区域通风良好，宜采用节能降噪产品。

(16) 应有主题突出、氛围浓郁、与接待规模相匹配的公共活动区域，配置必要的休闲设施。

(17) 室内外装修应材质优良，宜体现地方文化特色，有主题。

(18) 宜提供方便有效的音响、充电、调控等智能化设施。

3) 服务和接待

(1) 各区域应整洁、卫生，相关设施应安全有效。

(2) 客房床单、被套、枕套、毛巾等应做到每客必换，并能应游客要求提供相应服务。

(3) 拖鞋、杯具等公用物品应一客一消毒。

(4) 卫生间应每天清理不少于一次，无异味、无积水、无污渍。

(5) 应有有效的防虫、防蛇、防鼠等措施。

(6) 应提供或推荐多种特色餐饮产品。

(7) 接待人员应热情好客，穿着整齐清洁，礼仪礼节得当。

(8) 接待人员应熟悉当地文化旅游资源和特色产品，用普通话提供服务。

(9) 接待人员应掌握并熟练应用相应的服务技能。

(10) 接待人员应满足游客合理需求，提供相应服务。

(11) 接待人员应保护游客隐私，尊重游客的宗教信仰与风俗习惯，保护游客的合法权益。

(12) 夜间应有值班人员或值班电话。

(13) 宜提供接送服务，方便游客抵达和离开。

4) 特色和其他

(1) 民宿主人宜有亲和力，游客评价高。

(2) 应提供不同类型的特色客房。

(3) 宜建立健全有关规章制度，定期开展员工培训，效果良好。

(4) 宜建立食品留样制度。

(5) 宜建立设施设备维护保养、烟道清洗、水箱清洗等管理制度，定期维保、有效运行。

(6) 宜建立健全水电气管理制度，有台账记录。

(7) 宜提供线上预订、支付服务，利用互联网技术宣传、营销，效果良好。

(8) 宜购买公众责任险以及相关保险，方便理赔。

(9) 应有倡导绿色消费、保护生态环境的措施。

(10) 应为所在乡村(社区)人员提供就业或发展机会，参与地方或社区公益事业活动。

(11) 宜参与地方优秀文化传承、保护和推广活动，定期为游客组织相关活动，有引导游客体验地方文化活动的措施。

(12) 宜利用地方资源开发旅游商品和文创产品，与当地居民或村民有良好互动。

6.5 饭店经营者的权利与义务

6.5.1 饭店经营者的权利

1. 拒绝客人入住的权利

饭店是为住店客人及社会公众提供各种服务的场所，但出现以下情况，饭店可以不予接待：①客人携带危害饭店安全的物品入店；②客人从事违法活动；③客人有严重的传染性疾病、精神问题、犯罪倾向、暴力危害等严重影响其他客人的可能性；④客人违反民族风俗习惯(如带非清真食品进入清真饭店)；⑤客人有影响饭店形象的言行(如携带动物进入饭店)；⑥客人无支付能力或曾有逃账记录；⑦饭店客满；⑧法律、法规规定的其他情况。

2. 谢绝客人自带酒水进入餐厅等场所享用的权利

关于饭店是否可以谢绝客人自带酒水的问题曾引起广泛讨论，这里不再赘述。这里所说的"谢绝客人自带酒水"针对的是旅游饭店，而非大街小巷的各类餐馆。且不谈谢绝客人自带酒水是国际惯例，旅游饭店综合成本较高，客人在饭店用餐，不仅能品尝美味菜肴，还能享受豪华餐厅的文化氛围和热情周到的服务等。旅游饭店餐厅的价格包含这些间接的综合成本。此外，饭店还要对用餐客人的食品安全卫生负责。如果饭店允许客人自带酒水，餐后出现问题，责任很难界定。当然，饭店的酒水价格应当定得合情合理，不能超出正常的利润形成暴利。

3. 要求客人支付合理费用的权利

饭店收取的各种费用应当是合理的，收费标准不能违反国家的有关规定。客人如无力或拒绝支付所欠饭店的合理费用，饭店可以通过一定的方式解决。一方面，债务客人不履行债务时，饭店可以按照法律规定留置其财产，促使其履行债务。债务客人不履行债务超过一定的法律规定的期限，饭店可以按法律程序申请变卖其财产，从变卖的价款中得到清偿。在法定期间，如果客人付清欠账，饭店要主动将财物交还给对方。另一方面，如果客人拒绝支付饭店合法的费用，饭店可以通过向法院诉讼的方式实现自身的权利。

4. 要求赔偿饭店损失的权利

根据我国的法律，客人无论是过失还是故意损坏饭店的物品，都应当承担赔偿责任。如果客人损坏了客房内的物品，影响了该客房的出租，饭店有权要求侵害人赔偿其损失。但是，饭店应当及时采取必要的措施，恢复该客房的使用状态，否则，饭店无权要求客人承担扩大的损失。

6.5.2 饭店经营者的义务

饭店经营者的义务是指饭店在经营活动和服务过程中必须作为或不作为的责任。

1. 尊重和保障客人的人身权和隐私权

饭店不得非法搜查客人的身体和所携带的行李物品。按照我国的法律规定，对客人人身和财产实施检查或者搜查，只能由法律赋予权力的人员依照法定程序来进行，其他任何机关、团体和个人无权搜查客人的身体和所携带的财产。

按照法律的规定，公民的隐私权受到法律的保护，饭店非经法定程序不得公开客人的秘密。从法律的角度看，饭店的客房一旦出租，客房的使用权即属于客人，不允许未经许可的人员进入该客房。饭店的工作人员除履行职责、保护客人安全外(如工作人员进入客房进行卫生清扫、设备维修或者在发生火灾等紧急情况下进入)，不得随意进入客房。无明显理由进入客人的房间，是一种侵权行为。

 案例分析 6.5

可贝尔在一家汽车饭店包租了一套双人间客房，其妻子偶尔来与其共度周末，但妻子从未获得该房间的钥匙。在某个周末，可贝尔的妻子在可贝尔外出的时候来到饭店，要求服务台工作人员给她客房钥匙。服务台人员查询住客登记，发现登记单上并未注明其妻子是登记的客人，可贝尔也未授权饭店把钥匙交给妻子，所以服务台人员拒绝了可贝尔妻子的要求，可贝尔妻子不得不到另一饭店住宿。事后，可贝尔控告饭店和工作人员，声称其妻子有权取得客房的钥匙，并要求饭店担负由此引起的损害赔偿。

资料来源：佚名. 法律纠纷案例[EB/OL]. (2015-11-10)[2021-10-09]. https://www.docin.com/p-1352117733.html.

问题

可贝尔的诉求是否合理？他能否得到赔偿？为什么？

2. 保障客人的人身安全

提供安全的住宿环境，保证客人住店期间的人身安全，是饭店的基本职责之一。客人在饭店可能受到人身损害的原因很多，如行凶抢劫、火灾、设备故障、饮食污染、饭店或其服务人员疏忽大意、第三方的侵害行为等。这些原因都可能造成客人的人身损害甚至伤亡。

 案例分析 6.6

2015 年 5 月 23 日，商人李某到素以安全著称的"大富豪"酒店住宿，下台阶时不慎摔倒，扭伤了脚踝，花费医疗费 500 元。经查，该酒店的楼梯安检合格，但李某认为如果配置更人性化一些，他可能就不会摔倒。当晚，李某在"大富豪"酒店客房里遭仇人甲毒打，致重伤。警方事后从酒店的安全监视系统记录资料中发现，嫌疑人甲在入室作案前，曾尾随李某在短时间内多次上下电梯，但酒店安保人员无一人上前对形迹可疑的嫌疑人甲进行盘查；李某也曾接到甲的电话，但认为酒店安全，甲不敢找到这里，就没有告诉酒店安保人员。事后，犯罪嫌疑人甲被抓获，但只有财产 5000 多元可供赔偿。李某向法院提起民事诉讼，要求酒店赔偿医疗费、伤残补助等共计 30 万元，酒店拒绝赔偿。

资料来源：佚名. 酒店案例[EB/OL]. (2012-11-10)[2021-10-09]. https://www.doc88.com/p-667157437214.html?r=1.

问题

1. 酒店是否应承担李某扭伤脚的医疗费？为什么？
2. 李某可否要求"大富豪"酒店赔偿其受重伤的医疗费？为什么？
3. 李某要求"大富豪"酒店承担责任的法律依据是什么？

对于一些难以划分责任的客人人身损害事件，只要饭店有充分的证据证明为防止事件的发生已采取了一切可能的措施，或者证明损害的发生不是或不全是饭店的过失，就可以减轻或免除饭店的责任。对于客人在饭店范围内遭受人身损害的情况，法律是以饭店是否有过错和过错的程度来确定饭店的责任，而不是要求饭店负一切责任。饭店虽然是公共场所，但并不是任何地方都可以由人随意进出。饭店的客房楼层则属于非公共场所，除了住店客人、来访者及饭店员工以外，外来无关人员不得随意进入客房楼层。为保护住店客人的人身和财产安全，饭店内的任何员工对于在楼层徘徊的陌生人都应当主动上前询问，且有权要求未经许可而进入客房楼层的人员离开。

3. 保障客人的财物安全

(1) 客人财物的安全责任。造成客人在饭店内的财物灭失或损坏的原因有多种，如被窃、毁损、火灾等。饭店对客人财物安全的责任，在一些国家早期的饭店法中已有明确的规定。对于饭店的责任，法国《民法典》第一千九百五十三条规定，对于客人的物品，不论是被饭店仆人或职员还是出入饭店的外人盗窃或损坏，饭店或饭店主人均应负赔偿之责。国际私法统一协会制定的《关于饭店合同的协定》第十二条规定，饭店应对客人带入饭店的财物，或虽在饭店外面但由饭店负责的财物的毁坏或灭失负赔偿责任，其负责期限为客人在饭店住宿期间以及住宿期前后的一段适当的时间内。

(2) 客人贵重物品保管责任。饭店应当设置客人贵重物品保险箱，并且建立一套登记、领取和交接制度。客房虽有门锁及其他保安措施，但它不是绝对安全的。一些国家法律或地方性法规规定，如果因为饭店不能为客人提供贵重物品保险箱而导致客人在客房内丢失贵重物品，饭店将被追究赔偿责任。

(3) 客人寄存物品责任。客人将行李等物品存放在饭店，饭店接受客人的寄存物，这是一种保管行为。客人将行李等物品交给饭店，经双方确认后，客人拿到行李卡，保管合同即告成立。饭店在收存客人的行李后，应采取必要的措施，维持保管物的原状。对客人寄存的一切物品不得挪用或者让第三者使用。如非事前约定，所存物品不得交由第三人。所有存放或托运的行李应当请客人上锁以免发生纠纷。存放在饭店的物品如发生毁损或灭失，饭店将负相应的责任。如有争议，双方可经法院调解解决。调解不成，由法院判决。饭店在接受客人寄存的行李时要说明易燃、易爆、有毒和易腐等危险物品不得带入饭店内，否则造成物品毁损或人员伤亡，寄存人应承担赔偿责任，造成严重后果的，还应当承担刑事责任。

(4) 客人遗留物品责任。客人的遗留物品可分为遗忘物、遗失物和遗弃物3种。明知是客人的遗忘物，而以隐匿、窃取的手段非法占有，数额较大、情节严重的，应以盗窃罪定性量刑。明知是客人的遗失物，占为己有而又拒绝交还的，属不当得利，应依据民事法律法规处罚。饭店发现客人的遗留物品后，应当尽快设法归还给客人。一时找不到失主，饭店应登记造册，替客人保留一段时间，任何人不得非法占有客人遗留物品。寄还客人遗留物品的费用，一般由客人承担。

 案例分析 6.7

2019 年 4 月 15 日，家住贵阳的李某去施秉县旅游，下午入住该县某酒店，次日早上 8 时退房。李某在旅游途中发现自己的钱包不见了，回忆后才想起自己将其遗忘在酒店房间的床头柜里，钱包里有现金 2000 元。当李某返回酒店取钱包时，发现该房间已经被打扫过。李某找到打扫房间的服务员王某，王某拒绝承认捡到钱包。李某报警后，民警查看酒店监控视频时，发现李某离开后只有王某进入过该房间。经过审讯，王某最终承认是自己捡到了李某的钱包。

资料来源：佚名. 酒店服务员侵占客人遗忘财物构成盗窃罪[EB/OL]. (2021-08-27)[2021-10-09]. https://www.gyjcy.gov.cn/jg/article.html?id=3136.

问题

王某的行为是否得当？酒店是否有责任？

(5) 饭店停车场的管理责任。客人停放在饭店停车场内的车辆被窃、损坏或车内物品被窃的事件在饭店时有发生。客人在停车场内的财物损失赔偿问题，要根据实际情况分析。要看客人的车是否停放在饭店提供的停车场内，是否是饭店的客人及饭店是否有安全警示牌等。

4. 告知客人注意安全的义务

《中国旅游饭店行业规范》第十四条规定："对可能危害客人人身和财产安全的场所，饭店应当采取防护、警示措施。警示牌应当中外文对照。"饭店的警示说明可以采用语言方式，也可以用文字方式，还可以用图片等其他方式。无论采用何种方式，其说明都应当真实、准确、恰当。饭店为方便客人消遣，提供多种康乐设施设备。饭店在购置、维修和管理这些设施设备时要采取措施，保证客人在合理使用的情况下不受到伤害。饭店有义务根据危险程度向客人作出明确的警示和正确使用的说明。

5. 提醒客人守法入住的义务

饭店有义务提醒客人在客房内遵守国家有关规定。按照《旅馆业治安管理办法》的规定，旅馆内严禁卖淫、嫖宿、赌博、吸毒、传播淫秽物品等违法犯罪活动；不得酗酒滋事、大声喧哗，影响他人休息；旅客不得私自留客住宿或者转让床位。根据《中国旅游饭店行业规范》的规定，客人也不得自行对客房进行改造、装饰。此外，饭店还有义务提示客人爱护饭店的财物。由于客人的原因造成损坏的，饭店可以要求客人承担赔偿责任。

6. 提供符合等级标准的硬件与服务

饭店为客人提供的硬件与服务必须和饭店的等级与收费标准相符，保证各种设备、设施运转良好；确保水、电、气的正常供应；确保饭店内无蚊虫、无异味、无噪声；提供符合本饭店星级与等级标准的服务。如果饭店提供的各种服务存在问题，不能达到规定的标

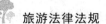

准，客人有权向有关部门投诉。

7. 提供真实情况的义务

饭店对自己的产品和服务，应当向客人提供真实的信息，不得进行引起人们误解的推销。《消费者权益保护法》规定，经营者应当向消费者提供有关商品或者服务的真实信息，不得作引人误解的虚假宣传。经营者对消费者就其提供的商品或者服务的质量和使用方法等问题提出的询问，应当作出真实、明确的答复。经营者以广告、产品说明、实物样品或者其他方式表明商品或者服务的质量状况的，应当保证其提供的商品或者服务的实际质量与表明的质量状况相符。在饭店竞争越来越激烈的情况下，有些饭店采取不正当的手段欺骗客人，这不仅是一种短视行为，也是一种不法行为。

8. 遵守有关法律法规和合同的义务

除以上所谈到的义务，饭店在为客人提供服务或商品的过程中还应当履行国家法律法规规定的其他义务。这些法律法规包括《食品安全法》《消防法》《消费者权益保护法》《产品质量法》《反不正当竞争法》等。饭店不仅要履行法定的义务，与客人签订合同，还应当按照合同的规定履行约定的义务。饭店违反合同约定不履行义务的，是对客人合法权益的侵犯，客人可据此追究饭店的违约责任，造成损失的，还可以要求饭店支付赔偿金。饭店和客人有其他方面约定的，应当按照合同的约定履行义务，但双方的约定不得违背国家法律法规的规定。

■ 本 章 小 结 ■

旅游饭店是以间(套)夜为单位出租客房，以住宿服务为主，并提供商务、会议、休闲、度假等相应服务的住宿设施。按不同习惯，旅游饭店可称为宾馆、酒店、旅馆、旅社、宾舍、度假村、俱乐部、大厦、中心等。

星级饭店分为 5 个级别，即一星级、二星级、三星级、四星级、五星级(含白金五星级)。最低为一星级，最高为五星级。星级越高，表示饭店的等级越高。

旅游民宿等级分为 3 个级别，由低到高分别为丙级、乙级和甲级。

饭店经营者的权利主要包括：拒绝客人入住的权利；谢绝客人自带酒水进入餐厅等场所享用的权利；要求客人支付合理费用的权利；要求赔偿饭店损失的权利。

饭店经营者的义务主要包括：尊重和保障客人的人身权和隐私权；保障客人的人身安全；保障客人的财物安全；告知客人注意安全的义务；提醒客人守法入住的义务；提供符合等级标准的硬件与服务；提供真实情况的义务；遵守有关法律法规和合同的义务。

关键术语

旅馆业治安管理办法　旅游饭店星级的划分与评定　中国旅游饭店行业规范　旅游民宿基本要求与评价　饭店经营者的权利　饭店经营者的义务

知识链接

1. 中国法制出版社. 中华人民共和国旅游法[M]. 北京：中国法制出版社，2018.

2. 国务院. 旅馆业治安管理办法[EB/OL]. (2020-11-29)[2021-06-25]. http://www.faxin.cn/lib/zyfl/ZyflContent.aspx?gid=A296122&libid=all&userinput=旅馆业治安管理办法.

3. 国家市场监督管理总局，中国国家标准化管理委员会. 旅游饭店星级的划分与评定：GB/T 14308—2010[S]. 北京：中国标准出版社，2010.

4. 国家旅游局.《旅游饭店星级的划分与评定》(GB/T 14308—2010)实施办法[EB/OL]. (2010-11-19)[2021-06-25]. http://www.law-lib.com/law/law_view1.asp?id=334017.

5. 中国旅游饭店业协会. 中国旅游饭店行业规范[EB/OL]. (2009-08-31)[2021-06-25]. http://www.faxin.cn/lib/Zyfl/ZyflContent.aspx?gid=A130911&userinput=中国旅游饭店行业规范.

6. 国家市场监督管理总局，中国国家标准化管理委员会. 旅游民宿基本要求与评价：LB/T 065—2019[S]. 北京：中国标准出版社，2019.

课后习题

一、多项选择题

1. 根据《中国旅游饭店行业规范》，饭店可对(　　)不予接待。
   A. 携带危害饭店安全的物品入店者　　B. 影响饭店形象者
   C. 无支付能力者　　D. 刚刚退房的客人
   E. 从事违法活动者

2. 饭店经营者的权利主要包括(　　)。
   A. 拒绝客人入住的权利
   B. 谢绝客人自带酒水进入餐厅等场所享用的权利
   C. 要求客人支付合理费用的权利
   D. 要求赔偿饭店损失的权利

3. 饭店对客人的义务包括尊重和保障客人的人身权和隐私权、保障客人的人身安全、保障客人的财物安全和(　　)。
   A. 告知客人注意安全的义务　　B. 提醒客人守法入住的义务
   C. 提供符合等级标准的硬件与服务　　D. 提供真实情况的义务
   E. 遵守有关法律法规和合同的义务

二、判断题

1. 旅游饭店星级标志的有效期为5年。(　　)
2. 任何饭店以"准X星""超X星"或者"相当于X星"等作为宣传手段的行为均属违法行为。(　　)
3. 饭店由于出现超额预订而使预订客人不能入住的，饭店应当主动替客人安排本地同档次或高于本饭店档次的饭店入住，所产生的有关费用由饭店和客人共同承担。(　　)

三、思考题

1. 饭店在什么情况下可以拒绝接受客人？
2. 饭店对住店客人有哪些义务？
3. 饭店应该如何处理客人的遗留物品？
4. 饭店为何要告知客人有关注意安全方面的事项？

四、案例分析题

案例 1

2016 年 2 月，H 旅行社组织旅游团前往厦门，在与游客签订的合同上写着"安排住四星级或同级酒店"。旅行社工作人员解释说，同级酒店就是指准四星级酒店，与挂牌四星级酒店的条件差不多，而且价格更便宜。但当该旅游团到达厦门，入住预订的 JK 大酒店后，旅游团成员发现酒店卫生条件不是很好，客房设备老化，餐厅装潢也比较陈旧，达不到合同中约定的四星级标准。于是，该旅游团推选李女士与旅行社交涉，要求旅行社证明 JK 大酒店属于挂牌的四星级酒店。

李女士指出，JK 大酒店前厅大堂未悬挂国家旅游局规定的四星级标志，因此不属于四星级酒店。该旅行社导游请大堂经理冯某为李女士解释。冯某说，JK 大酒店有东楼和西楼两座营业楼，东楼在 2010 年 11 月被国家旅游局全国旅游星级酒店评定委员会评为四星级酒店，并有全国酒店星评委颁发的星级证书。西楼并未参评，因此仅仅是准四星级酒店。在 JK 大酒店宣传册上，JK 大酒店自称为准四星级酒店。随后，李女士看到了全国旅游星级酒店评定委员会颁发的星级证书，但心中仍有疑惑。

资料来源：佚名. 饭店管理法规案例[EB/OL]. (2016-03-29)[2021-10-09]. https://www.docin.com/p-1510319971.html.

根据案例，分析下列问题：

1. 本案例存在哪些违法问题？其法律依据是什么？
2. 李女士等人能否要求旅行社换酒店或退还差价？为什么？

案例 2

某天中午 12 时刚过，福州某三星级酒店大堂总台方向传来阵阵"女高音"，顿时引起大堂经理小施的注意，她立即向总台快步走去。原来，发出"女高音"的是住在本酒店 809 房的卢女士。她正喋喋不休地向前台服务员小游发泄她的不满："我明明告诉你们要住一天，怎么一天不到就不让我进门了？"小施马上向服务员小游了解情况。原来卢女士是昨天下午 5 时入住的，今天上午上街采购，过了中午 12 时才回酒店，打不开房门，就在前台大吵大闹。前台服务员已经告诉她下午若要续住，必须重新办理加收费用手续。但卢女士一口咬定酒店要"宰客"——不到 24 小时收 1 天房费，与商店卖东西缺斤少两没什么区别，并声称以后再也不住该酒店了。

资料来源：佚名. 第 4 章 总台接待与收银业务管理[EB/OL]. (2017-11-29)[2021-10-09]. https://max.book118.com/html/2017/1129/142013284.shtm.

根据案例，分析下列问题：

1. 饭店的做法是否合理？其法律依据是什么？
2. 饭店结算的时间是如何规定的？饭店退房的时间是否有特殊规定？

案例 3

2015 年 12 月 2 日晚，李某邀请女朋友陈某和同事一起吃饭。下班后，三人来到市区一家羊肉馆。深夜 11 时，他们共喝 18 瓶二两装的中国劲酒，其中陈某喝了 5 瓶。离开时，陈某烂醉如泥，无法行走。李某和同事把她送入一家招待所，并用自己的身份证登记住宿，之后他们便离开了。第二天早上，招待所服务员打扫房间时，发现陈某已没有呼吸。经公安机关查明，确定陈某死于酒精中毒。陈某父母把招待所与李某告上法庭。

资料来源：佚名. 饭店管理法案例[EB/OL]. (2016-12-17)[2021-10-09]. https://max.book118.com/html/2016/1212/71103759.shtm.

根据案例，分析下列问题：

1. 本案例中存在哪些违法问题？其法律依据是什么？
2. 该招待所是否需要承担法律责任？

案例 4

游客钱某委托某旅行社为其预订住房。按照合同约定，钱某准时抵达旅行社预订的甲宾馆。结果甲宾馆服务总台告诉他普通客房已住满，只剩一间小套房，但须补交 200 元差价。钱某不同意。于是，甲宾馆服务总台通过电话与附近的乙饭店取得联系，并且写好一张便条让钱某租车过去。钱某无奈，只好去往乙饭店。到了乙饭店才得知，其标准房的条件要比甲宾馆差一些，还要他另交 80 元的房差费。这时天色已晚，钱某为了安全，只得付钱入住。等到旅游结束后，钱某立即向当地旅游质监部门投诉，要求甲宾馆赔偿他的经济损失，同时要求乙饭店退还房差费。

资料来源：佚名. 饭店管理法规案例[EB/OL]. (2016-03-29)[2021-10-09]. https://www.docin.com/p-1510319971.html.

根据案例，分析下列问题：

1. 甲宾馆是否应该赔偿钱某的经济损失？为什么？
2. 乙饭店是否需要退还房差费？为什么？

案例 5

关先生准备赴京出差办事，在网上预订了某酒店。2016 年 5 月 11 日上午，关先生抵达该酒店。办理入住手续时，前台说有一间房正在打扫卫生，需要等候，但关先生想先放好行李下楼吃饭，征得前台同意后上到酒店 3 层。关先生到达房间后，看见服务员正在进门处的卫生间内刷马桶，他并未多想直接走进房间。据关先生后来描述："首先映入眼帘的就是床，枕头上一大片黄渍，看着特别脏，没想到我折回门口看见了更恶心的一幕。服务员将马桶刷放在洗漱池里，洗漱池里还有两套茶杯，池里的水是蓝色的，池边放着洁厕液。

当时她刚把水壶捞出来，我问她怎么能用马桶刷刷水壶和茶杯，她就像没听见一样，一句话没说。"我立刻下楼到前台说明情况，没想到前台工作人员笑着说'会冲干净的'，我当时很无语，一气之下拎东西走了。"

事件发生后，酒店经理周女士表示："我们酒店虽是经济型酒店，但日常用品清洗严格遵循规范，新人入职前都会经过相关培训。涉事服务人员于 2016 年 2 月入职，之前并未发现类似情况。事发后该服务员被辞退，相关客房经理因监管不力也被辞退，同时酒店对在职服务人员进行了强化培训。"

资料来源：臧文娟. 北京一酒店被曝洁厕液刷杯 酒店辞退涉事人员[EB/OL]. (2016-05-16)[2021-06-20]. http://news.cctv.com/2016/05/16/ARTIiHR0pkHMQMw2oNT1TzaZ160516.shtml.

根据案例，分析下列问题：

1. 保证卫生安全是否是酒店的基本义务？
2. 应该从哪些方面确保酒店的卫生安全？

第7章　旅游景区管理法规

知识目标	技能目标
① 熟悉《旅游法》对景区的相关规定； ② 了解景区质量等级评定制度； ③ 了解国家标准《旅游区(点)质量等级的划分与评定》； ④ 了解国家标准《旅游度假区等级划分》； ⑤ 了解以国家公园为主体的自然保护地体系制度； ⑥ 了解国家文化公园建设的方案	① 拓展了解景区景观质量评价指标及其规定； ② 拓展了解景区服务质量与环境质量评价指标及其规定； ③ 拓展了解景区最大承载量计算方法

景区最大承载量为何难"载"游客体验

游客人数严重超负荷不利于保护景区风貌，也极易引发公共安全事件。记者在多地采访发现，小长假期间，有的景区游客接待量超过了核定的最大承载量。

记者从安徽省天柱山风景区管委会获悉，小长假首日，该景区接待游客6.6万人次，而该景区核定的最大承载量为3.6万人次，"超限"近1倍。

记者调查发现，还有不少景区的游客接待量虽未越过最大承载量红线，但限流效果并不明显，游客体验难以保障。为限制人流，故宫实行实名制购票，并严格按照最大承载量限额售票。小长假首日，中午12时10分，故宫当日的8万张票便售罄。13时左右，大量游客结束游览，从故宫北门出来。和朋友走散的王先生无奈地说："人挤人！中轴线上的主要景点，只能单向行走。太和殿前里三层外三层都是人头，很难看清殿内细节。"

游客最大承载量红线十分明晰，为何一些景区超而不限？天柱山风景区管委会相关负责人回应称，这是因为当初最大承载量核定与目前游客接待量统计的口径不同。"当时最大承载量是针对主峰计算的。随着越来越多的区域开放，当前游客数量统计包括主峰、三祖寺等景点。"安徽省潜山县旅游局负责假日信息统计的丁主任补充说："除了统计口径不同，随着景区索道、道路、停车场等基础设施的改善，实际承载力增强了。

记者调查发现，除了统计口径问题，景区"超限"的背后更多是对最大利益的追求。有景区负责人透露，在当前旅游景区收入结构单一的情况下，游客接待量越大，就意味着门票收入越多。假日出游需求集中爆发，各大景区一味追求业绩，缺少严格执行最大承载量的动力，往往是"靠假日挣够一年的钱"。

为什么一些景区并未"超限"还会拥挤不堪？中部某景区管委会规划科负责人解释："不少景区和我们一样，都是依靠经验核算最大承载量，有不科学之处。出于利益追求，有景区在核算最大承载量时趋向越高越好，而在统计上报接待游客数量时也有很大弹性空间。这就造成一些景区表面上没有"超限"，实际上游客体验差。

中国未来研究会旅游分会副会长刘思敏分析说，在缺乏监管的情况下，最大承载量的

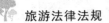

核定与实施是否科学很难判断。一般来说，景区会根据经验，在保障"不出事"的情况下，尽量满足游客游玩需求。

安徽大学旅游管理系主任李经龙教授分析说，景区管理部门不能心存侥幸，必须提高安全意识，重视游客拥挤问题。他建议在智慧旅游建设中，加快通过大数据等方式实现限量售票、分时参观、优化路线，以智能化即时控制景区游客量。"将限额售票分散至每小时，当每小时售票人数超过一定限额，便停止售票，并通过各个紧急疏散口进行分流。""设计多条交集少、易分流的游览路线供游客选择。"李经龙认为，为了避免出现游客"白跑一趟"的情况，还可以对热门景区探索实行网上分时段预约管理，将人群有效限流在游客出发前。

资料来源：张紫赟，陈尚营，吕昂，等. 观"人山"看"人海" 景区最大承载量为何未能成为保障游客体验"红线"[EB/OL]. (2016-05-02)[2021-06-20]. http://www.gov.cn/xinwen/2016-05/02/content_5069870.htm.

根据案例，思考下列问题：

1. 景区最大承载量如何计算？谁来计算？
2. 景区超过最大承载量进行旅游接待应该受到什么样的处罚？
3. 如何才能有效解决景区节假日过分拥挤的问题？

7.1 《旅游法》对景区的相关规定

《旅游法》对景区的有关规定并不是很多，具体包括以下几个方面。

7.1.1 法定景区的概念

《旅游法》第一百一十一条规定："景区，是指为旅游者提供游览服务、有明确的管理界限的场所或者区域。"

7.1.2 限定景区开放的条件

《旅游法》第四十二条规定："景区开放应当具备下列条件，并听取旅游主管部门的意见：

(一) 有必要的旅游配套服务和辅助设施；

(二) 有必要的安全设施及制度，经过安全风险评估，满足安全条件；

(三) 有必要的环境保护设施和生态保护措施；

(四) 法律、行政法规规定的其他条件。"

《旅游法》第一百零五条规定："景区不符合本法规定的开放条件而接待旅游者的，由景区主管部门责令停业整顿直至符合开放条件，并处二万元以上二十万元以下罚款。"

7.1.3 制定景区门票价格及相关收费制度

《旅游法》第四十三条规定："利用公共资源建设的景区的门票以及景区内的游览场所、交通工具等另行收费项目，实行政府定价或者政府指导价，严格控制价格上涨。拟收费或者提高价格的，应当举行听证会，征求旅游者、经营者和有关方面的意见，论证其必要性、可行性。

利用公共资源建设的景区，不得通过增加另行收费项目等方式变相涨价；另行收费项目已收回投资成本的，应当相应降低价格或者取消收费。

公益性的城市公园、博物馆、纪念馆等，除重点文物保护单位和珍贵文物收藏单位外，应当逐步免费开放。"

《旅游法》第四十四条规定："景区应当在醒目位置公示门票价格、另行收费项目的价格及团体收费价格。景区提高门票价格应当提前六个月公布。

将不同景区的门票或者同一景区内不同游览场所的门票合并出售的，合并后的价格不得高于各单项门票的价格之和，且旅游者有权选择购买其中的单项票。

景区内的核心游览项目因故暂停向旅游者开放或者停止提供服务的，应当公示并相应减少收费。"

《旅游法》第一百零六条规定："景区违反本法规定，擅自提高门票或者另行收费项目的价格，或者有其他价格违法行为的，由有关主管部门依照有关法律、法规的规定处罚。"

案例分析

游客赵先生在前往某景区游览观光时，因其一直从事户外穿越活动，体力较好，不想乘坐电动车进入景区。但当他购买景区门票时，遇到了难题。因为景区的门票与电动车车票是捆绑发售的。

赵先生随后拨打电话向物价局投诉。经查，游客反映情况属实。该景区面积较大，游程较远，从售票口到景区核心游览区有近5公里路程。为此，景区在此路段开通电动车接送游客，向每位游客一次性收取130元，包括景区门票120元和电动车车票10元。

资料来源：李娌. 案例解读《旅游法》[M]. 北京：旅游教育出版社，2014.

问题

1. 游客能否单独购买景区门票？
2. 对于强制发售联票的景区，应该如何处罚？

2008年4月9日，国家发展和改革委员会、财政部、国土资源部、住房和城乡建设部、国家林业局、国家旅游局、国家宗教事务局、国家文物局8部门联合下发了《关于整顿和规范游览参观点门票价格的通知》（发改价格〔2008〕905号），明确规定："游览参观点原则上实行一票制。游览参观点内必须实行重点保护性开放的特殊参观点，确需单独设置园中园门票的，要严格审批。凡设置园中园门票及联票的，要实行公示，由游客自愿选择，联票价格要低于相应各类门票价格之和。游览参观点内缆车、观光车、游船等交通运输服务价格应单独标示，单独销售，不得与门票捆绑销售。"

7.1.4 控制景区最大旅游承载量

《旅游法》第四十五条规定："景区接待旅游者不得超过景区主管部门核定的最大承载量。景区应当公布景区主管部门核定的最大承载量，制定和实施旅游者流量控制方案，并可以采取门票预约等方式，对景区接待旅游者的数量进行控制。旅游者数量可能达到最大承载量时，景区应当提前公告并同时向当地人民政府报告，景区和当地人民政府应当及时采取疏导、分流等措施。"

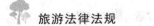

《旅游法》第一百零五条第二款规定:"景区在旅游者数量可能达到最大承载量时,未依照本法规定公告或者未向当地人民政府报告,未及时采取疏导、分流等措施,或者超过最大承载量接待旅游者的,由景区主管部门责令改正,情节严重的,责令停业整顿一个月至六个月。"

7.1.5 规定景区对旅游者的安全负有责任

关于景区对旅游者的安全责任,《旅游法》有以下规定。

第四十七条规定:"经营高空、高速、水上、潜水、探险等高风险旅游项目,应当按照国家有关规定取得经营许可。"

第五十条规定:"旅游经营者应当保证其提供的商品和服务符合保障人身、财产安全的要求。"

第五十四条规定:"景区、住宿经营者将其部分经营项目或者场地交由他人从事住宿、餐饮、购物、游览、娱乐、旅游交通等经营的,应当对实际经营者的经营行为给旅游者造成的损害承担连带责任。"

第五十六条规定:"国家根据旅游活动的风险程度,对旅行社、住宿、旅游交通以及本法第四十七条规定的高风险旅游项目等经营者实施责任保险制度。"

第七十九条规定:"旅游经营者应当严格执行安全生产管理和消防安全管理的法律、法规和国家标准、行业标准,具备相应的安全生产条件,制定旅游者安全保护制度和应急预案。

旅游经营者应当对直接为旅游者提供服务的从业人员开展经常性应急救助技能培训,对提供的产品和服务进行安全检验、监测和评估,采取必要措施防止危害发生。

旅游经营者组织、接待老年人、未成年人、残疾人等旅游者,应当采取相应的安全保障措施。"

第八十条规定:"旅游经营者应当就旅游活动中的下列事项,以明示的方式事先向旅游者作出说明或者警示:

(一) 正确使用相关设施、设备的方法;

(二) 必要的安全防范和应急措施;

(三) 未向旅游者开放的经营、服务场所和设施、设备;

(四) 不适宜参加相关活动的群体;

(五) 可能危及旅游者人身、财产安全的其他情形。"

第八十一条规定:"突发事件或者旅游安全事故发生后,旅游经营者应当立即采取必要的救助和处置措施,依法履行报告义务,并对旅游者作出妥善安排。"

7.2 旅游景区质量等级管理规定

2004 年 10 月 28 日,国家质量监督检验检疫总局发布了《旅游区(点)质量等级的划分与评定》(GB/T 17775—2003),该标准的制定旨在加强对旅游景区的管理,提高旅游景区服务质量，维护旅游景区和旅游者的合法权益，促进我国旅游资源开发、利用和环境保护。2012年 4 月 16 日，国家旅游局发布了《旅游景区质量等级管理办法》，明确了旅游景区质量等级的申请、评定、管理和责任处理事宜。2014 年 4 月 24 日，国家旅游局印发了《关于下放4A 级旅游景区质量等级评定管理工作的通知》(旅发〔2014〕77 号)，使 4A 级旅游景区质量等级的评定管理工作下放到省级旅游景区质量等级评定机构。2020 年 7 月 22 日，文化和旅游部资源开发司印发了《关于对旅游景区质量等级管理工作中若干问题的解释》(资源函〔2020〕27 号)，进一步明确了 2018 年机构改革后旅游景区质量等级的评定与管理工作。

7.2.1 基本规定

凡在中华人民共和国境内正式开业 1 年以上的旅游景区，均可申请质量等级。旅游景区质量等级划分为 5 个等级，从低到高依次为 1A、2A、3A、4A、5A。

旅游景区质量等级管理工作，遵循自愿申报、分级评定、动态管理、以人为本、持续发展的原则。

7.2.2 评定机构

根据《旅游景区质量等级管理办法》，国务院旅游行政部门负责旅游景区质量等级评定标准、评定细则等的编制和修订工作，负责对全国旅游景区质量等级评定标准的实施进行管理和监督。各省、自治区、直辖市人民政府旅游行政部门负责旅游景区质量等级评定标准在本行政区域内的实施管理和监督。

2018 年机构改革后，"统筹指导国家 A 级旅游景区质量等级评定工作，组织实施国家5A 级旅游景区质量等级评定"明确为文化和旅游部资源开发司资源利用处的重要职责。按照文化和旅游部工作程序，国家 5A 级旅游景区评定工作中，相关公示和公告以文化和旅游部名义发布。全国 A 级旅游景区质量等级的证书和标牌目前均由文化和旅游部统一制作。

根据《国家旅游局关于下放 4A 级旅游景区质量等级评定管理工作的通知》，省级旅游景区质量等级评定机构负责本地区 4A 级及以下旅游景区评定、复核及相关管理工作。省级旅游景区质量等级评定机构可向条件成熟的地市级旅游景区质量等级评定机构再行授权。省级及以下旅游景区质量等级评定机构未按要求开展工作的，上级评定机构可以撤回授权。

7.2.3 申请条件

旅游景区申报质量等级，应当具备下列条件。

(1) 以自然、历史文化或者其他旅游资源为基础，有明确的空间边界，有必要的旅游服务设施，以提供游览服务为主要功能。商贸场所、城市公共服务场所等不以游览服务为主要功能的场所申报 A 级旅游景区的，原则上不予受理。

(2) 深入挖掘、充分展示中华优秀传统文化、革命文化、社会主义先进文化，培育和践行社会主义核心价值观。

(3) 有统一的管理或者运营机构，且其无严重违法违规等行为记录。

(4) 有必要的安全设施及制度，经过安全风险评估，满足安全条件；有必要的环境保护

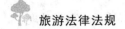

设施和生态保护措施。

(5) 正式开放运营 1 年以上。申报 5A 级质量等级的，应当取得 4A 级质量等级 3 年以上。申报 4A 级及以下旅游景区的，由省级文化和旅游行政部门结合实际确定相应等级年限资格要求。

(6) 对 2 个以上的 A 级旅游景区联合申报质量等级的，各旅游景区均应当符合前款规定的要求，且相互之间关联紧密，交通连接方便快捷，经营管理、形象标识、服务标准统一。

7.2.4 申请材料

旅游景区申报质量等级，应当提交下列材料。

(1) 旅游景区质量等级评定申请书。

(2) 旅游景区基本信息和经营信息。

(3) 自评报告及相关说明材料。

(4) 旅游景区已具有立项、环境影响评价、安全风险评估、特种设备检验、消防、卫生许可等开放合法性的承诺书。

(5) 旅游景区所依托的资源、涉及游览服务的重要资产不存在权属争议的承诺书。

(6) 其他有关资料。

7.2.5 申报程序

文化和旅游行政部门评定旅游景区质量等级，应当遵循下列程序。

(1) 资料审核。县级以上地方文化和旅游行政部门应当逐级对申报材料进行审核，涉及上级评定部门评定权限的，须向上一级评定部门提出推荐意见。

(2) 景观质量评价。文化和旅游行政部门对通过资料审核的旅游景区，组织检查员采用会议审查或者实地检查方式，对申报旅游景区的景观质量进行评价，并反馈评价结果。申报 5A 级质量等级的旅游景区，通过景观质量评价后，应当经过 1 年以上的创建提升。未通过景观质量评价的，1 年后方可再次申请景观质量评价；2 次未通过的，2 年后方可重新申报质量等级。

(3) 现场检查。文化和旅游行政部门组织检查员对通过景观质量评价的旅游景区，采用暗访、明查等方式，对旅游景区的服务、设施和环境质量等情况进行现场检查。通过现场检查的，进入公示程序；未通过现场检查的，1 年后方可再次申请现场检查；旅游景区 2 次未通过现场检查的，应当重新履行申报程序。

(4) 社会公示。文化和旅游行政部门对通过现场检查的旅游景区，在官方网站进行公示，公示期为 7 个工作日。

(5) 发布公告。公示期满，无异议或者经核实异议不成立的，由文化和旅游行政部门发布公告，并颁发证书和标牌。

7.2.6 动态管理

复核检查中发现 A 级旅游景区存在问题的，视情节轻重，给予通报批评、降低等级、取消等级处理。

(1) A 级旅游景区有下列情形之一的，由评定部门给予通报批评处理，并要求限期整改。

① 旅游服务与环境质量下降。

② 存在"庸俗、低俗、媚俗"等不健康内容。

③ 接待量超过主管部门核定的最大承载量。

④ 发生较大安全责任事故。

⑤ 游客投诉多且未及时有效处理。

⑥ 提供虚假信息或者未按时报送数据信息。

⑦ 擅自变更旅游景区名称或者范围。

⑧ 其他经评定部门确认的不良情形。

(2) A 级旅游景区有下列情形之一的，由评定部门给予降低等级处理；情节严重的，给予取消等级处理。

① 偏离社会主义核心价值观导向。

② 旅游服务与环境质量严重下降。

③ 景观质量退化与资源价值降低。

④ 资源和生态环境因人为原因遭到严重破坏。

⑤ 发生重大以上安全责任事故。

⑥ 处理重大投诉事件不力，发生严重不良社会舆情事件。

⑦ 申报评定过程中弄虚作假。

⑧ 其他经评定部门确认的不良情形。

原则上降低等级处理每次只降低 1 个等级，需要再降低等级的，交由相应管理权限部门继续做出处理。

除因不可抗力影响或者资源保护需要外，A 级旅游景区有终止经营、丧失旅游功能或者停业 1 年以上等情形的，原评定部门应当取消其质量等级。

7.2.7　整改验收

旅游景区受到处理后，按下列程序开展整改验收。

(1) A 级旅游景区受到通报批评处理的，应当在规定期限内完成整改，期满后报评定部门检查验收。通过验收的，下达整改合格通告；未通过验收的，由评定部门视情况延长整改期限或者加重处理。

(2) 5A 级旅游景区降低为 4A 级的，1 年后方可向文化和旅游部申请恢复原等级；受到取消等级处理的，3 年后方可向文化和旅游部申请恢复原等级。

申请恢复原等级的，由文化和旅游部组织检查员开展景观质量评价和现场检查。通过检查的，恢复原等级；未通过的，1 年后方可再次申请验收；2 次未通过检查仍申请恢复原等级的，须重新履行申报程序。

4A 级及以下旅游景区受到降低或取消等级处理申请恢复原等级的，由省级文化和旅游行政部门制定相关细则。

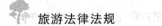

(3) 受到取消等级、降低等级处理的旅游景区，应当交回或者申请更换证书和标牌，不得以原等级名义从事宣传和经营等活动。

7.2.8　经营和管理情形变更

A 级旅游景区调整边界，变更名称、管理机构的，应当向文化和旅游行政部门备案。旅游景区调整边界涉及核心旅游资源，或者调整面积超过 30%的，应当按照原程序重新申报质量等级。

A 级旅游景区因季节、改造等原因歇业的，应当及时公布歇业信息，并逐级报原评定部门备案。

A 级旅游景区应当公布景区主管部门核定及更新的最大承载量。

7.3　旅游度假区管理制度

旅游度假区是为旅游者提供度假休闲服务、有明确的空间边界和独立管理机构的区域。2011 年 1 月 14 日，国家质量监督检验检疫总局、中国国家标准化管理委员会发布了国家标准《旅游度假区等级划分》(GB/T 26358—2010)，并于 2011 年 6 月 1 日实施。2019 年 12 月 20 日，文化和旅游部发布实施《国家级旅游度假区管理办法》。目前，旅游度假区划分为两个级别，从高到低依次为国家级旅游度假区、省级旅游度假区。

7.3.1　旅游度假区的基本条件

旅游度假区的基本条件即旅游度假区的门槛条件，具体包括以下几方面。

(1) 应具备不少于 1 项的资源条件，且无多发性不可规避的自然灾害。

(2) 应具有明确的空间边界。国家级旅游度假区面积应不小于 8 平方公里；省级旅游度假区面积应不小于 5 平方公里。

(3) 应具有统一有效的管理机构。

(4) 应制定统一的总体规划。

(5) 以接待过夜游客为主。国家级旅游度假区过夜游客平均停留天数应不少于 2.5 天，省级旅游度假区过夜游客平均停留天数应不少于 2 天。

(6) 国家级旅游度假区住宿接待设施总床位数应不少于 2000 张，省级旅游度假区住宿接待设施总床位数应不少于 1000 张。

(7) 旅游度假区内用于出售的房地产项目总建筑面积与旅游接待设施总建筑面积的比例应不大于 1∶2。

(8) 环境质量达到相应国家标准，其中空气质量应达到 GB 3095 的二级标准，噪声质量应达到 GB 3096 的 Ⅰ 类标准，地表水质量应达到 GB 3838 的Ⅲ类标准，土壤质量应达到 GB 15618 的 Ⅱ 类标准。

(9) 各种设施的卫生与安全应符合相应的国家标准。

7.3.2　旅游度假区的一般条件

1. 资源

(1) 应具有优质的、可供度假利用的自然人文资源。

(2) 度假资源宜具有较高的旅游承载力和一定的独特性。

(3) 应在不影响可持续发展的前提下对资源进行合理开发，利用资源形成品牌性的度假产品。

2. 区位

(1) 旅游度假区所在区域宜具有较强的度假氛围，市场吸引力强。

(2) 宜具有便捷的交通条件和良好的可达性，交通方式宜多样化。

(3) 宜与相近的交通枢纽(机场、港口、车站)或高速公路有便捷的联系。

(4) 宜与相近旅游区(点)具有良好连通性。

3. 市场

(1) 以接待过夜游客为主，国家级旅游度假区年过夜游客的人天数指标与年游客总人数的比例不宜低于 50%；省级旅游度假区年过夜游客的人天数指标与年游客总人数的比例不宜低于 40%。

(2) 在国家级旅游度假区的过夜游客中，省外游客人数的比例不宜低于 50%。

(3) 国家级旅游度假区年境外游客人数不宜低于年游客总人数的 3%。

(4) 国家级旅游度假区年游客规模不宜低于 50 万人天；省级旅游度假区年游客规模不宜低于 25 万人天。

(5) 宜具有竞争力强且特色鲜明的市场品牌及形象，包括有影响力的品牌、独特的产品形象、良好的质量形象和文明的员工形象等。

(6) 宜具有较强的市场吸引力。国家级旅游度假区宜在国家范围内具有高知名度，并具有一定的国际影响力；省级旅游度假区宜在省内具有高知名度，并具有一定的国内影响力。

(7) 宜具有较高的游客综合满意度和市场美誉度。

4. 空间环境

1) 自然环境

(1) 宜具有每年不低于 3 个月的适宜度假的气候。

(2) 宜具有优美的自然风光。

(3) 宜具有较高的空气质量、较好的地表水及土壤环境。

2) 规划和实施

(1) 空间边界标识宜清晰可辨。

(2) 规划建设应符合国家批准的区域规划或城市总体规划，应制定相应级别的人民政府或管理部门批准的旅游总体规划和详细规划。

(3) 规划应选址适当，结构清晰，功能布局合理，主题鲜明，特色突出。

(4) 规划中宜测算环境容量并进行环境影响评价，对于潜在的自然灾害应提供行之有效的防灾避险规划。

(5) 规划中宜对建筑基地的诸项指标，如容积率、建筑密度、绿地率等提出合理的控制要求，既能够与环境相融合，又能够体现集约用地的思想。

(6) 规划应得以有效实施。

(7) 建筑应布局合理，不宜破坏原有环境的地形地貌及生态系统。

(8) 建筑、牌示等人工设施的尺度、材质、造型、色彩等宜与所在地域的自然和文化环境相协调。

(9) 绿地系统应结构合理，宜采用乡土植物，具乡土特色且生态效益高。

(10) 建筑室内环境和建筑周边景观宜采用人性化设计，整体舒适度较高。

5. 设施与服务

1) 休闲活动

(1) 应提供质量高、类型丰富的户外及室内休闲活动设施和服务，环境舒适，户外与室内设施宜互为补充，满足四季、昼夜及不同人群的多方面休闲需求，总体规模宜与需求相匹配。

(2) 户外休闲度假设施的类型宜多于4类，且设施日容量宜大于旅游度假区日游客容量的1/2。

(3) 休闲活动设施及产品的设置应与资源密切结合，充分发挥资源优势，并宜与周边区域的旅游资源相衔接。

(4) 宜定期或不定期组织无固定设施的休闲活动，丰富游客的度假生活。

(5) 各种活动设施均宜配备具有专业技能的救援及教练人员，人数及支持语种能满足游客需要。

(6) 服务人员应具备良好素质和形象，服务热情周到。

2) 住宿接待

(1) 住宿设施应具有较高舒适度，隔音良好，设计应符合度假行为需求。

(2) 主体及其附属设施齐备，各种类型的住宿接待设施级配合理，达到GB/T 14308三星级(含)以上标准的住宿接待设施宜占住宿接待设施总量的50%以上，并宜具有一定数量的富有特色的非星级住宿接待设施，满足不同度假市场的需求。

(3) 住宿设施应结合资源特征，突出地方特色。

(4) 住宿服务应热情周到，服务人员应训练有素，着装和服务方式宜具有地方特色。

3) 餐饮

(1) 餐饮设施布局合理，可达性好，舒适性好，总体规模应与旅游度假区接待能力相匹配。

(2) 菜系品种多样，在保障食品安全的前提下，宜提供多种国内外主要菜系，满足游客的民族及口味需求。

(3) 宜提供富于地方特色、品质优良的个性化菜品菜系。

(4) 餐饮档次设置宜满足不同消费水平的市场需求。

(5) 服务应热情周到，服饰及服务方式宜富于地方特色。

(6) 区内宜提供 7 天×24 小时餐饮服务，满足游客需求。

4) 旅游购物

(1) 购物设施的种类、数量及分布应与接待能力相匹配，应能够满足游客的旅游购物和日常购物需求。

(2) 购物设施宜具有较高便利度，购物环境舒适。

(3) 旅游商品应富于地方特色，且商品宜种类丰富、档次多样。

(4) 购物场所应管理规范，秩序良好，无围追兜售现象。

(5) 服务应主动热情，宜富于地方特色。

5) 区内交通

(1) 区内交通设施应便捷完善。

(2) 交通安全标志标线应符合 GB 5768 的要求。

(3) 停车场应选址合理，规模适中，并与周边环境相协调，宜采用生态停车场设计，其容量宜满足游客接待需求。

(4) 交通组织与停车管理应秩序井然。

(5) 区内道路及公共交通网络应布局合理，建筑集中区内宜设置专用自行车道路和步行道路系统。

(6) 区内宜提供便利的公共交通，并为游客自助出行提供多种条件。

6) 其他配套设施与服务

(1) 宜提供托儿等服务，并应满足相关规范要求。

(2) 宜提供多国语言支持，国家级旅游度假区宜支持 2 种以上常用外语，省级旅游度假区宜支持 1 种以上常用外语。

(3) 宜为老年人、儿童、残障人等特殊人群提供相应的度假设施及服务，配备旅游工具、食品，提供其他相关服务。

(4) 宜配备康体、健身、膳食、游览等专业辅导人员，人数及支持语种能满足游客需求。

(5) 宜建设专门的旅游度假区网站及电话咨询台，提供全面的信息服务及预约预订服务。

(6) 宜设置至少 1 处综合服务中心和若干服务点，可与其他设施(如住宿接待设施和餐饮购物设施等)结合设置，数量与布局宜与接待能力相匹配。服务中心宜提供与度假相关的咨询辅导、预约预订、展示、医疗等综合性服务职能，服务点宜至少提供咨询服务。服务中心与服务点之间宜具有统一的服务信息平台。

(7) 应尽量采用节能减排手段，宜采用清洁能源，游船不宜采用柴油等可能污染水域的燃料。

(8) 宜提供充足供水，能够满足度假产品需求。生活饮用水的水质应符合 GB 5749 的要求。

(9) 宜实行雨污分流，排水与污水处理设施完备，具有与接待规模相适宜的处理能力。宜建设污水处理系统，污水排放应符合 GB 8978 的要求；宜建设中水处理设施，处理后水质应符合 GB/T 18920 和 GB/T 18921 的要求。

(10) 宜提供充足供电，重要设施宜采用双回路供电，保证供电不间断。

(11) 通信设施与接待规模宜相匹配，国际、国内直拨电话和互联网服务方便畅通。在出入口及游人集中场所宜设置具备国际、国内直拨功能的公用电话。公用电话亭宜与周边环境相协调，标志美观醒目。手提电话宜具有较高信号质量。

(12) 应具有防灾救灾、急救医疗、卫生、公安等配套设施，宜提供 7 天×24 小时医疗服务，并具有处理和诊治一般性伤病人员及处理和转移突发性伤病人员的能力。

(13) 邮政、银行、商务中心等商务设施应能够满足需求。

(14) 公共厕所的数量应与接待能力相匹配，布局合理。全部厕所设施设备应达到 GB/T 18973 规定的三星级以上标准，外观及内部装饰宜富于特色，有文化气息。

(15) 应具有完善的标识引导系统，标识位置合理，内容清晰，造型宜富有地方特色，并与周围环境相协调。公共信息图形符号的设置应符合 GB/T 10001.1 和 GB/T 10001.2 的要求。

(16) 公众信息资料宜内容丰富，类型齐全，文字流畅，制作精美，适时更新，并宜提供丰富的免费资料。印刷品用公共信息图形符号应符合 GB/T 17695 的要求。

6. 管理

1) 资源与环境保护

(1) 对自然与文化资源应采取保护性利用方式，措施科学先进，并应设置相应的监测机制，能有效预防自然破坏和人为的开发性破坏，保持自然和文化资源的最佳状态。

(2) 区内各项设施设备应符合国家关于环境保护的要求，应无环境污染或其他公害，对旅游资源和气氛无损害。

(3) 应具有完善的环境保护、监测手段及机制。

(4) 应具有整洁的室内外环境，垃圾清扫及时，日产日清。

2) 游客管理

(1) 应具有科学的游客管理体系，游客量不超出环境承载力。游客容量的测算按照 GB/T 18971。

(2) 应建立完善的游客统计系统，并应建立游客调查机制，宜提供网络、电话回访、现场问卷等多种游客评价渠道。

3) 社区协调

(1) 宜为当地社区提供适当的公共服务，并宜提供相当数量的就业机会。

(2) 从资源保护、规划建设到开发经营，均宜与社区居民建立畅通的沟通渠道，全面听取社区群众意见，定期宣传解释旅游度假区发展的规划设想与行为规范，建立良好的社区发展环境。

4) 组织经营

(1) 管理机构应在规划与社区管理等方面与相关政府部门建立畅通的协调渠道。

(2) 应具有健全的管理体制和有效的经营机制。旅游质量、旅游安全、旅游统计等各项经营管理制度应健全，贯彻措施得力，定期监督检查，有完整的书面记录和总结，有完善的档案制度。投诉制度应健全，人员落实、设备专用，投诉处理及时、妥善。

(3) 管理网络宜信息化。

(4) 应具有多种宣传渠道，符合现代营销的要求。

(5) 管理机构应健全，管理人员应配备合理。宜具备明确的培训机构和制度，人员、经费落实，业务培训全面，效果良好，上岗人员培训合格率应达 100%。

5) 安全管理

(1) 各项安全保卫制度应完整有效，各经营场所治安应状况良好，认真执行相关部门颁布的安全法规。

(2) 各类设施设备应运行正常，消防通道和安全疏散通道应设置合理，无安全隐患。

(3) 消防、防盗、救护设备应齐全，完好有效。

(4) 危险地段应标志明显，防护设施应齐备有效，特殊地段应设专人看守。

(5) 如设有游乐园，在安全和服务方面应符合 GB/T 16767 的要求。

(6) 应具有紧急救援机制，应提供 7 天×24 小时安全救助。应具有突发事件处理预案和灾害预警机制，应急处理能力强。

7.4 保护地管理制度

7.4.1 建立以国家公园为主体的自然保护地体系

我国经过多年的努力，已建立数量众多、类型丰富、功能多样的各级各类自然保护地，在保护生物多样性、保存自然遗产、改善生态环境质量和维护国家生态安全方面发挥了重要作用，但仍然存在重叠设置、多头管理、边界不清、权责不明、保护与发展矛盾突出等问题。2019 年 6 月 26 日，中共中央办公厅、国务院办公厅印发实施《关于建立以国家公园为主体的自然保护地体系的指导意见》。举国上下大力推进自然保护地整合优化实施方案，将符合国家公园设立标准、列入国家公园空间布局方案、具备优先设立国家公园条件区域内的保护地整合归类为国家公园。交叉重叠的自然保护地按照保护强度和级别就高的原则进行整合。对同一自然地理单元相连(邻)的同类型自然保护地，按照自然生态系统完整、物种栖息地连通、保护管理统一的原则进行合并重组。在整合优化归并过程中，应当遵从保护面积不减少、保护强度不降低、保护性质不改变的总体要求，遵照强度级别从高到低的原则要求，整合优化后要做到一个保护地只有一套机构，只保留一块牌子。

按照自然生态系统的原真性、整体性、系统性及其内在规律，依据管理目标与效能并借鉴国际经验，我国将自然保护地按生态价值和保护强度从高到低依次分为 3 类。

1. 国家公园

国家公园是以保护具有国家代表性的自然生态系统为主要目的，实现自然资源科学保护和合理利用的特定陆域或海域。国家公园是我国自然生态系统中最重要、自然景观最独特、自然遗产最精华、生物多样性最富集的部分，它具有保护范围大，生态过程完整，具有全球价值、国家象征、国民认同度高的特征。2021 年 10 月 12 日，我国公布了第一批 5 个国家公园，包括三江源国家公园、大熊猫国家公园、东北虎豹国家公园、海南热带雨林国家公园、武夷山国家公园，保护面积达 23 万平方公里，涵盖近 30%的陆域国家重点保护野生动植物种类。

2. 自然保护区

自然保护区是指保护典型的自然生态系统、珍稀濒危野生动植物物种的天然集中分布区、有特殊意义的自然遗迹的区域。它具有较大面积，确保主要保护对象安全，维持和恢复珍稀濒危野生动植物种群数量及赖以生存的栖息环境。

3. 自然公园

自然公园是指保护重要的自然生态系统、自然遗迹和自然景观，具有生态、观赏、文化和科学价值，可持续利用的区域。它确保森林、海洋、湿地、水域、冰川、草原、生物等珍贵自然资源，以及所承载的景观、地质地貌和文化多样性得到有效保护。自然公园包括森林公园、地质公园、海洋公园、湿地公园等。

我国制定自然保护地分类划定标准，对现有的自然保护区、风景名胜区、地质公园、森林公园、海洋公园、湿地公园、冰川公园、草原公园、沙漠公园、草原风景区、水产种质资源保护区、农业野生植物原生境保护区(点)、自然保护小区、野生动物重要栖息地等各类自然保护地开展综合评价，按照保护区域的自然属性、生态价值和管理目标进行梳理调整和归类，逐步形成以国家公园为主体、以自然保护区为基础、以各类自然公园为补充的自然保护地分类系统。

7.4.2 推进国家文化公园建设

国家文化公园是国家推进实施的重大文化工程，通过整合具有突出意义、重要影响、重大主题的文物与文化资源，实施公园化管理运营，实现保护传承利用、文化教育、公共服务、旅游观光、休闲娱乐、科学研究等功能，形成具有特定开放空间的公共文化载体，集中打造中华文化重要标志，以进一步坚定文化自信，充分彰显中华优秀传统文化持久影响力、社会主义先进文化强大生命力。

2019年12月，中共中央办公厅、国务院办公厅印发了《长城、大运河、长征国家文化公园建设方案》。2020年10月，中共中央正式提出建设黄河国家文化公园。2022年1月，国家文化公园建设工作领导小组印发通知，部署启动长江国家文化公园建设。五大国家文化公园均为线性文化遗产，涉及面较大。

1. 长城国家文化公园

长城国家文化公园包括战国、秦、汉长城，北魏、北齐、隋、唐、五代、宋、西夏、辽具备长城特征的防御体系，金界壕，明长城。涉及北京、天津、河北、山西、内蒙古自治区、辽宁、吉林、黑龙江、山东、河南、陕西、甘肃、青海、宁夏回族自治区、新疆维吾尔自治区15个省(市、自治区)。

2. 大运河国家文化公园

大运河国家文化公园包括京杭大运河、隋唐大运河、浙东运河3个部分，通惠河、北运河、南运河、会通河、中(运)河、淮扬运河、江南运河、浙东运河、永济渠(卫河)、通济渠(汴河)10个河段，涉及北京、天津、河北、江苏、浙江、安徽、山东、河南8个省(市)。

3. 长征国家文化公园

长征国家文化公园以中国工农红军一方面军(中央红军)长征线路为主,兼顾红二、四方面军和红二十五军长征线路,涉及福建、江西、河南、湖北、湖南、广东、广西壮族自治区、重庆、四川、贵州、云南、陕西、甘肃、青海、宁夏回族自治区 15 个省(市、自治区)。

4. 黄河国家文化公园

黄河国家文化公园涉及青海、四川、甘肃、宁夏回族自治区、内蒙古自治区、陕西、山西、河南、山东 9 个省(市、自治区)。

5. 长江国家文化公园

长江国家文化公园的建设范围综合考虑长江干流区域和长江经济带区域,涉及上海、江苏、浙江、安徽、江西、湖北、湖南、重庆、四川、贵州、云南、西藏、青海 13 个省(市、自治区)。

本章小结

旅游景区质量等级划分为 5 个等级,从低到高依次为 1A、2A、3A、4A、5A。

景区开放应当具备下列条件,并听取旅游主管部门的意见:有必要的旅游配套服务和辅助设施;有必要的安全设施及制度,经过安全风险评估,满足安全条件;有必要的环境保护设施和生态保护措施;法律、行政法规规定的其他条件。

景区应当在醒目位置公示门票价格、另行收费项目的价格及团体收费价格。景区提高门票价格应当提前 6 个月公布。将不同景区的门票或者同一景区内不同游览场所的门票合并出售的,合并后的价格不得高于各单项门票的价格之和,且旅游者有权选择购买其中的单项票。景区内的核心游览项目因故暂停向旅游者开放或者停止提供服务的,应当公示并相应减少收费。

景区接待旅游者不得超过景区主管部门核定的最大承载量。景区应当公布景区主管部门核定的最大承载量,制定和实施旅游者流量控制方案,并可以采取门票预约等方式,对景区接待旅游者的数量进行控制。旅游者数量可能达到最大承载量时,景区应当提前公告并同时向当地人民政府报告,景区和当地人民政府应当及时采取疏导、分流等措施。

旅游度假区包括国家级旅游度假区、省级旅游度假区两个级别。

关键术语

景区最大承载量　景区门票价格　旅游景区质量等级　旅游度假区　国家公园　自然保护地体系　国家文化公园

知识链接

1. 中国法制出版社. 中华人民共和国旅游法[M]. 北京：中国法制出版社，2018.

2. 全国旅游标准化技术委员会. 景区最大承载量核定导则：LB/T 034—2014[S]. 北京：中国标准出版社，2015.

3. 全国旅游标准化技术委员会. 旅游景区质量等级的划分与评定：GB/T 17775—2003[S]. 北京：中国标准出版社，2003.

4. 国家旅游局. 旅游景区质量等级管理办法[EB/OL]. (2012-04-16)[2021-06-25]. http://www.faxin.cn/lib/zyfl/ZyflContent.aspx?gid=A17471&libid=all&userinput=旅游景区质量等级管理办法.

5. 全国旅游标准化技术委员会. 旅游资源分类、调查与评价：GB/T 18972—2017[S]. 北京：中国标准出版社，2018.

6. 全国旅游标准化技术委员会. 旅游度假区等级划分：GB/T 26358—2010[S]. 北京：中国标准出版社，2011.

7. 文化和旅游部. 国家级旅游度假区管理办法[EB/OL]. (2019-12-20)[2021-06-25]. http://www.faxin.cn/lib/zyfl/ZyflContent.aspx?gid=A285537&libid=all&userinput=国家级旅游度假区管理办法.

8. 中共中央办公厅，国务院办公厅. 关于建立以国家公园为主体的自然保护地体系的指导意见[EB/OL]. (2019-06-26)[2021-06-25]. http://www.faxin.cn/lib/Zyfl/ZyflContent.aspx?gid=A278658&userinput=关于建立以国家公园为主体的自然保护地体系的指导意见.

9. 中共中央办公厅，国务院办公厅. 长城、大运河、长征国家文化公园建设方案[EB/OL]. (2020-05-13)[2021-06-25]. https://wenku.baidu.com/view/db5a2e1a3e1ec5da50e2524de518964bcf84d2cd.html.

课后习题

一、多项选择题

1. 根据《旅游景区质量等级管理办法》，旅游景区质量等级包括(　　)。
   A. 国家 1A 级景区　　B. 国家 2A 级景区　　C. 国家 3A 级景区
   D. 国家 4A 级景区　　E. 国家 5A 级景区

2. 根据《关于建立以国家公园为主体的自然保护地体系的指导意见》，我国的自然保护地体系主要包括(　　)。
   A. 国家公园　　　　　B. 自然保护区　　　　C. 自然公园
   D. 地质公园　　　　　E. 森林公园

3. 景区开放应当具备的条件包括(　　)，并听取旅游主管部门的意见。
   A. 有必要的旅游配套服务和辅助设施
   B. 有必要的环境保护设施和生态保护措施

C. 有必要的安全设施及制度，经过安全风险评估，满足安全条件
D. 提供符合等级标准的硬件与服务
E. 法律、行政法规规定的其他条件

二、判断题

1. 凡在中华人民共和国境内正式开业的旅游景区，均可申请质量等级。 （ ）
2. 旅游景区晋升为国家 3A 级景区 1 年后才能申请评定国家 4A 级景区。 （ ）
3. 旅游度假区按照质量等级分为国家级旅游度假区和省级旅游度假区。 （ ）

三、思考题

1. 如何核定景区最大承载量？景区最大承载量的规定在实施中存在什么问题？
2. 《旅游法》对景区最大承载量的规定是什么？违规如何处罚？
3. 我国为什么要建立以国家公园为主体的自然保护地体系？

四、案例分析题

"悠波球"是最近几年比较流行的游乐设施，它是一种通体透明的圆球，在直径 2.8 米的外球和直径 2 米的内球之间充满空气，乘坐者钻入其中，可从稍有坡度的草坪上翻滚而下。2013 年国庆节长假期间，王先生在某森林公园的游乐场玩"悠波球"时，因"悠波球"充气较足弹跳太高，球体剧烈颠簸，导致固定刘先生的安全带突然断裂，造成其右腿、左肩等多处摔伤。经过多次治疗，刘先生的伤最终被鉴定为 9 级伤残。

事后，刘先生找森林公园负责人及"悠波球"项目经营者索赔，未能协商一致，于是将两者告上法庭，要求两被告赔偿 278 402 元。在庭审中，"悠波球"项目经营者对于承担赔偿责任并无异议，但认为森林公园也应当承担部分责任。森林公园负责人辩称，景区面积非常大，里面有许多个体户在经营户外游乐项目。刘先生购买门票，仅仅是允许他进入公园参观游玩，并不包括自费游乐项目，因此森林公园不该承担赔偿责任。

资料来源：李娌. 案例解读《旅游法》[M]. 北京：旅游教育出版社，2014.

根据案例，分析下列问题：

森林公园是否需要承担赔偿责任？其法律依据是什么？

第8章 旅游交通管理法规

知识目标	技能目标
① 了解《旅游法》对旅游交通的相关规定； ② 了解航空运输承运人的责任及赔偿规定； ③ 了解国内铁路运输承运人的责任及赔偿规定	① 能够分析旅游交通合同主体的权利； ② 能够阐述旅游交通合同主体的义务

**导入案例**

客运合同自购票生效 客运公司要保障乘客人身和财产安全

2018 年 7 月 23 日，游客李某乘坐一辆大巴车到秦皇岛旅游。大巴车快行至秦皇岛市区时，李某发现自己的手机被偷，便告诉开车司机：“我的手机被偷了，请你把车开至派出所。”司机不予理睬。乘务员说：“没有办法，这么多人要上下车。”李某随即拨打 110 报警，并要求司机和乘务员协助调查。然而该车司机及乘务员不顾李某的要求，车到站后，便打开车门将乘客放下去，等警察赶到时，乘客已经基本走光，给警察寻找手机的调查取证工作造成困难。

资料来源：佚名. 旅游交通案例[EB/OL]. (2016-09-12)[2021-10-10]. https://wenku.baidu.com/view/e15780 d885254b35eefdc8d376eeaeaad1f31632.html.

根据案例，思考下列问题：

在本案例中，大巴车司乘人员的做法是否合法？游客李某可否得到赔偿？

8.1 《旅游法》对旅游交通的相关规定

1. 政府要无偿提供交通信息

《旅游法》第二十六条第一款规定：“国务院旅游主管部门和县级以上地方人民政府应当根据需要建立旅游公共信息和咨询平台，无偿向旅游者提供旅游景区、线路、交通、气象、住宿、安全、医疗急救等必要信息和咨询服务。设区的市和县级人民政府有关部门应当根据需要在交通枢纽、商业中心和旅游者集中场所设置旅游咨询中心，在景区和通往主要景区的道路设置旅游指示标识。”

2. 政府要配套建设旅游客运专线

《旅游法》第二十六条第二款规定：“旅游资源丰富的设区的市和县级人民政府可以根据本地的实际情况，建立旅游客运专线或者游客中转站，为旅游者在城市及周边旅游提供服务。”

3. 对景区内旅游交通收费实行政府定价

《旅游法》第四十三条第一款规定："利用公共资源建设的景区的门票以及景区内的游览场所、交通工具等另行收费项目，实行政府定价或者政府指导价，严格控制价格上涨。拟收费或者提高价格的，应当举行听证会，征求旅游者、经营者和有关方面的意见，论证其必要性、可行性。"

4. 旅游交通经营者要按照合同约定履行义务

《旅游法》第四十九条规定："为旅游者提供交通、住宿、餐饮、娱乐等服务的经营者，应当符合法律、法规规定的要求，按照合同约定履行义务。"

5. 旅游交通经营者要遵守道路客运安全管理规定

《旅游法》第五十三条规定："从事道路旅游客运的经营者应当遵守道路客运安全管理的各项制度，并在车辆显著位置明示道路旅游客运专用标识，在车厢内显著位置公示经营者和驾驶人信息、道路运输管理机构监督电话等事项。"

6. 景区将旅游交通交由他人经营的要承担连带责任

《旅游法》第五十四条规定："景区、住宿经营者将其部分经营项目或者场地交由他人从事住宿、餐饮、购物、游览、娱乐、旅游交通等经营的，应当对实际经营者的经营行为给旅游者造成的损害承担连带责任。"

7. 实施责任保险制度

《旅游法》第五十六条规定："国家根据旅游活动的风险程度，对旅行社、住宿、旅游交通以及本法第四十七条规定的高风险旅游项目等经营者实施责任保险制度。"

8. 依法承担赔偿责任

《旅游法》第七十一条规定："由于地接社、履行辅助人的原因导致违约的，由组团社承担责任；组团社承担责任后可以向地接社、履行辅助人追偿。

由于地接社、履行辅助人的原因造成旅游者人身损害、财产损失的，旅游者可以要求地接社、履行辅助人承担赔偿责任，也可以要求组团社承担赔偿责任；组团社承担责任后可以向地接社、履行辅助人追偿。但是，由于公共交通经营者的原因造成旅游者人身损害、财产损失的，由公共交通经营者依法承担赔偿责任，旅行社应当协助旅游者向公共交通经营者索赔。"

8.2 旅游交通运输合同主体的权利和义务

旅游交通运输合同是承运人将旅客从起运地点运输到约定地点，旅客支付票款的合同。旅游交通运输合同自承运人向旅客出具客票时成立，但是当事人另有约定或者另有交易习惯的除外。《民法典》对运输合同进行了具体规定。

8.2.1 旅游者的权利和义务

1. 旅游者的权利

(1) 旅游者有权按照客票上指定的乘车日期、车(班)次,乘坐约定的交通工具,安全到达客票标明的指定地点。但火车票约定持卧铺票的旅客,在开车 1 小时后还未到卧铺车厢时,列车长可将该卧铺另行出售。

(2) 旅游者有权使用交通工具上提供的各种设施,享受客运公司免费向旅游者提供的食宿和相关服务。

(3) 旅游者有权按规定享受行李免费和未成年人减、免费待遇。

(4) 旅游者有权按规定办理退票。

(5) 旅游者有权按照规章制度办理客票变更手续。

(6) 实名制客运合同的旅客丢失客票的,可以请求承运人挂失补办,承运人不得再次收取票款和其他不合理费用。

2. 旅游者的义务

(1) 旅游者乘坐交通工具,必须按要求支付票款,按所购交通工具日期、班次、座位号搭乘,并接受乘务人员的检查。承运人未按照约定路线或者通常路线运输增加票款的,旅客可以拒绝支付增加部分的票款。旅客无票乘坐、超程乘坐、越级乘坐或者持不符合减价条件的优惠客票乘坐的,应当补交票款,承运人可以按照规定加收票款。

(2) 旅游者因自己的原因不能按照客票记载的时间乘坐的,应当在约定的期限内办理退票或者变更手续;逾期办理的,承运人可以不退票款,并不再承担运输义务。

(3) 旅游者对承运人为安全运输所作的合理安排应当积极协助和配合。

(4) 旅游者随身携带行李应当符合约定的限量和品类要求;超过限量或者违反品类要求携带行李的,应当办理托运手续。

(5) 旅游者不得随身携带或者在行李中夹带易燃、易爆、有毒、有腐蚀性、有放射性以及可能危及运输工具上人身和财产安全的危险物品或者违禁物品。

(6) 旅游者托运行李、包裹时,应对运输单上填写的各项声明、说明的正确性负责。

(7) 旅游者变更运输合同内容,必须符合有关规定。

8.2.2 承运人的权利和义务

1. 承运人的权利

(1) 承运人有权向旅游者收取客票购置费及行李、包裹的运费。旅游者不支付票款的,承运人可以拒绝运输。

(2) 承运人有权对旅游者进行安全检查及验票工作。如果旅游者拒绝安全检查,则承运人拒绝承运。对于违反政府法律、法令和交通部门规章的旅客,承运人应拒绝其乘坐交通工具。已购客票作废,票款不退。

(3) 承运人按照规定，有权对无票或持无效票者进行罚款。旅游者无票或持无效车票乘车时，应补交自乘车站起至所乘列车下车站止的票价。

(4) 承运人有权制止旅游者携带或托运国家法律、法规禁运限运的物品。旅游者违反前款规定的，承运人可以将危险物品或者违禁物品卸下、销毁或者送交有关部门。旅游者坚持携带或者夹带危险物品或者违禁物品的，承运人应当拒绝运输。

2. 承运人的义务

(1) 承运人须按合同向旅游者提供约定的交通工具。承运人应当按照有效客票记载的时间、班次和座位号运输旅游者。承运人迟延运输或者有其他不能正常运输情形的，应当及时告知和提醒旅游者，采取必要的安置措施，并根据旅游者的要求安排其改乘其他班次或者退票；由此造成旅游者损失的，承运人应当承担赔偿责任，但是不可归责于承运人的除外。

(2) 承运人应当严格履行安全运输义务，保证旅游者的生命、财产安全，及时告知旅游者安全运输应当注意的事项。

(3) 承运人须按规定给旅游者提供方便和服务。

(4) 承运人不得拒绝旅游者通常、合理的运输要求。

(5) 承运人应当在约定期限或者合理期限内将旅游者安全运输到约定地点。

(6) 承运人应当按照约定的或者通常的运输路线将旅游者运输到约定地点。

(7) 承运人擅自降低服务标准的，应当根据旅游者的请求退票或者减收票款；提高服务标准的，不得加收票款。

(8) 承运人在运输过程中应当尽力救助患有急病、分娩、遇险的旅游者。

(9) 承运人应当对运输过程中旅游者的伤亡承担赔偿责任；但是，伤亡是旅游者自身健康原因造成的或者承运人证明伤亡是旅游者故意、重大过失造成的除外。前款规定适用于按照规定免票、持优待票或者经承运人许可搭乘的无票旅游者。

(10) 在运输过程中旅游者随身携带物品毁损、灭失，承运人有过错的，应当承担赔偿责任。旅游者托运的行李毁损、灭失的，适用货物运输的有关规定。

8.3 旅游交通运输损害赔偿规定

8.3.1 航空运输承运人的责任及赔偿规定

1995 年 10 月 30 日，《中华人民共和国民用航空法》(以下简称《民用航空法》)由第八届全国人民代表大会常务委员会第十六次会议审议通过，自 1996 年 3 月 1 日实施。2021 年 4 月 29 日，第十三届全国人民代表大会常务委员会第二十八次会议作出修订。根据《民用航空法》第一百二十八条第一款规定："国内航空运输承运人的赔偿责任限额由国务院民用航空主管部门制定，报国务院批准后公布执行。"

1. 承运人承担责任的情形

(1) 因发生在民用航空器上或者在旅客上、下民用航空器过程中的事件，造成旅客人身伤亡的，承运人应承担责任；但如果旅客的人身伤亡是由于旅客本人的健康状况造成的，则承运人不承担责任。

(2) 因发生在民用航空器上或者在旅客上、下民用航空器过程中的事件，造成旅客随身携带物品毁灭、遗失或者损坏的，承运人应当承担责任；因发生在航空运输期间的事件，造成旅客的托运行李毁灭、遗失或者损坏的，承运人应当承担责任；但如果旅客随身携带物品或者托运行李的毁灭、遗失或者损坏完全是由于行李本身的自然属性、质量或者缺陷造成的，承运人不需承担责任。因发生在航空运输期间的事件，造成货物毁灭或者损坏的，承运人应当承担责任；但承运人证明货物的毁灭、遗失或者损坏完全是由于货物本身的自然属性、质量或者缺陷，或承运人或者其受雇人、代理人以外的人对货物包装不良，或由于战争或者武装冲突，或政府有关部门实施的与货物入境或者过境有关的行为造成的，承运人不需承担责任。

(3) 旅客、行李或者货物在航空运输中因延误造成的损失，承运人应当承担责任；但是，承运人证明本人或者其受雇人、代理人为了避免损失的发生，已经采取一切必要措施或者不可能采取此种措施的，不承担责任。

(4) 在旅客、行李运输中，经承运人证明，损失是由索赔人的过错造成或者促成的，应当根据造成或者促成此种损失的过错的程度，相应免除或者减轻承运人的责任。旅客以外的其他人就旅客死亡或者受伤提出赔偿请求时，经承运人证明，死亡或者受伤是旅客本人的过错造成或者促成的，同样应根据造成或促成此种损失的过错的程度，相应免除或减轻承运人的责任。在货物运输中，经承运人证明，损失是由索赔人或者代行权利人的过错造成或者促成的，应当根据造成或者促成此种损失的过错的程度，相应免除或者减轻承运人的责任。

2. 赔偿责任限额

(1) 国内航空运输承运人应当在下列规定的赔偿责任限额内，按照实际损害承担赔偿责任，但是《民用航空法》另有规定的除外。

① 对每名旅客的赔偿责任限额为 40 万元人民币。

② 对每名旅客随身携带物品的赔偿责任限额为 3000 元人民币。

③ 对旅客托运的行李和对运输的货物的赔偿责任限额，为每公斤 100 元人民币。

(2) 国际航空运输承运人的赔偿责任限额按照下列规定执行。

① 对每名旅客的赔偿责任限额为 16 600 计算单位；但是，旅客可以同承运人书面约定高于本项规定的赔偿责任限额。

② 对托运行李或者货物的赔偿责任限额，每公斤为 17 计算单位。旅客或者托运人在交运托运行李或者货物时，特别声明在目的地点交付时的利益，并在必要时支付附加费的，除承运人证明旅客或者托运人声明的金额高于托运行李或者货物在目的地点交付时的实际利益外，承运人应当在声明金额范围内承担责任。托运行李或者货物的一部分或者托运行李、货物中的任何物件毁灭、遗失、损坏或者延误的，用以确定承运人赔偿责任限额的重量，仅为该一包件或者数包件的总重量；但是，因托运行李或者货物的一部分或者托运行李、货物中的任何物件的毁灭、遗失、损坏或者延误，影响同一份行李票或者同一份航空货运单所列其他包件的价值的，确定承运人的赔偿责任限额时，此种包件的总重量也应当考虑在内。

③ 对每名旅客随身携带的物品的赔偿责任限额为 332 计算单位。

3. 航空运输的诉讼时效

航空运输的诉讼时效期间为两年，自民用航空器到达目的地点、应当到达目的地点或者运输终止之日起计算。

8.3.2　国内铁路运输承运人的法律责任

1990 年 9 月 7 日，《中华人民共和国铁路法》(以下简称《铁路法》)由第七届全国人民代表大会常务委员会第十五次会议通过，分别于 2009 年 8 月 27 日、2015 年 4 月 24 日作出修正。

1. 赔偿责任范围

铁路运输企业应当保证旅客和货物运输的安全，做到列车正点到达。铁路运输企业应当保证旅客按车票载明的日期、车次乘车，并到达目的站。因铁路运输企业的责任造成旅客不能按车票载明的日期、车次乘车的，铁路运输企业应当按照旅客的要求，退还全部票款或者安排改乘到达相同目的站的其他列车。

铁路运输企业应当对承运的货物、包裹、行李自接受承运时起到交付时止发生的灭失、短少、变质、污染或者损坏，承担赔偿责任，分以下三种情况：托运人或者旅客根据自愿申请办理保价运输的，按照实际损失赔偿，但最高不超过保价额；未按保价运输承运的，按照实际损失赔偿，但最高不超过国务院铁路主管部门规定的赔偿限额；如果损失是由于铁路运输企业的故意或者重大过失造成的，不适用赔偿限额的规定，按照实际损失赔偿。

由于下列原因造成的货物、包裹、行李损失的，铁路运输企业不承担赔偿责任。

(1) 不可抗力。

(2) 货物或者包裹、行李中的物品本身的自然属性，或者合理损耗。

(3) 托运人、收货人或者旅客的过错。

2. 逾期交付的责任

铁路运输企业应当按照合同约定的期限或者国务院铁路主管部门规定的期限，将货物、包裹、行李运到目的站；逾期运到的，铁路运输企业应当支付违约金；铁路运输企业逾期 30 日仍未将货物、包裹、行李交付收货人或者旅客的，托运人、收货人或者旅客有权按货物、包裹、行李灭失向铁路运输企业要求赔偿。

货物、包裹、行李逾期交付，如果是因铁路逾期运到造成的，由铁路运输企业支付逾期违约金；如果是因收货人或旅客逾期领取造成的，由收货人或旅客支付保管费；既因逾期运到又因收货人或者旅客逾期领取造成的，由双方各自承担相应的责任。

铁路逾期运到并且发生损失时，铁路运输企业除支付逾期违约金外，还应当赔偿损失。对收货人或者旅客逾期领取，铁路运输企业在代保管期间因保管不当造成损失的，由铁路运输企业赔偿。

3. 误交付的责任

货物、包裹、行李误交付(包括被第三者冒领造成的误交付)，铁路运输企业查找超过运

到期限的，由铁路运输企业支付逾期违约金。不能交付的，或者交付时有损失的，由铁路运输企业赔偿。铁路运输企业赔付后，再向有责任的第三者追偿。

铁路运输企业赔付后又找回丢失、被盗、冒领、逾期等按灭失处理的货物、包裹、行李的，在通知托运人、收货人或者旅客退还赔款领回原物的期限届满后仍无人领取的，适用《铁路法》第二十二条规定按无主货物处理。铁路运输企业未通知托运人、收货人或者旅客而自行处理找回的货物、包裹、行李的，由铁路运输企业赔偿实际损失与已付赔款差额。

4. 代办运输货物损失的赔偿

代办运输的货物在铁路运输中发生损失，对代办运输企业接受托运人的委托以自己的名义与铁路运输企业签订运输合同托运或者领取货物的，如委托人依据委托合同要求代办运输企业向铁路运输企业索赔的，应予支持。对代办运输企业未及时索赔而超过运输合同索赔时效的，代办运输企业应当赔偿。

5. 人身伤亡和自带行李损失的赔偿限额

1994年8月30日，铁道部发布了《铁路旅客运输损害赔偿规定》。铁路运输企业依照本规定应当承担赔偿责任的，对每名旅客人身伤亡的赔偿责任限额为40 000元人民币，自带行李损失的赔偿责任限额为800元人民币。铁路运输企业和旅客可以书面约定高于前款规定的赔偿责任限额。

由于不可抗力或者旅客自身原因造成人身伤亡和自带行李损失的，铁路运输企业不承担赔偿责任。

6. 铁路旅客运送责任期间

铁路运输企业对旅客运送的责任期间自旅客持有效车票进站时起到旅客出站或者应当出站时止，不包括旅客在候车室内的期间。

案例分析

2019年，杨某乘火车从嵩山少林寺返回。列车停靠站台后，当杨某携带行李沿步梯下车时，列车突然启动前行，致使杨某落入列车和站台间的夹缝中。列车员急忙阻止其他旅客下车，并拉下紧急制动。列车在行驶了100余米后停下，尾车末端距离杨某坠车地点已有十几米。杨某左腿膝盖10厘米以下被轧断，右脚也严重受伤，事后医院为其实施了左小腿及右脚掌截肢手术。杨某因此到当地法院提起诉讼，要求铁路运输部门承担责任，进行经济赔偿。

资料来源：佚名. 旅游交通案例[EB/OL]. (2016-09-12)[2021-10-10]. https://wenku.baidu.com/view/e15780 d885254b35eefdc8d376eeaeaad1f31632.html.

问题

在本案例中，铁路运输部门对杨某的伤残有无责任？为什么？

7. 旅客伤亡的保险责任与运输责任

在铁路旅客运送责任期间发生旅客伤亡，属于《铁路旅客意外伤害强制保险条例》规定的保险责任范围的，铁路运输企业支付保险金后，对旅客伤亡不属于铁路运输企业免责范围的，铁路运输企业还应当支付赔偿金。

8. 第三者责任造成旅客伤亡的赔偿

铁路旅客运送期间因第三人侵权造成旅客人身损害的，由实施侵权行为的第三人承担赔偿责任。铁路运输企业有过错的，应当在能够防止或者制止损害的范围内承担相应的补充赔偿责任。铁路运输企业承担赔偿责任后，有权向第三人追偿。

车外第三人投掷石块等击打列车造成车内旅客人身损害，赔偿权利人要求铁路运输企业先予赔偿的，人民法院应当予以支持。铁路运输企业赔付后，有权向第三人追偿。

9. 索赔时效

对承运中的货物、包裹、行李发生损失或者逾期，向铁路运输企业要求赔偿的请求权，时效期间适用《铁路旅客运输规程》规定的 180 日，自铁路运输企业交付的次日起计算；货物、包裹、行李全部灭失的，自运到期限届满后第 30 日的次日起计算。但对在此期间或者运到期限内已经确认灭失的，自铁路运输企业交给货运记录的次日起计算。

对旅客伤亡，向铁路企业要求赔偿的请求权，时效期间为 1 年。自到达旅行目的地的次日或者旅行中止的次日起计算。

8.4　旅游客运安全管理规定

旅游客运安全管理工作事关人民群众高品质出行需求，事关道路客运和旅游业高质量发展。2021 年 3 月，交通运输部办公厅、公安部办公厅、商务部办公厅、文化和旅游部办公厅、应急管理部办公厅、市场监督管理总局办公厅联合印发了《关于进一步加强和改进旅游客运安全管理工作的指导意见》(交办运〔2021〕6 号)。通过建立健全旅游客运协同监管机制，严格旅游客运事前、事中、事后全链条和旅行社、旅游包车企业等全要素安全监管，提高旅游客运源头治理、综合治理、精准治理水平，推动旅游客运安全生产形势持续向好，加快形成"正规社""正规导""正规车"市场格局，提升人民群众旅游出行获得感、幸福感和安全感。

8.4.1　规范开展市场准入

1. 规范道路客运市场主体登记管理

各地交通运输、市场监督管理部门要认真落实国务院关于"证照分离"的改革要求，做好企业注册登记和经营许可的衔接。各地市场监督管理部门要推进营业执照经营范围登记规范化，使用市场监督管理总局《经营范围登记规范表述目录(试行)》办理经营范围登记，对登记从事班车客运、包车客运、旅游客运、汽车客运、通勤客运、长途客运、公路客运、城乡客运等道路客运活动的，登记为"道路旅客运输经营"，并根据目录的更新情况进行相应调整。要切实履行"双告知"职责，对登记为"道路旅客运输经营"的，明确告知申请人应到交通运输主管部门依法办理道路客运经营许可，由申请人书面承诺在取得许可前不擅自从事相关经营活动，并将市场主体信息通过信息化手段推送或共享至同级交通运输主管部门。对于存量从事道路客运活动的市场主体，各地交通运输主管部门要明确信息查询口径，由市场监督管理部门按照查询口径提供相关市场主体信息。交通运输主管部门排查相关市场主体是否具备道路客运经营许可资质，对不具备许可资质的，要及时会同市场监督管理等部门通过政府网站等渠道向社会公开信息，提示相关市场主体依法办理道路客运经营许可后，方可开展相关经营活动。

2. 规范旅游客运许可管理

各地交通运输主管部门要会同文化和旅游、公安、市场监督管理部门根据本地区旅游业发展水平，加强对旅游客运市场供求状况及发展趋势的分析研判，认真执行《中华人民共和国道路运输条例》《道路旅客运输及客运站管理规定》关于在审查客运申请时应当考虑客运市场的供求状况、普遍服务和方便群众等因素的要求，完善包车客运运力投放规则，规范旅游客运企业、包车客运企业(以下统称旅游包车企业)及旅游客运、包车客运车辆(以下统称旅游包车)市场准入，确保准入管理公平、公正、公开，维护公平竞争、优胜劣汰的良好市场秩序。对依法取得道路客运经营许可资质的市场主体，交通运输主管部门要及时将相关许可信息交换至市场监督管理部门，由市场监督管理部门通过国家企业信用信息公示系统归集于市场主体名下，并向社会公示。对未取得相应经营许可、擅自从事客运经营(以下统称非法营运)的市场主体，交通运输主管部门要依法查处并责令停止经营，情节严重的，提请市场监督管理部门依法吊销其营业执照。

3. 规范客车使用性质登记管理

各地交通运输、公安部门要建立客运企业和车辆信息比对核查机制，共享道路客运经营资质、车辆使用性质信息。部级层面要加快推动相关管理系统对接，实现信息共享，为协同监管提供支撑。已实现信息联网等核查机制的，机动车所有人在申请机动车使用性质登记为公路客运、旅游客运时，公安机关要核对交通运输主管部门提供的道路客运经营资质信息和车辆使用性质信息。各地公安机关要梳理登记为公路客运、旅游客运的存量机动车信息，通报同级交通运输主管部门，交通运输主管部门排查是否办理道路运输证，对未办理道路运输证且不符合办理条件的，告知机动车所有人办理车辆使用性质变更。公安机关根据机动车所有人申请，按规定将行驶证使用性质变更为"非营运"。

8.4.2 强化事中事后监管

1. 严格旅游包车和团组监管

各地文化和旅游、交通运输部门要分别督促旅行社、旅游包车企业在包租车辆环节，通过查阅有关证照材料、登录互联网道路运输便民政务服务系统和旅游监管服务平台校验等方式，查验旅游包车企业、车辆、驾驶员和旅行社、导游资质资格。各地文化和旅游部门要全面推行旅行社用车"五不租"制度，即不租用未取得相应客运经营许可的经营者车辆、未持有效道路运输证的车辆、未安装卫星定位装置的车辆、未投保承运人责任险的车辆、未签订包车合同的车辆，要推进跨省旅游团组电子行程单制度。交通运输、文化和旅游部门要建立健全衔接机制，推动实现旅游包车客运标志牌(以下简称包车牌)和旅游团组行程单信息共享比对，运用"电子围栏"等技术强化旅游包车和旅游团组精准监管。鼓励具备条件的地区通过设立集中办公场所、打通相关信息化系统等方式，为旅行社和旅游包车企业建立合作平台，促进双方高效对接、良性互动、合法经营、规范服务，加快形成"正规社""正规导""正规车"市场格局。

2. 强化旅游客运监管执法

各地交通运输、公安、文化和旅游部门要强化节假日、旅游旺季等重点时段，旅游集散中心、旅游景区(点)等重点区域的旅游客运监督管理，加强执法协作和违法行为移送，从严查处各类违法行为。交通运输主管部门要从严查处破坏卫星定位装置以及恶意人为干扰、屏蔽卫星定位装置信号、旅游包车线路两端均不在车籍所在地、未持有效包车牌运行、招揽包车合同外的旅客乘车等违法行为。公安机关要从严查处驾驶员疲劳驾驶、超速、超员、行车中使用手机、不按规定使用安全带等道路交通违法行为，积极探索利用旅游包车动态监控平台记录信息查处疲劳驾驶等违法行为，并加强旅游集散中心巡逻防控，严厉打击涉旅犯罪行为，维护旅游治安秩序。文化和旅游部门要依法查处未经许可经营旅行社业务、出租或者出借旅行社业务经营许可证、未取得导游证从事导游活动、向无相应许可资质的客运企业等不合格供应商订购产品和服务等违法行为。

3. 打击旅游客运非法营运

各地交通运输主管部门要结合日常监督检查和社会举报，对本地无道路运输证的大中型客车、频繁出入本地的外地大中型客车实施重点监管，依法从严查处非法营运。要加强有关客运服务网络平台的监督管理，对接入无合法资质资格的企业、车辆和驾驶员非法经营的，依法严肃查处。对查处的存在非法营运等违法行为外地客运车辆，查处地交通运输主管部门要及时通报车籍地同级管理部门，车籍地有关管理部门要及时依法严肃处理。各省级交通运输主管部门要按照交通运输部相关部署，及时向全国道路运政管理信息系统上传省际包车客运业务备案信息，交通运输部依托互联网道路运输便民政务服务系统开放省际包车牌信息核验功能，为地方相关部门联合打击旅游客运非法经营提供技术支持。公安机关在执勤执法中发现旅游包车涉嫌非法营运或者破坏卫星定位装置以及恶意人为干扰、屏蔽卫星定位装置信号的，要及时移送交通运输主管部门依法处理。

4. 严格旅游客运车辆全周期管理

各地市场监管、公安、交通运输部门要联合加强对相关检验检测机构的监督指导，督促严格按照国家有关技术标准开展旅游包车检验检测工作。各地交通运输、公安等部门要督促旅游包车企业严格执行客车强制报废标准规定，对达到报废标准的客车，交通运输主管部门要收回道路运输证，公安机关要依法办理注销登记手续。对距报废年限 1 年以内的大客车，按规定不得改变使用性质、转移所有权或者转出登记地所属地市级行政区域。各地商务部门要加强报废机动车回收拆解企业管理，会同公安、市场监管等部门依法查处非法拆解活动。各地市场监督管理部门要加强市场流通环节的关键零部件质量抽查，对发现的质量问题依法严肃查处。鼓励各地有关部门在当地人民政府统筹领导下，出台老旧客车淘汰更新政策，引导使用年限较长的旅游包车加快淘汰。

5. 严肃安全生产事故调查和隐患治理

各地应急管理、公安、交通运输、文化和旅游等部门要依法严格开展旅游客运有关事故调查，加强旅游客运安全生产事故原因全链条分析，督促旅行社、旅游包车企业等相关市场主体整改隐患、堵塞漏洞，依法严肃查处事故责任企业及其主要负责人、相关责任人，追究相关责任。要深化安全生产事故约谈工作，推动地方政府、相关部门和行业、企业落实各项整改措施。对发生安全生产责任事故或者存在重大安全隐患的旅行社、旅游包车企业，依法实施挂牌督办，督促及时消除安全隐患。依法将不具备安全条件的市场主体清退出旅行社和旅游包车市场。要加强信用监管，依法依规记录市场主体安全生产相关违法失信行为，通过国家企业信用信息公示系统、"信用交通"网站等渠道向社会公开相关行政处罚等信用信息，通过信用分级分类加强重点监管、精准监管，推动失信联合惩戒。

8.4.3 强化企业主体责任落实

1. 规范旅行社安全管理

各地文化和旅游部门要督促旅行社建立健全安全管理制度和应急预案，完善岗位安全生产责任、安全事故报告和处理等制度；选择具有合法运营资质、安全记录良好的地接社承接当地旅游服务，要求地接社使用具备相应资质的旅游包车企业和车辆；提前对旅游线路进行安全评估，合理安排时间和行驶路线，遇极端天气或者安全隐患路段，要及时与地接社、旅游包车企业沟通，合理变更旅游行程或者与游客商议解除合同；严格落实《旅行社行前说明服务规范》，把好旅游团队"组团关、行程关、落地关"，在旅游合同、宣传材料、行前说明会、行程途中对游客开展经常性的安全提醒。

2. 规范旅游包车企业安全管理

各地有关部门要依法依职督促旅游包车企业严格落实安全生产主体责任，对照《道路旅客运输企业安全管理规范》《道路运输车辆动态监督管理办法》，健全安全生产责任制，统一车辆技术管理、人员聘用管理、车辆调度、动态监控，规范签订包车合同，严禁旅游包车挂靠经营，坚决防止"以包代管""挂而不管"；在制订运输计划时严格遵守驾驶员配备、驾驶时间和休息时间等规定，保障驾驶员充足休息；建立健全旅游包车技术状况检查、维护制度，确保车辆关键部件及应急装置、安全设施等技术状况良好，确保安全带配备齐全有效，并落实驾驶员出车前、行车中、收车后车辆技术状况检查要求；加强动态监控人员管理，严格监控车辆行驶状况，及时发现、纠正和处理旅游包车违规行为和不安全驾驶行为；加强旅游包车非运营时段的管理，掌握车辆停放情况，严防从业人员在车辆报停期间私自招揽客运业务违法经营。

3. 强化游客出行安全告知

各地交通运输主管部门要督促旅游包车企业严格执行客运安全告知制度，在行车前通过驾驶员口头告知或者播放安全告知音像资料等方式，提醒旅客禁止携带违禁物品乘车、行车中按规定使用安全带，以及安全锤、安全出口、灭火器等应急安全设施的安装位置、使用方法等。各地文化和旅游部门要督促旅行社落实安全事项告知责任，在与游客订立旅游合同时，告知旅游活动中的安全注意事项，明确提示并约定严禁携带危害公共安全的违禁物品乘车等内容，并在行前说明会、行程中重申严禁携带违禁物品乘车、按规定使用安全带等注意事项。

4. 加强从业人员队伍建设

各地交通运输、文化和旅游部门要督促旅游包车企业、客运站经营者、旅行社等加强旅游包车驾驶员、安检人员、导游等关键岗位从业人员聘用管理和教育培训，对违法违规从业、安全隐患突出的从业人员，依法依规开展脱岗培训或者调离关键岗位。要督促相关经营者聚焦典型事故案例、安全生产相关法律法规和操作规程、应急处置、违禁物品识别处置等方面，开展常态化、针对性培训；针对非定线旅游客运特点，强化行驶路线规划、不良天气和复杂路况条件下安全驾驶技能培训，持续提升从业人员安全素质；关注旅游包车驾驶员身心健康状况，发现不适应驾驶工作的，应及时调整工作安排。

8.4.4 强化政府和社会共治

1. 深化部门协同

各地有关部门要提高思想认识，树立"一盘棋"思想，加强部门协同，形成工作合力，建立健全联合会商、联合约谈、执法协作、信息共享、线索移送、行刑衔接等工作机制，加快形成"权责一致、分工负责、同频共振、综合治理"的旅游客运安全管理格局。

2. 完善保障措施

各地有关部门要结合落实全国安全生产专项整治 3 年行动，积极推动旅游客运安全管理工作纳入地方政府年度工作重点，强化人力、物力和财力保障，强化督促指导和责任考核，确保各项工作任务完成到位。

3. 加强宣传引导

各地有关部门要在客运场站、旅游场所、旅行社办公场所，利用广播、电视、新媒体等渠道，加强社会宣传，引导游客提升安全文明出行、防范应对公共安全事件的意识和技能，自觉选择合法旅行社和旅游包车、规范使用安全带、禁止携带违禁物品乘车。充分发挥政务服务热线作用，强化社会监督。要指导道路运输、旅游等相关行业协会加强行业自律，引导市场主体守法诚信经营，坚决抵制侵害旅客、游客合法权益的各类行为。

本章小结

　　《旅游法》规定，政府要无偿提供交通信息，政府要配套建设旅游客运专线，景区内旅游交通收费实行政府定价，旅游交通经营者要按照合同约定履行义务，旅游交通经营者要遵守道路客运安全管理规定，景区将旅游交通交由他人经营的要承担连带责任，旅游交通要实施责任保险制度，旅游交通经营者要依法承担赔偿责任。

关键术语

　　旅游交通　　旅游交通运输合同　　旅游交通运输损害赔偿

知识链接

　　1. 中国法制出版社. 中华人民共和国旅游法[M]. 北京：中国法制出版社，2018.

　　2. 全国人民代表大会常务委员会. 中华人民共和国民用航空法[EB/OL]. (2021-04-29) [2021-06-25]. http://www.faxin.cn/lib/Zyfl/ZyflContent.aspx?gid=A301956&userinput=中华人民共和国航空法.

　　3. 国务院. 国内航空运输承运人赔偿责任限额规定[EB/OL]. (2006-02-28)[2021-06-25]. http://www.faxin.cn/lib/Zyfl/ZyflContent.aspx?gid=A102697&userinput=国内航空运输承运人赔偿责任限额规定.

　　4. 全国人民代表大会常务委员会. 中华人民共和国铁路法[EB/OL]. (2015-04-24) [2021-06-25]. http://www.faxin.cn/lib/Zyfl/ZyflContent.aspx?gid=A232704&userinput=中华人民共和国铁路法.

　　5. 国务院. 中华人民共和国道路运输条例[EB/OL]. (2019-03-02)[2021-06-25]. http://www.faxin.cn/lib/zyfl/ZyflContent.aspx?gid=A276363&libid=all&userinput=中华人民共和国道路运输条例.

　　6. 交通运输部. 国内水路运输管理规定[EB/OL]. (2020-02-24)[2021-06-25]. http://www.faxin.cn/lib/zyfl/ZyflContent.aspx?gid=A287717&libid=all&userinput=国内水路运输管理规定.

　　7. 全国人大常委会办公厅. 中华人民共和国民法典[M]. 北京：中国民主法制出版社，2020.

　　8. 交通运输部办公厅，公安部办公厅，商务部办公厅，等. 关于进一步加强和改进旅游客运安全管理工作的指导意见[EB/OL]. (2020-01-13)[2021-06-25]. http://www.faxin.cn/lib/Zyfl/ZyflContent.aspx?gid=A297358&userinput=关于进一步加强和改进旅游客运安全管理工作的指导意见.

课后习题

一、不定项选择题

1. 铁路运输企业对每名旅客人身伤亡的赔偿责任限额为(　)人民币。
   A. 2 万元　　　　　　　B. 3 万元　　　　　　　C. 4 万元　　　　　　　D. 5 万元

2. 国内航空运输承运人对每名旅客的赔偿责任限额为(　)人民币。
   A. 40 万元　　　　　　B. 60 万元　　　　　　C. 80 万元　　　　　　D. 100 万元

3. 《民用航空法》规定，国际航空运输承运人的赔偿责任限额为(　)。
   A. 对每名旅客的赔偿责任限额为 16600 计算单位，但是旅客可以同承运人书面约定高于本项规定的赔偿责任限额
   B. 对每名旅客的赔偿责任限额为 1660 计算单位，但是旅客可以同承运人书面约定高于本项规定的赔偿责任限额
   C. 对托运行李或者货物的赔偿责任限额，每公斤为 17 计算单位
   D. 对托运行李或者货物的赔偿责任限额，每公斤为 15 计算单位
   E. 对每名旅客随身携带的物品赔偿责任限额为 332 计算单位

二、判断题

1. 火车票约定持卧铺票的旅客，在开车 1 小时后还未到卧铺车厢时，列车长可将该卧铺另行出售。（　　）

2. 国家根据旅游活动的风险程度，对旅行社、住宿、旅游交通以及高风险旅游项目等经营者实施责任保险制度。（　　）

3. 铁路运输企业对旅客运送的责任期间自旅客持有效车票进站时起到旅客出站或者应当出站时止，不包括旅客在候车室内的期间。（　　）

三、思考题

1. 旅游交通承运人有哪些义务？
2. 作为旅游交通合同的主体，旅客有哪些权利？

四、案例分析题

案例 1

2019 年 5 月 12 日，广州市某旅游公司与某铁路部门订立了一份铁路货运合同，向湘潭市某批发市场发运一批旅游工艺品。合同订立后，铁路部门即按要求运货。在此期间，该旅游公司根据市场需要，意欲将这批工艺品由原到站改为怀化火车站，收货人由某批发市场改为某百货商场。经铁路部门同意，由某百货商场于 7 月 16 日接货。7 月 25 日，某批发市场持原领货凭证反复向货物始发站查询，得知该批货物已改发至怀化市。于是，该批发

市场有关人员向当地人民法院提起诉讼，要求领回旅游工艺品，并赔偿其经济损失。

资料来源：佚名. 旅游交通案例[EB/OL]. (2016-09-12)[2021-10-10]. https://wenku.baidu.com/view/e15780d885254b35eefdc8d376eeaeaad1f31632.html.

根据案例，分析下列问题：

批发市场的诉讼请求能否得到法院的支持？

案例 2

为了给刘大妈庆祝六十大寿，她的儿女带她乘飞机到桂林旅游。刘大妈平时非常注意锻炼身体，生活也比较有规律，身体一向很好。然而，在乘飞机途中，由于飞机发生剧烈颠簸，刘大妈感到气短、胸闷并发虚汗，最后晕倒在机舱里。刘大妈的儿女急忙喊来医务人员，但由于刘大妈患的是突发性心脏病，病情比较急，经抢救无效而死亡。刘大妈的儿女悲痛欲绝。他们认为飞机在飞行中突然发生剧烈颠簸是导致其母亲死亡的直接原因，因此要求航空公司赔偿 20 万元人民币。

资料来源：佚名. 旅游交通案例[EB/OL]. (2016-09-12)[2021-10-10]. https://wenku.baidu.com/view/e15780d885254b35eefdc8d376eeaeaad1f31632.html.

根据案例，分析下列问题：

1. 刘大妈在飞机上死亡与航空公司是否有关？
2. 在本案例中，刘大妈的儿女能拿到航空公司 20 万元的赔偿金吗？

第9章 食品安全管理法规

知识目标	技能目标
① 了解食品安全风险监测制度； ② 了解食品安全风险评估制度； ③ 了解食品安全标准制度； ④ 了解食品生产经营相关制度； ⑤ 了解食品检验制度； ⑥ 掌握食品安全事故处置程序	① 熟悉食品安全保障法律制度； ② 了解食品安全的相关法律责任； ③ 掌握食品安全事故处理程序

 **导入案例**

三亚上百人食物中毒案涉事酒店被取消五星资格

2012 年 8 月 12 日，部分游客在海南省三亚市某五星级度假酒店食用早餐后，陆续出现发热、呕吐、腹痛、腹泻等症状。截至 8 月 13 日 20 时，先后有 141 名游客到医院就诊，其中 113 人住院治疗。截至 8 月 21 日 18 时，所有患者康复出院，无重症及死亡病例。

事件发生后，海南省食品药品监督管理局、三亚市食品药品监督管理局立即采取有效措施，迅速开展事件应急处置工作。8 月 13 日，三亚市食品药品监督管理局对酒店的厨房、食品用具、食品原料及相关食品实施查封，责令该酒店西餐厅从即日起停业。

根据流行病学调查及实验室检测结果，疾病预防控制部门判定此次事件为都柏林沙门氏菌引起的细菌性食物中毒。三亚市食品药品监督管理局调查取证认定该酒店的行为违反了《食品安全法》第二十八条第二款规定。

根据《食品安全法》第八十五条第二款规定，三亚市食品药品监督管理局于 8 月 18 日依法对该酒店作出行政处罚决定，没收其可疑食品蛋炒饭的食品原料，即鸡蛋、香米、冷冻什锦菜粒等；没收违法所得 61 800 元；处以货值 10 倍(最高处罚倍数)的罚款，罚款 618 000 元(以上两项罚没款共计 679 800 元)。

资料来源：贾兴鹏. 三亚上百人食物中毒案涉事酒店被取消五星资格[EB/OL]. (2012-08-27)[2021-10-12]. https://news.qq.com/a/20120827/001185.htm.

根据案例，思考下列问题：

1. 何谓食品安全？

2. 为确保食品安全，《食品安全法》对食品生产经营规定了哪些管理制度？

3. 一旦发生食品安全事故，应该如何处理？

食品是指各种供人食用或者饮用的成品和原料，以及按照传统既是食品又是中药材的物品，但是不包括以治疗为目的的物品。我国高度重视食品安全，早在 1995 年就颁布了《中华人民共和国食品卫生法》。在此基础上，2009 年 2 月 28 日，第十一届全国人民代表大会常务委员会第七次会议通过了《中华人民共和国食品安全法》(以下简称《食品安全法》)。

2015 年 4 月 24 日，第十二届全国人民代表大会常务委员会第十四次会议修订了《食品安全法》；2018 年 12 月 29 日，根据第十三届全国人民代表大会常务委员会第七次会议《关于修改〈中华人民共和国产品质量法〉等五部法律的决定》，再次修订《食品安全法》；2021 年 4 月 29 日，第十三届全国人民代表大会常务委员会第二十八次会议修订了《食品安全法》。

食品安全是指食品无毒、无害，符合应当有的营养要求，对人体健康不造成任何急性、亚急性或者慢性危害。食品安全工作实行"预防为主、风险管理、全程控制、社会共治"的原则，建立科学、严格的监督管理制度。

9.1 食品安全监管机构

9.1.1 国务院食品安全监管机构

国务院设立了食品安全委员会，作为国务院食品安全工作的高层次议事协调机构。它的主要职责是分析食品安全形势，研究部署、统筹指导食品安全工作；提出食品安全监管的重大政策措施；督促落实食品安全监管责任。

国务院食品安全监督管理部门依照《食品安全法》和国务院规定的职责，对食品生产经营活动实施监督管理。

国务院卫生行政部门依照《食品安全法》和国务院规定的职责，组织开展食品安全风险监测和风险评估，会同国务院食品安全监督管理部门制定并公布食品安全国家标准。

国务院其他有关部门依照《食品安全法》和国务院规定的职责，承担有关食品安全工作。

9.1.2 县级以上食品安全监管机构

各级人民政府应当加强食品安全的宣传教育，普及食品安全知识，鼓励社会组织、基层群众性自治组织、食品生产经营者开展食品安全法律、法规，以及食品安全标准和知识的普及工作，倡导健康的饮食方式，增强消费者食品安全意识和自我保护能力。

县级以上地方人民政府对本行政区域的食品安全监督管理工作负责，统一领导、组织、协调本行政区域的食品安全监督管理工作以及食品安全突发事件应对工作，建立健全食品安全全程监督管理工作机制和信息共享机制。

县级以上地方人民政府依照《食品安全法》和国务院的规定，确定本级食品安全监督管理、卫生行政部门和其他有关部门的职责。有关部门在各自职责范围内负责本行政区域的食品安全监督管理工作。

县级人民政府食品安全监督管理部门可以在乡镇或者特定区域设立派出机构。

9.1.3 行业协会

食品行业协会应当加强行业自律，按照章程建立健全行业规范和奖惩机制，提供食品安全信息、技术等服务，引导和督促食品生产经营者依法生产经营，推动行业诚信建设，宣传、普及食品安全知识。

消费者协会和其他消费者组织对违反《食品安全法》规定，损害消费者合法权益的行为，依法进行社会监督。

9.1.4 新闻媒体

新闻媒体应当开展食品安全法律、法规以及食品安全标准和知识的公益宣传，并对食品安全违法行为进行舆论监督。有关食品安全的宣传报道应当真实、公正。

9.2 食品安全风险监测制度

国家建立食品安全风险监测制度，对食源性疾病、食品污染以及食品中的有害因素进行监测。

9.2.1 食品安全风险监测计划

国务院卫生行政部门会同国务院食品安全监督管理等部门，制定、实施国家食品安全风险监测计划。

国务院食品安全监督管理部门和其他有关部门获知有关食品安全风险信息后，应当立即核实并向国务院卫生行政部门通报。对有关部门通报的食品安全风险信息以及医疗机构报告的食源性疾病等有关疾病信息，国务院卫生行政部门应当会同国务院有关部门分析研究，认为必要的，及时调整国家食品安全风险监测计划。

省、自治区、直辖市人民政府卫生行政部门会同同级食品安全监督管理等部门，根据国家食品安全风险监测计划，结合本行政区域的具体情况，制定、调整本行政区域的食品安全风险监测方案，报国务院卫生行政部门备案并实施。

9.2.2 食品安全风险监测的实施

承担食品安全风险监测工作的技术机构应当根据食品安全风险监测计划和监测方案开展监测工作，保证监测数据真实、准确，并按照食品安全风险监测计划和监测方案的要求报送监测数据和分析结果。食品安全风险监测工作人员有权进入相关食用农产品种植养殖、食品生产经营场所采集样品、收集相关数据。采集样品应当按照市场价格支付费用。

食品安全风险监测结果表明可能存在食品安全隐患的，县级以上人民政府卫生行政部门应当及时将相关信息通报同级食品安全监督管理等部门，并报告本级人民政府和上级人民政府卫生行政部门。食品安全监督管理等部门应当组织开展进一步调查。

9.3 食品安全风险评估制度

国家建立食品安全风险评估制度，运用科学方法，根据食品安全风险监测信息、科学数据以及有关信息，对食品、食品添加剂、食品相关产品中的生物性、化学性和物理性危

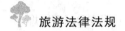

害因素进行风险评估。

9.3.1 食品安全风险评估机构

国务院卫生行政部门负责组织食品安全风险评估工作，成立由医学、农业、食品、营养、生物、环境等方面的专家组成的食品安全风险评估专家委员会进行食品安全风险评估。

对农药、肥料、兽药、饲料和饲料添加剂等的安全性评估，应当有食品安全风险评估专家委员会的专家参加。

9.3.2 需要进行食品安全风险评估的情形

有下列情形之一的，应当进行食品安全风险评估。

(1) 通过食品安全风险监测或者接到举报发现食品、食品添加剂、食品相关产品可能存在安全隐患的。

(2) 为制定或者修订食品安全国家标准提供科学依据需要进行风险评估的。

(3) 为确定监督管理的重点领域、重点品种需要进行风险评估的。

(4) 发现新的可能危害食品安全因素的。

(5) 需要判断某一因素是否构成食品安全隐患的。

(6) 国务院卫生行政部门认为需要进行风险评估的其他情形。

9.3.3 食品安全风险评估结果

食品安全风险评估结果由国务院卫生行政部门公布。国务院卫生行政、农业行政部门应当及时相互通报食品、食用农产品安全风险评估结果等信息。

食品安全风险评估结果是制定、修订食品安全标准和实施食品安全监督管理的科学依据。经食品安全风险评估，得出食品、食品添加剂、食品相关产品不安全结论的，国务院食品安全监督管理等部门应当依据各自职责立即向社会公告，告知消费者停止食用或者使用，并采取相应措施，确保该食品、食品添加剂、食品相关产品停止生产经营；需要制定、修订相关食品安全国家标准的，国务院卫生行政部门应当会同国务院食品安全监督管理部门立即制定、修订。

国务院食品安全监督管理部门应当会同国务院有关部门，根据食品安全风险评估结果、食品安全监督管理信息，对食品安全状况进行综合分析。对经综合分析表明可能具有较高程度安全风险的食品，国务院食品安全监督管理部门应当及时提出食品安全风险警示，并向社会公布。

9.4 食品安全标准制度

食品安全标准是强制执行的标准。除食品安全标准外，不得制定其他食品强制性标准。

9.4.1　食品安全标准的内容

食品安全标准应当包括下列内容。

(1) 食品、食品添加剂、食品相关产品中的致病性微生物，农药残留、兽药残留、生物毒素、重金属等污染物质，以及其他危害人体健康物质的限量规定。

(2) 食品添加剂的品种、使用范围、用量。

(3) 专供婴幼儿和其他特定人群的主辅食品的营养成分要求。

(4) 对与卫生、营养等食品安全要求有关的标签、标志、说明书的要求。

(5) 食品生产经营过程的卫生要求。

(6) 与食品安全有关的质量要求。

(7) 与食品安全有关的食品检验方法与规程。

(8) 其他需要制定为食品安全标准的内容。

9.4.2　食品安全标准的制定

食品安全国家标准由国务院卫生行政部门会同国务院食品安全监督管理部门制定、公布，国务院标准化行政部门提供国家标准编号。

食品中农药残留、兽药残留的限量规定及其检验方法与规程由国务院卫生行政部门、国务院农业行政部门会同国务院食品安全监督管理部门制定。

屠宰畜、禽的检验规程由国务院农业行政部门会同国务院卫生行政部门制定。

制定食品安全国家标准，应当依据食品安全风险评估结果并充分考虑食用农产品安全风险评估结果，参照相关的国际标准和国际食品安全风险评估结果，并将食品安全国家标准草案向社会公布，广泛听取食品生产经营者、消费者、有关部门等方面的意见。

对地方特色食品，没有食品安全国家标准的，省、自治区、直辖市人民政府卫生行政部门可以制定并公布食品安全地方标准，报国务院卫生行政部门备案。食品安全国家标准制定后，该地方标准即行废止。

国家鼓励食品生产企业制定严于食品安全国家标准或者地方标准的企业标准，在本企业适用，并报省、自治区、直辖市人民政府卫生行政部门备案。

9.5　食品生产经营

9.5.1　食品生产经营必须达到的要求

食品生产经营应当符合食品安全标准，并符合下列要求。

(1) 具有与生产经营的食品品种、数量相适应的食品原料处理和食品加工、包装、贮存等场所，保持该场所环境整洁，并与有毒、有害场所以及其他污染源保持规定的距离。

(2) 具有与生产经营的食品品种、数量相适应的生产经营设备或者设施，有相应的消毒、更衣、盥洗、采光、照明、通风、防腐、防尘、防蝇、防鼠、防虫、洗涤，以及处理废水、存放垃圾和废弃物的设备或者设施。

(3) 有专职或者兼职的食品安全专业技术人员、食品安全管理人员和保证食品安全的规章制度。

(4) 具有合理的设备布局和工艺流程，防止待加工食品与直接入口食品、原料与成品交叉污染，避免食品接触有毒物、不洁物。

(5) 餐具、饮具和盛放直接入口食品的容器，使用前应当洗净、消毒，炊具、用具用后应当洗净，保持清洁。

(6) 贮存、运输和装卸食品的容器、工具和设备应当安全、无害，保持清洁，防止食品污染，并符合保证食品安全所需的温度、湿度等特殊要求，不得将食品与有毒、有害物品一同贮存、运输。

(7) 直接入口的食品应当使用无毒、清洁的包装材料、餐具、饮具和容器。

(8) 食品生产经营人员应当保持个人卫生，生产经营食品时，应当将手洗净，穿戴清洁的工作衣、帽等；销售无包装的直接入口食品时，应当使用无毒、清洁的容器、售货工具和设备。

(9) 用水应当符合国家规定的生活饮用水卫生标准。

(10) 使用的洗涤剂、消毒剂应当对人体安全、无害。

(11) 法律、法规规定的其他要求。

9.5.2　禁止生产经营的食品

禁止生产经营下列食品、食品添加剂、食品相关产品。

(1) 用非食品原料生产的食品或者添加食品添加剂以外的化学物质和其他可能危害人体健康物质的食品，或者用回收食品作为原料生产的食品。

(2) 致病性微生物，农药残留、兽药残留、生物毒素、重金属等污染物质，以及其他危害人体健康的物质含量超过食品安全标准限量的食品、食品添加剂、食品相关产品。

(3) 用超过保质期的食品原料、食品添加剂生产的食品、食品添加剂。

(4) 超范围、超限量使用食品添加剂的食品。

(5) 营养成分不符合食品安全标准的专供婴幼儿和其他特定人群的主辅食品。

(6) 腐败变质、油脂酸败、霉变生虫、污秽不洁、混有异物、掺假掺杂或者感官性状异常的食品、食品添加剂。

(7) 病死、毒死或者死因不明的禽、畜、兽、水产动物肉类及其制品。

(8) 未按规定进行检疫或者检疫不合格的肉类，或者未经检验或者检验不合格的肉类制品。

(9) 被包装材料、容器、运输工具等污染的食品、食品添加剂。

(10) 标注虚假生产日期、保质期或者超过保质期的食品、食品添加剂。

(11) 无标签的预包装食品、食品添加剂。

(12) 国家为防病等特殊需要明令禁止生产经营的食品。

(13) 其他不符合法律、法规或者食品安全标准的食品、食品添加剂、食品相关产品。

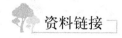

禁止生产经营的食品相关案例

2015 年 10 月，广东省连州市红楼宾馆因加工经营超范围使用食品添加剂"日落黄"的"流沙包"60 个(货值 140 元)，被连州市食品药品监督管理局处以没收违法所得 140 元、罚款 5 万元的行政处罚。

2015 年 11 月，河北省唐山润良商贸有限公司因销售超过保质期的虾仁等食品(货值 16 524.33 元，违法所得 2445.53 元)，被河北省食品药品监督管理局处以没收违法所得 2445.53 元、没收违法经营的食品、罚款 198 291.96 元(货值 12 倍)的行政处罚。

2015 年 10 月，浙江省绍兴镜湖十里荷塘休闲农庄因销售 3 瓶超过保质期的黄酒(销售金额 84 元)，并使用超过保质期的大红浙醋，被浙江省绍兴市越城区食品药品监督管理部门处以没收违法所得 84 元、没收超过保质期大红浙醋 1 瓶、罚款 5 万元的行政处罚。

资料来源：佚名. 连州市红楼宾馆加工经营超范围使用食品添加剂食品等案件[EB/OL]. (2016-09-26) [2021-10-12]. http://www.quanzhou.gov.cn/zfb/xxgk/ztxxgk/spypaq/dxaj/201609/t20160926_377382.htm.

9.5.3 食品生产经营许可制度

国家对食品生产经营实行许可制度。从事食品生产、食品销售、餐饮服务，应当依法取得许可。但是，销售食用农产品，不需要取得许可。

县级以上地方人民政府食品安全监督管理部门应当依照《中华人民共和国行政许可法》的规定，审核申请人提交的规定要求的相关资料，必要时对申请人的生产经营场所进行现场核查；对符合规定条件的，准予许可；对不符合规定条件的，不予许可并书面说明理由。

利用新的食品原料生产食品，或者生产食品添加剂新品种、食品相关产品新品种，应当向国务院卫生行政部门提交相关产品的安全性评估材料。国务院卫生行政部门应当自收到申请之日起 60 日内组织审查；对符合食品安全要求的，准予许可并公布；对不符合食品安全要求的，不予许可并书面说明理由。

国家对食品添加剂生产实行许可制度。从事食品添加剂生产，应当具有与所生产食品添加剂品种相适应的场所、生产设备或者设施、专业技术人员和管理制度，并依照规定的程序，取得食品添加剂生产许可。

对直接接触食品的包装材料等具有较高风险的食品相关产品，按照国家有关工业产品生产许可证管理的规定实施生产许可。质量监督部门应当加强对食品相关产品生产活动的监督管理。

9.5.4 食品安全全程追溯制度

国家建立食品安全全程追溯制度。食品生产经营者应当依照规定，建立食品安全追溯体系，保证食品可追溯。国家鼓励食品生产经营者采用信息化手段采集、留存生产经营信息，建立食品安全追溯体系。国务院食品安全监督管理部门会同国务院农业行政等有关部门建立食品安全全程追溯协作机制。

9.5.5　生产经营过程控制

1. 食品安全管理制度

食品生产经营企业应当建立健全食品安全管理制度，对职工进行食品安全知识培训，加强食品检验工作，依法从事生产经营活动。食品生产经营企业的主要负责人应当落实企业食品安全管理制度，对本企业的食品安全工作全面负责。食品生产经营企业应当配备食品安全管理人员，加强对其培训和考核。经考核不具备食品安全管理能力的，不得上岗。食品安全监督管理部门应当对企业食品安全管理人员随机进行监督抽查考核并公布考核情况。监督抽查考核不得收取费用。

2. 从业人员健康管理制度

食品生产经营者应当建立并执行从业人员健康管理制度。患有国务院卫生行政部门规定的有碍食品安全疾病的人员，不得从事接触直接入口食品的工作。从事接触直接入口食品工作的食品生产经营人员，应当每年进行健康检查，取得健康证明后方可上岗工作。

3. 食品安全自查制度

食品生产经营者应当建立食品安全自查制度，定期对食品安全状况进行检查评价。生产经营条件发生变化，不再符合食品安全要求的，食品生产经营者应当立即采取整改措施；有发生食品安全事故潜在风险的，应当立即停止食品生产经营活动，并向所在地县级人民政府食品安全监督管理部门报告。

4. 食品安全认证制度

国家鼓励食品生产经营企业符合良好生产规范要求，实施危害分析与关键控制点体系，提高食品安全管理水平。对通过良好生产规范、危害分析与关键控制点体系认证的食品生产经营企业，认证机构应当依法实施跟踪调查；对不再符合认证要求的企业，应当依法撤销认证，及时向县级以上人民政府食品安全监督管理部门通报，并向社会公布。认证机构实施跟踪调查不得收取费用。

5. 农业投入品安全使用制度

食用农产品生产者应当按照食品安全标准和国家有关规定使用农药、肥料、兽药、饲料和饲料添加剂等农业投入品，严格执行农业投入品使用安全间隔期或者休药期的规定，不得使用国家明令禁止的农业投入品。禁止将剧毒、高毒农药用于蔬菜、瓜果、茶叶和中草药材等国家规定的农作物。食用农产品的生产企业和农民专业合作经济组织应当建立农业投入品使用记录制度。县级以上人民政府农业行政部门应当加强对农业投入品使用的监督管理和指导，建立健全农业投入品安全使用制度。

6. 进货查验记录制度

食品生产者采购食品原料、食品添加剂、食品相关产品，应当查验供货者的许可证和产品合格证明；对无法提供合格证明的食品原料，应当按照食品安全标准进行检验；不得采购或者使用不符合食品安全标准的食品原料、食品添加剂、食品相关产品。食品生产企业应当建立食品原料、食品添加剂、食品相关产品进货查验记录制度，如实记录食品原料、食品添加剂、食品相关产品的名称、规格、数量、生产日期或者生产批号、保质期、进货日期以及供货者名称、地址、联系方式等内容，并保存相关凭证。记录和凭证保存期限不得少于产品保质期满后6个月；没有明确保质期的，保存期限不得少于两年。

7. 出厂检验记录制度

食品生产企业应当建立食品出厂检验记录制度，查验出厂食品的检验合格证和安全状况，如实记录食品的名称、规格、数量、生产日期或者生产批号、保质期、检验合格证号、销售日期以及购货者名称、地址、联系方式等内容，并保存相关凭证。记录和凭证保存期限应当符合《食品安全法》第五十条第二款的规定。食品、食品添加剂、食品相关产品的生产者，应当按照食品安全标准对所生产的食品、食品添加剂、食品相关产品进行检验，检验合格后方可出厂或者销售。

8. 食品销售记录制度

从事食品批发业务的经营企业应当建立食品销售记录制度，如实记录批发食品的名称、规格、数量、生产日期或者生产批号、保质期、销售日期以及购货者名称、地址、联系方式等内容，并保存相关凭证。记录和凭证保存期限应当符合相关规定。

9. 食品贮存安全制度

食品经营者应当按照保证食品安全的要求贮存食品，定期检查库存食品，及时清理变质或者超过保质期的食品。食品经营者贮存散装食品，应当在贮存位置标明食品的名称、生产日期或者生产批号、保质期、生产者名称及联系方式等内容。

10. 餐饮服务安全制度

餐饮服务提供者应当制定并实施原料控制要求，不得采购不符合食品安全标准的食品原料。倡导餐饮服务提供者公开加工过程，公示食品原料及其来源等信息。餐饮服务提供者在加工过程中应当检查待加工的食品及原料，发现有腐败变质、油脂酸败、霉变生虫、污秽不洁、混有异物、掺假掺杂或者感官性状异常的食品、食品添加剂，不得加工或者使用。餐饮服务提供者应当定期维护食品加工、贮存、陈列等设施、设备；定期清洗、校验保温设施及冷藏、冷冻设施。餐饮服务提供者应当按照要求对餐具、饮具进行清洗消毒，不得使用未经清洗消毒的餐具、饮具；餐饮服务提供者委托清洗消毒餐具、饮具的，应当委托符合《食品安全法》规定条件的餐具、饮具集中消毒服务单位。

学校、托幼机构、养老机构、建筑工地等集中用餐单位的食堂应当严格遵守法律、法规和食品安全标准；从供餐单位订餐的，应当从取得食品生产经营许可的企业订购，并按照要求对订购的食品进行查验。供餐单位应当严格遵守法律、法规和食品安全标准，当餐加工，确保食品安全。学校、托幼机构、养老机构、建筑工地等集中用餐单位的主管部门应当加强对集中用餐单位的食品安全教育和日常管理，降低食品安全风险，及时消除食品安全隐患。

餐具、饮具集中消毒服务单位应当具备相应的作业场所、清洗消毒设备或者设施,用水和使用的洗涤剂、消毒剂应当符合相关食品安全国家标准和其他国家标准、卫生规范。餐具、饮具集中消毒服务单位应当对消毒餐具、饮具进行逐批检验,检验合格后方可出厂,并应当随附消毒合格证明。消毒后的餐具、饮具应当在独立包装上标注单位名称、地址、联系方式、消毒日期以及使用期限等内容。

11. 交易平台安全管理制度

集中交易市场的开办者、柜台出租者和展销会举办者,应当依法审查入场食品经营者的许可证,明确其食品安全管理责任,定期对其经营环境和条件进行检查,发现其有违反《食品安全法》规定行为的,应当及时制止并立即报告所在地县级人民政府食品安全监督管理部门。

网络食品交易第三方平台提供者应当对入网食品经营者进行实名登记,明确其食品安全管理责任;依法应当取得许可证的,还应当审查其许可证。网络食品交易第三方平台提供者发现入网食品经营者有违反本法规定行为的,应当及时制止并立即报告所在地县级人民政府食品安全监督管理部门;发现严重违法行为的,应当立即停止提供网络交易平台服务。

12. 食品召回制度

国家建立食品召回制度。食品生产者发现其生产的食品不符合食品安全标准或者有证据证明可能危害人体健康的,应当立即停止生产,召回已经上市销售的食品,通知相关生产经营者和消费者,并记录召回和通知情况。

食品经营者发现其经营的食品有前款规定情形的,应当立即停止经营,通知相关生产经营者和消费者,并记录停止经营和通知情况。食品生产者认为应当召回的,应当立即召回。由于食品经营者的原因造成其经营的食品有前款规定情形的,食品经营者应当召回。

食品生产经营者应当对召回的食品采取无害化处理、销毁等措施,防止其再次流入市场。但是,对因标签、标志或者说明书不符合食品安全标准而被召回的食品,食品生产者在采取补救措施且能保证食品安全的情况下可以继续销售;销售时应当向消费者明示补救措施。

食品生产经营者应当将食品召回和处理情况向所在地县级人民政府食品安全监督管理部门报告;需要对召回的食品进行无害化处理、销毁的,应当提前报告时间、地点。食品安全监督管理部门认为必要的,可以实施现场监督。

食品生产经营者未依照规定召回或者停止经营的,县级以上人民政府食品安全监督管理部门可以责令其召回或者停止经营。

13. 食用农产品检查制度

食用农产品批发市场应当配备检验设备和检验人员或者委托符合《食品安全法》规定的食品检验机构,对进入该批发市场销售的食用农产品进行抽样检验;发现不符合食品安全标准的,应当要求销售者立即停止销售,并向食品安全监督管理部门报告。

食用农产品销售者应当建立食用农产品进货查验记录制度，如实记录食用农产品的名称、数量、进货日期以及供货者名称、地址、联系方式等内容，并保存相关凭证。记录和凭证保存期限不得少于6个月。

进入市场销售的食用农产品在包装、保鲜、贮存、运输中使用保鲜剂、防腐剂等食品添加剂和包装材料等食品相关产品，应当符合食品安全国家标准。

9.6 食品的标签、说明书和广告要求

9.6.1 标签要求

预包装食品的包装上应当有标签。标签应当标明下列事项：名称、规格、净含量、生产日期；成分或者配料表；生产者的名称、地址、联系方式；保质期；产品标准代号；贮存条件；所使用的食品添加剂在国家标准中的通用名称；生产许可证编号；法律、法规或者食品安全标准规定应当标明的其他事项。专供婴幼儿和其他特定人群的主辅食品，其标签还应当标明主要营养成分及其含量。食品安全国家标准对标签标注事项另有规定的，从其规定。

食品经营者销售散装食品，应当在散装食品的容器、外包装上标明食品的名称、生产日期或者生产批号、保质期以及生产经营者名称、地址、联系方式等内容。

生产经营转基因食品应当按照规定显著标示。

 案例分析

2015年5月，游客谢某、王某在某景区餐馆就餐时，发现餐馆提供的啤酒的封口与标签的生产日期不一致，遂向该餐馆提出疑问。该餐馆无法作出合理的解释，而且态度强硬。于是，两位游客向当地旅游行政管理部门投诉。当地旅游行政管理部门当即会同工商、卫生、质检等部门对该餐馆的啤酒进行查封。经检验，游客的举报属实。该批啤酒的生产日期均在2015年3月以前，而被拆封的184箱啤酒的生产日期最远被改到2015年7月。为此，当地旅游行政管理部门作出决定：一是责令餐馆停止违法行为，并对其行为处以罚款；二是公开向游客道歉，并给予赔偿。餐馆不服，认为其行为确有不当之处，但并没有给他人造成危害，因为啤酒的保质期限在半年左右，无论是其标注的日期还是使用的时间，均没有超过保质期。因此，只同意改正行为和赔礼道歉，不同意罚款和赔偿。

资料来源：佚名. 旅游相关行业法律制度[EB/OL]. (2018-04-07)[2021-10-12]. https://www.taodocs.com/p-120116268.html.

问题

餐馆的申辩是否合理？

9.6.2 说明书要求

食品添加剂应当有标签、说明书和包装。标签、说明书应当载明规定的事项，以及食

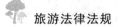

品添加剂的使用范围、用量、使用方法，并在标签上载明"食品添加剂"字样。

食品和食品添加剂的标签、说明书，不得含有虚假内容，不得涉及疾病预防、治疗功能。生产经营者对其提供的标签、说明书的内容负责。食品和食品添加剂的标签、说明书应当清楚、明显，生产日期、保质期等事项应当显著标注，容易辨识。食品和食品添加剂与其标签、说明书的内容不符的，不得上市销售。

9.6.3　广告要求

食品广告的内容应当真实合法，不得含有虚假内容，不得涉及疾病预防、治疗功能。食品生产经营者对食品广告内容的真实性、合法性负责。

县级以上人民政府食品安全监督管理部门和其他有关部门以及食品检验机构、食品行业协会不得以广告或者其他形式向消费者推荐食品。消费者组织不得以收取费用或者其他牟取利益的方式向消费者推荐食品。

9.7　特殊食品管理要求

国家对保健食品、特殊医学用途配方食品和婴幼儿配方食品等特殊食品实行严格监督管理。

9.7.1　保健食品

保健食品声称保健功能，应当具有科学依据，不得对人体产生急性、亚急性或者慢性危害。

保健食品原料目录和允许保健食品声称的保健功能目录，由国务院食品安全监督管理部门会同国务院卫生行政部门、国家中医药管理部门制定、调整并公布。保健食品原料目录应当包括原料名称、用量及其对应的功效；列入保健食品原料目录的原料只能用于保健食品生产，不得用于其他食品生产。

保健食品的标签、说明书不得涉及疾病预防、治疗功能，内容应当真实，与注册或者备案的内容相一致，载明适宜人群、不适宜人群、功效成分或者标志性成分及其含量等，并声明"本品不能代替药物"。保健食品的功能和成分应当与标签、说明书相一致。

保健食品广告除应当符合食品广告的规定外，还应当声明"本品不能代替药物"；其内容应当经生产企业所在地省、自治区、直辖市人民政府食品安全监督管理部门审查批准，取得保健食品广告批准文件。省、自治区、直辖市人民政府食品安全监督管理部门应当公布并及时更新已经批准的保健食品广告目录以及批准的广告内容。

9.7.2　特殊医学用途配方食品

特殊医学用途配方食品应当经国务院食品安全监督管理部门注册。注册时，应当提交产品配方、生产工艺、标签、说明书以及表明产品安全性、营养充足性和特殊医学用途临床效果的材料。特殊医学用途配方食品广告适用《广告法》和其他法律、行政法规关于药品广告管理的规定。

9.7.3　婴幼儿配方食品

婴幼儿配方食品生产企业应当实施从原料进厂到成品出厂的全过程质量控制，对出厂的婴幼儿配方食品实施逐批检验，保证食品安全。生产婴幼儿配方食品使用的生鲜乳、辅料等食品原料、食品添加剂等，应当符合法律、行政法规的规定和食品安全国家标准，保证婴幼儿生长发育所需的营养成分。婴幼儿配方食品生产企业应当将食品原料、食品添加剂、产品配方及标签等事项向省、自治区、直辖市人民政府食品安全监督管理部门备案。婴幼儿配方乳粉的产品配方应当经国务院食品安全监督管理部门注册。注册时，应当提交配方研发报告和其他表明配方科学性、安全性的材料。不得以分装方式生产婴幼儿配方乳粉，同一企业不得用同一配方生产不同品牌的婴幼儿配方乳粉。

9.8　食品检验制度

9.8.1　食品检验机构

食品检验机构按照国家有关认证认可的规定取得资质认定后，方可从事食品检验活动。食品检验机构的资质认定条件和检验规范，由国务院食品安全监督管理部门规定。

食品检验由食品检验机构指定的检验人独立进行。检验人应当依照有关法律、法规的规定，并按照食品安全标准和检验规范对食品进行检验，尊重科学，恪守职业道德，保证出具的检验数据和结论客观、公正，不得出具虚假检验报告。

9.8.2　食品检验责任人

食品检验实行食品检验机构与检验人负责制。食品检验报告应当加盖食品检验机构公章，并有检验人的签名或者盖章。食品检验机构和检验人对出具的食品检验报告负责。

9.8.3　食品抽样检验

县级以上人民政府食品安全监督管理部门应当对食品进行定期或者不定期的抽样检验，并依据有关规定公布检验结果，不得免检。进行抽样检验，应当购买抽取的样品，委托符合《食品安全法》规定的食品检验机构进行检验，并支付相关费用；不得向食品生产经营者收取检验费和其他费用。

对检验结论有异议的，食品生产经营者可以自收到检验结论之日起 7 个工作日内向实施抽样检验的食品安全监督管理部门或者其上一级食品安全监督管理部门提出复检申请，由受理复检申请的食品安全监督管理部门在公布的复检机构名录中随机确定复检机构进行复检。复检机构出具的复检结论为最终检验结论。复检机构与初检机构不得为同一机构。复检机构名录由国务院认证认可监督管理、食品安全监督管理、卫生行政、农业行政等部门共同公布。采用国家规定的快速检测方法对食用农产品进行抽查检测，被抽查人对检测结果有异议的，可以自收到检测结果时起 4 小时内申请复检。复检不得采用快速检测方法。

9.9 食品安全事故处置

9.9.1 食品安全事故应急预案

国务院组织制定国家食品安全事故应急预案。

县级以上地方人民政府应当根据有关法律、法规的规定和上级人民政府的食品安全事故应急预案以及本行政区域的实际情况，制定本行政区域的食品安全事故应急预案，并报上一级人民政府备案。

食品安全事故应急预案应当对食品安全事故分级、事故处置组织指挥体系与职责、预防预警机制、处置程序、应急保障措施等作出规定。

食品生产经营企业应当制定食品安全事故处置方案，定期检查本企业各项食品安全防范措施的落实情况，及时消除事故隐患。

9.9.2 食品安全事故处置程序

1. 立即报告

发生食品安全事故的单位应当立即采取措施，防止事故扩大。事故单位和接收病人进行治疗的单位应当及时向事故发生地县级人民政府食品安全监督管理、卫生行政部门报告。

县级以上人民政府质量监督、农业行政等部门在日常监督管理中发现食品安全事故或者接到事故举报，应当立即向同级食品安全监督管理部门通报。

发生食品安全事故，接到报告的县级人民政府食品安全监督管理部门应当按照应急预案的规定向本级人民政府和上级人民政府食品安全监督管理部门报告。县级人民政府和上级人民政府食品安全监督管理部门应当按照应急预案的规定上报。任何单位和个人不得对食品安全事故隐瞒、谎报、缓报，不得隐匿、伪造、毁灭有关证据。

医疗机构发现其接收的病人属于食源性疾病病人或者疑似病人的，应当按照规定及时将相关信息向所在地县级人民政府卫生行政部门报告。县级人民政府卫生行政部门认为与食品安全有关的，应当及时通报同级食品安全监督管理部门。

县级以上人民政府卫生行政部门在调查处理传染病或者其他突发公共卫生事件中发现与食品安全相关的信息，应当及时通报同级食品安全监督管理部门。

2. 事故处理

县级以上人民政府食品安全监督管理部门接到食品安全事故的报告后，应当立即会同同级卫生行政、质量监督、农业行政等部门进行调查处理，并采取下列措施，防止或者减轻社会危害：第一，开展应急救援工作，组织救治因食品安全事故导致人身伤害的人员。第二，封存可能导致食品安全事故的食品及其原料，并立即进行检验；对确认属于被污染的食品及其原料，责令食品生产经营者召回或者停止经营。第三，封存被污染的食品相关产品，并责令进行清洗消毒。第四，做好信息发布工作，依法对食品安全事故及其处理情况进行发布，并对可能产生的危害加以解释、说明。

发生食品安全事故需要启动应急预案的，县级以上人民政府应当立即成立事故处置指挥机构，启动应急预案，依照前款和应急预案的规定进行处置。

发生食品安全事故，县级以上疾病预防控制机构应当对事故现场进行卫生处理，并对与事故有关的因素开展流行病学调查，有关部门应当予以协助。县级以上疾病预防控制机构应当向同级食品安全监督管理、卫生行政部门提交流行病学调查报告。

3. 事故调查

发生食品安全事故，设区的市级以上人民政府食品安全监督管理部门应当立即会同有关部门进行事故责任调查，督促有关部门履行职责，向本级人民政府和上一级人民政府食品安全监督管理部门提出事故责任调查处理报告。

涉及两个以上省、自治区、直辖市的重大食品安全事故由国务院食品安全监督管理部门组织事故责任调查。

调查食品安全事故，应当坚持实事求是、尊重科学的原则，及时、准确查清事故性质和原因，认定事故责任，提出整改措施。调查食品安全事故，除了查明事故单位的责任，还应当查明有关监督管理部门、食品检验机构、认证机构及其工作人员的责任。

食品安全事故调查部门有权向有关单位和个人了解与事故有关的情况，并要求提供相关资料和样品。有关单位和个人应当予以配合，按照要求提供相关资料和样品，不得拒绝。任何单位和个人不得阻挠、干涉食品安全事故的调查处理。

9.10 法 律 责 任

本节主要是《食品安全法》关于法律责任的相关规定。

1. 未经许可私自从事食品生产经营活动

《食品安全法》第一百二十二条规定："违反本法规定，未取得食品生产经营许可从事食品生产经营活动，或者未取得食品添加剂生产许可从事食品添加剂生产活动的，由县级以上人民政府食品安全监督管理部门没收违法所得和违法生产经营的食品、食品添加剂以及用于违法生产经营的工具、设备、原料等物品；违法生产经营的食品、食品添加剂货值金额不足一万元的，并处五万元以上十万元以下罚款；货值金额一万元以上的，并处货值金额十倍以上二十倍以下罚款。

明知从事前款规定的违法行为，仍为其提供生产经营场所或者其他条件的，由县级以上人民政府食品安全监督管理部门责令停止违法行为，没收违法所得，并处五万元以上十万元以下罚款；使消费者的合法权益受到损害的，应当与食品、食品添加剂生产经营者承担连带责任。"

2. 生产经营不合格的食品

《食品安全法》第一百二十三条规定："违反本法规定，有下列情形之一，尚不构成犯罪的，由县级以上人民政府食品安全监督管理部门没收违法所得和违法生产经营的食品，并可以没收用于违法生产经营的工具、设备、原料等物品；违法生产经营的食品货值金额不足一万元的，并处十万元以上十五万元以下罚款；货值金额一万元以上的，并处货值金额十五倍以上三十倍以下罚款；情节严重的，吊销许可证，并可以由公安机关对其直接负责的主管人员和其他直接责任人员处五日以上十五日以下拘留：

（一）用非食品原料生产食品、在食品中添加食品添加剂以外的化学物质和其他可能危害人体健康的物质，或者用回收食品作为原料生产食品，或者经营上述食品；

（二）生产经营营养成分不符合食品安全标准的专供婴幼儿和其他特定人群的主辅食品；

（三）经营病死、毒死或者死因不明的禽、畜、兽、水产动物肉类，或者生产经营其制品；

（四）经营未按规定进行检疫或者检疫不合格的肉类，或者生产经营未经检验或者检验不合格的肉类制品；

（五）生产经营国家为防病等特殊需要明令禁止生产经营的食品；

（六）生产经营添加药品的食品。

明知从事前款规定的违法行为，仍为其提供生产经营场所或者其他条件的，由县级以上人民政府食品安全监督管理部门责令停止违法行为，没收违法所得，并处十万元以上二十万元以下罚款；使消费者的合法权益受到损害的，应当与食品生产经营者承担连带责任。

违法使用剧毒、高毒农药的，除依照有关法律、法规规定给予处罚外，可以由公安机关依照第一款规定给予拘留。"

《食品安全法》第一百二十四条规定："违反本法规定，有下列情形之一，尚不构成犯罪的，由县级以上人民政府食品安全监督管理部门没收违法所得和违法生产经营的食品、食品添加剂，并可以没收用于违法生产经营的工具、设备、原料等物品；违法生产经营的食品、食品添加剂货值金额不足一万元的，并处五万元以上十万元以下罚款；货值金额一万元以上的，并处货值金额十倍以上二十倍以下罚款；情节严重的，吊销许可证：

（一）生产经营致病性微生物，农药残留、兽药残留、生物毒素、重金属等污染物质以及其他危害人体健康的物质含量超过食品安全标准限量的食品、食品添加剂；

（二）用超过保质期的食品原料、食品添加剂生产食品、食品添加剂，或者经营上述食品、食品添加剂；

（三）生产经营超范围、超限量使用食品添加剂的食品；

（四）生产经营腐败变质、油脂酸败、霉变生虫、污秽不洁、混有异物、掺假掺杂或者感官性状异常的食品、食品添加剂；

（五）生产经营标注虚假生产日期、保质期或者超过保质期的食品、食品添加剂；

（六）生产经营未按规定注册的保健食品、特殊医学用途配方食品、婴幼儿配方乳粉，或者未按注册的产品配方、生产工艺等技术要求组织生产；

（七）以分装方式生产婴幼儿配方乳粉，或者同一企业以同一配方生产不同品牌的婴幼儿配方乳粉；

（八）利用新的食品原料生产食品，或者生产食品添加剂新品种，未通过安全性评估；

（九）食品生产经营者在食品安全监督管理部门责令其召回或者停止经营后，仍拒不召回或者停止经营。

除前款和本法第一百二十三条、第一百二十五条规定的情形外，生产经营不符合法律、法规或者食品安全标准的食品、食品添加剂的，依照前款规定给予处罚。

生产食品相关产品新品种，未通过安全性评估，或者生产不符合食品安全标准的食品相关产品的，由县级以上人民政府食品安全监督管理部门依照第1款规定给予处罚。"

《食品安全法》第一百二十五条规定："违反本法规定，有下列情形之一的，由县级以上人民政府食品安全监督管理部门没收违法所得和违法生产经营的食品、食品添加剂，并可以没收用于违法生产经营的工具、设备、原料等物品；违法生产经营的食品、食品添加剂货值金额不足一万元的，并处五千元以上五万元以下罚款；货值金额一万元以上的，并处货值金额五倍以上十倍以下罚款；情节严重的，责令停产停业，直至吊销许可证：

（一）生产经营被包装材料、容器、运输工具等污染的食品、食品添加剂；

（二）生产经营无标签的预包装食品、食品添加剂或者标签、说明书不符合本法规定的食品、食品添加剂；

（三）生产经营转基因食品未按规定进行标示；

（四）食品生产经营者采购或者使用不符合食品安全标准的食品原料、食品添加剂、食品相关产品。

生产经营的食品、食品添加剂的标签、说明书存在瑕疵但不影响食品安全且不会对消费者造成误导的，由县级以上人民政府食品安全监督管理部门责令改正；拒不改正的，处二千元以下罚款。"

3. 生产经营过程违反规定

《食品安全法》第一百二十六条规定："违反本法规定，有下列情形之一的，由县级以上人民政府食品安全监督管理部门责令改正，给予警告；拒不改正的，处五千元以上五万元以下罚款；情节严重的，责令停产停业，直至吊销许可证：

（一）食品、食品添加剂生产者未按规定对采购的食品原料和生产的食品、食品添加剂进行检验；

（二）食品生产经营企业未按规定建立食品安全管理制度，或者未按规定配备或者培训、考核食品安全管理人员；

（三）食品、食品添加剂生产经营者进货时未查验许可证和相关证明文件，或者未按规定建立并遵守进货查验记录、出厂检验记录和销售记录制度；

（四）食品生产经营企业未制定食品安全事故处置方案；

（五）餐具、饮具和盛放直接入口食品的容器，使用前未经洗净、消毒或者清洗消毒不合格，或者餐饮服务设施、设备未按规定定期维护、清洗、校验；

（六）食品生产经营者安排未取得健康证明或者患有国务院卫生行政部门规定的有碍食品安全疾病的人员从事接触直接入口食品的工作；

（七）食品经营者未按规定要求销售食品；

（八）保健食品生产企业未按规定向食品安全监督管理部门备案，或者未按备案的产品配方、生产工艺等技术要求组织生产；

（九）婴幼儿配方食品生产企业未将食品原料、食品添加剂、产品配方、标签等向食品安全监督管理部门备案；

（十）特殊食品生产企业未按规定建立生产质量管理体系并有效运行，或者未定期提交自查报告；

（十一）食品生产经营者未定期对食品安全状况进行检查评价，或者生产经营条件发生变化，未按规定处理；

（十二）学校、托幼机构、养老机构、建筑工地等集中用餐单位未按规定履行食品安全管理责任；

（十三）食品生产企业、餐饮服务提供者未按规定制定、实施生产经营过程控制要求。

餐具、饮具集中消毒服务单位违反本法规定用水，使用洗涤剂、消毒剂，或者出厂的餐具、饮具未按规定检验合格并随附消毒合格证明，或者未按规定在独立包装上标注相关内容的，由县级以上人民政府卫生行政部门依照前款规定给予处罚。"

4. 食品安全事故处置不合规定

《食品安全法》第一百二十八条规定："违反本法规定，事故单位在发生食品安全事故后未进行处置、报告的，由有关主管部门按照各自职责分工责令改正，给予警告；隐匿、伪造、毁灭有关证据的，责令停产停业，没收违法所得，并处十万元以上五十万元以下罚款；造成严重后果的，吊销许可证。"

5. 进出口食品生产经营不合规定

《食品安全法》第一百二十九条规定："违反本法规定，有下列情形之一的，由出入境检验检疫机构依照本法第一百二十四条的规定给予处罚：

（一）提供虚假材料，进口不符合我国食品安全国家标准的食品、食品添加剂、食品相关产品；

（二）进口尚无食品安全国家标准的食品，未提交所执行的标准并经国务院卫生行政部门审查，或者进口利用新的食品原料生产的食品或者进口食品添加剂新品种、食品相关产品新品种，未通过安全性评估；

（三）未遵守本法的规定出口食品；

（四）进口商在有关主管部门责令其依照本法规定召回进口的食品后，仍拒不召回。

违反本法规定，进口商未建立并遵守食品、食品添加剂进口和销售记录制度、境外出口商或者生产企业审核制度的，由出入境检验检疫机构依照本法第一百二十六条的规定给予处罚。"

6. 食品交易平台经营不合规定

《食品安全法》第一百三十条规定："违反本法规定，集中交易市场的开办者、柜台出租者、展销会的举办者允许未依法取得许可的食品经营者进入市场销售食品，或者未履行检查、报告等义务的，由县级以上人民政府食品安全监督管理部门责令改正，没收违法所得，并处五万元以上二十万元以下罚款；造成严重后果的，责令停业，直至由原发证部门吊销许可证；使消费者的合法权益受到损害的，应当与食品经营者承担连带责任。"

《食品安全法》第一百三十一条规定："违反本法规定，网络食品交易第三方平台提供者未对入网食品经营者进行实名登记、审查许可证，或者未履行报告、停止提供网络交易平台服务等义务的，由县级以上人民政府食品安全监督管理部门责令改正，没收违法所得，并处五万元以上二十万元以下罚款；造成严重后果的，责令停业，直至由原发证部门吊销许可证；使消费者的合法权益受到损害的，应当与食品经营者承担连带责任。"

消费者通过网络食品交易第三方平台购买食品，其合法权益受到损害的，可以向入网食品经营者或者食品生产者要求赔偿。网络食品交易第三方平台提供者不能提供入网食品经营者的真实名称、地址和有效联系方式的，由网络食品交易第三方平台提供者赔偿。网络食品交易第三方平台提供者赔偿后，有权向入网食品经营者或者食品生产者追偿。网络食品交易第三方平台提供者作出更有利于消费者承诺的，应当履行其承诺。"

7. 食品贮存、运输和装卸不合规定

《食品安全法》第一百三十二条规定："违反本法规定，未按要求进行食品贮存、运输和装卸的，由县级以上人民政府食品安全监督管理等部门按照各自职责分工责令改正，给予警告；拒不改正的，责令停产停业，并处一万元以上五万元以下罚款；情节严重的，吊销许可证。"

8. 不配合食品安全监督检查、事故调查处理、风险监测和风险评估

《食品安全法》第一百三十三条规定："违反本法规定，拒绝、阻挠、干涉有关部门、机构及其工作人员依法开展食品安全监督检查、事故调查处理、风险监测和风险评估的，由有关主管部门按照各自职责分工责令停产停业，并处二千元以上五万元以下罚款；情节严重的，吊销许可证；构成违反治安管理行为的，由公安机关依法给予治安管理处罚。

违反本法规定，对举报人以解除、变更劳动合同或者其他方式打击报复的，应当依照有关法律的规定承担责任。"

9. 累计3次受到责令停产停业、吊销许可证以外处罚

《食品安全法》第一百三十四条规定："食品生产经营者在一年内累计三次因违反本法规定受到责令停产停业、吊销许可证以外处罚的，由食品安全监督管理部门责令停产停业，直至吊销许可证。"

《食品安全法》第一百三十五条规定："被吊销许可证的食品生产经营者及其法定代表人、直接负责的主管人员和其他直接责任人员自处罚决定作出之日起五年内不得申请食品生产经营许可，或者从事食品生产经营管理工作、担任食品生产经营企业食品安全管理人员。

因食品安全犯罪被判处有期徒刑以上刑罚的，终身不得从事食品生产经营管理工作，也不得担任食品生产经营企业食品安全管理人员。

食品生产经营者聘用人员违反前两款规定的，由县级以上人民政府食品安全监督管理部门吊销许可证。"

10. 食品经营者的免责情形

《食品安全法》第一百三十六条规定："食品经营者履行了本法规定的进货查验等义务，有充分证据证明其不知道所采购的食品不符合食品安全标准，并能如实说明其进货来源的，可以免予处罚，但应当依法没收其不符合食品安全标准的食品；造成人身、财产或者其他损害的，依法承担赔偿责任。"

11. 提供虚假监测、评估信息、检验报告和认证结论

《食品安全法》第一百三十七条规定："违反本法规定，承担食品安全风险监测、风险评估工作的技术机构、技术人员提供虚假监测、评估信息的，依法对技术机构直接负责的主管人员和技术人员给予撤职、开除处分；有执业资格的，由授予其资格的主管部门吊销执业证书。"

《食品安全法》第一百三十八条规定："违反本法规定，食品检验机构、食品检验人员出具虚假检验报告的，由授予其资质的主管部门或者机构撤销该食品检验机构的检验资质，没收所收取的检验费用，并处检验费用五倍以上十倍以下罚款，检验费用不足一万元的，并处五万元以上十万元以下罚款；依法对食品检验机构直接负责的主管人员和食品检验人员给予撤职或者开除处分；导致发生重大食品安全事故的，对直接负责的主管人员和食品检验人员给予开除处分。

违反本法规定，受到开除处分的食品检验机构人员，自处分决定作出之日起十年内不得从事食品检验工作；因食品安全违法行为受到刑事处罚或者因出具虚假检验报告导致发生重大食品安全事故受到开除处分的食品检验机构人员，终身不得从事食品检验工作。食品检验机构聘用不得从事食品检验工作的人员的，由授予其资质的主管部门或者机构撤销该食品检验机构的检验资质。

食品检验机构出具虚假检验报告，使消费者的合法权益受到损害的，应当与食品生产经营者承担连带责任。"

《食品安全法》第一百三十九条规定："违反本法规定，认证机构出具虚假认证结论，由认证认可监督管理部门没收所收取的认证费用，并处认证费用五倍以上十倍以下罚款，认证费用不足一万元的，并处五万元以上十万元以下罚款；情节严重的，责令停业，直至撤销认证机构批准文件，并向社会公布；对直接负责的主管人员和负有直接责任的认证人员，撤销其执业资格。

认证机构出具虚假认证结论，使消费者的合法权益受到损害的，应当与食品生产经营者承担连带责任。"

12. 虚假食品广告

《食品安全法》第一百四十条规定："违反本法规定，在广告中对食品作虚假宣传，欺骗消费者，或者发布未取得批准文件、广告内容与批准文件不一致的保健食品广告的，依照《中华人民共和国广告法》的规定给予处罚。

广告经营者、发布者设计、制作、发布虚假食品广告，使消费者的合法权益受到损害的，应当与食品生产经营者承担连带责任。

社会团体或者其他组织、个人在虚假广告或者其他虚假宣传中向消费者推荐食品，使消费者的合法权益受到损害的，应当与食品生产经营者承担连带责任。

违反本法规定，食品安全监督管理等部门、食品检验机构、食品行业协会以广告或者其他形式向消费者推荐食品，消费者组织以收取费用或者其他牟取利益的方式向消费者推荐食品的，由有关主管部门没收违法所得，依法对直接负责的主管人员和其他直接责任人员给予记大过、降级或者撤职处分；情节严重的，给予开除处分。

对食品作虚假宣传且情节严重的，由省级以上人民政府食品安全监督管理部门决定暂停销售该食品，并向社会公布；仍然销售该食品的，由县级以上人民政府食品安全监督管理部门没收违法所得和违法销售的食品，并处二万元以上五万元以下罚款。"

13. 编造、散布虚假食品安全信息

《食品安全法》第一百四十一条规定："违反本法规定，编造、散布虚假食品安全信息，构成违反治安管理行为的，由公安机关依法给予治安管理处罚。

媒体编造、散布虚假食品安全信息的，由有关主管部门依法给予处罚，并对直接负责的主管人员和其他直接责任人员给予处分；使公民、法人或者其他组织的合法权益受到损害的，依法承担消除影响、恢复名誉、赔偿损失、赔礼道歉等民事责任。"

14. 县级以上地方人民政府及有关部门的责任

《食品安全法》第一百四十二条规定："违反本法规定，县级以上地方人民政府有下列行为之一的，对直接负责的主管人员和其他直接责任人员给予记大过处分；情节较重的，给予降级或者撤职处分；情节严重的，给予开除处分；造成严重后果的，其主要负责人还应当引咎辞职：

（一）对发生在本行政区域内的食品安全事故，未及时组织协调有关部门开展有效处置，造成不良影响或者损失；

（二）对本行政区域内涉及多环节的区域性食品安全问题，未及时组织整治，造成不良影响或者损失；

（三）隐瞒、谎报、缓报食品安全事故；

（四）本行政区域内发生特别重大食品安全事故，或者连续发生重大食品安全事故。"

《食品安全法》第一百四十三条规定："违反本法规定，县级以上地方人民政府有下列行为之一的，对直接负责的主管人员和其他直接责任人员给予警告、记过或者记大过处分；造成严重后果的，给予降级或者撤职处分：

（一）未确定有关部门的食品安全监督管理职责，未建立健全食品安全全程监督管理工作机制和信息共享机制，未落实食品安全监督管理责任制；

（二）未制定本行政区域的食品安全事故应急预案，或者发生食品安全事故后未按规定立即成立事故处置指挥机构、启动应急预案。"

《食品安全法》第一百四十四条规定："违反本法规定，县级以上人民政府食品安全监督管理、卫生行政、农业行政等部门有下列行为之一的，对直接负责的主管人员和其他直接责任人员给予记大过处分；情节较重的，给予降级或者撤职处分；情节严重的，给予开除处分；造成严重后果的，其主要负责人还应当引咎辞职：

（一）隐瞒、谎报、缓报食品安全事故；

（二）未按规定查处食品安全事故，或者接到食品安全事故报告未及时处理，造成事故扩大或者蔓延；

（三）经食品安全风险评估得出食品、食品添加剂、食品相关产品不安全结论后，未及时采取相应措施，造成食品安全事故或者不良社会影响；

（四）对不符合条件的申请人准予许可，或者超越法定职权准予许可；

（五）不履行食品安全监督管理职责，导致发生食品安全事故。"

《食品安全法》第一百四十五条规定："违反本法规定，县级以上人民政府食品安全监督管理、卫生行政、农业行政等部门有下列行为之一，造成不良后果的，对直接负责的主管人员和其他直接责任人员给予警告、记过或者记大过处分；情节较重的，给予降级或者撤职处分；情节严重的，给予开除处分：

（一）在获知有关食品安全信息后，未按规定向上级主管部门和本级人民政府报告，或者未按规定相互通报；

（二）未按规定公布食品安全信息；

（三）不履行法定职责，对查处食品安全违法行为不配合，或者滥用职权、玩忽职守、徇私舞弊。"

《食品安全法》第一百四十六条规定："食品安全监督管理等部门在履行食品安全监督管理职责过程中，违法实施检查、强制等执法措施，给生产经营者造成损失的，应当依法予以赔偿，对直接负责的主管人员和其他直接责任人员依法给予处分。"

15. 其他责任

《食品安全法》第一百四十七条规定："违反本法规定，造成人身、财产或者其他损害的，依法承担赔偿责任。生产经营者财产不足以同时承担民事赔偿责任和缴纳罚款、罚金时，先承担民事赔偿责任。"

《食品安全法》第一百四十八条规定："消费者因不符合食品安全标准的食品受到损害的，可以向经营者要求赔偿损失，也可以向生产者要求赔偿损失。接到消费者赔偿要求的生产经营者，应当实行首负责任制，先行赔付，不得推诿；属于生产者责任的，经营者赔偿后有权向生产者追偿；属于经营者责任的，生产者赔偿后有权向经营者追偿。

生产不符合食品安全标准的食品或者经营明知是不符合食品安全标准的食品，消费者除要求赔偿损失外，还可以向生产者或者经营者要求支付价款十倍或者损失三倍的赔偿金；增加赔偿的金额不足一千元的，为一千元。但是，食品的标签、说明书存在不影响食品安全且不会对消费者造成误导的瑕疵的除外。"

《食品安全法》第一百四十九条规定："违反本法规定，构成犯罪的，依法追究刑事责任。"

本 章 小 结

食品是指各种供人食用或者饮用的成品和原料，以及按照传统既是食品又是中药材的物品，但是不包括以治疗为目的的物品。

食品安全是指食品无毒、无害，符合应当有的营养要求，对人体健康不造成任何急性、亚急性或者慢性危害。

食品安全工作实行"预防为主、风险管理、全程控制、社会共治"的原则，建立科学、严格的监督管理制度。

食品安全事故处置程序：立即报告、事故处理、事故调查。

关键术语

食品生产经营许可制度 食品安全全程追溯制度 食品安全管理制度 从业人员健康管理制度 食品安全自查制度 食品安全认证制度 农业投入品安全使用制度 进货查验记录制度 出厂检验记录制度 食品销售记录制度 食品贮存安全制度 餐饮服务安全制度 交易平台安全管理制度 食品召回制度 食用农产品检查制度

知识链接

1. 中国法制出版社. 中华人民共和国旅游法[M]. 北京：中国法制出版社，2018.
2. 全国人民代表大会常务委员会. 中华人民共和国食品安全法[EB/OL]. (2021-04-29) [2021-06-25]. https://flk.npc.gov.cn/detail2.html?ZmY4MDgxODE3YWIyMmUwYzAxN2FiZD hkODVhMjA1ZjE%3D.

课后习题

一、不定项选择题

1. 《食品安全法》对食品安全的基本要求是(　　)。
   A. 无毒、无害，符合应当有的营养要求　　B. 无毒、无害，满足色香味等要求
   C. 无毒、无害且健康　　D. 无毒、无害且安全

2. 下列选项中，不符合《食品安全法》规定的是(　　)。
   A. 食品安全监督管理部门对食品不得实施免检
   B. 除食品安全标准外，还应制定更多的食品强制性标准，以更好地保障食品安全
   C. 县级以上质量监督、工商行政管理、食品安全监督管理部门应当对食品进行定期或者不定期的抽样检验
   D. 国家建立食品安全风险监测制度，对食源性疾病、食品污染以及食品中的有害因素进行监测

3. 《食品安全法》规定，生产不符合食品安全标准的食品或者经营明知是不符合食品安全标准的食品的，(　　)。
   A. 并不要求人身损害后果，即可要求赔偿损失
   B. 消费者除要求赔偿损失外，还可以向生产者或者经营者要求支付价款 10 倍或者损失 3 倍的赔偿金

C. 社会团体或者其他组织在虚假广告中向消费者推荐不安全食品使消费者的合法权益受到损害的，与食品生产经营者承担连带责任

D. 个人在虚假广告中向消费者推荐不安全食品，使消费者的合法权益受到损害的，与食品生产经营者承担连带责任

E. 个人在虚假广告中向消费者推荐不安全食品，使消费者的合法权益受到损害的，应由广告经营者承担连带责任

二、判断题

法律规定，除食品安全标准外，不得制定其他的食品强制性标准。　　　　（　　）

三、思考题

简述食品安全事故的处理程序。

四、案例分析题

案例 1

江苏常州的陈先生通过网络爆料，他于 2016 年春节去哈尔滨过年时，被导游带去一家名为"北岸野生渔村"的餐馆吃饭。这家餐馆的鳇鱼每斤售价达 398 元，一顿饭下来，两桌共花了 1 万多元。陈先生表示，这家餐馆除了价格昂贵，还存在乱写斤两、欺诈顾客的现象。陈先生当时选的鳇鱼称重为 10 斤 4 两，账单上却写成 14 斤 4 两。他因此与店家发生争执，但因受到店家的威胁，最终被迫结账。

在此期间，又有浙江的消费者爆料，就在同一家店、同一时间，他们一行 19 人消费了近 16 000 元，也是被导游带过去就餐的，其中最贵的鳇鱼鱼头售价达 498 元一斤。

据 2016 年 2 月 24 日《环球时报》报道，当地政府部门组织的调查组确认，"北岸野生渔村"把人工养殖鳇鱼当野生鳇鱼售卖，欺诈消费者；"餐饮服务许可证"到期未按时申请延续，属无证经营；证照与牌匾名称不符，不以真实名称提供服务；点菜单上签字系饭店服务员所签；双方发生过肢体冲突，陈某被打情况属实；民警张某某出警存在不规范、不文明执法行为。

资料来源：佚名. 哈尔滨"北岸野生渔村"万元吃鱼事件分析[EB/OL]. (2016-02-17)[2021-10-12]. http://www.cnta.net/news/show.asp?x_id=16320.

根据案例，分析下列问题：

应该如何处罚北岸野生渔村？依据是什么？

案例 2

2014 年夏，广东省佛山市某餐馆开业，78 岁的吴老太想去看看。吴老太进入店堂后，在一把没有靠背的四脚凳上坐下。这时服务员推着小推车从她身边经过，吴老太叫住服务员，转身站起去取早点。这时，意想不到的事发生了。当吴老太坐回到凳子上时，凳子铁钩的焊接处脱离，四脚分开，吴老太重重地摔在地上，送医确诊为骨盆骨折，并住院治疗。吴老太刚入院时，餐馆多次派人带营养品去看望她，后来就不再来了。吴老太住院费越来

越高，其子女多次与餐馆交涉，总是没有结果。2014 年 12 月，吴老太聘请律师作为诉讼代理，向法院起诉。原告认为，吴老太骨盆骨折是餐馆忽视店内安全设施检查造成的，餐馆理应负责任。由于吴老太没有退休金，经此一摔生活不能自理，要求餐馆赔偿住院费、治疗费及生活护理费等共 8 万元人民币。被告方认为，吴老太在餐馆摔倒，餐馆已支付 3 000 元医疗费。另外，吴老太年纪大，意外摔倒受伤难免要严重些，餐馆刚刚开张效益不好，无力承受如此高昂的赔偿费。经过法院调解，根据《消费者权益保护法》的规定，被告应承担赔偿责任。最后双方达成协议，餐馆一次性赔偿吴老太住院费、护理费、营养费及残废赔偿费共 28 800 元。

资料来源：佚名. 饭店法规制度[EB/OL]. (2018-08-26)[2021-10-12]. https://max.book118.com/html/2018/0819/7111001131001143.shtm.

根据案例，分析下列问题：

1. 餐饮企业对就餐者具有哪些义务？
2. 餐饮企业应该如何保障就餐者的人身和财产安全？
3. 在本案例中，法院的判决是否合理？为什么？

案例 3

某出境旅游团因飞机延误而被航空公司临时安排在一家二星级宾馆内休息。晚饭后，游客大李发现自己遗忘了一件外衣在餐厅，于是急忙返回餐厅寻找。但在下楼时，大李一脚踩在呕吐物上，左脚不慎滑进扶梯栏杆内，而身体重心却倒向台阶底层。经医院诊断，大李的左脚伤为严重的粉碎性骨折，需要马上动手术。宾馆餐厅当场交付了 5000 元，后治疗脚伤另需 3000 元，但此时宾馆拒绝支付该费用。大李无奈，只得委托律师将宾馆告上法庭。

资料来源：佚名. 第二章饭店管理法律制度[EB/OL]. (2010-12-31)[2021-10-12]. https://www.docin.com/p-113289756.html.

根据案例，分析下列问题：

该宾馆是否应对大李的脚伤进行赔偿？为什么？

第10章 旅游安全管理法规

知识目标	技能目标
① 了解旅游主管部门的旅游安全职责；	① 能够辨析旅游突发事件的类型划分；
② 了解县级以上人民政府的旅游安全职责；	② 能够阐述旅游突发事件处理的程序；
③ 熟悉旅游经营者的旅游安全职责；	③ 能够分析各类高风险旅游项目安全经营的要求；
④ 了解旅游目的地旅游风险提示制度；	④ 能够辨析旅游主管部门、各级政府、旅游经营者、
⑤ 熟悉旅游突发事件处理程序；	旅游者对旅游安全职责的差异；
⑥ 掌握高风险旅游项目经营的要求；	⑤ 能够辨析旅游经营者责任保险、旅游意外保险的差异；
⑦ 了解旅游突发事件应急预案的内容	⑥ 能够分析旅游紧急救援的必要性和重要性

**导入案例**

强行超车导致西藏自治区发生30人伤亡的重大旅游安全事故

2007年7月13日中午，在西藏318国道曲水段桃花村境内发生了一起重大旅游交通事故。一辆西藏博达旅游客运公司的金龙牌37座旅游大巴(内乘游客28人、司机1人、导游1人)在前往日喀则的途中，行驶至拉萨市曲水县境内，因司机强行超车，导致车辆坠入离路面80米的雅鲁藏布江，事故造成包括司机、导游在内的15人死亡、2人失踪、13人受伤。经拉萨市公安局交警支队鉴定，此次事故系江苏籍驾驶员范某超速行驶、在超车过程中临危采取措施不当所造成的，驾驶员负全部责任。此次事故是自1980年西藏自治区对外开放旅游以来，发生的第一起重大旅游道路交通事故。

据悉，该旅游团是一个"拉萨—日喀则2日游"散客拼团，游客分别来自四川、河北、陕西、广东、内蒙古自治区、江苏、河南等地，由西藏青年旅行社、西藏中国旅行社、西藏高原散客接待中心及西藏天友交通国际旅行社的门市部分别收客，交给西藏赛康旅行社接待，由其负责安排旅游团的行程。

事故发生后，西藏自治区旅游局迅速启动应急预案，成立了"7·13事故善后处理领导小组"，积极协调相关部门，妥善处理遇难者家属的接待、重伤员就地治疗和后期转院、轻伤员治疗后返回原籍、遇难者保险金的赔偿和支付等事宜。经过多次协商，涉及事故的旅行社与遇难者家属达成赔付协议，每位遇难者家属获赔25万元。轻伤员在拉萨治疗期间的费用和重伤员转往内地治疗的交通费和医疗费及遇难者赔偿金由西藏人保财险支付。

2007年8月20日，伤员全部陆续出院、转院回内地，遇难者家属领取赔偿后全部返回内地，事故善后处理结束。

资料来源：佚名. 旅游安全案例分析[EB/OL]. (2015-03-21)[2021-12-09]. https://www.docin.com/p-1098890031.html.

根据案例，思考下列问题：

1. 导致此次旅游安全事故的原因有哪些？
2. 采取哪些措施可以避免此类事故再次发生？

对旅游业来说，安全问题是十分敏感的话题，不仅影响旅游行业的形象和信誉，也关系旅游企业的生存与发展。为加强旅游安全管理工作，保障旅游者人身、财产安全，全国人大、国家旅游主管部门、公安部出台了一系列关于旅游安全的法律制度。譬如，1990 年 2 月 20 日国家旅游局制定的《旅游安全管理暂行办法》，1993 年 4 月 15 日国家旅游局发布的《重大旅游安全事故报告制度试行办法》和《重大旅游安全事故处理程序试行办法》，1994 年 1 月 22 日国家旅游局颁布的《旅游安全管理暂行办法实施细则》，2016 年 9 月 27 日国家旅游局公布的《旅游安全管理办法》。这些法律法规使我国的旅游安全管理逐步进入法治化轨道，特别是《旅游法》，从政府、旅游经营者和旅游者 3 个层面分别对我国旅游安全工作作出了专门规定。

10.1 旅游突发事件的类型

旅游突发事件是指突然发生，造成或者可能造成旅游者人身伤亡、财产损失，需要采取应急处置措施予以应对的自然灾害、事故灾难、公共卫生事件和社会安全事件。根据旅游突发事件的性质、危害程度、可控性以及造成或者可能造成的影响，旅游突发事件一般分为特别重大、重大、较大和一般 4 级。

10.1.1 特别重大旅游突发事件

特别重大旅游突发事件是指下列情形：

(1) 造成或者可能造成人员死亡(含失踪)30 人以上(这里的"以上"包括本数，"以下"不包括本数)或者重伤 100 人以上。

(2) 旅游者 500 人以上滞留超过 24 小时，并对当地生产生活秩序造成严重影响。

(3) 其他在境内外产生特别重大影响，并对旅游者人身、财产安全造成特别重大威胁的事件。

10.1.2 重大旅游突发事件

重大旅游突发事件是指下列情形：

(1) 造成或者可能造成人员死亡(含失踪)10 人以上、30 人以下或者重伤 50 人以上、100 人以下。

(2) 旅游者 200 人以上滞留超过 24 小时，对当地生产生活秩序造成较严重影响。

(3) 其他在境内外产生重大影响，并对旅游者人身、财产安全造成重大威胁的事件。

10.1.3 较大旅游突发事件

较大旅游突发事件是指下列情形：

(1) 造成或者可能造成人员死亡(含失踪)3 人以上、10 人以下或者重伤 10 人以上、50 人以下。

(2) 旅游者 50 人以上、200 人以下滞留超过 24 小时，并对当地生产生活秩序造成较大影响。

(3) 其他在境内外产生较大影响，并对旅游者人身、财产安全造成较大威胁的事件。

10.1.4　一般旅游突发事件

一般旅游突发事件是指下列情形：

(1) 造成或者可能造成人员死亡(含失踪)3 人以下或者重伤 10 人以下。

(2) 旅游者 50 人以下滞留超过 24 小时，并对当地生产生活秩序造成一定影响。

(3) 其他在境内外产生一定影响，并对旅游者人身、财产安全造成一定威胁的事件。

10.2　安 全 经 营

10.2.1　安全经营的基本要求

《旅游安全管理办法》第六条规定："旅游经营者应当遵守下列要求：

(一) 服务场所、服务项目和设施设备符合有关安全法律、法规和强制性标准的要求；

(二) 配备必要的安全和救援人员、设施设备；

(三) 建立安全管理制度和责任体系；

(四) 保证安全工作的资金投入。"

10.2.2　旅游经营者定期进行自查

旅游经营者应当定期检查本单位安全措施的落实情况，及时排除安全隐患；对可能发生的旅游突发事件及采取安全防范措施的情况，应当按照规定及时向所在地人民政府或者人民政府有关部门报告。

10.2.3　进行风险监测和安全评估

旅游经营者应当对其提供的产品和服务进行风险监测和安全评估，依法履行安全风险提示义务，必要时应当采取暂停服务、调整活动内容等措施。

经营高风险旅游项目或者向老年人、未成年人、残疾人提供旅游服务的，应当根据需要采取相应的安全保护措施。

10.2.4　进行安全生产教育和培训

旅游经营者应当对从业人员进行安全生产教育和培训，保证从业人员掌握必要的安全生产知识、规章制度、操作规程、岗位技能和应急处理措施，知悉自身在安全生产方面的权利和义务。

旅游经营者应建立安全生产教育和培训档案，如实记录安全生产教育和培训的时间、内容、参加人员以及考核结果等情况。

未经安全生产教育和培训合格的旅游从业人员,不得上岗作业;特种作业人员必须按照国家有关规定经专门的安全作业培训,取得相应资格。

10.2.5 旅游者配合安全防范

旅游经营者应当主动询问与旅游活动相关的个人健康信息,要求旅游者按照明示的安全规程,使用旅游设施和接受服务,并要求旅游者对旅游经营者采取的安全防范措施予以配合。

10.2.6 旅行社选择合格的供应商

旅行社组织和接待旅游者,应当合理安排旅游行程,向合格的供应商订购产品和服务。旅行社及其从业人员发现履行辅助人提供的服务不符合法律、法规规定或者存在安全隐患的,应当予以制止或者更换。

旅行社违反上述规定,未制止履行辅助人的非法、不安全服务行为,或者未更换履行辅助人的,由旅游主管部门给予警告,可并处 2000 元以下罚款;情节严重的,处 2000 元以上 10 000 元以下罚款。

10.2.7 出境游需制作安全信息卡

旅行社组织出境旅游,应当制作安全信息卡。安全信息卡应当包括旅游者姓名、出境证件号码和国籍,以及紧急情况下的联系人、联系方式等信息,使用中文和目的地官方语言(或者英文)填写。旅行社应当将安全信息卡交由旅游者随身携带,并告知其自行填写血型、过敏药物和重大疾病等信息。

旅行社违反上述规定,不按要求制作安全信息卡,未将安全信息卡交由旅游者,或者未告知旅游者相关信息的,由旅游主管部门给予警告,可并处 2000 元以下罚款;情节严重的,处 2000 元以上 10 000 元以下罚款。

10.2.8 依法制定旅游应急预案

旅游经营者应当依法制定旅游突发事件应急预案,与所在地县级以上地方人民政府及其相关部门的应急预案相衔接,并定期组织演练。

10.2.9 突发事件发生后积极救援

旅游突发事件发生后,旅游经营者及其现场人员应当采取合理、必要的措施救助受害旅游者,控制事态发展,防止损害扩大。

旅游经营者应当按照履行统一领导职责或者组织处置突发事件的人民政府的要求,配合其采取的应急处置措施,并参加所在地人民政府组织的应急救援和善后处置工作。

旅游突发事件发生在境外的,旅行社及其领队应当在中国驻当地使领馆或者政府派出机构的指导下,全力做好突发事件应对处置工作。

10.2.10　突发事件发生后履行报告义务

旅游突发事件发生后，旅游经营者的现场人员应当立即向本单位负责人报告，单位负责人接到报告后，应当于 1 小时内向发生地县级旅游主管部门、安全生产监督管理部门和负有安全生产监督管理职责的其他相关部门报告；旅行社负责人应当同时向单位所在地县级以上地方旅游主管部门报告。

情况紧急或者发生重大、特别重大旅游突发事件时，现场有关人员可直接向发生地、旅行社所在地县级以上旅游主管部门、安全生产监督管理部门和负有安全生产监督管理职责的其他相关部门报告。

旅游突发事件发生在境外的，旅游团队的领队应当立即向当地警方、中国驻当地使领馆或者政府派出机构，以及旅行社负责人报告。旅行社负责人应当在接到领队报告后 1 小时内，向单位所在地县级以上地方旅游主管部门报告。

10.3　风险提示

10.3.1　风险提示制度

国家建立旅游目的地安全风险(以下简称风险)提示制度。

根据可能对旅游者造成的危害程度、紧急程度和发展态势，风险提示级别分为一级(特别严重)、二级(严重)、三级(较重)和四级(一般)，分别用红色、橙色、黄色和蓝色标示。

风险提示级别的划分标准，由国家旅游主管部门会同外交、卫生、公安、国土、交通、气象、地震和海洋等有关部门制定或者确定。

10.3.2　风险提示信息

风险提示信息应当包括风险类别、提示级别、可能影响的区域、起始时间、注意事项、应采取的措施和发布机关等内容。

一级、二级风险的结束时间能够与风险提示信息内容同时发布的，应当同时发布；无法同时发布的，待风险消失后通过原渠道补充发布。三级、四级风险提示可以不发布风险结束时间，待风险消失后自然结束。

风险提示信息应当通过官方网站、手机短信及公众易查阅的媒体渠道对外发布。一级、二级风险提示应同时通报有关媒体。

10.3.3　风险提示发布

国家旅游主管部门负责发布境外旅游目的地国家(地区)，以及风险区域范围覆盖全国或者跨省级行政区域的风险提示。发布一级风险提示的，需经国务院批准；发布境外旅游目的地国家(地区)风险提示的，需经外交部门同意。

地方各级旅游主管部门应当及时转发上级旅游主管部门发布的风险提示，并负责发布前款规定之外涉及本辖区的风险提示。

10.3.4　风险应对措施

风险提示发布后，旅行社应当根据风险级别采取下列措施：对于四级风险，加强对旅游者的提示。对于三级风险，采取必要的安全防范措施。对于二级风险，停止组团或者带团前往风险区域；已在风险区域的，调整或者中止行程。对于一级风险，停止组团或者带团前往风险区域，组织已在风险区域的旅游者撤离。旅行社违反上述规定，不采取相应措施的，由旅游主管部门处 2000 元以下罚款；情节严重的，处 2000 元以上 10 000 元以下罚款。

其他旅游经营者应当根据风险提示的级别，加强对旅游者的风险提示，采取相应的安全防范措施，妥善安置旅游者，并根据政府或者有关部门的要求，暂停或者关闭易受风险危害的旅游项目或者场所。

风险提示发布后，旅游者应当关注相关风险，加强个人安全防范，并配合国家应对风险暂时限制旅游活动的措施，以及有关部门、机构或者旅游经营者采取的安全防范和应急处置措施。

10.4　安　全　管　理

10.4.1　旅游主管部门的安全职责

旅游主管部门应当加强下列旅游安全日常管理工作：督促旅游经营者贯彻执行安全和应急管理的有关法律、法规，并引导其实施相关国家标准、行业标准或者地方标准，提高其安全经营和突发事件应对能力；指导旅游经营者组织开展从业人员的安全及应急管理培训，并通过新闻媒体等多种渠道，组织开展旅游安全及应急知识的宣传普及活动；统计分析本行政区域内发生旅游安全事故的情况；法律、法规规定的其他旅游安全管理工作。旅游主管部门应当加强对星级饭店和 A 级景区旅游安全和应急管理工作的指导。

地方各级旅游主管部门应当根据有关法律、法规的规定，制定、修订本地区或者本部门旅游突发事件应急预案，并报上一级旅游主管部门备案，必要时组织应急演练。

地方各级旅游主管部门应当在当地人民政府的领导下，依法对景区符合安全开放条件进行指导，核定或者配合相关景区主管部门核定景区最大承载量，引导景区采取门票预约等方式控制景区流量；在旅游者数量可能达到最大承载量时，配合当地人民政府采取疏导、分流等措施。

10.4.2　旅游突发事件的处理

旅游突发事件发生后，发生地县级以上旅游主管部门应当根据同级人民政府的要求和有关规定，启动旅游突发事件应急预案，并采取下列一项或者多项措施：组织或者协同、

配合相关部门开展对旅游者的救助及善后处置，防止次生、衍生事件；协调医疗、救援和保险等机构对旅游者进行救助及善后处置；按照同级人民政府的要求，统一、准确、及时发布有关事态发展和应急处置工作的信息，并公布咨询电话。

旅游突发事件发生后，发生地县级以上旅游主管部门应当根据同级人民政府的要求和有关规定，参与旅游突发事件的调查，配合相关部门依法对应当承担事件责任的旅游经营者及其责任人进行处理。

10.4.3　旅游突发事件报告制度

各级旅游主管部门应当建立旅游突发事件报告制度。

旅游主管部门在接到旅游经营者的报告后，应当向同级人民政府和上级旅游主管部门报告。一般旅游突发事件上报至设区的市级旅游主管部门；较大旅游突发事件逐级上报至省级旅游主管部门；重大和特别重大旅游突发事件逐级上报至国家旅游主管部门。

向上级旅游主管部门报告旅游突发事件，应当包括下列内容：事件发生的时间、地点、信息来源；简要经过、伤亡人数、影响范围；事件涉及的旅游经营者、其他有关单位的名称；事件发生原因及发展趋势的初步判断；采取的应急措施及处置情况；需要支持协助的事项；报告人姓名、单位及联系电话。前款所列内容暂时无法确定的，应当先报告已知情况；报告后出现新情况的，应当及时补报、续报。

10.4.4　突发事件信息通报制度

各级旅游主管部门应当建立旅游突发事件信息通报制度。旅游突发事件发生后，旅游主管部门应当及时将有关信息通报相关行业主管部门。

10.4.5　旅游突发事件总结工作

旅游突发事件处置结束后，发生地旅游主管部门应当及时查明突发事件的发生经过和原因，总结突发事件应急处置工作的经验教训，制定改进措施，并在 30 日内按照下列程序提交总结报告：一般旅游突发事件向设区的市级旅游主管部门提交；较大旅游突发事件逐级向省级旅游主管部门提交；重大和特别重大旅游突发事件逐级向国家旅游主管部门提交。旅游团队在境外遇到突发事件的，由组团社所在地旅游主管部门提交总结报告。

10.4.6　旅游突发事件备案工作

省级旅游主管部门应当于每月 5 日前，将本地区上月发生的较大旅游突发事件报国家旅游主管部门备案，内容应当包括突发事件发生的时间、地点、原因及事件类型和伤亡人数等。

县级以上地方各级旅游主管部门应当定期统计分析本行政区域内发生旅游突发事件的情况，并于每年 1 月底前将上一年度相关情况逐级报国家旅游主管部门。

10.5　高风险旅游项目的安全管理

随着旅游市场的日益多元化，各种风险性更大的个性化专项旅游受到越来越多游客的青睐。国家旅游主管部门要求，在各旅行社安排的旅游行程中，若涉及高空、高速、水上、潜水、探险等高风险旅游项目，应充分评估项目风险，确保经营者具备相关资质和安全保障能力，同时经营者要强制购买旅游责任保险，并就项目风险对游客作出明确提示。旅游者选择参加高风险旅游项目前，应认真了解项目经营者的资质、安全措施及项目的安全要求，结合自身身体条件、年龄等情况慎重选择。同时，为提高风险抵御能力，应尽量购买能够承保所参与项目的旅游意外保险。

10.5.1　高风险旅游项目的范畴

目前，我国还没有制定高风险旅游项目目录，《旅游法》首次正式提出高风险旅游项目的概念，并将其概括为 5 个种类，即高空、高速、水上、潜水、探险。在实践中，高空类项目主要包括滑翔伞、热气球、动力伞等空中项目；高速类项目主要包括轮滑、滑雪、卡丁车以及大型游乐设施等速度类项目；水上类项目主要包括摩托艇、游艇、水上飞伞以及水上游乐设施等水域类项目；潜水类项目主要指旅游者穿戴潜水服、氧气瓶等潜入水下的观光、休闲项目，以及水下游艇等水下旅游项目；探险类项目包括穿越高山、峡谷、暴走以及蹦极、攀岩等项目。

10.5.2　经营高风险旅游项目应当取得经营许可

《旅游法》第四十七条规定："经营高空、高速、水上、潜水、探险等高风险旅游项目，应当按照国家有关规定取得经营许可。"

高风险旅游项目，也就是大众化的高危险性体育项目。《全民健身条例》规定，高危险性体育项目属于特许经营项目，其条件包括相关体育设施符合国家标准，具有达到规定数量的取得国家职业资格证书的社会体育指导人员和救助人员，具有相应的安全保障制度和措施；其目录由国务院体育主管部门会同有关部门制定、调整并经国务院批准后公布。国家强制标准《体育场所开放条件与技术要求》(GB 19079—2013)对蹦极、攀岩、轮滑、滑雪、滑冰、潜水、漂流、滑翔伞、热气球、动力伞等场所进行了规范。

1. 高空旅游项目

高空旅游项目一般依照《民用航空法》的规定，由国务院民用航空主管部门及其设立的地区民用航空管理机构实施许可和监管。国家体育总局发布的《航空体育运动管理办法》规定，滑翔机、载人气球、飞艇等民用航空器由民用航空部门审批和管理，降落伞、滑翔伞等航空运动器材由体育部门审批；《滑翔伞运动管理办法》规定，国家体育总局委托中国航空运动协会对滑翔伞俱乐部、滑翔伞飞行等进行审批或验收。

2. 高速旅游项目

高速旅游项目一般是指依托游乐设备等特种设备来实施的旅游项目。《中华人民共和国安全生产法》(以下简称《安全生产法》)规定，生产经营单位使用的涉及生命安全、危险性较大的特种设备，必须按照国家有关规定，由专业生产单位生产，并经取得专业资质的检测、检验机构检测、检验合格，取得安全使用证或者安全标志。涉及生命安全、危险性较大的特种设备的目录，由国务院负责特种设备安全监督管理的部门制定，报国务院批准后执行。2004 年 1 月 19 日，国家质量监督检验检疫总局公布了《特种设备目录》。经国务院批准执行的特种设备目录，对客运索道、大型游乐设施等提出了具体要求，如表 10.1 所示。《特种设备安全监察条例》规定，大型游乐设施的制造、使用、维修、检测、监督检查等均由特种设备安全监督管理部门负责。

表 10.1　旅游类特种设备目录

种类	类别	品种
电梯(3000)	乘客电梯(3100)	观光电梯(3150)
客运索道 (9000)	客运架空索道(9100)	往复式客运架空索道(9110)、循环式客运架空索道(9120)
	客运缆车(9200)	往复式客运缆车(9210)、循环式客运缆车(9220)
	客运拖牵索道(9300)	低位客运拖牵索道(9310)、高位客运拖牵索道(9320)
大型游乐 设施(6000)	观览车类(6100)	观览车系列(6110)、飞毯系列(6120)、太空船系列(6130)、摩天环车(6140)、海盗船系列(6150)、组合式观览车系列(6160)
	滑行车类(6200)	单车滑行车系列(6210)、多车滑行车系列(6220)、滑道系列(6230)、激流勇进(6240)、弯月飞车系列(6250)、组合式滑行车系列(6260)
	架空游览车类(6300)	电力单轨列车系列(6310)、电力双轨列车系列(6320)、组合式架空游览车系统(6330)、脚踏车系列(6340)
	陀螺类(6400)	陀螺系列(6410)、组合式陀螺系列(6420)
	飞行塔类(6500)	旋转飞椅系列(6510)、青蛙跳系列(6520)、探空飞梭系列(6530)、观览塔系列(6540)、组合式飞行塔系列(6550)
	转马类(6600)	转马系列(6610)、荷花杯系列(6620)、滚摆舱系列(6630)、爱情快车系列(6640)、组合式转马系列(6650)
	自控飞机类(6700)	自控飞机系列(6710)、章鱼系列(6720)、组合式自控飞机系列(6730)
	赛车类(6800)	场地赛车系列(6810)、越野赛车系列(6820)、组合式赛车系列(6830)
	小火车类(6900)	内燃机驱动小火车(6910)、电力驱动小火车(6920)
	碰碰车类(6A00)	碰碰车系列(6A10)
	电池车类(6B00)	电池车系列(6B10)
	观光车类(6C00)	内燃观光车系列(6C10)、蓄电池观光车系列(6C20)
	水上游乐设施 (6D00)	峡谷漂流系列(6D10)、水滑梯系列(6D20)、造浪机系列(6D30)、碰碰船系列(6D40)、水上自行车系列(6D50)、组合式水上游乐设施(6D60)
	无动力游乐设施 (6E00)	高空蹦极系列(6E10)、弹射蹦极系列(6E20)、小蹦极系列(6E30)、滑索系列(6E40)、空中飞人系列(6E50)、系留式观光气球系列(6E60)、组合式无动力游乐设施(6E70)

注：括号内为特种设备代码。

3. 水上旅游项目

2006 年 11 月 21 日，三亚市人民政府印发了《三亚市水上娱乐活动安全管理规定》。2012 年 7 月 11 日，三亚市人民政府又印发了《三亚市水上旅游管理暂行办法》。根据该办法，水上旅游项目是指依托水资源开展的游览观光、休闲娱乐等旅游经营性活动，包括水上游览观光、水上降落伞(拖伞、滑伞)、冲浪、赛艇(摩托艇、皮划艇、快艇)、帆船以及其他各类水上旅游经营项目。

1) 经营水上游览观光和渡轮运输旅客项目的企业应当同时具备的条件

(1) 取得交通主管部门的航线许可、水路运输许可、船舶营业运输许可。

(2) 取得工商部门颁发的企业营业执照。

(3) 具有与经营范围相适应的适航船舶，并持有船舶检验部门签发的有效的《船舶技术检验证书》、海事部门签发的有效的《船舶国籍证书》《船员适任证书》等有关证件。

(4) 有从事经营活动必需的场所，有航线(区)、停靠港(站、点)、游客上下所必需的安全业务设施。

(5) 有健全的安全规章制度，并有安全管理机构和专、兼职船舶安全管理人员。

(6) 参加船舶和旅客意外伤害保险，持有有效的保险证件或证明文件。

(7) 公安边防部门核发船舶簿或船舶登记簿。

(8) 法律、法规规定的其他条件。

2) 从事航运的水上旅游经营企业应严格遵守的事项

(1) 确保船舶和船上有关航行安全的重要设备必须具有船舶检验部门签发的有效技术证书，船舶处于适航状态。

(2) 船舶上的工作人员须经过相应的专业技术训练，参加航行值班的人员应持有合格的职务证书。

(3) 船舶的结构应当符合国家有关防治船舶污染海洋环境的技术规范。

(4) 制定防治船舶及其有关活动污染海洋环境的应急预案，并报海事管理机构批准或备案。

经营水上降落伞(拖伞、滑伞)、冲浪、漂流、赛艇(摩托艇、皮划艇、快艇)等水上旅游项目的企业，应当委托具有相应资质的机构对该项目进行安全评价，安全条件发生变化的，应当重新进行安全评价。未经安全评价或者经安全评价不符合安全生产条件的，不得开业或者运营。

海洋主管部门负责水上旅游经营企业的海域使用审批工作；对未能提供安全评价报告的企业，海洋主管部门不得审批。禁止任何企业或个人违法使用海域从事经营性水上旅游项目。

海事部门负责各类船舶的登记工作、船员适任书的考试、评估、发证和跟踪管理以及船舶的防污染管理工作，维护船舶航行安全。船舶检验部门负责对海上旅游运输船舶实施检验，核发有关船舶技术证书。

交通主管部门负责海域航线的规划和审批工作，船舶的运输许可证和运输服务许可证的审批工作，营业性港口的管理工作以及监督落实营业性船舶按照国家有关规定办理保险；根据执法工作的需要，制定暂扣、扣押和没收违法经营船舶的停泊方案。

2015 年国庆节前夕，广东省职工国际旅行社(以下简称旅行社)接受某公司广州办事处(以下简称公司)委托，组织该公司 101 名员工前往肇庆西江边的砚州岛开展为期两天的拓展旅游活动。双方签订的旅游合同特别约定，旅游者不得擅自到西江游泳。开展活动前，旅行社团体部经理与公司负责人勘察了拓展旅游地，该区域有禁止游泳的警示牌。双方在签订旅游合同的基础上，又增加了旅游行程、活动安排、注意事项、有关要求等合同附件。拓展旅游活动按照合同的约定进展顺利。10 月 4 日，用完午餐后，公司负责人与随团导游协商，给予旅游者 2 小时整理行李、稍事休息，下午 4 时集中乘车返回广州。导游随即宣布自由活动，在告知集合时间的同时，提醒旅游者不要下西江玩水、游泳。当日下午约 2 时 30 分，七八名旅游者擅自到沙滩戏水。约 2 时 40 分，3 名旅游者走到水深处突然溺水，大呼"救命"，最终 1 名旅游者获救，2 名旅游者失踪。旅游者向 110 报案。公安部门接到报案后，及时赶赴现场，会同海事部门、当地村镇人员搜救。10 月 6 日上午 8 时许，在当地公安、海事、旅游及所在镇政府、村委会等有关单位的努力下，于事发现场下游 2 公里处找到 2 名失踪者遗体。经法医鉴定和公司领导现场确认，死者为该公司委托旅行社组织的赴肇庆旅游的团队成员。

资料来源：佚名. 旅游安全事故案例分析[EB/OL]. (2010-11-13)[2021-10-12]. http://www.anquan.party/thread-9512-1-18.html.

问题

1. 当地政府部门、旅游企业是否有责任？
2. 旅行社是否需要承担责任？
3. 旅游者是否有责任？

4. 潜水旅游项目

潜水活动是指以营利或非营利的方式进行以潜水竞赛、旅游、培训、健身、探险、救援、表演、娱乐、环境保护等项目为主要内容的活动。

《全国潜水活动管理规定》指出，国家体育总局水上运动管理中心主管全国潜水活动，中国潜水运动协会(以下简称中国潜协)具体组织实施管理。省、市潜水运动协会在当地人民政府体育行政部门指导下，负责管理本地区的潜水活动。未经批准擅自开展潜水活动，当地体育行政部门责令停止。未经中国潜协批准，任何国际潜水组织不得在中国境内开展潜水活动、签发执照等。在中国境内从事潜水教学活动的人员必须持有中国潜协签发的潜水执照或是中国潜协注册的 PADI、NAUI 教练。未经中国潜协批准，任何组织或个人禁止在中国境内进行教练班的培训。从事潜水导游工作及潜水教学的人员必须持有中国潜协签发的潜水救援证书。从事潜水导游的人员必须每年参加一次中国潜协组织的考核，当地体育行政部门协助组织和管理。进行休闲、运动潜水器材研制、生产与销售，必须符合国家相关标准规定。国内代理销售、使用进口休闲潜水器材，必须报中国潜协进行型号认可、鉴定。

5. 探险旅游项目

探险旅游是旅游者到人迹罕至或险象环生的特殊环境中进行的充满神秘性、危险性和刺激性的旅行考察活动。一些人长期居住于繁华都市，厌倦了车马喧嚣的生活，很想找一个幽静而富有刺激性的场所体验探险乐趣。基于这一市场需求，很多国家开辟了探险旅游路线，如泰国的骑象探险旅游、丹麦的狗拉雪橇探险旅游等。此外，还有以自我挑战为目的的冒险旅行，如乘气球环球旅行、驾脚踏飞机或滑行器飞渡海峡、驾游艇或小船周游世界、乘独木舟横渡大西洋等；以科学考察为主要目的的探险旅游，如高山探险旅游、沙漠探险旅游、海洋探险旅游、森林探险旅游、洞穴探险旅游、极地探险旅游、追踪野生动物探险旅游、寻找人类原始部落探险旅游等。

为切实加强户外探险安全管理工作，需做好以下工作：第一，加强对户外探险的引导、警示和规范管理。各地旅游主管部门要加强对户外探险活动场所的管理，督促有关地区设置相关安全警示牌，及时公布有关自然、气象灾害预警、预告信息，并提示旅游者不要参与没有领队资质者组织的活动，不要参与没有任何户外探险相关培训者组织的活动，不要盲目尝试没有任何保障的户外探险活动。第二，加强对公众的探险安全教育。充分利用电视、广播、报纸、网络等媒体，向社会公布发生的户外探险事故及其原因，警示从事户外探险的单位和人员吸取教训。要大力宣传"安全第一"的观念，介绍户外探险常识，增强旅游者安全风险意识，使其认清盲目参与户外探险的危害，培养理性参与户外探险活动的习惯，营造全社会关注安全户外探险的舆论氛围。要广泛宣传商业保险的作用，提高旅游者对保险的认知度，引导户外探险者购买保险。第三，严格责任追究，强化户外探险安全和应急处置责任。进一步强化部门监管和属地管理责任，强化综合治理，主动协调相关部门加强联合监管，对不具备户外探险安全条件或存在安全隐患的项目、场所，要坚决责令依法关停或整改。要强化目标考核和责任追究，严肃查处各种安全违法违规行为，落实安全责任追究制。对于安全防范措施不落实、反应不及时、处置不得力的要严格问责、追究。

10.5.3 经营高风险旅游项目应当投保责任保险

《旅游法》第五十六条规定："国家根据旅游活动的风险程度，对旅行社、住宿、旅游交通以及本法第四十七条规定的高风险旅游项目等经营者实施责任保险制度。"

旅游活动具有群体性、异地性的特点，旅游经营场所属于公众聚集场所，较易发生安全事故。因此，基于以下几点考虑，《旅游法》进一步确认了现行的旅行社和旅游交通的责任保险制度，并对住宿和高风险旅游项目等经营者实施责任保险制度。

(1) 有的经营场所属于人员密集场所，有的经营活动风险程度较高，一旦发生群体性伤亡事故，需要大量赔付资金。实行责任保险制度，有利于旅游经营者转移风险，提高赔付能力，保障旅游者的利益。

(2) 法定强制责任险有利于降低单个经营者投保责任险的保费。责任保险费率的制定，通常根据责任保险的风险大小、损失率的高低及投保人的数量等来确定。目前，一些住宿、景区、高风险旅游项目经营者愿意投保责任险，但是由于投保人基数过低，保费数额巨大，企业难以承受。

(3) 我国旅游者投保商业险的意识相对薄弱，规定强制责任保险制度，有利于提高经营者的风险防范和保险意识。

《中华人民共和国保险法》第六十五条第四款规定："责任保险是指以被保险人对第三者

依法应负的赔偿责任为保险标的的保险。"也就是说,责任保险是指保险人与投保人签订保险合同,约定由投保人缴纳保险费,由保险人承担投保人(被保险人)在生产、业务活动或日常生活中,由于疏忽、过失等行为造成他人财产或人身伤亡时所应承担的赔偿责任。

由上可知,旅游经营者责任保险是指以旅游经营者因其提供的旅游产品和服务对旅游者以及受其委派为旅游者提供服务的导游或领队人员依法应当承担的赔偿责任为保险标的的保险。在此种保险法律关系中,旅游经营者既是投保人,也是被保险人,保险人则是保险公司。旅游者以及其他受害人与保险合同虽无直接关系,但订立保险合同的根本目的是保障他们的合法权益。一般情况下,依据合同自由原则,经营者有权决定是否投保责任险,法律并不强行要求经营者必须投保。但要注意的是,旅游经营者责任保险是法定强制性保险,其强制性表现在两个方面:一是强制投保,法律要求旅游经营者必须投保旅游经营者责任保险,否则应承担相应的法律责任;二是强制承保,保险公司不得拒绝承保,也不能随意解除合同。

 案例分析 10.2

卢克索是埃及古城,是著名的旅游胜地,位于南部尼罗河东岸。由于特殊的地貌环境,当地十分流行热气球观光项目,游客在小镇乘坐热气球,随着热气球缓缓升起,可以在天空中饱览尼罗河风光及神庙古迹。

2013年2月26日清晨,卢克索发生一起热气球爆炸事故,包括9名中国香港游客在内的19人在事故中不幸遇难,另有2人受伤。事发时,热气球上共载有包括1名驾驶员在内的21人。由于球体内部压力过大,引擎火焰触到球壁导致球体起火爆炸,热气球从近300米的高空垂直坠落在一片甘蔗地里。

事故中遇难的9名中国香港游客参与的是香港胜景游旅行社组织的埃及10日游,该团于2月22日出发前往埃及,一行有15名团友及1名领队。出事当天是行程第5天。遇难的9名游客分别是4名男子、5名女子,年龄介于33~62岁,分别来自3个家庭。

9名遇难者中,有6人购买的旅游保险不承保热气球活动,无法获得保险赔偿。另外3人购买的旅游保险承保热气球活动,可获赔偿金额最高为55万港元(按当时汇率约44万元人民币)。

《旅游法》第六十一条规定:"旅行社应当提示参加团队旅游的旅游者按照规定投保人身意外伤害保险。"这类保险金额因国内、国际而有所区别。如果游客在旅行过程中选择类似热气球、冲浪、潜水、蹦极等危险性项目,导游或领队会告知游客其购买的旅游人身意外险是否包含相关保险(各保险公司细则不同,如果包含,保额一般也较低)。通常情况下,项目负责公司会另外提供额度较高的保险项目,并询问游客是否购买,游客可综合考虑后自行选择。

资料来源:李姝莛,田栋栋. 埃及热气球爆炸致19人遇难 含9名中国香港游客[EB/OL]. (2013-02-26)[2021-10-12]. https://www.163.com/news/article/8OM78T5N00014JB5.html.

问题

1. 热气球作为高空旅游项目,其存在哪些风险?
2. 旅游经营者责任保险与旅游意外保险有什么区别?

10.6 旅游突发事件应急预案

10.6.1 旅游突发公共事件应急预案

2005 年 7 月，国家旅游局印发了《旅游突发公共事件应急预案》，以下为其详细内容。

1. 适用范围

本预案适用于国家及各地方处置旅游者因自然灾害、事故灾难、突发公共卫生事件和突发社会安全事件而发生的重大游客伤亡事件。

(1) 自然灾害、事故灾难导致的重大游客伤亡事件，包括：水旱等气象灾害；山体滑坡和泥石流等地质灾害；民航、铁路、公路、水运等重大交通运输事故；其他各类重大安全事故；等等。

(2) 突发公共卫生事件造成的重大游客伤亡事件，包括：突发性重大传染性疾病疫情；群体性不明原因疾病；重大食物中毒事件；以及其他严重影响公众健康的事件；等等。

(3) 突发社会安全事件特指发生重大涉外旅游突发事件和大型旅游节庆活动事故，包括：我国港澳台地区游客和外国游客死亡事件；在大型旅游节庆活动中由于人群过度拥挤、火灾、建筑物倒塌等造成人员伤亡的突发事件。

2. 处理原则

(1) 以人为本，救援第一。在处理旅游突发公共事件中，以保障旅游者生命安全为根本目的，尽一切可能为旅游者提供救援、救助。

(2) 属地救护，就近处置。在本地区政府领导下，由本地区旅游行政管理部门负责相关的应急救援工作，运用一切力量，力争在最短时间内将危害和损失降到最低程度。

(3) 及时报告，信息畅通。各级旅游行政管理部门在接到有关事件的救援报告时，要在第一时间内，立即向上级部门及相关单位报告，或边救援边报告，并及时处理和做好有关的善后工作。

3. 组织机构和工作职责

1) 组织机构

(1) 国家旅游主管部门设立旅游突发事件应急协调领导小组，下设领导小组办公室负责具体工作。

(2) 市级以上旅游行政管理部门设立旅游突发事件应急领导小组。领导小组下设办公室，具体负责本地区旅游突发事件的应急指挥和相关的协调处理工作。

2) 工作职责

(1) 国家旅游主管部门旅游突发事件应急协调领导小组，负责协调指导涉及全国性、跨省区发生的重大旅游突发事件的相关处置工作，以及涉及国务院有关部委参加的重大旅游突发事件的处置、调查工作；有权决定本预案的启动和终止；对各类信息进行汇总分析，并上报国务院。领导小组办公室主要负责有关突发事件应急信息的收集、核实、传递、通报，执行和实施领导小组的决策，承办日常工作。

(2) 各级领导小组及其办公室负责监督所属地区旅游经营单位落实有关旅游突发事件的预防措施；及时收集整理本地区有关危及旅游者安全的信息，适时向旅游企业和旅游者发出旅游警告或警示；本地区发生突发事件时，在本级政府领导下，积极协助相关部门为旅游者提供各种救援；及时向上级部门和有关单位报告有关救援信息；处理其他相关事项。

4. 预警发布

(1) 建立健全旅游行业警告、警示通报机制。各级旅游行政管理部门应根据有关部门提供的重大突发事件的预告信息，以及本地区有关涉及旅游安全的实际情况，适时发布本地区相关旅游警告、警示，并及时将情况逐级上报。

(2) 国家旅游主管部门根据有关部门提供的情况和地方旅游行政管理部门提供的资料，经报国务院批准，适时向全国发出相关的旅游警告或者禁止令。

5. 救援机制

1) 突发公共事件等级及响应

突发公共事件按旅游者伤亡程度分为重大(Ⅰ级)、较大(Ⅱ级)、一般(Ⅲ级)三级。

(1) 重大(Ⅰ级)突发公共事件：一次突发事件造成旅游者 10 人以上重伤或 5 人以上死亡的，或一次造成 50 人以上严重食物中毒或造成 5 人以上中毒死亡。

(2) 较大(Ⅱ级)突发公共事件：一次突发事件造成旅游者 5～9 人重伤或 1～4 人死亡，或一次造成 20～49 人严重食物中毒且有 1～4 人死亡。

(3) 一般(Ⅲ级)突发公共事件：一次突发事件造成旅游者 1～4 人重伤，或一次造成 1～19 人严重食物中毒。

当发生重大(Ⅰ级)突发事件时，国家旅游主管部门启动应急预案，事发所在地省级旅游行政管理部门启动相应应急预案，在省级人民政府领导下，进行具体响应。发生较大(Ⅱ级)以下突发事件时，由省级旅游行政管理部门决定启动相应的旅游应急预案，在省级人民政府(或相应的地方政府)领导下，参与和协调相关部门和单位及时采取应急处置措施。

2) 突发自然灾害和事故灾难事件的应急救援处置程序

(1) 当自然灾害和事故灾难影响到旅游团队的人身安全时，随团导游人员在与当地有关部门取得联系争取救援的同时，应立即向当地旅游行政管理部门报告情况。

(2) 当地旅游行政管理部门在接到旅游团队、旅游区(点)等发生突发自然灾害和事故灾难报告后，应积极协助有关部门为旅游团队提供紧急救援，并立即将情况报告上一级旅游行政管理部门。同时，及时向组团旅行社所在地旅游行政管理部门通报情况，配合处理有关事宜。

(3) 国家旅游主管部门在接到相关报告后，应协调相关地区和部门做好应急救援工作。

3) 突发公共卫生事件的应急救援处置程序

(1) 突发重大传染病疫情的应急救援处置程序。

① 旅游团队在行程中发现疑似重大传染病疫情时，随团导游人员应立即向当地卫生防疫部门报告，服从卫生防疫部门作出的安排。同时，向当地旅游行政管理部门报告，并提

供团队的详细情况。

②　旅游团队所在地旅游行政管理部门接到疫情报告后，要积极主动配合当地卫生防疫部门做好旅游团队住宿的旅游饭店的消毒防疫工作，以及游客的安抚、宣传工作。如果卫生防疫部门作出就地隔离观察的决定，旅游团队所在地旅游行政管理部门要积极安排好旅游者的食宿等后勤保障工作；同时，向上一级旅游行政管理部门报告情况，并及时将有关情况通报组团社所在地旅游行政管理部门。

③　经卫生防疫部门正式确诊为传染病病例后，旅游团队所在地旅游行政管理部门要积极配合卫生防疫部门做好消毒防疫工作，并监督相关旅游经营单位按照国家有关规定采取消毒防疫措施；同时，需经过地区旅游行政管理部门向团队通报有关情况，以便及时采取相应防疫措施。

④　发生疫情所在地旅游行政管理部门接到疫情确诊报告后，要立即向上一级旅游行政管理部门报告。省级旅游行政管理部门接到报告后，应按照团队的行程路线，在本省范围内督促该团队所经过地区的旅游行政管理部门做好相关的消毒防疫工作。同时，应及时上报国家旅游主管部门。国家旅游主管部门应协调相关地区和部门做好应急救援工作。

(2)　重大食物中毒事件的应急救援处置程序。

①　旅游团队在行程中发生重大食物中毒事件时，随团导游人员应立即与卫生医疗部门取得联系争取救助，同时向所在地旅游行政管理部门报告。

②　事发地旅游行政管理部门接到报告后，应立即协助卫生、检验检疫等部门认真检查团队用餐场所，找出毒源，采取相应措施。

③　事发地旅游行政管理部门在向上级旅游行政管理部门报告的同时，应向组团旅行社所在地旅游行政管理部门通报有关情况，并积极协助处理有关事宜。国家旅游主管部门在接到相关报告后，应及时协调相关地区和部门做好应急救援工作。

4)　突发社会安全事件的应急救援处置程序

(1)　当发生我国港澳台地区旅游者和外国旅游者伤亡事件时，除积极采取救援外，要注意核查伤亡人员的团队名称、国籍、性别、护照号码以及在国内外的保险情况，由省级旅游行政管理部门或通过有关渠道，及时通知我国港澳台地区的急救组织或有关国家的急救组织，请求配合处理有关救援事项。

(2)　在大型旅游节庆活动中发生突发事件时，由活动主办部门按照活动应急预案，统一指挥协调有关部门维持现场秩序，疏导人群，提供救援；当地旅游行政管理部门要积极配合，做好有关工作，并按有关规定及时上报事件有关情况。

5)　境外发生突发事件的应急救援处置程序

在组织中国公民出境旅游中发生突发事件时，旅行社领队要及时向所属旅行社报告，同时报告我国驻所在国或地区使(领)馆或有关机构，并通过所在国家或地区的接待社或旅游机构等相关组织进行救援，要接受我国驻所在国或地区使(领)馆或有关机构的领导和帮助，力争将损失降到最低程度。

6)　分级制定应急预案

各级旅游行政管理部门应根据本地区实际，在当地党委、政府的领导下，制定旅游突发公共事件救援预案，或与有关部门联合制定统一应急救援预案，建立联动机制，形成完整、健全的旅游救援体系，并进行必要的实际演练。要总结经验教训，不断修改完善本级应急救援预案，努力提高其科学性、实用性。

7) 公布应急救援联络方式

各级旅游行政管理部门应通过媒体向社会公布旅游救援电话，或共享有关部门的救援电话，并保证 24 小时畅通。

8) 新闻发布

对旅游突发公共事件的新闻报道工作实行审核制。

6. 信息报告

突发事件发生后，现场有关人员应立即向本单位和当地旅游行政管理部门报告，并区分事件等级逐级及时上报。

对于发生的食物中毒事故，省级旅游行政管理部门接到报告后除按规定上报外，同时应督促全省各地旅游行政管理部门会同当地卫生防疫部门做好旅游团队餐饮场所的检查，以避免类似事故的发生。

7. 应急保障和演练

各级旅游行政管理部门要围绕旅游突发事件应急救援工作加强对工作人员的培训和演习，做到熟悉相关应急预案和程序，了解有关应急支援力量、医疗救治、工程抢险等相关知识，保持信息畅通，保证各级响应的相互衔接与协调。要主动做好公众旅游安全知识、救助知识的宣传教育，不断提高旅游全行业与广大旅游者预防和处置旅游突发事件的能力。

10.6.2 中国公民出境旅游突发事件应急预案

2006 年 4 月 26 日，外交部和国家旅游局共同发布了《中国公民出境旅游突发事件应急预案》。

1. 适用范围

本预案适用于中国公民出境旅游过程中生命财产受到损害或严重威胁的重大和较大突发事件的应急处置工作。

2. 工作原则

本预案遵循《国家突发公共事件总体应急预案》和《国家涉外突发事件应急预案》明确的基本原则。同时，结合旅游应急救助工作实际，坚持如下原则。

(1) 以人为本，救助第一。以保障出境旅游的中国公民生命财产安全为准则，履行政府公共服务职能，尽力提供事前、事中和事后的必要应急救助。

(2) 迅速反应，减少损失。事件发生后做到在第一时间、第一现场实施救助和报告。根据需要，迅速动员和协调国内外应急救援力量，力争在最短的时间内将危害和损失降到最低程度。

(3) 依法规范，协调配合。遵守国家法律法规和国际条约，参照事发国(地区)法律法规的相关规定。各部门要认真履行职责，主动配合协调，保证信息畅通，确保应急措施到位。

(4) 顾全大局，服从指挥。各相关部门和涉事单位要认真贯彻党中央、国务院有关处理突发事件的要求，认真履行职责，树立大局意识，服从应急指挥机构的统一领导，保证完成各项处置工作。

3. 组织指挥体系和职责

中国公民出境旅游突发事件发生后，根据需要启动不同级别的应急响应机制。处理重大和较大突发事件，启用以下组织指挥系统。

1) 部际联席会议

中国公民出境旅游重大和较大突发事件发生后，根据需要启动境外中国公民和机构安全保护工作部际联席会议，统一组织、协调、指挥应急处置工作。

2) 应急领导小组

中国公民出境旅游重大和较大突发事件发生后，启动外交部和国家旅游主管部门成立的应急领导小组，负责统一组织、协调、指挥应急处置工作。必要时，国务院其他有关部门和相关省级人民政府参与组织协调。

3) 部门职责

外交部和国家旅游主管部门按照各自职责，负责指导和协调现场救助、收集和发布有关信息、履行报告制度、组织和协调善后处理等应急工作。各有关部门和地方积极参与，提供相应的支持和保障。

4. 预警机制

1) 预警机制建立

建立和完善中国公民出境旅游安全预警信息收集、评估和发布制度。

2) 预警信息收集

国家有关部门要加强相关信息的收集和分析，及时掌握和通报有关情况。

3) 预警信息分级

(1) 提示。提示中国公民前往某国(地区)旅游应注意的事项。

(2) 劝告。劝告中国公民不要前往某国(地区)旅游。

(3) 警告。警告中国公民一定时期内在任何情况下都不要前往某国(地区)旅游。

4) 预警信息评估

组织开展对预警建议的评估，并履行报批程序。

5) 预警信息发布

经授权，国家旅游主管部门或其他部门向社会发布旅游预警信息。

5. 应急响应

根据事发地点、性质、规模和影响，中国公民出境旅游突发事件分为特别重大(Ⅰ级)、重大(Ⅱ级)、较大(Ⅲ级)和一般(Ⅳ级)四级响应。

1) Ⅰ级响应

国务院成立涉外突发事件应急总指挥部处置。

2) Ⅱ级响应

根据需要启动部际联席会议或由外交部和国家旅游主管部门成立应急领导小组，负责统一组织、协调、指挥应急处置工作。

3) Ⅲ级响应

参照Ⅱ级响应。

4) Ⅳ级响应

启动国家旅游主管部门《旅游突发公共事件应急预案》处置。

6. Ⅱ级和Ⅲ级响应处置程序

1) 先期处置

(1) 事发后，当事人立即向事发地有关部门报警求助，并组织必要的自救。同时，迅速向我驻当地外交机构和国内组团单位报告。

(2) 我驻外外交机构接到事发报告后，采取必要措施，努力控制事态，并迅速将事发情况向外交部和国家旅游主管部门报告。

2) 处置措施

(1) 我境外有关部门协助开展医疗急救、财产保护、安置安抚和游客转移等工作。对救助及善后处理提出建议，随时向国内报告。

(2) 旅游机构及时了解核实涉事旅游团队及游客情况，及时准确向有关部门提供信息。

(3) 迅速通知涉事保险机构及国际救援机构提供紧急救援。督促国内组团单位履行合同承诺，采取措施保证及时救助。

(4) 组织协调国内组团单位负责人和当事游客家属尽快赴事发国(地区)参与和协助处理有关事宜。根据需要，派遣有关部门和地方政府组成的工作组。

(5) 与事发国(地区)有关部门交涉，寻求必要的合作与支持。

(6) 组织协调有关部门和地方政府协助做好应急处置相关工作。

3) 后期处置

(1) 做好旅游团队回国后的善后工作。

(2) 提交事件处理报告。

7. 信息报告和发布

1) 信息报告

事发后，当事人在第一时间向我驻外和国内有关部门报告。接报部门在 2 小时内应向上级部门报告，同时通报有关单位和地区。在应急处置过程中，及时续报有关情况。

2) 信息发布

根据需要，外交部和国家旅游主管部门设立热线电话；在政府网站及时发布有关信息；通过提供新闻稿、组织报道、接受记者采访、举行新闻发布会等形式发布信息。

8. 应急保障和培训演练

1) 相关保障

各有关部门和地方政府按照职责分工和突发事件处置需要，及时做好应对突发事件的各种保障工作。

2) 培训演练

旅游机构要组织中国公民出境旅游的安全保护和保险意识的教育，开展对部门、企业和从业人员的应急业务培训和演练。要面向广大游客做好出境前的安全教育，加强安全防范意识，提供我国驻目的地国家或地区使(领)馆或有关机构的电话、旅游救援电话、报警电话等应急救援信息。

10.7　旅游救援制度

旅游救援是对旅游活动中发生安全事故的相关当事人(包括旅游者、旅游从业人员等)提供的紧急救护和援助，是保障旅游者安全、维护旅游业健康发展的重要方面，也是国家安全生产的重要保障。

《旅游法》第八十二条规定："旅游者在人身、财产安全遇有危险时，有权请求旅游经营者、当地政府和相关机构进行及时救助。中国出境旅游者在境外陷于困境时，有权请求我国驻当地机构在其职责范围内给予协助和保护。旅游者接受相关组织或者机构的救助后，应当支付应由个人承担的费用。"

10.7.1　旅游救援服务尚处于起步阶段

旅游救援起源于 20 世纪 50 年代末期的欧洲，最开始只有拖车服务等简单项目，后来逐渐扩大到安排和介绍医院、医疗状况跟踪、患者转院或转送回国等医疗援助，以及为客人查找丢失的行李或旅行证件、紧急信息传递、现金借款、诉讼费援助等非医疗援助项目。在发达国家，将旅游安全保障由传统的"事后补偿"变为"事前、事中、事后"的全方位服务，是被广为推崇的现代旅游理念。

20 世纪 80 年代中期，旅游救援传到我国，但当时仅是为海外客人提供相应的服务。目前，我国旅游救援工作尚处于起步阶段，仅有零星机构提供旅游救援服务。与快速发展的旅游业相比，国内旅游救援机构数量少、规模小，整体发展缓慢。目前，在国内从事旅游救援业务的主要是外资企业，如国际 SOS 救援中心、蒙迪艾尔救援集团、曼弗雷国际救援公司等。本土旅游救援机构只有中国国际旅行社旅行救援中心、云南途安旅游安全保障救援中心等为数不多的几家。相对于 2019 年我国国内旅游人数 60.06 亿人次、入境旅游人数 1.45 亿人次、出境旅游人数 1.55 亿人次的旅游规模而言，我国的救援机构数量明显偏少。

目前，我国旅游救援服务存在诸多问题，包括旅游救援法律法规建设与实践发展未能同步，并滞后于我国旅游业发展；尚未真正建立与国际接轨的统一联动的旅游救援机制；已有初步的旅游救援机构，但效率不高，难以形成有效的社会联动系统；旅游救援资源配置不合理，救援装备数量不足，救援能力差等，旅游救援体系构建迫在眉睫。

10.7.2　救援服务市场有待开发

1991 年 2 月成立的中国国际旅行社旅行救援中心是国内最早从事旅游救援的专业机构，目前已经建立起比较完善的旅游救援网络，和境内外多家保险公司及境外多家救援公司有救援代理业务，成功完成多次救援。

旅游救援和传统保险在旅游中的作用并不完全相同。保险是一种资金支持、事后保障；而旅游救援是旅游前、中、后的全程服务与保障，是将传统保险的事后理赔服务往前延伸到事故发生时的有效救援。

以南非游为例，一旦游客在南非患病，只能自己先付费住院，待回国后再凭收费单据向保险公司索赔。然而在国外做手术，手术费加上陪护费、律师费等，可能动辄花费数十万元，一般游客不会带这么多钱去旅游，更何况独自在外，患病后也没有精力来应对种种事项。这时候旅游救援的便利性就突显出来。游客只要拨打救援公司的电话求助，救援公司就会根据游客的位置通知距离最近的救援点实施就地救援，所需资金只要在保险金额以内，救援公司就可以垫付所有费用。

目前，我国入境游客购买保险的比例基本已达到100%，而国内出境游客和国内游客购买保险的比例还比较小，国内旅游救援服务市场有待开发。

10.7.3　应充分发挥旅游保险的作用

保险的根本宗旨在于通过事前的承保和事中对事件的及时处理、事后的及时理赔，降低社会和生活中的可能损失，保障人身和财产安全。这与社会救援的根本目的是一致的。大量社会救援行动单纯靠各级政府的专业救援力量远远不够。一是财力上无法承受。社会救援尽管面对的是小规模的突发事件，但由于数量庞大，所需支出的费用庞大，政府难以承担。经费紧张必然导致装备、人员的不足和短缺，从而无力实施大量社会救援。二是能力上无法胜任。突发事件层出不穷，仅靠政府一己之力是无法应付的。

在市场经济条件下，救援服务商业化是一种必然趋势。此外，在救援过程中，保险公司完善的电话、电子信息系统可以为社会救援工作提供强大的信息支持。为充分发挥商业保险在紧急救援中的作用，可从以下3个方面着力。

(1) 保险公司应大力开发紧急救援保险，将一般的保险事后理赔服务向前延伸到事故发生时的"立即"援助，使消费者在购买保险产品之后，可以享受到国际国内的及时救援服务。

(2) 加快与国际救援组织的合作。目前我国已有保险公司与国际SOS、安盛、优普等国际救援机构展开合作，但这种合作还停留在比较浅的层次上。保险公司与国际救援机构的合作可以进一步拓宽、加深，不但面向海外业务，而且要更多地面向国内业务。在产品上除现有险种外，在车险、寿险等方面也要有所突破。

(3) 政府要发挥商业保险在紧急救援体系中的作用。要本着来自社会、依靠社会力量、服务社会的原则，整合社会救援力量，调动各方面的紧急救援资源。特别要注意充分发挥商业保险的作用，在政策上适当倾斜，将那些政府不好办或者办不好的事情以一定的方式委托保险公司来完成，并给予适当的补贴，鼓励保险公司经办。

10.7.4　国内外的救援体系

1. 美国：救援协会享受政策优惠

美国救援协会是全国性的救援组织，成立于1950年。美国救援协会是全社会安全保障体系的一部分并得到政府优惠政策的支持，如救援协会、救援中心的办公地点由政府提供；

救援协会购置车辆、器材等享受免税；救援志愿者参加培训和救援工作时，其所就职的部门须无条件支持，不得扣薪水；援助工作与军队、警察、保险、医疗等部门密切合作，救援中广泛使用的直升机由军队提供，救援狗由警方提供。

2. 澳大利亚：有资质的志愿者担任救援人员

澳大利亚对救援工作高度重视，不仅有完善的法律法规体系，还有专门的政府机构、社会团体、专职人员与大量志愿者参与应急救援工作，但在澳大利亚政府应急机构内工作的人员较少，各类应急救援机构中的职业救援人员也不多，救援时主要依赖成千上万训练有素的志愿者。所有志愿者必须按照国家标准参加培训，掌握各种救援技能，取得全国通行的资质，政府应急管理机构为志愿者提供必要的救援装备。

3. 中国香港：政府拨款支持救援组织

香港民众安全服务队(简称民安队)是中华人民共和国香港特别行政区政府辖下一支须穿制服并受纪律约束的志愿应急队伍，为香港特区政府及市民提供协助，并在日常中提供各项非紧急性质的社会服务，其经费由政府支付。它的主要职责是在发生自然灾害及其他紧急事故时，支援政府的正规应急部队。它的主要任务包括抢险救灾、扑灭山火、山岭搜索及救援、处理海面油污、抢救被楼宇倒塌和山泥倾泻所困的人士、支援社会大型疫症应变等。在社会服务方面，它的主要职责是为社区群众性大型活动提供维持现场秩序或军乐表演服务，郊野巡逻以执行防止山火任务和为有需要的旅游人士提供援助，向学校及社区群众或部门团体推广山岭活动安全常识以及相关训练工作。

4. 中国云南：旅游组合保险与旅游救援中心

作为旅游大省的云南，2009 年率先开始探索旅游安全救援体系建设。2010 年 1 月，云南旅游组合保险应运而生。组合保险由旅行社按游客人数购买，1 日游收费标准为每人 1 元，省内 7 日游收费标准为每人 3 元，省外出游 20 天内收费标准为每人 5 元，自组出国游 20 天内收费标准为每人 15 元。组合保险赔付每次事故责任限额为 5000 万元，每次事故每人责任限额为 120 万元，全年累计责任不设最高赔偿限额。由于将过去分散的保险费用集中起来统一投放，组合保险大幅提高了赔付额度。一旦发生旅游意外事故，救援和善后处理费用就由组合保险储备金全额垫付。这就解决了长期以来旅游救援资金不到位的问题，确保游客在第一时间得到救治。

2010 年 7 月，云南途安旅游安全保障救援中心在省民政厅注册成立，开通 24 小时值班电话，在昆明、大理、丽江、西双版纳设立工作站，划片负责旅游安全救援和保障工作，并利用电子监控平台监管旅游团队购买组合保险的情况。

■■■ 本 章 小 结 ■■■

旅游突发事件是指突然发生，造成或者可能造成旅游者人身伤亡、财产损失，需要采取应急处置措施予以应对的自然灾害、事故灾难、公共卫生事件和社会安全事件。

根据旅游突发事件的性质、危害程度、可控性以及造成或者可能造成的影响，旅游突发事件一般分为特别重大、重大、较大和一般四级。

根据可能对旅游者造成的危害程度、紧急程度和发展态势，风险提示级别分为一级(特别严重)、二级(严重)、三级(较重)和四级(一般)，分别用红色、橙色、黄色和蓝色标示。

我国高风险旅游项目主要包括高空项目、高速项目、水上项目、潜水项目和探险项目。

旅游救援是对旅游活动中发生安全事故的相关当事人提供的紧急救护和援助。

关键术语

旅游安全　旅游突发事件　应急预案　高风险旅游项目　旅游救援

知识链接

1. 中国法制出版社. 中华人民共和国旅游法[M]. 北京：中国法制出版社，2018.

2. 国家旅游局. 旅游安全管理办法[EB/OL]. (2016-09-27)[2021-06-25]. http://www.faxin.cn/lib/zyfl/ZyflContent.aspx?gid=A262492&libid=all&userinput=旅游安全管理办法.

3. 国家旅游局. 重大旅游安全事故报告制度试行办法[EB/OL]. (1993-04-15)[2021-06-25]. http://www.faxin.cn/lib/zyfl/ZyflContent.aspx?gid=A167282&libid=all&userinput=重大旅游安全事故报告制度试行办法.

4. 国家旅游局. 重大旅游安全事故处理程序试行办法[EB/OL]. (1993-04-15)[2021-06-25]. http://www.faxin.cn/lib/zyfl/ZyflContent.aspx?gid=A167278&libid=all&userinput=重大旅游安全事故处理程序试行办法.

5. 国家旅游局. 旅游突发公共事件应急预案[EB/OL]. (2016-03-07)[2021-06-25]. https://www.doc88.com/p-8159748300843.html?r=1.

6. 国家旅游局，外交部. 中国公民出境旅游突发事件应急预案(简本)[EB/OL]. (2006-04-25)[2021-06-25]. http://www.faxin.cn/lib/Zyfl/ZyflContent.aspx?gid=A101121&userinput=中国公民出境旅游突发事件应急预案.

7. 卢世菊. 旅游法教程[M]. 5版. 武汉：武汉大学出版社，2014.

课后习题

一、不定项选择题

1. 重大旅游突发事件是指(　　)。

A. 造成或者可能造成人员死亡(含失踪)10人以上、30人以下或者重伤50人以上、100人以下的事件

B. 旅游者200人以上滞留超过24小时，对当地生产生活秩序造成较严重影响的事件

C. 其他在境内外产生重大影响，并对旅游者人身、财产安全造成重大威胁的事件

D. 造成旅游者财产损失100万元人民币以上的事件

2. 根据《中国公民出境旅游突发事件应急预案》，中国公民出境旅游安全预警信息分为( )等级别。

    A. 提示   B. 劝告   C. 警告   D. 禁止

二、判断题

1. 旅游者接受相关组织或者机构的救助后，应当支付应由个人承担的费用。   ( )

2. 经营高空、高速、水上、潜水、探险等高风险旅游项目，只要在工商行政部门备案即可。   ( )

3. 经营高空、高速、水上、潜水、探险等高风险旅游项目的经营者必须购买责任保险。   ( )

4. 根据旅游突发事件的性质、危害程度、可控性以及造成或者可能造成的影响，旅游突发事件一般分为特别重大、重大、较大和一般四级。   ( )

三、思考题

1. 简述旅游突发事件处理的一般程序。

2. 旅游突发事件应急预案的作用有哪些？

3. 如何规避高风险旅游项目的风险？

4. 如何全面推行旅游救援制度？

四、案例分析题

案例 1

2014 年 12 月 31 日 23 时 35 分，上海市黄浦区外滩陈毅广场东南角通往黄浦江观景平台的人行通道阶梯处发生拥挤踩踏事件，造成 36 人死亡、49 人受伤。

调查报告认定，"12·31"外滩陈毅广场拥挤踩踏事件是一起对群众性活动预防准备不足、现场管理不力、应对处置不当而引发的拥挤踩踏并造成重大伤亡和严重后果的公共安全责任事件。

"12·31"外滩陈毅广场拥挤踩踏事件调查报告认定的主要事故原因为：对事发当晚外滩风景区特别是陈毅广场人员聚集的情况，黄浦区政府和相关部门领导思想麻痹，严重缺乏公共安全风险防范意识，对重点公共场所可能存在的大量人员聚集风险未作评估，预防和应对准备严重缺失，事发当晚预警不力、应对措施不当。

资料来源：萧君玮. 外滩拥挤踩踏事件是一起造成严重后果的公共安全责任事件[EB/OL]. (2015-01-21) [2021-10-12]. https://china.huanqiu.com/article/9CaKrnJGUSN.

根据案例，分析下列问题：

1. 上述事件属于何种类型的旅游突发事件？

2. 当地政府在旅游安全防范方面存在哪些问题？

3. 旅游者是否有责任？

4. 安全教育流于形式的原因是什么？

案例 2

泰国清迈"丛林飞跃"是很多游客来泰国的必玩项目。清迈有多家经营"丛林飞跃"项目的公司，很多 1 日游行程中也包含"丛林飞跃"项目。据飞鼠公司"丛林飞跃"项目介绍显示，该项目"提供清迈高空滑索探险，在大约距离地面 50 米的高度从一棵树滑翔到另一棵树。完成整个索道需 2~2.5 小时，树间共有 32 个平台，有完善的安全措施和教练指导。费用为每人约 2700 泰铢(约合 480 元人民币)"。

2015 年 6 月 28 日，一名中国游客在一个 12 米高的平台上做出发前的安全准备活动时，由于安全带没扣好，突然发生意外从平台上摔下，当场身亡。

2015 年 7 月 13 日，一名中国游客和一名美国游客分别和朋友去清迈参加"丛林飞跃"项目，两行人一前一后在离地约 10 米高的索道上滑行。当中国游客率先到达前方的一个大树平台上时，刚好大树上的马蜂窝被捅破，马蜂四处飞散，中国游客紧急逃离。慌乱中，中国游客顺着滑道打算原路返回，不慎与紧随其后的美国游客重重撞在一起，两人都身受重伤，随后被紧急送往当地医院救治。

2015 年 10 月 11 日，一名 32 岁的中国游客在清迈参加飞鼠公司的"丛林飞跃"项目时意外身亡。死者朋友在接受电话采访时说，当时他们一共 5 个人来泰国自由行，参加清迈 1 日游的旅行团，与另外两名来自以色列的游客编成一个临时小组，体验"丛林飞跃"项目。开始时进行得比较顺利，每个人在教练指导下单独滑行，但到达一个 600 米的滑索项目时，一名中国游客根据教练要求与以色列籍游客绑在一起同时滑行，由于两人重量过大、速度太快，对面的教练在本应接住两人时却躲开了，导致两人直接撞到树上，瞬间被反弹到平台边沿并受到撞击，当时发出一声惨叫。

飞鼠公司负责人员在电话中对记者说，公司在游客参加项目前已为其购买保险，并让游客填表确认了解这是有风险的活动，赔偿问题需等待死者家属抵达泰国后面谈。据了解，在泰国旅游意外造成游客死亡，泰国政府最高可赔付 30 万泰铢(约合 5.35 万元人民币)。

医院尸检报告显示，死者是因撞击致使颈椎碎裂压迫呼吸神经最终窒息而亡。死者的朋友介绍，他们来泰国之前并没有自行购买保险。

中国驻清迈总领事馆副领事介绍，相关部门的调查结论是该"丛林飞跃"项目公司应该对这起死亡事故负责。总领事馆同时提醒中国游客，谨慎参加探险类旅游项目，如发生事故应及时与领事馆取得联系，来泰国前注意购买旅游保险。

资料来源：杨云燕，陈家宝. 泰国清迈丛林飞跃事故频发，6 月以来已致多名中国游客死亡[EB/OL].
(2015-10-13)[2021-10-12]. https://www.thepaper.cn/newsDetail_forward_1384786.

根据案例，分析下列问题：

1. 日常生活中常见的旅游安全隐患有哪些？
2. 为了尽可能减少安全隐患，旅游者应该注意哪些问题？
3. 为了尽可能减少安全事故，旅游经营者应该注意哪些问题？
4. "丛林飞跃"项目事故频发，为什么还能火爆运营？

第11章 旅游出入境管理法规

知识目标	技能目标
① 了解我国护照的主要类型； ② 了解我国旅行证的相关规定； ③ 熟悉我国签证的主要类型； ④ 了解我国出国旅游目的地的审批制度； ⑤ 了解我国出国旅游的总量控制制度	① 能够阐述我国普通签证的主要类型； ② 能够分析我国出国旅游目的地的列入条件； ③ 能够分析我国出国旅游总量控制的举措； ④ 比较大陆居民赴台旅游、内地居民赴港澳旅游的制度差异； ⑤ 比较出境旅游、边境旅游的管理制度差异

 **导入案例**

中国赴美"自由行"游客误闯军事禁区遭留置

据美国《世界日报》报道，6位来自中国广州的"自由行"背包客，因不慎误闯美国圣地亚哥的"北岛海军基地"，被安全人员收去护照，逐个录取口供，留置达两小时。虽然误会最终得以澄清，但当事人均感到心有余悸。

据悉，这6位广州游客原计划放慢脚步、放松心情，在美国与加拿大进行"深度旅游"，圣地亚哥是其旅程中的一站。事发当日，6人在当地一位华裔学生的带领下，租车到圣地亚哥市中心对面的柯洛纳多岛观光。带路的朋友记得，岛上的美国海军基地是向公众开放的，只要出示驾驶执照就能进入。于是，一行人驱车直奔基地大门而来。

接近大门时，众人才发现情形不对。荷枪实弹的军人、坚如磐石的路障，均显示这里是戒备森严的禁地。他们想尽快离开，但已来不及，值勤军官早已盯上他们，并挥手示意，要求他们开车过去接受检查。

报道指出，虽然带路人一再为这次无心误闯解释，值勤军官却置若罔闻，命令他们先将车停在一侧，然后交出护照。偏偏在这时，车上几名游客又忙着为手机更换芯片，这一举动更加令人怀疑。于是，值勤军官报告上级，一下子来了多名安全人员，其中还有一人身上有中央情报局(CIA)的标志。

接下来，车上所有的人都被逐个问话，对方还作了笔录。大约两个小时后，军方人员才将护照归还，允许他们驾车离开。

其实带路人所说也不全错，这个海军基地在2001年之前确实允许公众入内参观，出示驾驶执照就可放行。但9·11事件后，军事设施全面提升警戒，这里就不能随意进出了。除非有军方专门安排，否则无关人等一律拒之门外。外国游客到此，更应明确相关规定，以免误闯禁区，招来麻烦。

资料来源：李大明. 中国赴美"自由行"游客误闯军事禁区遭留置[EB/OL]. (2012-05-27)[2021-12-15].
https://www.chinanews.com.cn/hr/2012/05-27/3917957.shtml.

根据案例，思考下列问题：

1. 我国公民出入境需要办理什么证件？

2. 我国公民出国旅游需要注意哪些事项？

3. 入境旅游者能否随意前往我国未开放地区旅游参观？为什么？

4. 我国的旅行社能否组织旅游者赴未开放为中国公民出境旅游目的地的国家和地区进行旅游？为什么？

11.1 中国公民出入境管理制度

《中华人民共和国出境入境管理法》(以下简称《出境入境管理法》)于 2012 年 6 月 30 日经第十一届全国人民代表大会常务委员会第二十七次会议通过，自 2013 年 7 月 1 日起施行。

11.1.1 中国公民出入境的有效证件

《出境入境管理法》第九条规定："中国公民出境入境，应当依法申请办理护照或者其他旅行证件。中国公民前往其他国家或者地区，还需要取得前往国签证或者其他入境许可证明。但是，中国政府与其他国家政府签订互免签证协议或者公安部、外交部另有规定的除外。中国公民以海员身份出境入境和在国外船舶上从事工作的，应当依法申请办理海员证。"

1. 中华人民共和国护照

护照(passport)是主权国家(一国政府)发给本国公民出入国境和在国外居留、旅行等合法的身份证件，以其证明该公民的国籍、身份及出国目的。"护照"一词在英文中是口岸通行证的意思。也就是说，护照是公民旅行通过各国国际口岸的一种通行证明。所以，世界上一些国家通常也颁发代替护照的通行证件。

各国政府颁发的护照种类不尽相同，我国的护照主要有 3 种。

(1) 外交护照。外交官员、领事官员及其随行配偶、未成年子女和外交信使持用外交护照。外交护照由外交部签发。

(2) 公务护照。在中华人民共和国驻外使馆、领馆或者联合国、联合国专门机构，以及其他政府间国际组织中工作的中国政府派出的职员及其随行配偶、未成年子女持用公务护照。这类护照也适用于临时派往外国从事经济、文化、贸易等任务的人员。公务护照由外交部、中华人民共和国驻外使馆、领馆或者外交部委托的其他驻外机构，以及外交部委托的省、自治区、直辖市和设区的市人民政府外事部门签发。

(3) 普通护照。普通护照是主权国家发给本国公民因公、私事项出国所持的身份证明。普通护照由公安部出入境管理机构或者公安部委托的县级以上地方人民政府公安机关出入境管理机构，以及中华人民共和国驻外使馆、领馆和外交部委托的其他驻外机构签发。

根据 2007 年 1 月 1 日开始施行的《中华人民共和国护照法》，公民因前往外国定居、探亲、学习、就业、旅行、从事商务活动等非公务原因出国的，由本人向户籍所在地的县级以上地方人民政府公安机关出入境管理机构申请普通护照。据国家移民管理局通报，自

2019 年 4 月 1 日起，中华人民共和国护照、中华人民共和国往来港澳通行证、大陆居民往来台湾通行证等出入境证件实行"全国通办"，即内地居民可在全国任一出入境管理窗口申请办理上述出入境证件，申办手续与户籍地一致。

公民申请普通护照，应当提交本人的居民身份证、户口簿、近期免冠照片以及申请事由的相关材料。国家工作人员因上述原因出境申请普通护照的，还应当按照国家有关规定提交相关证明文件。普通护照的登记项目包括护照持有人的姓名、性别、出生日期、出生地，护照的签发日期、有效期、签发地点和签发机关。普通护照的有效期为：护照持有人未满 16 周岁的 5 年，16 周岁以上的 10 年。

2. 中华人民共和国出入境通行证

根据 2011 年 12 月 20 日修正的《中国普通护照和出入境通行证签发管理办法》，公民从事边境贸易、边境旅游服务或者参加经国务院或者国务院主管部门批准的边境旅游线路进行边境旅游的，可以由本人向边境地区县级以上地方人民政府公安机关出入境管理机构申请出入境通行证，并从公安部规定的口岸出入境。

公民从事边境贸易、边境旅游服务的，可为其签发 1 年多次出入境有效或者 3 个月 1 次出入境有效的出入境通行证；公民参加经国务院或者国务院主管部门批准的边境旅游线路进行边境旅游的，可为其签发 3 个月 1 次出入境有效的出入境通行证。出入境通行证不予变更加注或者换发。除 1 年多次出入境有效的出入境通行证外，出入境通行证不予补发。

3. 中华人民共和国往来港澳通行证

中华人民共和国往来港澳通行证俗称双程证，是由中华人民共和国公安部出入境管理局签发给中国内地居民因私往来香港或澳门地区旅游、探亲、从事商务、培训、就业、留学等非公务活动的旅行证件。

中国内地居民来港澳前，必须取得内地公安部门签发有关来港澳目的签注(如团队旅游、个人旅游、商务或其他签注等)。

持中国公民有效护照经香港特别行政区前往其他国家或地区的过境旅客如能符合一般的入境规定，包括持有前往目的地的有效入境证件及供海外旅游并已经确认的续程车/船/机票，可在每次入境时获准在港逗留 7 天而无须事先取得进入认可。

4. 大陆居民往来台湾通行证

大陆居民往来台湾通行证是中华人民共和国公安部发给大陆居民前往台湾地区的旅行通行证件。大陆居民入境台湾地区时，需一并查验往来台湾通行证和入台证。

大陆居民前往台湾地区旅游，由常住户口所在地市、县公安机关出入境管理部门受理。大陆居民赴台旅游需办理《大陆居民往来台湾通行证》及团队旅游签注，严禁持护照等其他证件前往台湾地区。

5. 中华人民共和国旅行证

中华人民共和国旅行证是代替护照证明持证人国籍和身份、以供其出入国(境)和在国(境)外旅行或居留的旅行证件，由中国驻外国的外交代表机关、领事机关或者外交部授权的

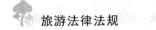

其他驻外机关颁发。

中华人民共和国旅行证通常颁发给下列几类中华人民共和国公民。

(1) 未持有效港澳同胞回乡证，但拟前往大陆的港、澳同胞。

(2) 未持有效台湾居民来往大陆通行证，但拟前往大陆，或需从国外直接前往香港、澳门特别行政区的台湾居民。

(3) 在外国出生的儿童，其父母双方均为中国国籍，且未获其他国家永久居留权者。

(4) 在外国遗失护照的中国大陆籍旅行者。

(5) 领事官员认为不便或不必持用护照的其他人员。

旅行证分 1 年 1 次入境有效和两年多次入境有效两种。前者在 1 年有效期内，持证人可以进出中国 1 次，后者在两年内可以多次往返中国。如申请到第三国签证，旅行证持有人可以前往第三国旅行。1 年 1 次旅行证如加注"仅限回国有效"，持证人回国后，旅行证即告作废。旅行证不能延期。

6. 中华人民共和国海员证

中华人民共和国海员证是由中华人民共和国海事局统一印制并签发的中国海员出入中国国境和在境外使用的有效身份证件，是海员的专用护照。它表明持证人具有中华人民共和国国籍，其职业为船员。

从 2015 年 3 月 1 日起，国际航线海船船员、中国港澳台航线船员以及国际河流段航线船员，个人可向由交通运输部海事局授权的任一海员证签发机关申办海员证；也可由船员本人委托海员外派机构、甲级海船船员服务机构及海员证申办单位代为申办。

7. 签证

仅持有效的护照、旅行证件并不意味着持照人随时可以出境，持照人还必须申请办理前往国的签证(互免签证除外)。签证(visa)是一个国家的主权机关在外国公民所持的护照或其他旅行证件上的签注、盖印，以表示允许其出入本国国境或者经过国境的手续，也可以说是颁发给他们的一项签注式的证明。概括而言，签证是一个国家的出入境管理机构对外国公民表示批准入境所签发的一种文件。

签证一般签注在护照上，也有的签注在代替护照的其他旅行证件上，有的还颁发另纸签证。例如，美国和加拿大的移民签证是一张 A4 大的纸张，新加坡对外国人也发一种另纸签证。签证一般来说须与护照同时使用，方有效力。

11.1.2 中国公民出入境的程序及法律限制

《出境入境管理法》第十一条规定："中国公民出境入境，应当向出入境边防检查机关交验本人的护照或者其他旅行证件等出境入境证件，履行规定的手续，经查验准许，方可出境入境。"

因为护照或其他旅行证件是中国公民出入国境和在国外证明国籍和身份的证件，所以中国公民在出入境时，交验护照或者其他旅行证件是一项法定义务和必备程序，用以证明自己的合法身份。

《出境入境管理法》第十二条规定："中国公民有下列情形之一的，不准出境：

（一）未持有效出境入境证件或者拒绝、逃避接受边防检查的；

（二）被判处刑罚尚未执行完毕或者属于刑事案件被告人、犯罪嫌疑人的；

（三）有未了结的民事案件，人民法院决定不准出境的；

（四）因妨害国(边)境管理受到刑事处罚或者因非法出境、非法居留、非法就业被其他国家或者地区遣返，未满不准出境规定年限的；

（五）可能危害国家安全和利益，国务院有关主管部门决定不准出境的；

（六）法律、行政法规规定不准出境的其他情形。"

11.2　外国人入出中国国境管理制度

11.2.1　外国人入出境的有效证件

1. 护照

凡入出中国边境的外国人应持有效护照，以便中国有关当局检查。

2. 签证

《出境入境管理法》第十五条规定："外国人入境，应当向驻外签证机关申请办理签证，但是本法另有规定的除外。"中国签证是中国驻外签证机关发给外国公民，供其入境、出境或过境的许可证明。

1) 签证的类型

中国签证分为外交签证、礼遇签证、公务签证、普通签证 4 种类型。对因外交、公务事由入境的外国人，签发外交签证、公务签证。对因身份特殊需要给予礼遇的外国人，签发礼遇签证。外交签证、礼遇签证、公务签证的签发范围和签发办法由外交部规定。对因工作、学习、探亲、旅游、商务活动、人才引进等非外交、公务事由入境的外国人，签发相应类别的普通签证。普通签证的类别和签发办法由国务院规定。

《中华人民共和国外国人入境出境管理条例》（以下简称《外国人入境出境管理条例》）于 2013 年 7 月 3 日经国务院第 15 次常务会议通过，自 2013 年 9 月 1 日起施行。根据《外国人入境出境管理条例》第六条的规定，签发普通签证时，根据外国人来中国的事由，在其签证上标明相应的汉语拼音字母，计有 12 种。

(1) C 字签证，发给执行乘务、航空、航运任务的国际列车乘务员、国际航空器机组人员、国际航行船舶的船员及船员随行家属和从事国际道路运输的汽车驾驶员。

(2) D 字签证，发给入境永久居留的人员。

(3) F 字签证，发给入境从事交流、访问、考察等活动的人员。

(4) G 字签证，发给经中国过境的人员。

(5) J 字签证，分为 J1 字签证和 J2 字签证两种类型。J1 字签证，发给外国常驻中国新闻机构的外国常驻记者；J2 字签证，发给入境进行短期采访报道的外国记者。

(6) L 字签证，发给入境旅游的人员；以团体形式入境旅游的，可以签发团体 L 字签证。

(7) M 字签证，发给入境进行商业贸易活动的人员。

(8) Q 字签证，分为 Q1 字签证和 Q2 字签证。Q1 字签证，发给因家庭团聚申请入境居留的中国公民的家庭成员和具有中国永久居留资格的外国人的家庭成员，以及因寄养等原因申请入境居留的人员；Q2 字签证，发给申请入境短期探亲的居住在中国境内的中国公民的亲属和具有中国永久居留资格的外国人的亲属。

(9) R 字签证，发给国家需要的外国高层次人才和急需紧缺专门人才。

(10) S 字签证，分为 S1 字签证和 S2 字签证。S1 字签证，发给申请入境长期探亲的因工作、学习等事由在中国境内居留的外国人的配偶、父母、未满 18 周岁的子女、配偶的父母，以及因其他私人事务需要在中国境内居留的人员；S2 字签证，发给申请入境短期探亲的因工作、学习等事由在中国境内停留居留的外国人的家庭成员，以及因其他私人事务需要在中国境内停留的人员。

(11) X 字签证，分为 X1 字签证和 X2 字签证。X1 字签证，发给申请在中国境内长期学习的人员；X2 字签证，发给申请在中国境内短期学习的人员。

(12) Z 字签证，发给申请在中国境内工作的人员。

2) 签证的办理

外国人申请办理签证，应当向驻外签证机关提交本人的护照或者其他国际旅行证件，以及申请事由的相关材料，按照驻外签证机关的要求办理相关手续、接受面谈。外国人申请办理签证需要提供中国境内的单位或者个人出具的邀请函件的，申请人应当按照驻外签证机关的要求提供。出具邀请函件的单位或者个人应当对邀请内容的真实性负责。

旅行社按照国家有关规定组织入境旅游的，可以向口岸签证机关申请办理团体旅游签证。

3) 不予签证的规定

《出境入境管理法》第二十一条规定："外国人有下列情形之一的，不予签发签证：

(一) 被处驱逐出境或者被决定遣送出境，未满不准入境规定年限的；

(二) 患有严重精神障碍、传染性肺结核病或者有可能对公共卫生造成重大危害的其他传染病的；

(三) 可能危害中国国家安全和利益、破坏社会公共秩序或者从事其他违法犯罪活动的；

(四) 在申请签证过程中弄虚作假或者不能保障在中国境内期间所需费用的；

(五) 不能提交签证机关要求提交的相关材料的；

(六) 签证机关认为不宜签发签证的其他情形。

对不予签发签证的，签证机关可以不说明理由。"

4) 免办签证的规定

《出境入境管理法》第二十二条规定："外国人有下列情形之一的，可以免办签证：

(一) 根据中国政府与其他国家政府签订的互免签证协议，属于免办签证人员的；

(二) 持有效的外国人居留证件的；

(三) 持联程客票搭乘国际航行的航空器、船舶、列车从中国过境前往第三国或者地区，在中国境内停留不超过 24 小时且不离开口岸，或者在国务院批准的特定区域内停留不超过规定时限的；

(四) 国务院规定的可以免办签证的其他情形。"

11.2.2　外国人出入境程序的规定

1. 外国人入境程序的规定

《出境入境管理法》第二十四条规定："外国人入境，应当向出入境边防检查机关交验本人的护照或者其他国际旅行证件、签证或者其他入境许可证明，履行规定的手续，经查验准许，方可入境。这是一个主权国家对外国人入境管理的最基本的手段。"

《出境入境管理法》第二十五条规定："外国人有下列情形之一的，不准入境：

(一) 未持有效出境入境证件或者拒绝、逃避接受边防检查的；

(二) 具有本法第二十一条第一款第一项至第四项规定情形的；

(三) 入境后可能从事与签证种类不符的活动的；

(四) 法律、行政法规规定不准入境的其他情形。

对不准入境的，出入境边防检查机关可以不说明理由。"

《出境入境管理法》第二十六条规定："对未被准许入境的外国人，出入境边防检查机关应当责令其返回；对拒不返回的，强制其返回。外国人等待返回期间，不得离开限定的区域。"

2. 外国人出境程序的规定

《出境入境管理法》第二十七条规定："外国人出境，应当向出入境边防检查机关交验本人的护照或者其他国际旅行证件等出境入境证件，履行规定的手续，经查验准许，方可出境。"

外国人出境是指外国人依法离开其居住或停留的国家。《出境入境管理法》对外国人交验本人的护照或者其他国际旅行证件等出境入境证件的程序义务作出了上述规定，并同时规定，外国人有下列情形之一的，不准出境。

(1) 被判处刑罚尚未执行完毕或者属于刑事案件被告人、犯罪嫌疑人的，但是按照中国与外国签订的有关协议，移管被判刑人的除外。

(2) 有未了结的民事案件，人民法院决定不准出境的。

(3) 拖欠劳动者的劳动报酬，经国务院有关部门或者省、自治区、直辖市人民政府决定不准出境的。

(4) 法律、行政法规规定不准出境的其他情形。

11.2.3　外国人在中国停留居留的规定

1. 停留

《出境入境管理法》第二十九条规定："外国人所持签证注明的停留期限不超过 180 日的，持证人凭签证并按照签证注明的停留期限在中国境内停留。需要延长签证停留期限的，应当在签证注明的停留期限届满 7 日前向停留地县级以上地方人民政府公安机关出入境管理机构申请，按照要求提交申请事由的相关材料。经审查，延期理由合理、充分的，准予延长停留期限；不予延长停留期限的，应当按期离境。延长签证停留期限，累计不得超过签证原注明的停留期限。"

《出境入境管理法》第三十四条规定："免办签证入境的外国人需要超过免签期限在中国境内停留的，外国船员及其随行家属在中国境内停留需要离开港口所在城市，或者具有需要办理外国人停留证件其他情形的，应当按照规定办理外国人停留证件。外国人停留证件的有效期最长为 180 日。"

2. 居留

外国人在中国居留，必须持有中国政府主管机关签发的居留证件。

1) 居留证的办理

《出境入境管理法》第三十条规定："外国人所持签证注明入境后需要办理居留证件的，应当自入境之日起 30 日内，向拟居留地县级以上地方人民政府公安机关出入境管理机构申请办理外国人居留证件。申请办理外国人居留证件，应当提交本人的护照或者其他国际旅行证件，以及申请事由的相关材料，并留存指纹等人体生物识别信息。公安机关出入境管理机构应当自收到申请材料之日起 15 日内进行审查并作出审查决定，根据居留事由签发相应类别和期限的外国人居留证件。外国人工作类居留证件的有效期最短为 90 日，最长为 5年；非工作类居留证件的有效期最短为 180 日，最长为 5 年。"

2) 居留证的类型

《外国人入境出境管理条例》第十五条规定："居留证件分为以下种类：

(一) 工作类居留证件，发给在中国境内工作的人员；

(二) 学习类居留证件，发给在中国境内长期学习的人员；

(三) 记者类居留证件，发给外国常驻中国新闻机构的外国常驻记者；

(四) 团聚类居留证件，发给因家庭团聚需要在中国境内居留的中国公民的家庭成员和具有中国永久居留资格的外国人的家庭成员，以及因寄养等原因需要在中国境内居留的人员；

(五) 私人事务类居留证件，发给入境长期探亲的因工作、学习等事由在中国境内居留的外国人的配偶、父母、未满 18 周岁的子女、配偶的父母，以及因其他私人事务需要在中国境内居留的人员。"

3) 不予签发居留证的规定

《出境入境管理法》第三十一条规定："外国人有下列情形之一的，不予签发外国人居留证件：

(一) 所持签证类别属于不应办理外国人居留证件的；

(二) 在申请过程中弄虚作假的；

(三) 不能按照规定提供相关证明材料的；

(四) 违反中国有关法律、行政法规，不适合在中国境内居留的；

(五) 签发机关认为不宜签发外国人居留证件的其他情形。

符合国家规定的专门人才、投资者或者出于人道等原因确需由停留变更为居留的外国人，经设区的市级以上地方人民政府公安机关出入境管理机构批准可以办理外国人居留证件。"

4) 永久居留情形

《出境入境管理法》第四十七条规定："对中国经济社会发展作出突出贡献或者符合其他

在中国境内永久居留条件的外国人，经本人申请和公安部批准，取得永久居留资格。外国人在中国境内永久居留的审批管理办法由公安部、外交部会同国务院有关部门规定。"

《出境入境管理法》第四十八条规定："取得永久居留资格的外国人，凭永久居留证件在中国境内居留和工作，凭本人的护照和永久居留证件出境入境。"

3. 住宿

《出境入境管理法》第三十九条规定："外国人在中国境内旅馆住宿的，旅馆应当按照旅馆业治安管理的有关规定为其办理住宿登记，并向所在地公安机关报送外国人住宿登记信息。外国人在旅馆以外的其他住所居住或者住宿的，应当在入住后 24 小时内由本人或者留宿人，向居住地的公安机关办理登记。"

《出境入境管理法》第七十六条第二款规定："旅馆未按照规定办理外国人住宿登记的，依照《中华人民共和国治安管理处罚法》的有关规定予以处罚；未按照规定向公安机关报送外国人住宿登记信息的，给予警告；情节严重的，处 1000 元以上 5000 元以下罚款。"

11.2.4 外国人在中国旅行的规定

1982 年 10 月 9 日，国务院、中央军委批转了公安部、总参谋部、外交部、国家旅游局联合制定的《关于外国人在我国旅行管理的规定》。1985 年 12 月 23 日，国务院办公厅、中央军委办公厅转发了公安部、总参谋部、外交部、国家旅游局《关于对外开放地区不再分甲乙类的请示》的通知。

1. 开放地区应具备的条件

(1) 有开放价值，有能吸引外国人去的名胜、古迹旅游点、风景区或有对外贸易、文化、科技交流的大、中城市。

(2) 社会治安稳定，交通情况良好。

(3) 有接待条件(包括翻译、导游和住宿、汽车、副食供应等)。

(4) 非军事禁区。

2. 开放地区的审批手续

凡具备开放条件的地区，由省、自治区、直辖市人民政府商有关大军区同意，报国务院批准，作为全国对外开放地区；凡因自然灾害或重要军事行动等原因，对某些开放城市或地区需要封闭的，由省、自治区、直辖市人民政府和大军区报国务院、中央军委审批。地区的开放或封闭的审批工作，由公安部承办并汇总公布。

3. 外国人旅行地区类型

(1) 开放地区。外国人前往这类地区，不办旅行证，无须事先通知。

(2) 控制开放地区。它是指一般性非开放地区，即有外国人经常去考察，进行科技交流、现场施工等公务活动的地区。这些地区，可准许有关的外国人前往，但要办旅行证。这类地区的名单，由各大军区审核同意，公安部汇总通报有关部门和各地公安机关掌握。

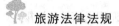
(3) 非开放地区。它是指除开放地区、控制开放地区以外的其他非开放地区。外国人因特殊情况需要去这类地区的，接待单位要事先征得前往地的省、自治区人民政府和大军区的同意，然后向公安机关申领旅行证，方可前往。

开放地区内如有重要军事设施，则应划为非开放范围。

4. 外国人在华旅行的基本规定

各国驻华外交代表机关和国际组织驻华机构人员的旅行，一般按本规定办理。必要时，视有关国家对我驻外人员的旅行是否限制而采取对等措施。

外国人在非开放地区的活动，接待单位或有关人员应按事先规定的路线和范围安排，不得随意改变。

凡在非开放地区选定与外国合资、合办、考察项目，涉及几个省、自治区、直辖市的，事先要征求公安部的意见；集中在一个大军区范围内的，应征得所在大军区的同意；超出一个大军区范围的，还应征求总参谋部的意见，尔后按规定报批。

外籍华人去非开放地区探亲、旅行，按 1980 年国务院、中央军委批准的公安部《关于取消对海外华侨、港澳同胞旅行限制的请示》的规定办理。

凡涉及国家安全的地区、单位，都要做好保密工作。凡涉及国家安全的地段和部位以及国家列为重点保护的珍贵文物，不准摄影、录像的，应事先向陪同人员和外国人宣布。

 案例分析 11.1

2015 年 7 月，一名俄罗斯游客来华旅游，在取得 L 字签证和居留证件后，向接待他的黑龙江省某国际旅行社提出到某一非开放地区旅游并在一中国居民家中留宿一夜的要求，该旅行社表示同意。但在到达目的地后，该游客被当地公安机关处以 300 元罚款。

资料来源：佚名. 出入境旅游法律制度[EB/OL]. (2011-12-11)[2021-10-13]. https://www.docin.com/p-305002593.html.

问题

在本案例中，旅行社和游客有哪些违法情形？

11.3　中国公民出境旅游管理制度

11.3.1　出国旅游管理制度

2002 年 5 月 27 日，中华人民共和国国务院令第 354 号公布了《中国公民出国旅游管理办法》，并根据 2017 年 3 月 1 日《国务院关于修改和废止部分行政法规的决定》予以修订。

1. 出国旅游目的地的审批制度

出国旅游的目的地国家，由国务院旅游行政部门会同国务院有关部门提出，报国务院批准后，由国务院旅游行政部门公布。任何单位和个人不得组织中国公民到国务院旅游行政部门公布的出国旅游目的地国家以外的国家旅游；组织中国公民到国务院旅游行政部门公布的出国旅游目的地国家以外的国家进行涉及体育活动、文化活动等临时性专项旅游的，须经国务院旅游行政部门批准。

出国旅游目的地是指经我国政府批准，许可旅行社组织我国公民前往旅行游览的国家或地区。作为中国公民出国旅游的目的地应当具备如下条件。

(1) 旅游目的地是我国的客源国，有利于双方旅游合作与交流。

(2) 旅游目的地政治上对我国友好，开展国民外交符合我国对外政策。

(3) 当地旅游资源有吸引力，具备适合我国旅游者的接待服务设施。

(4) 旅游目的地对我国旅游者在政治、法律等方面没有歧视性、限制性、报复性政策。

(5) 旅游者有安全保障，具有良好的可进入性。

2. 经营出国旅游业务的审批制度

未经国务院旅游行政部门批准取得出国旅游业务经营资格的，任何单位和个人不得擅自经营或者以商务、考察、培训等方式变相经营出国旅游业务。

旅行社取得经营许可满两年，且未因侵害旅游者合法权益受到行政机关罚款以上处罚的，可以向国务院旅游行政部门申请经营出境旅游业务。

旅行社取得出境旅游经营业务许可的，由国务院旅游行政部门换发旅行社业务经营许可证。旅行社持旅行社业务经营许可证向工商行政管理部门办理经营范围变更登记。

国务院旅游行政部门可以委托省级旅游行政管理部门受理旅行社经营出境旅游业务的申请，并作出许可或者不予许可的决定。

3. 出国旅游的总量控制制度

国务院旅游行政部门根据上年度全国入境旅游的业绩、出国旅游目的地的增加情况和出国旅游的发展趋势，在每年的 2 月底以前确定本年度组织出国旅游的人数安排总量，并下达省、自治区、直辖市旅游行政部门。省、自治区、直辖市旅游行政部门根据本行政区域内各组团社上年度经营入境旅游的业绩、经营能力、服务质量，按照公平、公正、公开的原则，在每年的 3 月底以前核定各组团社本年度组织出国旅游的人数安排。国务院旅游行政部门应当对省、自治区、直辖市旅游行政部门核定组团社年度出国旅游人数安排及组团社组织公民出国旅游的情况进行监督。

国务院旅游行政部门统一印制"中国公民出国旅游团队名单表"(以下简称"名单表")，在下达本年度出国旅游人数安排时编号发放给省、自治区、直辖市旅游行政部门，由省、自治区、直辖市旅游行政部门核发给组团社。组团社应当按照核定的出国旅游人数安排组织出国旅游团队，填写"名单表"。旅游者及领队首次出境或者再次出境，均应当填写在"名单表"中，经审核后的"名单表"不得增添人员。"名单表"一式四联，分为出境边防检查专用联、入境边防检查专用联、旅游行政部门审验专用联、旅行社自留专用联。组团社应当按照有关规定，在旅游团队出境、入境时及旅游团队入境后，将"名单表"分别交有关部门查验、留存。

4. 我国公民出国旅游的有关规定

出国旅游不同于国内旅游，它要经历办理有效出国证件、报名参加旅游团、办理旅游目的地国家的签证等手续。一般来讲，旅游者的护照由我国公民个人前往公安机关出入境管理窗口申请办理。我国公民在办妥出国护照后，再到旅行社报名参加旅行团，由旅行社为参加旅游团的旅游者办理签证等有关出境手续。

为报名参加旅游团的旅游者办理签证等出境手续，是旅行社的一项法定义务。

旅游者应当遵守旅游目的地国家的法律，尊重当地的风俗习惯，并服从旅游团队领队的统一管理。严禁旅游者在境外滞留不归。旅游者在境外滞留不归的，旅游团队领队应当及时向组团社和中国驻所在国家使领馆报告，组团社应当及时向公安机关和旅游行政部门报告。有关部门处理有关事项时，组团社有义务予以协助。旅游者对组团社或者旅游团领队违反本办法规定的行为，有权向旅游行政部门投诉。

5. 旅行社组织中国公民出国旅游的有关规定

组织出国旅游的旅行社(以下简称组团社)具有如下义务。

(1) 组团社应当维护旅游者的合法权益。

(2) 组团社经营出国旅游业务，应当与旅游者签订书面旅游合同，约定双方的权利与义务。旅游合同还必须明确约定旅游起止时间、行程路线、价格及交通标准和违约责任等内容。在出国旅游合同上，必须采用书面形式订立合同。

(3) 组团社组织旅游者出国旅游，应当选择在目的地国家依法设立并具有良好信誉的旅行社(境外接待社)，并与之订立书面合同后，才可以委托其承担接待工作。

(4) 组团社应当为旅游团安排领队全程陪同。领队人员在带团时，必须佩戴导游证，按照约定的旅游行程计划安排旅行游览活动，在带领旅游者旅行、游览过程中，应当就可能危及旅游者人身安全的情况，向旅游者作出清楚说明和明确警示，并按照组团社的要求采取有效措施，防止危害发生。

(5) 旅游团应当是整团出境，在完成旅游行程后整团入境。

 案例分析 11.2

2015 年 8 月，某国际旅行社获得了经营出境旅游业务的许可后，为尽快开展此项业务，与泰国一家不具有相应资质的旅行社建立了业务联系。8 月底，该国际旅行社组织了一个28 人参加的赴新加坡、马来西亚、泰国三国旅游团，并委托泰国这家旅行社安排新加坡、马来西亚、泰国三国的地接服务。因时间仓促，该国际旅行社事先未与泰国旅行社签订有关书面协议。当该团在游览了泰国、新加坡两地后，在马来西亚入境时，却由于地接社未办妥入境手续，而使该团因"非法入境"被扣留两天，最后导致该团未游马来西亚直接回国。旅游团回国后，游客向旅游质量监督管理所投诉，要求退还旅游费用并赔偿损失。调查结果显示，旅游团投诉情况确凿。但该国际旅行社认为，损害事实的发生是由泰国旅行社违约造成的，应由泰国旅行社负赔偿责任。

资料来源：佚名. 旅游政策法规重点[EB/OL]. (2013-05-01)[2021-10-13]. https://www.docin.com/p-644502447.html.

问题

1. 组团社的辩解是否成立？

2. 旅行社经营出境旅游应当具备什么条件？

3. 为保障出境旅游者的安全，旅行社必须尽到哪些责任？

4. 根据《旅行社条例》，将旅游业务委托给不具有相应资质的旅行社，且未与接受委托的旅行社就接待旅游者的事宜签订委托合同，这样的组团社应该给予何种处罚？

11.3.2　边境旅游管理制度

1996 年 3 月 8 日，国务院公布了《边境旅游暂行管理办法》。该办法第二条规定："本规定所称边境旅游，是指经批准的旅行社组织和接待我国及毗邻国家的公民，集体从指定的边境口岸出入境，在双方政府商定的区域和期限内进行的旅游活动。"

1. 边境旅游的管理部门

国务院旅游行政部门是边境旅游的主管部门，负责制定边境旅游有关政策和管理办法，对边境旅游进行宏观管理，批准承办边境旅游的旅行社。

边境省、自治区旅游行政部门负责对本行政区内的边境旅游业务的管理、监督、指导和协调，依据有关法规制定边境旅游管理的实施细则，定期向国家旅游行政部门报告开展边境旅游情况。

边境市、县旅游行政部门在上级旅游主管部门的指导下，负责协调管理本地区的边境旅游活动。

2. 边境旅游业务开办条件

(1) 经国务院批准对外国人开放的边境市、县。

(2) 有国家正式批准对外开放的国家一、二类口岸，口岸联检设施基本齐全。

(3) 有旅游行政管理部门批准可接待外国旅游者的旅行社。

(4) 具备就近办理参游人员出入境证件的条件。

(5) 具备交通条件和接待设施。

(6) 同对方国家边境地区旅游部门签订了意向性协议。

3. 中国公民参加边境旅游的办法

(1) 除《出境入境管理法》规定的不准出境的人员外，我国公民均可参加边境旅游。

(2) 边境省、自治区公民参加本地区的边境旅游，应当向本地区有关承办旅行社申请，旅行社统一向公安机关出入境管理部门申办出境证件。

(3) 非边境省、自治区的公民参加边境旅游，应当向其户口所在地授权经营出国旅游业务的一类旅行社申请，按规定向户口所在地公安机关出入境管理部门申办出境证件，并由边境地区有关旅行社统一办理出入境手续和安排境外旅游活动。

(4) 双方参游人员应持用本国有效护照或代替护照的有效国际旅行证件，或两国中央政府协议规定的有效证件。

4. 边境旅游的出入境手续

(1) 双方旅游团出入国境的手续按各自国家有关规定办理，签有互免签证协议的，按协议办理；未签有互免签证协议的，须事先办妥对方国家的入境签证。

(2) 双方旅游团应集体出入国境，并交验旅游团名单，由边防检查机关按规定验证放行。

(3) 对双方参游人员携带的进出境行李物品，海关按《中华人民共和国海关对进出境旅客行李物品监管办法》及有关规定办理验放手续。

5. 边境旅游的管理规定

严禁公费参游，不准异地申办出境证件，严禁滞留不归或从事非法移民活动，严禁携带违禁物品出入境。旅游团成员如在境外滞留，有关承办旅行社须及时报告边防检查站和颁发出境证件的公安机关，并承担有关遣返费用。

未经批准，任何单位和个人不得经营边境旅游业务或任意扩大边境旅游范围。对违反《边境旅游暂行管理办法》开展边境旅游业务的单位或个人，各级旅游行政主管部门应会同有关部门给予罚款、追究有关负责人责任、勒令停业整顿、终止其边境旅游业务等处罚。

外国旅游团成员非法进入我国内地或非法滞留的，有关承办旅行社须及时报告公安机关，协助公安机关进行处理，并承担有关费用。外国旅游团成员在华期间有其他违法行为的，有关旅行社须协助有关主管部门进行处理。

11.3.3 大陆居民赴台旅游管理制度

《大陆居民赴台湾地区旅游管理办法》于 2006 年 4 月 16 日以国家旅游局、公安部、国务院台湾事务办公室令第 26 号公布，2017 年 4 月 13 日第二次修订。

1. 出游形式

大陆居民赴台湾地区旅游(以下简称赴台旅游)，可采取团队旅游或者个人旅游两种形式。大陆居民赴台团队旅游应当由指定经营大陆居民赴台旅游业务的旅行社(以下简称组团社)组织，以团队形式整团往返。旅游团成员在台湾期间应当集体活动。大陆居民赴台个人旅游可自行前往台湾地区，在台湾期间可自行活动。

2. 旅行社认定

组团社由国家旅游行政部门会同有关部门，从取得出境旅游业务经营许可并提出经营赴台旅游业务申请的旅行社范围内指定，但国家另有规定的除外。组团社名单由海峡两岸旅游交流协会公布。除被指定的组团社外，任何单位和个人不得经营大陆居民赴台旅游业务。

台湾地区接待大陆居民赴台旅游的旅行社(以下简称接待社)，经大陆有关部门会同国家旅游行政部门确认后，由海峡两岸旅游交流协会公布。

3. 配额管理

大陆居民赴台团队旅游实行配额管理。配额由国家旅游行政部门会同有关部门确认后下达给组团社。

4. 组团社的管理规定

组团社在开展组织大陆居民赴台旅游业务前，应当与地接社签订合同、建立合作关系。大陆居民赴台旅游团队出发前，组团社应当向国家旅游行政部门旅游团队管理和服务信息平台提供符合规定的赴台旅游团队信息。旅游团队信息实行一团一登记。

组团社应当为每个团队委派领队，并要求地接社派导游全程陪同。赴台旅游领队应当具备法律、法规规定的领队条件，经省级旅游主管部门培训，由国家旅游行政部门指定。

组团社不得组织旅游团成员参与涉及赌博、色情、毒品等内容及有损两岸关系的活动，并应当要求地接社不得引导或者组织旅游团成员参与前款活动。

组团社应当要求地接社严格按照合同规定的团队日程安排活动；未经双方旅行社及旅游团成员同意，不得变更日程。

赴台旅游团队应当凭"大陆居民赴台湾地区旅游团队名单表"，从大陆对外开放口岸整团出入境。

旅游团出境前已确定分团入境大陆的，组团社应当事先向有关出入境边防检查总站或者省级公安边防部门备案。旅游团成员因紧急情况不能随团入境大陆或者不能按期返回大陆的，组团社应当及时向有关出入境边防检查总站或者省级公安边防部门报告。

5. 大陆居民的管理规定

大陆居民赴台湾地区旅游应当按照有关规定向公安机关出入境管理部门申请办理"大陆居民往来台湾通行证"及相应签注。

大陆居民赴台湾地区旅游应当持有效的"大陆居民往来台湾通行证"，并根据其采取的旅游形式，办理团队旅游签注或者个人旅游签注。

大陆居民赴台湾地区旅游期间，不得从事或者参与涉及赌博、色情、毒品等内容及有损两岸关系的活动。

赴台湾地区旅游的大陆居民应当按期返回，不得非法滞留。当发生旅游团成员非法滞留时，组团社应当及时向公安机关及旅游主管部门报告，并协助做好有关滞留者的遣返和审查工作。对在台湾地区非法滞留情节严重者，公安机关出入境管理部门自其被遣返回大陆之日起，6个月至3年以内不批准其再次出境。

11.3.4 内地居民赴港澳地区旅游管理制度

2001年1月1日，国家旅游局下发了《关于旅行社组织内地居民赴香港澳门旅游有关问题的通知》(旅发〔2001〕91号)，以下为有关规定内容。

(1) 内地居民赴香港、澳门特别行政区旅游，应当持"往来港澳通行证"及有效签注。参游人员的港澳游证件及签注按公安部的规定办理。

(2) 经营港澳游业务的旅行社(以下简称"组团社"),应在经香港、澳门旅游部门或行业协会推荐的范围内自行选择接待社,并签订港澳游业务书面合同,明确双方的责任和义务。书面合同文本须报香港、澳门特区旅游管理部门(或行业协会)和内地省级旅游局备案。

(3) 组团社经营港澳游业务,应当与旅游者签订书面合同。旅游合同应当包括旅游起止时间、行程路线、价格、食宿、交通以及违约责任等内容。旅游合同由组团社和旅游者各持一份。

(4) 港澳游团队凭"往来港澳通行证"及签注和"内地居民赴香港、澳门特别行政区旅游团队名单表"(以下简称"名单表"),从国家开放口岸出入境。

(5) "名单表"由组团社按照统一的式样自行印制。

(6) "名单表"一式四联,出团前应当由省级或经授权的地市级以上旅游行政管理部门审核,审核后的"名单表"不得增加人员。"名单表"第一、二联由内地边防检查站查验并在出入境时分别留存,第三联由香港入境事务处查验留存,第四联由澳门出入境事务厅查验留存(如团队有减员,分别由相关的内地、港、澳三地查验机关在第二联上注明)。组团社可在团队出发前24小时将"名单表"通过传真或计算机网络发至内地出境口岸边防检查站和香港或澳门入境口岸初检。

(7) 组团社应当为港澳游团队派遣领队,领队由持有导游证的人员担任。旅游团队应当按照确定的日期整团出入境,严禁参游人员在境外滞留。

(8) 参游人员出境前已确定分团入境的,组团社应当事先向有关出入境边防检查总站或者省级公安边防部门备案。

(9) 组团社应当严格遵守国家关于出境旅游的有关规定,不准超范围经营;不准制作、发布虚假旅游广告,不准制作、发布未经主管部门审核批准的旅游广告;不准与未经指定的接待社开展旅游业务,不准擅自增加或者减少行程中的旅游项目;不准强迫或诱导旅游者购物、参加自费项目,不准超计划购物;不准搞"零团费""负团费",不准低于成本销售,不准以欺诈行为损害旅游者利益;不准组织或者诱导旅游者涉足色情场所。

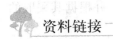 资料链接

关于禁止出境旅游团队参与境外赌博活动的规定

近年来,各类赌博违法犯罪活动日益突出,社会危害日趋严重,境外赌场对我呈合围之势,少数人借出境旅游、边境旅游赴境外参赌也时有发生,为了坚决防止通过旅游渠道进行赌博等违法犯罪活动,确保我国公民出境旅游的健康发展,现就禁止出境旅游团队参与境外赌博活动(以下简称"禁赌")规定如下。

(1) 严禁利用旅游渠道组织或参与境外赌博活动是国家旅游局整顿和规范出境旅游市场秩序的一项重要工作。各级旅游行政管理部门要从提高党的执政能力和构建社会主义和谐社会的高度,充分认识"禁赌"工作的重要性和必要性,切实按照有关要求,抓好"禁赌"的各项工作。

(2) 各级旅游行政管理部门要严格按照《中国公民出国旅游管理办法》的规定,加强对出境游组团社的业务监管。

① 要督促出境游组团社严格遵守国家旅游局关于不得组织、诱导游客参与赌博活动的

有关规定。

② 要严禁组团社在宣传招徕中以明示或暗示的方式介绍境外赌场和赌博内容。明令组团社在组织赴有赌场的出境游目的地国家和地区旅游时，不得在团队行程中安排到赌场参赌的内容。

③ 要开展积极有效的教育培训工作，切实提高组团社法人及领队人员的防赌意识和能力，加强督导检查，严处领队人员为一己私利组织诱导游客赴境外参与赌博的行为。

(3) 开展边境旅游的省级旅游行政管理部门要切实按照《边境旅游暂行管理办法》的规定，负起边境旅游管理的有关职责。

① 要严格加强对边境游线路的管理，禁止擅自增加边境游线路。

② 要明令边境游组团社不得组织游客前往对方边境地区的赌场参与赌博，切实把好对参团人员的审核关，对于涉嫌赴境外赌博人员，要建立档案，一经发现，要坚决不予办理参团手续。

③ 要向游客明示边境游的有关规定，引导游客自觉抵制赌博活动。

(4) 各出境游、边境游组团社要严格按照《中国公民出国旅游管理办法》和《边境旅游暂行管理办法》的有关规定开展出境、边境旅游业务。

① 要严格规范出境、边境旅游业务流程，加强领队人员的教育，加强办理出入境证件和手续的管理。

② 要组织好出境、边境旅游团的行前说明会，明确告诫游客在境外游览时不得参与赌博活动的有关规定。

③ 随团领队人员要自觉监督当地地接社和导游不得向游客介绍、推荐赌博活动，对游客参与赌博的行为要坚决予以劝阻，组团社应及时将有关情况向公安机关举报。

(5) 各级旅游行政管理部门和旅游企业要严格落实"禁赌"工作责任制。要逐级建立"禁赌"工作责任人制度，层层抓落实。对于违反有关规定，组织、诱导中国公民在出境游或边境游中参与赌博活动的组团社，一经查实，相关旅游行政管理部门要提出处理意见上报，国家旅游局将依法予以严肃处理，直至取消其组团社资格；对于那些督促不严、执行不力的部门和企业，国家旅游局将在全行业进行通报并追究有关责任人的责任。

(6) 各级旅游行政管理部门和旅游企业要加强领导，确保"禁赌"工作取得成效。要切实把思想统一到国务院关于开展集中打击赌博违法犯罪活动的专项部署上来，下大力气抓好，切实落实各项监管措施，加大对游客的宣传、教育力度，研究、探索长效机制。

资料来源：国家旅游局. 关于下发《关于禁止出境旅游团队参与境外赌博活动的规定》的通知[EB/OL].
(2005-06-01)[2021-10-13]. http://www.cncn.net/wk/d8317.

▨▧▨ 本 章 小 结 ▨▧▨

中华人民共和国护照主要有外交护照、公务护照和普通护照 3 种类型。

中华人民共和国签证分为外交签证、礼遇签证、公务签证和普通签证 4 种类型。

外国人未经允许，不得进入我国不对外开放的地区和场所。

我国出国旅游的目的地国家，由国务院旅游行政部门会同国务院有关部门提出，报国务院批准后，由国务院旅游行政部门公布。

任何单位和个人不得组织中国公民到国务院旅游行政部门公布的出国旅游目的地国家以外的国家旅游。

作为中国公民出国旅游的目的地应当具备如下条件：旅游目的地是我国的客源国，有利于双方旅游合作与交流；政治上对我国友好，开展国民外交符合我国对外政策；旅游资源有吸引力，具备适合我国旅游者的接待服务设施；对我国旅游者在政治、法律等方面没有歧视性、限制性、报复性政策；旅游者有安全保障，具有良好的可进入性。

关键术语

中华人民共和国护照　中华人民共和国出入境通行证　中华人民共和国往来港澳通行证　大陆居民往来台湾通行证　中华人民共和国旅行证　中华人民共和国海员证　中华人民共和国签证　出境旅游　出国旅游　边境旅游　内地居民赴港澳地区旅游　大陆居民赴台湾地区旅游。

知识链接

1. 全国人民代表大会常务委员会. 中华人民共和国出境入境管理法[EB/OL]. (2012-06-30)[2021-06-25]. http://www.faxin.cn/lib/Zyfl/ZyflContent.aspx?gid=A190432&userinput=中华人民共和国出境入境管理法.

2. 国务院.中华人民共和国外国人入境出境管理条例[EB/OL]. (2013-07-12)[2021-06-25]. http://www.faxin.cn/lib/zyfl/ZyflContent.aspx?gid=A196170&libid=all&userinput=中华人民共和国外国人入境出境管理条例.

3. 国务院. 中国公民出国旅游管理办法[EB/OL]. (2017-03-01)[2021-06-25]. http://www.faxin.cn/lib/zyfl/ZyflContent.aspx?gid=A260772&libid=all&userinput=中国公民出国旅游管理办法.

4. 国务院. 边境旅游暂行管理办法[EB/OL]. (1996-03-08)[2021-06-25]. http://www.faxin.cn/lib/zyfl/ZyflContent.aspx?gid=A157922&libid=all&userinput=边境旅游暂行管理办法.

5. 国家旅游局，公安部，国务院台湾事务办公室. 大陆居民赴台湾地区旅游管理办法[EB/OL]. (2017-04-13)[2021-06-25]. http://www.faxin.cn/lib/Zyfl/ZyflContent.aspx?gid=A262488&userinput=大陆居民赴台湾地区旅游管理办法.

6. 国家旅游局. 关于旅行社组织内地居民赴香港澳门旅游有关问题的通知[EB/OL]. (2002-09-19)[2021-06-25]. http://www.faxin.cn/lib/Zyfl/ZyflContent.aspx?gid=A128287&userinput=国家旅游局关于内地居民赴香港澳门旅游有关问题的通知.

7. 卢世菊. 旅游法教程[M]. 5 版. 武汉：武汉大学出版社，2014.

8. 杨富斌. 旅游法教程[M]. 北京：中国旅游出版社，2013.

▣▣ 课 后 习 题 ▣▣

一、多项选择题

1. 中华人民共和国护照主要有(　　)。
   A. 外交护照　　　　B. 公务护照　　　　C. 普通护照　　　　D. 礼遇护照
2. 中华人民共和国签证分为(　　)。
   A. 外交签证　　　　B. 礼遇签证　　　　C. 公务签证　　　　D. 普通签证

二、判断题

1. 外国人未经允许，不得进入我国不对外开放的场所。　　　　　　　　　　　(　　)
2. 任何单位和个人不得组织中国公民到国务院旅游行政部门公布的出国旅游目的地国家以外的国家旅游。　　　　　　　　　　　　　　　　　　　　　　　　　　　　　(　　)
3. 有出境旅游业务经营许可的旅行社均可经营大陆居民赴台旅游业务。　　　　(　　)
4. 有出境旅游业务经营许可的旅行社可以尽可能多地组织游客赴境外旅游。　　(　　)
5. 外国人到我国旅游必须办理我国的签证。　　　　　　　　　　　　　　　　(　　)

三、思考题

1. 中国公民出国旅游的目的地应当具备哪些条件？
2. 我国的普通签证分为哪些类型？
3. 哪些中国公民不准出境？
4. 我国对出国旅游采取总量控制制度，其具体措施有哪些？

四、案例分析题

案例 1

2015 年 9 月，高某和某旅行社签订出境旅游合同。旅游途中，高某在位于捷克布拉格市的店铺内购买了价值 142 043 元的水晶制品，之后高某使用联邦快递将所有物品邮寄回北京。物品到达北京海关后，由于价值过高，海关要求高某交纳 15 815 元税费。高某承担税费后起诉至法院主张购买物品商店系旅游行程中指定的场所，旅行社没有告知邮寄回国的税费信息，违反了告知义务，请求判决旅行社承担税费。法院审理后认为，根据有关法律、法规的明确规定以及双方合同中的约定，不能推导出旅行社的告知义务包含物品出入境税费的内容，故判决驳回高某的诉讼请求。

资料来源: 佚名.《旅游大讲堂》出国旅游，如何应对法律纠纷[EB/OL]. (2018-09-03)[2021-10-13]. https://www.sohu.com/a/251676590_99956690.

根据案例，分析下列问题：

1. 旅行社告知义务应该包括哪些内容？

2. 如果高某自己携带该水晶制品回国，是否要缴纳上述税费？

案例 2

2011 年 5 月 25 日，林女士报名参加深圳市九洲国际旅行社组织的经典俄罗斯金环 9 天之旅，一行 6 人，费用共计 53 800 元。6 月 19 日出发时，因旅行社工作人员没有办好林女士的手续导致她一人不能成行，但行李已托运，高龄的父亲和朋友都已过关。6 月 22 日，林女士向该公司提出赔偿要求，对方工作人员愿意承担责任，但无力支付赔偿费用。林女士因此向深圳市消费者委员会(以下简称深圳市消委会)投诉，要求退回个人旅游费用 9800 元，并赔偿 2 倍的损失费约 2 万元。

深圳市消委会介入后，旅行社表示，投诉人拿的是身份证明书，与护照很像，才使经手人误认为是护照，因而投诉人也有责任。旅行社愿意退回 9600 元，但赔偿很难。深圳市消委会认为，经办人没有认真查看证件是"身份证明书"，无把关环节、凭惯性思维操作，导致纠纷产生。同时，将消费者一人留在码头，后续服务不到位。其间俄方又有意外事故发生，使家人身心受到很大影响，提出团费 2 倍的赔偿是合理的。经深圳市消委会调解后，旅行社最终同意赔偿消费者 1 倍的团费。

资料来源：李明，宋艳. 出国旅游起纠纷获赔 1 倍团费[EB/OL]. (2012-03-13)[2021-10-13]. http://news. sina.com.cn/c/2012-03-13/070024104938.shtml.

根据案例，分析下列问题：

1. 林女士赴俄旅游需要办理哪些证件？需要经历哪些办理程序？
2. 帮助出境旅游的游客办理护照和签证是否是组团旅行社的义务？为什么？

案例 3

2015 年 11 月，李某与妻子为了庆祝新婚，和旅行社签订合同参加欧洲 5 国 7 日游。出发时，李某与其他游客一起将护照和各种费用交给了旅行社。但在入境检查时，因发现李某的护照中签证页被撕掉，当地海关拒绝其入境并将其扣留，妻子只好和游客一起入住当地酒店等候消息。第二天，李某被当地警方遣返回国，妻子放弃旅游和李某一起回到国内。随后李某夫妇将旅行社诉至法院，要求返还各种费用并赔偿精神损失费。旅行社认为，签证页撕毁不能证明是旅行社的责任，不同意赔偿李某的损失，同时李某的妻子是自己放弃旅游，也不同意赔偿。

资料来源：佚名. 法官提示避免出国旅游纠纷注意事项(2)[EB/OL]. (2009-04-27)[2021-10-13]. http://www. chinanews.com/life/news/2009/04-27/1665492.shtml.

根据案例，分析下列问题：

1. 李某为什么不准入境？责任如何认定？
2. 李某妻子的行为属于自己放弃旅游吗？为什么？

第12章 旅游纠纷、投诉与监管法规

知识目标	技能目标
① 了解旅游纠纷的主要形式和类型； ② 熟悉旅游纠纷处理的主要依据； ③ 掌握旅游投诉所要具备的条件； ④ 熟悉旅游投诉处理的程序； ⑤ 了解旅游不文明行为记录制度； ⑥ 了解文化和旅游市场信用管理规定	① 能够熟练掌握旅游纠纷处理的依据； ② 能够分析旅游投诉处理的程序； ③ 能够熟练分析游客不文明旅游行为的主要类型； ④ 能够辨析旅游从业人员不文明旅游行为的主要类型； ⑤ 能够阐述文化和旅游市场严重失信主体、轻微失信主体的认定标准

手续费是否合理

游客蔡某等4人于2021年9月在佛山某旅行社报名参加海南海花岛之旅，行程日期为10月13日至10月17日，团费为3499元/人，共计13 996元。受新冠肺炎疫情影响，9月28日，蔡某等4人按当地政策向佛山某旅行社提出取消出游行程，并要求旅行社退团退费。旅行社以签约后已经预订酒店、机票等为由，要求扣除每人500元手续费用，即共2000元，但未向4人提供相关扣费凭证。蔡某等4人对扣除费用存在异议，认为退团是因"不可抗力"原因产生，且该费用并未实际发生，旅行社无权扣除。为此，蔡某等4人投诉至佛山市禅城区文化广电旅游体育局，要求旅行社退回所扣手续费用。

佛山市禅城区旅游纠纷人民调解委员会(以下简称调委会)收到旅游投诉调解申请后，指派经验丰富的调解员进行调解。调解员首先告知双方当事人权利义务和注意事项，阐明调委会的性质、调解原则和法律效力。双方当事人均表示清楚后，调解员详细询问本案有关情况，并要求双方提供有关证据材料。调委会再对旅行社进行调查询问，并积极与投诉人电话沟通，核实事情经过。经调查，旅行社扣除的费用并未实际发生。在调解员的调解下，蔡某等4人与旅行社达成如下调解协议：第一，佛山某旅行社退回所扣2000元手续费，在协议达成当日履行完毕；第二，双方就本次纠纷自愿放弃与本案纠纷相关的权利，今后互不追究任何法律责任，不得进行打击报复。一周后，经回访，投诉人表示协议已经履行完毕，各方当事人均表示满意。

资料来源：佚名. 旅游纠纷典型案例[EB/OL]. (2021-12-15)[2022-05-16]. http://www.foshan.gov.cn/fswgdlt/gkmlpt/content/5/5112/post_5112664.html#3629.

根据案例，思考下列问题：

1. 日常生活中常见的旅游纠纷有哪些？
2. 解决旅游纠纷的途径有哪些？
3. 旅游者对旅游服务不满时如何进行旅游投诉？

如今，越来越多的国民选择出门旅游这种休闲方式，而旅游市场的迅猛发展也不可避免地带来了众多的旅游纠纷。2010 年 9 月 13 日，最高人民法院审判委员会通过了《最高人民法院关于审理旅游纠纷案件适用法律若干问题的规定》，并于 2020 年 12 月 23 日予以修正。2013 年，《旅游法》也对旅游纠纷处理问题作出了明确规定。这都对有效解决旅游纠纷，保障旅游者、旅游经营者、旅游服务辅助者的合法权益起到了重大作用。

12.1 旅游纠纷管理制度

12.1.1 旅游纠纷的常见形式与类型

《最高人民法院关于审理旅游纠纷案件适用法律若干问题的规定》第 1 条规定："本规定所称的旅游纠纷，是指旅游者与旅游经营者、旅游辅助服务者之间因旅游发生的合同纠纷或者侵权纠纷。"

1. 旅游纠纷的常见形式

在日常生活中，旅游纠纷的体现形式是多种多样的，主要包括以下几种。

(1) 游客与景点工作人员发生正面冲突。这类纠纷并不多见，但一旦发生，往往后果严重，影响恶劣。例如，2013 年黄金周期间九寨沟大量游客滞留事件。

(2) 游客在旅游景点受到意外伤害。尽管旅游单位也许不存在主观故意，但主观上存在过失也应由旅游单位承担侵权责任。例如，2016 年 4 月 19 日，一名上海游客在云台山景区潭瀑峡景点游玩时，被山崖上的一块落石击伤……因伤情过重，该名游客最终抢救无效，不幸死亡。

(3) 旅行社偷工减料，提供的服务与承诺不符。例如，旅行社提供服务时减少项目，降低档次。出发前说好住三星级宾馆，但真正入住的是又脏又破的招待所；饭菜质量较差，而且吃不饱；行程安排不妥当，游览景点的时间只有半小时甚至十几分钟，购物却安排半天时间。

(4) 景点出售假冒伪劣商品。近几年，旅游购物投诉主要集中在高档商品上，尤其集中在珠宝首饰、计算机、照相机和摄像器材等产品上。

2. 旅游纠纷的类型

从法律角度看，旅游纠纷的类型主要有以下 3 种。

(1) 旅游企业与旅游者或旅游企业之间发生的纠纷。此类纠纷的特点是：纠纷主体的法律地位是平等的，纠纷的性质为民事纠纷。

(2) 旅游行政管理部门与旅游企业或与旅游者之间的纠纷。此类纠纷的特点是：纠纷主体的法律地位不对等，纠纷的性质为行政纠纷。

(3) 客源发生国和旅游接待国或客源发生国旅游企业和旅游接待国旅游企业之间的纠纷。此类纠纷具有涉外因素，其性质为国际纠纷。

12.1.2　旅游纠纷的解决途径

《旅游法》第九十二条规定："旅游者与旅游经营者发生纠纷，可以通过下列途径解决：

（一）双方协商；

（二）向消费者协会、旅游投诉受理机构或者有关调解组织申请调解；

（三）根据与旅游经营者达成的仲裁协议提请仲裁机构仲裁；

（四）向人民法院提起诉讼。"

1. 协商

旅游者和旅游企业双方协商，是解决纠纷最为便捷、成本最低、最不伤和气的方式。只要双方有诚意、有理性，普通纠纷是可以通过协商解决的。协商不成的原因，要么是旅游企业坚持自己没错，不肯让步；要么是旅游者得理不饶人，狮子大开口，旅游企业难以承受；要么是双方各执己见，没有协商余地。在双方协商中，旅游企业的应对能力和应对态度十分重要，没有纠纷处理的专业知识不行，没有谦卑、友善、不卑不亢的态度也不行，两者缺一不可。

2. 调解

《旅游法》第九十三条规定："消费者协会、旅游投诉受理机构和有关调解组织在双方自愿的基础上，依法对旅游者与旅游经营者之间的纠纷进行调解。"

双方如自行协商未果，需要有一个中间人来调解，旅游主管部门就担当这个角色。在调解过程中，要做到事实基本清楚，双方自愿，有法必依，大致有两种处理方法。

（1）按照旅游者的投诉，逐项确认，逐项计算损失，根据相关法规最后得出赔偿总和。这种方法精确，但过于烦琐，而且有些损失是难以计算的。

（2）由双方对纠纷事实进行陈述，对旅游企业的过错进行定性，然后要求旅游者提出一揽子赔偿要求，不必逐项计算。这种方法较粗，但便于操作，容易达成一致。在实践中，采用哪种方法，要根据具体情况确定。

 资料链接 12.1

阳朔法院成立桂林首个旅游纠纷调解室

2015 年 1 月 9 日，广西阳朔县人民法院、阳朔县旅游局旅游纠纷调解室正式挂牌成立，这是桂林市成立的首个旅游纠纷调解室，主要目的是为及时处理旅游纠纷，化解旅游者与旅游企业、导游人员的矛盾提供一个快捷、便利的平台。

阳朔是旅游大县，每年与旅游相关的纠纷日渐增多，鉴于旅游者的时间限制性，纠纷需要迅速及时处理。阳朔法院主动延伸审判职能，创新联动司法机制，经与县旅游局多次会商，决定成立阳朔县人民法院、阳朔县旅游局旅游纠纷调解室。旅游纠纷调解室由县法院派出资深法官，对旅游纠纷提前介入，诉前联动调解，对旅游纠纷进行迅速及时处理，为创造良好的旅游环境提供法律保障。

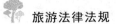

业内人士分析认为，这也是阳朔县旅游部门贯彻实施《旅游法》，为保护旅游消费者和旅游企业的合法权益提供的又一个有效途径。

资料来源：佚名. 阳朔法院成立桂林首个"旅游纠纷调解室"[EB/OL]. (2015-01-13)[2021-10-13]. http://guilin.ok-meeting.com/newsdetail_12133_1.

3. 仲裁

协商或者调解不成，经旅游者和旅游企业达成仲裁协议，向仲裁委员会提出纠纷仲裁。仲裁结果是一裁终局制，即仲裁机构对申请仲裁的纠纷进行仲裁后，裁决立即发生法律效力，旅游者或者旅游企业不得就同一纠纷再申请仲裁或向人民法院起诉。仲裁具有法律效力，类似法院判决。总的来说，仲裁具有成本低、时间短的特点，但旅游纠纷进入仲裁程序的较少，主要还是通过协商和调解解决问题。

4. 诉讼

诉讼是维护旅游者和旅游企业合法权益的最后选择，能够不诉讼的尽量不诉讼，进入诉讼程序的旅游纠纷很少。主要原因是旅游纠纷标的小、权益损害较小，诉讼成本较高、周期较长，旅游者不愿为此上法院；旅游企业起诉旅游者的则更是少之又少，少数案例主要集中在旅游者拒绝支付尾款方面。现在旅游者起诉旅游企业的，大多数是由于旅游者损害较大，如发生了严重的人身伤害事件，双方对于责任承担、赔偿数额都有较大的分歧，不得已才走上法庭。如果还有选择，旅游者也不会提起诉讼。

《旅游法》第九十四条规定："旅游者与旅游经营者发生纠纷，旅游者一方人数众多并有共同请求的，可以推选代表人参加协商、调解、仲裁、诉讼活动。"

 资料链接12.2

上海首个旅游纠纷审判专项合议庭揭牌

2014年4月16日下午，上海首个旅游纠纷审判专项合议庭在上海市长宁区人民法院揭牌成立。记者了解到，这是该院为进一步加强旅游纠纷集约化、专业化审判而采取的新的工作举措。该院院长陈亚娟表示，专项合议庭将从培育专家型法官、提升司法水平、确保法律适用统一等方面进行探索和实践。

据介绍，长宁区内有春秋国旅、携程旅行网等多家知名旅游经营企业。近年来，长宁法院受理的旅游纠纷案件数量逐年增多，案情不断出新。《旅游法》和《消费者权益保护法》的实施，既为法院审理相关案件提供了更加完善的法律依据，也对法院审判工作提出了更高要求。

在揭牌仪式上，上海市高级人民法院副院长盛勇强指出，旅游纠纷案件具有发生地点异地化、涉案价值小额化、涉及关系复杂化以及纠纷主体群体化等特点。他要求专项合议庭进一步加强调查研究，不断提升旅游纠纷审判专业水平。

资料来源：佚名. 上海首个旅游纠纷审判专项合议庭揭牌[EB/OL]. (2014-04-18)[2021-10-13]. http://www.cntour2.com/viewnews/2014/04/18/EjjoEQU2Iep2TOiy9knZ0.shtml.

12.1.3　旅游纠纷的处理依据

《最高人民法院关于审理旅游纠纷案件适用法律若干问题的规定》对旅游纠纷的处理给予了详细的规定，具体如下。

以单位、家庭等集体形式与旅游经营者订立旅游合同，在履行过程中发生纠纷，除集体以合同一方当事人名义起诉外，旅游者个人提起旅游合同纠纷诉讼的，人民法院应予受理。

因旅游经营者方面的同一原因造成旅游者人身损害、财产损失，旅游者选择请求旅游经营者承担违约责任或者侵权责任的，人民法院应当根据当事人选择的案由进行审理。

因旅游辅助服务者的原因导致旅游经营者违约，旅游者仅起诉旅游经营者的，人民法院可以将旅游辅助服务者追加为第三人。

旅游经营者已投保责任险，旅游者因保险责任事故仅起诉旅游经营者的，人民法院可以应当事人的请求将保险公司列为第三人。

旅游经营者以格式条款、通知、声明、店堂告示等方式作出排除或者限制旅游者权利、减轻或者免除旅游经营者责任、加重旅游者责任等对旅游者不公平、不合理的规定，旅游者依据《消费者权益保护法》第二十六条的规定认定该内容无效的，人民法院应予支持。

旅游经营者、旅游辅助服务者未尽到安全保障义务，造成旅游者人身损害、财产损失，旅游者请求旅游经营者、旅游辅助服务者承担责任的，人民法院应予支持。因第三人的行为造成旅游者人身损害、财产损失，由第三人承担责任；旅游经营者、旅游辅助服务者未尽安全保障义务，旅游者请求其承担相应补充责任的，人民法院应予支持。

旅游经营者、旅游辅助服务者对可能危及旅游者人身、财产安全的旅游项目未履行告知、警示义务，造成旅游者人身损害、财产损失，旅游者请求旅游经营者、旅游辅助服务者承担责任的，人民法院应予支持。旅游者未按旅游经营者、旅游辅助服务者的要求提供与旅游活动相关的个人健康信息并履行如实告知义务，或者不听从旅游经营者、旅游辅助服务者的告知、警示，参加不适合自身条件的旅游活动，导致旅游过程中出现人身损害、财产损失，旅游者请求旅游经营者、旅游辅助服务者承担责任的，人民法院不予支持。

旅游经营者、旅游辅助服务者以非法收集、存储、使用、加工、传输、买卖、提供、公开等方式处理旅游者个人信息，旅游者请求其承担相应责任的，人民法院应予支持。

旅游经营者将旅游业务转让给其他旅游经营者，旅游者不同意转让，请求解除旅游合同、追究旅游经营者违约责任的，人民法院应予支持。旅游经营者擅自将其旅游业务转让给其他旅游经营者，旅游者在旅游过程中遭受损害，请求与其签订旅游合同的旅游经营者和实际提供旅游服务的旅游经营者承担连带责任的，人民法院应予支持。

除合同性质不宜转让或者合同另有约定之外，在旅游行程开始前的合理期间内，旅游者将其在旅游合同中的权利义务转让给第三人，请求确认转让合同效力的，人民法院应予支持。因前款所述原因，旅游经营者请求旅游者、第三人给付增加的费用或者旅游者请求旅游经营者退还减少的费用的，人民法院应予支持。

旅游行程开始前或者进行中，因旅游者单方解除合同，旅游者请求旅游经营者退还尚未实际发生的费用，或者旅游经营者请求旅游者支付合理费用的，人民法院应予支持。

签订旅游合同的旅游经营者将其部分旅游业务委托旅游目的地的旅游经营者，因受托方未尽旅游合同义务，旅游者在旅游过程中受到损害，要求作出委托的旅游经营者承担赔偿责任的，人民法院应予支持。旅游经营者委托除前款规定以外的人从事旅游业务，发生旅游纠纷，旅游者起诉旅游经营者的，人民法院应予受理。

　　旅游经营者准许他人挂靠其名下从事旅游业务，造成旅游者人身损害、财产损失，旅游者依据《民法典》第一千一百六十八条的规定请求旅游经营者与挂靠人承担连带责任的，人民法院应予支持。

　　旅游经营者违反合同约定，有擅自改变旅游行程、遗漏旅游景点、减少旅游服务项目、降低旅游服务标准等行为，旅游者请求旅游经营者赔偿未完成约定旅游服务项目等合理费用的，人民法院应予支持。旅游经营者提供服务时有欺诈行为，旅游者依据《消费者权益保护法》第五十五条第一款规定请求旅游经营者承担惩罚性赔偿责任的，人民法院应予支持。

　　因飞机、火车、班轮、城际客运班车等公共客运交通工具延误，导致合同不能按照约定履行，旅游者请求旅游经营者退还未实际发生的费用的，人民法院应予支持。合同另有约定的除外。

　　旅游者在自行安排活动期间遭受人身损害、财产损失，旅游经营者未尽到必要的提示义务、救助义务，旅游者请求旅游经营者承担相应责任的，人民法院应予支持。前款规定的自行安排活动期间，包括旅游经营者安排的在旅游行程中独立的自由活动期间、旅游者不参加旅游行程的活动期间以及旅游者经导游或者领队同意暂时离队的个人活动期间等。

　　旅游者在旅游行程中未经导游或者领队许可，故意脱离团队，遭受人身损害、财产损失，请求旅游经营者赔偿损失的，人民法院不予支持。

　　旅游经营者或者旅游辅助服务者为旅游者代管的行李物品损毁、灭失，旅游者请求赔偿损失的，人民法院应予支持，但下列情形除外：损失是由于旅游者未听从旅游经营者或者旅游辅助服务者的事先声明或者提示，未将现金、有价证券、贵重物品由其随身携带而造成的；损失是由于不可抗力造成的；损失是由于旅游者的过错造成的；损失是由于物品的自然属性造成的。

　　旅游者要求旅游经营者返还下列费用的，人民法院应予支持：因拒绝旅游经营者安排的购物活动或者另行付费的项目被增收的费用；在同一旅游行程中，旅游经营者提供相同服务，因旅游者的年龄、职业等差异而增收的费用。

　　旅游经营者因过错致其代办的手续、证件存在瑕疵，或者未尽妥善保管义务而遗失、毁损，旅游者请求旅游经营者补办或者协助补办相关手续、证件并承担相应费用的，人民法院应予支持。因上述行为影响旅游行程，旅游者请求旅游经营者退还尚未发生的费用、赔偿损失的，人民法院应予支持。

　　旅游经营者事先设计，并以确定的总价提供交通、住宿、游览等一项或者多项服务，不提供导游和领队服务，由旅游者自行安排游览行程的旅游过程中，旅游经营者提供的服务不符合合同约定，侵害旅游者合法权益，旅游者请求旅游经营者承担相应责任的，人民法院应予支持。

12.2　旅游投诉管理制度

2010年5月5日，国家旅游局公布了《旅游投诉处理办法》。《旅游法》第九十一条规定："县级以上人民政府应当指定或者设立统一的旅游投诉受理机构。受理机构接到投诉，应当及时进行处理或者移交有关部门处理，并告知投诉者。"这些法规都为旅游投诉工作的规范处理奠定了基础。

12.2.1　旅游投诉的内涵

《旅游投诉处理办法》第二条规定："本办法所称旅游投诉，是指旅游者认为旅游经营者损害其合法权益，请求旅游行政管理部门、旅游质量监督管理机构或者旅游执法机构(以下统称"旅游投诉处理机构")，对双方发生的民事争议进行处理的行为。"

12.2.2　旅游投诉的管辖

(1) 旅游投诉由旅游合同签订地或者被投诉人所在地县级以上地方旅游投诉处理机构管辖。

(2) 需要立即制止、纠正被投诉人的损害行为的，应当由损害行为发生地旅游投诉处理机构管辖。

(3) 上级旅游投诉处理机构有权处理下级旅游投诉处理机构管辖的投诉案件。

(4) 发生管辖争议的，旅游投诉处理机构可以协商确定，或者报请共同的上级旅游投诉处理机构指定管辖。

案例分析

2015年5月5日，河南王女士参加某旅行社组织的旅游团到四川乐山大佛景区旅游时，正巧遇到寺庙和尚推销"开光"玉佛饰物。该寺庙和尚称开过光的玉佛可以消病免灾。王女士身患多种慢性疾病，听完和尚的热情推销后，当场花500元买下一枚玉佛。

但是，王女士回到家后并未感到"开光"玉佛的"灵验"，便到附近一所名气较大的寺庙对玉佛进行"鉴定"，被告知此玉佛并未开光；然后王女士又到一家珠宝店核价，发现其所购玉佛的价格高出市场价格许多。王女士对此感到很气愤，想要向有关部门投诉，但是又顾虑到该玉佛是在四川购买的，现在自己已回到河南，担心自己还得再回到四川去投诉。王女士一时犹豫不决，不知该不该去投诉。

资料来源：佚名. 第10章 旅游纠纷处理法律制度[EB/OL]. (2017-06-01)[2021-10-13]. https://max.book118.com/html/2017/0601/110926103.shtm.

问题

王女士到底是否应该进行投诉？她应找什么部门投诉？

12.2.3 旅游投诉的受理

1. 旅游投诉成立条件

旅游投诉应当符合下列条件。
(1) 投诉人与投诉事项有直接利害关系。
(2) 有明确的被投诉人，有具体的投诉请求、事实和理由。

2. 可以受理投诉的情形

投诉人可以就下列事项向旅游投诉处理机构投诉。
(1) 认为旅游经营者违反合同约定的。
(2) 因旅游经营者的责任致使投诉人人身、财产受到损害的。
(3) 因不可抗力、意外事故致使旅游合同不能履行或者不能完全履行，投诉人与被投诉人发生争议的。
(4) 其他损害旅游者合法权益的。

3. 不予受理投诉的情形

下列情形不予受理。
(1) 人民法院、仲裁机构、其他行政管理部门或者社会调解机构已经受理或者处理的。
(2) 旅游投诉处理机构已经作出处理，且没有新情况、新理由的。
(3) 不属于旅游投诉处理机构职责范围或者管辖范围的。
(4) 超过旅游合同结束之日 90 天的。
(5) 不符合《旅游投诉处理办法》第 10 条规定的旅游投诉条件的。
(6) 《旅游投诉处理办法》规定情形之外的其他经济纠纷。
不属于旅游投诉处理机构职责范围或者管辖范围的，旅游投诉处理机构应当及时告知投诉人向有管辖权的旅游投诉处理机构或者有关行政管理部门投诉。

4. 旅游投诉形式

旅游投诉一般应当采取书面形式，一式两份，并载明下列事项。
(1) 投诉人的姓名、性别、国籍、通信地址、邮政编码、联系电话及投诉日期。
(2) 被投诉人的名称、所在地。
(3) 投诉的要求、理由及相关的事实根据。
投诉事项比较简单的，投诉人可以口头投诉，由旅游投诉处理机构进行记录或者登记，并告知被投诉人；对于不符合受理条件的投诉，旅游投诉处理机构可以口头告知投诉人不予受理及其理由，并进行记录或者登记。
投诉人委托代理人进行投诉活动的，应当向旅游投诉处理机构提交授权委托书，并载明委托权限。
投诉人 4 人以上，以同一事由投诉同一被投诉人的，为共同投诉。共同投诉可以由投诉人推选 1～3 名代表进行投诉。代表人参加旅游投诉处理机构处理投诉过程的行为，对全体投诉人发生效力，但代表人变更、放弃投诉请求或者进行和解，应当经全体投诉人同意。

5. 旅游投诉受理

旅游投诉处理机构接到投诉，应当在 5 个工作日内作出以下处理。

(1) 投诉符合《旅游投诉处理办法》的，予以受理。

(2) 投诉不符合《旅游投诉处理办法》的，应当向投诉人送达《旅游投诉不予受理通知书》，告知不予受理的理由。

(3) 依照有关法律、法规和《旅游投诉处理办法》规定，本机构无管辖权的，应当以"旅游投诉转办通知书"或者"旅游投诉转办函"，将投诉材料转交有管辖权的旅游投诉处理机构或者其他有关行政管理部门，并书面告知投诉人。

12.2.4　旅游投诉的处理

1. 旅游投诉处理的宗旨

旅游投诉处理机构处理旅游投诉，除另有规定外，实行调解制度。旅游投诉处理机构应当在查明事实的基础上，遵循自愿、合法的原则进行调解，促使投诉人与被投诉人相互谅解，达成协议。

2. 旅游投诉处理的程序

旅游投诉处理机构处理旅游投诉，应当立案办理，填写"旅游投诉立案表"，并附有关投诉材料，在受理投诉之日起 5 个工作日内，将"旅游投诉受理通知书"和投诉书副本送达被投诉人。对于事实清楚、应当即时制止或者纠正被投诉人损害行为的，可以不填写"旅游投诉立案表"和向被投诉人送达"旅游投诉受理通知书"，但应当对处理情况进行记录存档。

被投诉人应当在接到通知之日起 10 日内作出书面答复，提出答辩的事实、理由和证据。

投诉人和被投诉人应当对自己的投诉或者答辩提供证据。

旅游投诉处理机构应当对双方当事人提出的事实、理由及证据进行审查。旅游投诉处理机构认为有必要收集新的证据，可以根据有关法律、法规的规定，自行收集或者召集有关当事人进行调查。需要委托其他旅游投诉处理机构协助调查、取证的，应当出具"旅游投诉调查取证委托书"，受委托的旅游投诉处理机构应当予以协助。对专门性事项需要鉴定或者检测的，可以由当事人双方约定的鉴定或者检测部门鉴定。没有约定的，当事人一方可以自行向法定鉴定或者检测机构申请鉴定或者检测。鉴定、检测费用按双方约定承担。没有约定的，由鉴定、检测申请方先行承担；达成调解协议后，按调解协议承担。鉴定、检测的时间不计入投诉处理时间。

在投诉处理过程中，投诉人与被投诉人自行和解的，应当将和解结果告知旅游投诉处理机构；旅游投诉处理机构在核实后应当予以记录并由双方当事人、投诉处理人员签名或者盖章。

旅游投诉处理机构受理投诉后，应当积极安排当事双方进行调解，提出调解方案，促成双方达成调解协议。

3. 旅游投诉处理的决定

旅游投诉处理机构应当在受理旅游投诉之日起 60 日内，作出以下处理。

(1) 双方达成调解协议的，应当制作"旅游投诉调解书"，载明投诉请求、查明的事实、处理过程和调解结果，由当事人双方签字并加盖旅游投诉处理机构印章。

(2) 调解不成的，终止调解，旅游投诉处理机构应当向双方当事人出具"旅游投诉终止调解书"。

(3) 调解不成的，或者调解书生效后没有执行的，投诉人可以按照国家法律、法规的规定，向仲裁机构申请仲裁或者向人民法院提起诉讼。

在下列情形下，经旅游投诉处理机构调解，投诉人与旅行社不能达成调解协议的，旅游投诉处理机构应当作出划拨旅游服务质量保证金赔偿的决定，或向旅游行政管理部门提出划拨旅游服务质量保证金的建议。

(1) 旅行社因解散、破产或者其他原因造成旅游者预交旅游费用损失的。

(2) 因旅行社中止履行旅游合同义务、造成旅游者滞留，而实际发生了交通、食宿或返程等必要及合理费用的。

4. 旅游投诉处理机构的管理

(1) 旅游投诉处理机构应当每季度公布旅游者的投诉信息。
(2) 旅游投诉处理机构应当使用统一规范的旅游投诉处理信息系统。
(3) 旅游投诉处理机构应当为受理的投诉制作档案并妥善保管相关资料。

12.3　旅游监督管理制度

12.3.1　旅游监督管理的法律规定

《旅游法》第八十三条至九十条对旅游监督管理作出了具体规定，赋予了旅游监督管理工作一定的地位。

1. 旅游监督管理部门

旅游业是一个综合性很强的产业部门，它的监管需要诸多相关部门予以配合，共同完成。县级以上人民政府旅游主管部门和有关部门依照《旅游法》和有关法律、法规的规定，在各自职责范围内对旅游市场实施监督管理。县级以上人民政府应当组织旅游主管部门、有关主管部门和工商行政管理、产品质量监督、交通等执法部门对相关旅游经营行为实施监督检查。

2. 旅游监督部门的职责要求

1) 旅游监督检查的内容
县级以上人民政府旅游主管部门有权对下列事项实施监督检查。

(1) 经营旅行社业务以及从事导游、领队服务是否取得经营、执业许可。

(2) 旅行社的经营行为。

(3) 导游和领队等旅游从业人员的服务行为。

(4) 法律、法规规定的其他事项。

旅游主管部门依照前款规定实施监督检查，可以对涉嫌违法的合同、票据、账簿以及其他资料进行查阅、复制。

2) 对旅游监督管理部门及其工作人员的要求

旅游主管部门履行监督管理职责，不得违反法律、行政法规的规定向监督管理对象收取费用。旅游主管部门及其工作人员不得参与任何形式的旅游经营活动。

旅游主管部门和有关部门依法实施监督检查，其监督检查人员不得少于 2 人，并应当出示合法证件。监督检查人员少于 2 人或者未出示合法证件的，被检查单位和个人有权拒绝。监督检查人员对在监督检查中知悉的被检查单位的商业秘密和个人信息应当依法保密。

3) 旅游监督管理部门的职责

县级以上人民政府旅游主管部门和有关部门，在履行监督检查职责中或者在处理举报、投诉时，发现违反《旅游法》规定行为的，应当依法及时作出处理；对不属于本部门职责范围的事项，应当及时书面通知并移交有关部门查处。

县级以上地方人民政府建立旅游违法行为查处信息的共享机制，对需要跨部门、跨地区联合查处的违法行为，应当进行督办。旅游主管部门和有关部门应当按照各自职责，及时向社会公布监督检查的情况。

依法成立的旅游行业组织依照法律、行政法规和章程的规定，制定行业经营规范和服务标准，对其会员的经营行为和服务质量进行自律管理，组织开展职业道德教育和业务培训，提高从业人员素质。

3. 被监督检查者的义务

对依法实施的监督检查，有关单位和个人应当配合，如实说明情况并提供文件、资料，不得拒绝、阻碍和隐瞒。

12.3.2　旅游服务质量社会监督员制度

2015 年 2 月 17 日，国家旅游局办公室印发了《旅游服务质量"万名社会监督员"工作方案》和《旅游服务质量社会监督员职责和工作办法(试行)》，对旅游服务质量的社会监督进行了具体规定。

1. 旅游服务质量社会监督员选聘

1) 选聘范围

旅游服务质量社会监督员从各级人大、政协、相关部门和企业、专家学者、新闻媒体等人员中选聘，总人数约 1 万名，具体分配如下所述。

(1) 全国人大机关、全国政协机关、国务院相关部门人员、中央级媒体人员等约 80 人，由国家旅游行政部门确定。

(2) 每个省、自治区、直辖市(含新疆生产建设兵团)各 300 名左右(共约 9600 人)，由各省、自治区、直辖市旅游部门根据当地旅游发展情况，确定本地省级和地市级社会监督员名额。

2) 选聘条件

(1) 热心公益和旅游事业，具有较强的社会责任感。

(2) 对旅游行业情况、法律法规等有所了解。

(3) 原则性强，办事客观公正，工作认真负责。

(4) 身体健康，有履行职责的意愿。

3) 聘请程序

(1) 地市级旅游部门根据省级旅游部门分配的名额，具体组织社会监督员选聘工作，填写《旅游服务质量社会监督员登记表》和《旅游服务质量社会监督员一览表》，逐级上报至省级旅游部门。

(2) 省级旅游部门确认聘请的社会监督员人选，按国家旅游行政部门规定的统一式样制作聘书、证件，以省级为单位统一编号，加盖省级旅游部门印章，向社会监督员发放；同时，将聘请人员名单及有关信息报送国家旅游行政部门。

(3) 由国家旅游行政部门聘请的社会监督员，其聘书及证件上加盖国家旅游行政部门印章。

(4) 聘请监督员，应征得被聘请人员的同意，必要时征求其所在单位的意见。

4) 聘期

社会监督员聘期原则为两年，期满后可续聘。

2. 旅游服务质量社会监督员工作要求

(1) 各级旅游部门负责对其选聘的社会监督员的统一管理、培训和日常联系。

(2) 监督员开展监督工作应当持有监督员证，不得持证从事与履行职责无关的活动，不得接受或者向被监督对象索取任何财物，不得利用监督员身份牟取利益。

(3) 监督员在监督工作中发现问题的，可以直接向相关旅游经营者、旅游从业人员提出，也可以向选聘的旅游主管部门或其上一级旅游主管部门反映。

(4) 地市级旅游部门应当按季度逐级向省级旅游部门上报"旅游服务质量社会监督员反映意见情况表"；省级旅游部门每半年对社会监督员的工作情况进行汇总，并报国家旅游行政部门。

(5) 对社会监督员反映的问题和提出的意见、建议，各级旅游主管部门应当按照职责权限及时、妥善处理；对不属于本部门职责的，应当依法移送相关部门处理，并将处理情况于 20 日内向社会监督员反馈。

3. 旅游服务质量社会监督员监督依据及监督对象

监督员主要依据《旅游法》《消费者权益保护法》《产品质量法》《反不正当竞争法》《安全生产法》等法律、法规的规定和有关旅游服务标准，对旅行社、景区及为旅游者提供交通、住宿、餐饮、购物、娱乐等服务的旅游经营者，导游、领队等旅游从业人员，以及旅游主管部门及其工作人员进行监督。

4. 旅游服务质量监督员的监督职责

(1) 监督旅游经营者及其从业人员的旅游经营行为和旅游服务质量，主要包括：
① 是否存在非法经营、超范围经营、欺行霸市、垄断市场问题。
② 旅游资源利用是否存在违法违规等问题。
③ 是否存在非法招揽旅游者、倒卖门票，以及欺诈、强迫或者变相强迫消费行为。
④ 已取得旅游服务质量标准等级的是否按照标准等级提供服务；是否存在虚假标注和宣传标准等级的问题。
⑤ 商品和服务是否明码标价、质次价高、假冒伪劣。
⑥ 提供的商品和服务是否健康、安全、卫生。
⑦ 旅游客运车辆是否存在违法运营问题。
⑧ 是否存在利用宗教场所非法贩卖香烛、"烧香""算命"等问题。
⑨ 从业人员的服务内容、服务态度和服务质量等情况。
⑩ 是否存在其他违反法律法规、旅游服务标准的问题。

(2) 厕所、旅游标识、通往景区的道路等旅游基础设施和公共服务设施是否存在布局不合理、使用不方便、达不到安全卫生要求等问题。

(3) 对规范旅游市场秩序、提高旅游服务质量、改进旅游公共服务提出意见和建议。

(4) 协助开展旅游法律法规、文明旅游宣传工作，引导消费者依法合理维权和社会公众理性反映诉求。

(5) 监督旅游主管部门及其工作人员依法履行职责情况。

(6) 《旅游法》和其他法律、法规明确要求的事项。

12.3.3 旅游不文明行为记录管理制度

2015 年 4 月 30 日，国家旅游局办公室印发了《游客不文明行为记录管理暂行办法》(旅办发〔2015〕117 号)。2015 年 7 月 17 日，国家旅游局办公室印发了《旅游经营服务不良信息管理办法(试行)》(旅办发〔2015〕181 号)。2016 年 5 月 26 日，国家旅游局办公室印发了《国家旅游局关于旅游不文明行为记录管理暂行办法》(旅办发〔2016〕139 号)，同时废止了《游客不文明行为记录管理暂行办法》。

1. 旅游不文明行为的范畴界定

1) 游客不文明旅游行为

中国游客在境内外旅游过程中发生的因违反境内外法律法规、公序良俗，造成严重社会不良影响的行为，纳入"旅游不文明行为记录"，主要包括以下几种。

(1) 扰乱航空器、车船或者其他公共交通工具秩序。

(2) 破坏公共环境卫生、公共设施。

(3) 违反旅游目的地社会风俗、民族生活习惯。

(4) 损毁、破坏旅游目的地文物古迹。

(5) 参与赌博、色情、涉毒活动。

(6) 不顾劝阻、警示从事危及自身以及他人人身财产安全的活动。

(7) 破坏生态环境，违反野生动植物保护规定。

(8) 违反旅游场所规定，严重扰乱旅游秩序。

(9) 国务院旅游主管部门认定的造成严重社会不良影响的其他行为。

因监护人存在重大过错导致被监护人发生旅游不文明行为，将监护人纳入"旅游不文明行为记录"。

2) 旅游从业人员不文明旅游行为

从事旅游经营管理与服务的工作人员在从事旅游经营管理和服务过程中因违反法律法规、工作规范、公序良俗、职业道德，造成严重社会不良影响的行为，纳入"旅游不文明行为记录"，主要包括以下几种。

(1) 价格欺诈，强迫交易，欺骗、诱导游客消费。

(2) 侮辱、殴打、胁迫游客。

(3) 不尊重旅游目的地或游客的宗教信仰、民族习惯、风俗禁忌。

(4) 传播低级趣味，宣传迷信思想。

(5) 国务院旅游主管部门认定的其他旅游不文明行为。

 资料链接 12.3

国家旅游局公布首批全国旅游经营服务不良信息名单

2015 年 10 月 16 日，国家旅游局公布了一批全国旅游经营服务不良信息名单，共有 17 家企业和个人"榜上有名"。这是国家旅游局出台《旅游经营服务不良信息管理办法(试行)》以来公布的首批名单。

公布信息显示，2015 年 7—9 月，云南、海南、山东的 10 家旅行社，以及云南、海南、山东、湖南的 7 名导游、旅行社经营人员受到旅游部门行政处罚。其中，5 家旅行社因不按规定投保旅行社责任保险被吊销旅行社业务经营许可证，2 名导游因胁迫游客消费、向不合格供应商订购产品和服务被吊销导游证。首批名单的公示期限均为 2 年。

根据《旅游经营服务不良信息管理办法(试行)》规定，旅游经营者和旅游从业人员因侵害旅游者合法权益受到行政机关罚款以上处罚等 7 种情形，其信息应当公开。被纳入不良信息范围的企业和人员，旅游主管部门将采取检查、暗访、责令整改等监管措施，在行政许可受理、旅游经营业务审批等环节将实施重点监管。

资料来源：佚名. 旅游局公布首批全国旅游经营服务不良信息名单[EB/OL]. (2015-10-17)[2021-10-13]. http://www.gov.cn/xinwen/2015-10/17/content_2948542.htm.

2. 旅游不文明行为记录的内容

"旅游不文明行为记录"的内容包括以下几方面。

(1) 不文明行为当事人的姓名、性别、户籍。

(2) 不文明行为的具体表现以及所造成的影响和后果。

(3) 对不文明行为的记录期限。

3. 旅游不文明行为记录的管理机构

国务院旅游主管部门建立全国"旅游不文明行为记录"。省级旅游行政主管部门可设立本行政区域内的"旅游不文明行为记录"。

地方各级旅游主管部门应联合相关部门，整合社会资源，对本行政区域内发生的、户籍所在地或经常居住地在本行政区域内的人员产生的旅游不文明行为进行调查核实，并及时向上一级旅游主管部门报告。

媒体报道或社会公众举报的旅游不文明行为，由不文明行为发生地的旅游主管部门予以调查核实，当事人居住地或户籍所在地旅游主管部门应予以配合。

发生在境外的旅游不文明行为，由国务院旅游主管部门或当事人户籍所在地或经常居住地旅游主管部门通过外交机构、旅游驻外办事机构等途径进行调查核实。

4. 旅游不文明行为记录的形成

各级旅游主管部门对举报人的相关信息应予保密。鼓励和支持社会公众、新闻媒体以及旅游交通、餐饮、购物、娱乐休闲等经营单位向旅游主管部门举报旅游不文明行为。

"旅游不文明行为记录"形成前应经"旅游不文明行为记录评审委员会"评审通过。旅游不文明行为记录评审委员会由政府部门、法律专家、旅游企业、旅游者代表组成，评审事项主要包括以下几方面。

(1) 不文明行为事件是否应当纳入"旅游不文明行为记录"。

(2) 确定"旅游不文明行为记录"的信息保存期限。

(3) "旅游不文明行为记录"是否通报相关部门。

(4) 对已经形成的"旅游不文明行为记录"的记录期限进行动态调整。"旅游不文明行为记录"信息的保存期限为1~5年，实行动态管理。

① 旅游不文明行为当事人违反刑法的，信息保存期限为3~5年。

② 旅游不文明行为当事人受到行政处罚或法院判决承担责任的，信息保存期限为2~4年。

③ 旅游不文明行为未受到法律法规处罚，但造成严重社会影响的，信息保存期限为1~3年。

"旅游不文明行为记录"形成后，国务院旅游主管部门可将"旅游不文明行为记录"信息向社会公布。

"旅游不文明行为记录"形成后，旅游主管部门应当将相关信息通报或送达当事人本人，并告知其有申辩的权利，当事人在接到申辩通知后30个工作日内，有权利进行申辩。旅游主管部门在接到申辩后30个工作日内予以书面回复。申辩理由被采纳的，可依据当事人申辩的理由调整记录期限或取消记录。当事人申辩期间不影响信息公布。

"旅游不文明行为记录"形成后，根据被记录人采取补救措施挽回不良影响的程度、对文明旅游宣传引导的社会效果，经评审委员会审议后可缩短记录期限。

5. 对旅游不文明记录管理人员的要求

国家工作人员故意提供错误信息或篡改、损毁、非法使用、发布"旅游不文明行为记录"信息，按照有关规定对相关责任人员进行行政处分；情节严重的，依法追究法律责任。

资料链接 12.4

国家旅游局公布首批全国游客不文明行为记录名单

《游客不文明行为记录管理暂行办法》施行后，首批全国游客不文明行为记录于 2015 年 5 月 7 日公布，向空服员泼方便面大闹航班、强行打开飞机应急舱门、攀爬红军雕塑照相 3 起不文明事件的 4 名当事人"上榜"。

1. 向空服员泼方便面大闹航班

名列"全国游客不文明行为记录"档案第一位、第二位的是安徽人张某和江苏人王某。2014 年 12 月 11 日晚，中国康辉南京国际旅行社组织的赴泰游团队乘坐泰国亚洲航空公司航班由曼谷飞往南京。在就餐时，张某取出自带方便面，要求空服员提供热水，空服员告知廉价航班的热水需要收费，张某不悦，与空服员发生言语冲突，随即张某将泡好的方便面泼向该空服员。在该事件中，因同伴张某与空服员发生争执，王某与空服员激烈争吵，并谩骂、恐吓和威胁空服员。因事态危害航空安全，机组决定飞机中途返航，落地后张某被泰国警方带走。这两名游客被列入游客不文明行为记录，信息保存期限自 2015 年 3 月 24 日至 2017 年 3 月 23 日。

2. 强行打开飞机应急舱门

名列"全国游客不文明行为记录"第三位的是北京人周某，该游客在 2015 年 1 月 10 日凌晨由昆明飞往北京的 MU2036 航班上，强行打开飞机 41L、42L 座位旁两道应急舱门。警方根据《中华人民共和国治安管理处罚法》的规定，对其违法行为予以治安拘留 15 日处罚。该名游客被列入游客不文明行为记录，信息保存期限自 2015 年 3 月 24 日至 2017 年 3 月 23 日。

3. 攀爬红军雕塑照相

名列"全国游客不文明行为记录"第四位的是陕西人李某，其"创下"长达 10 年不文明记录的期限。2015 年五一假期前夕，在吴起县胜利山景区内，李某攀爬红军雕塑照相，被其他游客拍照记录后在网上传出，引起公众广泛谴责，造成严重社会不良影响。该名游客被列入游客不文明行为记录，信息保存期限自 2015 年 5 月 4 日至 2025 年 5 月 3 日。

资料来源：吕文. 国家旅游局公布首批游客不文明行为记录名单[N]. 中国旅游报，2015-05-08(2).

12.3.4 文化和旅游市场信用管理规定

第一条 为规范和加强文化和旅游市场信用管理，保护各类市场主体、从业人员和消费者合法权益，维护文化和旅游市场秩序，促进文化和旅游市场高质量发展，2021 年 11 月 11 日，文化和旅游部发布了《文化和旅游市场信用管理规定》(中华人民共和国文化和旅游部令第 7 号)。

1. 总则

第二条 文化和旅游主管部门实施信用管理，应当坚持依法行政、合理关联、保护权益、审慎适度原则，确保奖惩措施与守信失信行为相当。

第三条　本规定适用于文化和旅游市场主体和从业人员的信用信息的采集、归集、公开和共享，守信激励和失信惩戒，信用修复，信用承诺和信用评价等活动。

文化市场主体包括从事营业性演出、娱乐场所、艺术品、互联网上网服务、网络文化、社会艺术水平考级等经营活动的法人或者其他组织；从业人员包括上述市场主体的法定代表人、主要负责人、实际控制人等有关人员。

旅游市场主体包括从事旅行社经营服务、A 级旅游景区经营服务、旅游住宿经营服务、在线旅游经营服务的法人或者其他组织；从业人员包括上述市场主体的法定代表人、主要负责人、实际控制人以及导游等有关人员。

第四条　文化和旅游部信用管理部门负责指导协调和监督管理全国文化和旅游市场信用管理工作。具体职责包括：

（一）承担文化和旅游行业信用体系建设工作，拟定行业信用体系建设规划并组织实施，实施行业信用监管，统筹推进信用联合奖惩；

（二）组织起草文化和旅游市场信用管理规章制度、标准规范等，开展信用监督检查；

（三）承担社会信用体系建设部际联席会议相关工作，开展文化和旅游市场失信主体认定工作；

（四）负责管理文化和旅游市场信用信息采集、归集、公开和共享工作；

（五）负责管理信用承诺、信用评价、守信激励和失信惩戒、信用修复等工作；

（六）负责建设管理全国文化和旅游市场信用管理系统，负责信用信息安全管理，组织开展信用信息分析与监测工作；

（七）开展诚信文化建设，指导组织信用培训和宣传等工作。

第五条　县级以上地方人民政府文化和旅游主管部门负责本行政区域内文化和旅游市场信用管理工作。具体职责包括：

（一）负责本行政区域文化和旅游市场信用管理制度规范的组织实施，开展本行政区域文化和旅游市场失信主体认定工作；

（二）开展本行政区域内信用信息采集、归集、公开和共享工作，组织开展信用承诺、信用评价、守信激励和失信惩戒、信用修复等工作；

（三）组织开展本行政区域诚信文化建设、信用信息分析与监测、信用培训和宣传等工作。

第六条　鼓励行业协会商会、第三方信用服务机构、金融机构、新闻媒体等各类单位和个人依法参与信用管理。鼓励各类市场主体在生产经营活动中广泛、主动地应用信用报告。

支持行业协会商会开展行业信用建设。支持行业协会商会对认定为失信主体的会员采取公开谴责、取消评优评先资格等行业自律措施，加强诚信宣传教育。

2. 信用信息采集与归集

第七条　文化和旅游部建立全国文化和旅游市场主体和从业人员信用信息记录。

地方各级文化和旅游主管部门负责补充完善信用信息记录，管理本行政区域内信用信息有关工作。

第八条　文化和旅游市场信用信息包括下列信息：

(一) 注册登记、备案等用以识别、记载市场主体和从业人员基本情况的信息;

(二) 司法裁判仲裁执行信息;

(三) 行政许可、行政处罚信息;

(四) 与其他部门实施联合奖惩的信息;

(五) 信用评价结果信息、信用承诺履行情况信息;

(六) 其他反映市场主体和从业人员信用状况的相关信息。

第九条 文化和旅游主管部门应当按照"谁管理、谁采集"的要求,依法依职责采集相关信用信息,任何单位和个人不得违法违规采集。

第十条 文化和旅游主管部门应当通过全国文化和旅游市场信用管理系统归集职责范围内的相关信用信息。

3. 失信主体认定

第十一条 文化和旅游市场失信主体分为严重失信主体和轻微失信主体。

第十二条 文化市场主体和从业人员有下列情形之一的,应当将其认定为严重失信主体:

(一) 因欺骗、故意隐匿、伪造、变造材料等不正当手段取得许可证、批准文件的,或者伪造、变造许可证、批准文件的;

(二) 提供含有法律、行政法规、规章禁止的内容,造成严重后果的;

(三) 受到文化和旅游主管部门吊销许可证行政处罚的;

(四) 擅自从事营业性演出、娱乐场所、互联网上网服务等文化市场经营活动,特别是造成重大事故或者恶劣社会影响的;

(五) 其他应当认定为严重失信主体的情形。

第十三条 旅游市场主体和从业人员有下列情形之一的,应当将其认定为严重失信主体:

(一) 因欺骗、故意隐匿、伪造、变造材料等不正当手段取得许可证、批准文件的,或者伪造、变造许可证、批准文件的;

(二) 发生重大安全事故,属于旅游市场主体主要责任的;

(三) 因侵害旅游者合法权益,造成游客滞留或者严重社会不良影响的;

(四) 受到文化和旅游主管部门吊销旅行社业务经营许可证、导游证行政处罚的;

(五) 未经许可从事旅游市场经营活动,特别是造成重大事故或者恶劣社会影响的;

(六) 其他应当认定为严重失信主体的情形。

第十四条 文化和旅游主管部门将市场主体和从业人员认定为严重失信主体,应当遵守以下程序规定:

(一) 告知。经查证符合严重失信主体认定标准的,应当向文化和旅游市场主体和从业人员送达《严重失信主体认定告知书》,载明认定理由、依据、惩戒措施和当事人享有的陈述、申辩权利。

(二) 陈述与申辩。当事人在被告知的 10 个工作日内有权向认定部门提交书面陈述、申辩及相关证明材料,逾期不提交的,视为放弃。认定部门应当在 15 个工作日内给予答复。陈述、申辩理由被采纳的,不认定为严重失信主体。

(三) 认定。符合严重失信主体认定标准的,经专家评估、法制审核、集体讨论等程序,依法在 15 个工作日内作出决定。

（四）决定与送达。认定部门应当向当事人出具《严重失信主体认定决定书》并送达。

第十五条　文化和旅游市场主体和从业人员有下列情形之一的，应当认定为轻微失信主体：

（一）存在"捂票炒票"、虚假宣传、未履行相关义务、违反公序良俗等行为，造成不良社会影响的；

（二）因故意或者重大过失严重损害旅游者合法权益，但尚不符合严重失信主体认定情形的；

（三）在旅游经营活动中存在安全隐患，未在指定期限内整改完毕的；

（四）拒不配合投诉处置、执法检查，拒不履行行政处罚决定，造成不良社会影响的；

（五）12 个月内受到文化和旅游主管部门两次较大数额罚款行政处罚，造成不良社会影响的；

（六）其他应当认定为轻微失信主体的情形。

12 个月内第 3 次认定为轻微失信主体的，应当认定为严重失信主体。

第十六条　符合轻微失信主体认定标准的，由县级以上地方人民政府文化和旅游主管部门依法作出决定。认定部门应当向行政相对人出具《轻微失信主体认定决定书》并送达。

符合轻微失信主体认定标准的，在作出决定前，经文化和旅游主管部门约谈督促，改正违法行为、履行赔偿补偿义务、挽回社会不良影响的，可以不认定为轻微失信主体。

4. 信用管理措施

第十七条　文化和旅游主管部门对守信情况良好的市场主体和从业人员，可以采取加强宣传、公开鼓励、提供便利服务等激励措施。

第十八条　文化和旅游主管部门对文化市场严重失信主体实施下列管理措施：

（一）适当提高抽查比例和频次，纳入重点监管对象；

（二）将失信信息提供给有关部门查询，供其在相关行政管理、公共服务、评优评先等活动中参考使用；

（三）将失信信息提供给各类市场主体查询，供其在市场活动中参考使用；

（四）因擅自从事娱乐场所经营活动而被认定为严重失信主体的，其投资人和负责人终身不得投资开办娱乐场所或者担任娱乐场所的法定代表人、负责人；

（五）因擅自设立互联网上网服务营业场所经营单位而被认定为严重失信主体的，其法定代表人或者主要负责人 5 年内不得担任互联网上网服务营业场所经营单位的法定代表人或者主要负责人；

（六）因被吊销营业性演出许可证而被认定为严重失信主体的，当事人为单位的，其法定代表人、主要负责人 5 年内不得担任文艺表演团体、演出经纪机构或者演出场所经营单位的法定代表人、主要负责人；

（七）因营业性演出含有禁止内容被吊销营业性演出许可证而被认定为严重失信主体的，不得再次从事营业性演出或者营业性演出的居间、代理、行纪活动；

（八）因被吊销或者撤销娱乐经营许可证而被认定为严重失信主体的，其法定代表人、主要负责人 5 年内不得担任娱乐场所的法定代表人、负责人；

（九）因被吊销《网络文化经营许可证》而被认定为严重失信主体的，其法定代表人或者主要负责人 5 年内不得担任互联网上网服务营业场所经营单位的法定代表人或者主要负责人；

（十）法律、行政法规和党中央、国务院政策文件规定的其他管理措施。

第十九条 文化和旅游主管部门对旅游市场严重失信主体实施下列管理措施：

（一）适当提高抽查比例和频次，纳入重点监管对象；

（二）将失信信息提供给有关部门查询，供其在相关行政管理、公共服务、评优评先等活动中参考使用；

（三）将失信信息提供给各类市场主体查询，供其在市场活动中参考使用；

（四）旅行社因被吊销旅行社业务经营许可证而被认定为严重失信主体的，其主要负责人 5 年内不得担任任何旅行社的主要负责人；

（五）导游、领队因被吊销导游证而被认定为严重失信主体的，旅行社有关管理人员因旅行社被吊销旅行社业务经营许可证而被认定为严重失信主体的，自处罚之日起 3 年内不得重新申请导游证或者从事旅行社业务；

（六）旅行社因侵犯旅游者合法权益受到罚款以上行政处罚而被认定为严重失信主体的，自处罚之日起 2 年内不得申请出境旅游业务；

（七）法律、行政法规和党中央、国务院政策文件规定的其他管理措施。

第二十条 文化和旅游主管部门对轻微失信主体实施下列管理措施：

（一）依据法律、行政法规和党中央、国务院政策文件，在审查行政许可、资质资格等时作为参考因素；

（二）加大日常监管力度，提高随机抽查的比例和频次；

（三）将失信信息提供给有关部门查询，供其在相关行政管理、公共服务等活动中参考使用；

（四）在行政奖励、授予称号等方面予以重点审查；

（五）法律、行政法规和党中央、国务院政策文件规定的其他管理措施。

第二十一条 对严重失信主体实施信用管理措施的期限为 3 年，对轻微失信主体实施信用管理措施的期限为 1 年。法律法规另有规定的，从其规定。

5. 信用信息公开与共享

第二十二条 文化和旅游市场信用信息的公开与共享坚持合法、必要、安全原则，防止信息泄露，不得侵犯商业秘密和个人隐私。

第二十三条 失信主体信息应当按照"谁认定、谁公开"原则通过全国文化和旅游市场信用管理系统等渠道公开。法律法规另有规定的，从其规定。

第二十四条 文化和旅游部信用管理部门应当建立健全信用信息查询、应用和反馈机制，推进信用信息与其他有关部门共享，实施信用联合奖惩。

各级文化和旅游主管部门有关职能部门、文化市场综合执法机构，应当将执法信息等相关信用信息及时与同级文化和旅游信用管理部门共享。

第二十五条 公民、法人和其他组织有权查询与自身相关的信用信息。文化和旅游主管部门应当依法依规为查询提供便利。

认定部门或者信用信息归集管理部门发现信用信息有误的，应当及时主动更正。

公民、法人和其他组织认为自己的信用信息有误时，有权向认定部门申请更正相关信息。认定部门应当在收到实名提交的书面更正申请之日起 5 个工作日内作出是否更正的决定。

6. 信用修复

第二十六条 符合以下条件的，认定部门应当主动进行信用修复：

(一) 实施信用管理措施期限届满；

(二) 认定为失信主体的依据被撤销或者变更，不符合认定为失信主体标准的；

(三) 因为政策变化或者法律法规修订，已经不适宜认定为失信主体的；

(四) 其他应当主动修复的情形。

信用修复应当通过全国文化和旅游市场信用管理系统进行。

第二十七条 文化和旅游市场失信主体积极进行合规整改、纠正失信行为、消除不良影响、接受信用修复培训、作出信用承诺的，可以向认定部门提出信用修复申请并遵循以下程序：

(一) 申请。有关市场主体和从业人员可以向认定部门提出信用修复申请，说明事实和理由，提交信用修复申请书、培训记录、纠正失信行为等有关材料。

(二) 受理。认定部门收到申请后，应当于 10 个工作日内予以受理。不符合条件的不予受理并说明理由。

(三) 核查。认定部门应当自受理之日起 10 个工作日内，采取线上、书面、实地等方式检查核实。必要时，可以组织开展约谈或者指导。

(四) 决定。认定部门应当自核查完成之日起 5 个工作日内作出准予信用修复或者不予信用修复的决定，不予信用修复的应当说明理由。

(五) 修复。认定部门应当自作出准予信用修复决定之日起 5 个工作日内，解除对失信主体的相关管理措施。

第二十八条 具有下列情形之一的，不予信用修复：

(一) 认定为严重失信主体不满 6 个月的、认定为轻微失信主体不满 3 个月的；

(二) 因违反相关法律法规规定，依法被限制或者禁止行业准入期限尚未届满的；

(三) 距离上一次信用修复时间不到 1 年的；

(四) 申请信用修复过程中存在弄虚作假、故意隐瞒事实等欺诈行为的；

(五) 申请信用修复过程中又因同一原因受到行政处罚，造成不良社会影响的；

(六) 法律法规和党中央、国务院政策文件明确规定不可修复的。

7. 信用评价与信用承诺

第二十九条 文化和旅游部根据工作需要，制定行业信用评价制度和规范，组织开展信用评价，实施分级分类管理。各级文化和旅游主管部门在职责范围内开展信用评价工作。

鼓励行业协会商会、第三方信用服务机构等具备条件的机构依法依规参与信用评价。

第三十条 鼓励各部门在评优评先、人员招聘、试点示范等方面优先选择信用评价较好的市场主体和从业人员。

鼓励和支持有关机构积极利用信用评价结果，拓展信用应用场景。

第三十一条 文化和旅游主管部门在行政管理、政务服务等工作中应当规范应用信用承

诺，将文化和旅游市场主体和从业人员的承诺履约情况记入信用信息记录，作为监督管理的重要依据。

文化和旅游市场主体和从业人员被认定为严重失信主体或者曾经作出虚假承诺的，不适用信用承诺的有关规定。

8. 监督责任与权利保障

第三十二条 文化和旅游主管部门应当对信用管理工作进行检查和评估，并采取通报表扬、通报批评、责令改正等措施。

第三十三条 文化和旅游主管部门及其工作人员未依照本规定履行职责的，依法予以处理。

第三十四条 文化和旅游主管部门应当依法保障市场主体和从业人员的合法权益。

本 章 小 结

旅游纠纷是指旅游者与旅游经营者、旅游辅助服务者之间因旅游发生的合同纠纷或者侵权纠纷。

旅游者与旅游经营者发生纠纷，可以通过下列途径解决：第一，双方协商；第二，向消费者协会、旅游投诉受理机构或者有关调解组织申请调解；第三，根据与旅游经营者达成的仲裁协议提请仲裁机构仲裁；第四，向人民法院提起诉讼。

旅游投诉是指旅游者认为旅游经营者损害其合法权益，请求旅游行政管理部门、旅游质量监督管理机构或者旅游执法机构，对双方发生的民事争议进行处理的行为。

旅游投诉管辖地可以为旅游合同签订地、被投诉人所在地、损害行为发生地和损害结果发生地任何一个。

关键术语

旅游纠纷　旅游投诉　旅游监督　旅游服务质量社会监督员　旅游不文明行为记录
文化和旅游市场信用管理规定

知识链接

1. 中国法制出版社. 中华人民共和国旅游法[M]. 北京：中国法制出版社，2018.

2. 国家旅游局. 旅游投诉处理办法[EB/OL]. (2010-05-05)[2021-06-25]. http://www.faxin.cn/lib/zyfl/ZyflContent.aspx?gid=A48626&libid=all&userinput=旅游投诉处理办法.

3. 文化和旅游部. 文化和旅游市场信用管理规定[EB/OL]. (2021-11-11)[2021-12-20]. http://zwgk.mct.gov.cn/zfxxgkml/zcfg/bmgz/.202111/t20211115_929007.html.

4. 最高人民法院. 最高人民法院关于审理旅游纠纷案件适用法律若干问题的规定[EB/OL]. (2020-12-23)[2021-06-25]. http://www.faxin.cn/lib/Zyfl/ZyflContent.aspx?gid=A296667&userinput=最高人民法院关于审理旅游纠纷案件适用法律若干问题的规定.

5. 国家旅游局. 旅游服务质量社会监督员职责和工作办法(试行)[EB/OL]. (2015-02-17) [2021-06-25]. http://www.faxin.cn/lib/Zyfl/ZyflContent.aspx?gid=A226206&userinput= 旅游服务质量社会监督员职责和工作办法.

6. 国家旅游局. 旅游服务质量"万名社会监督员"工作方案[EB/OL]. (2015-02-17) [2021-06-25]. http://www.faxin.cn/lib/Zyfl/ZyflContent.aspx?gid=A226206&userinput= 旅游服务质量社会监督员职责和工作办法.

7. 国家旅游局. 关于旅游不文明行为记录管理暂行办法[EB/OL]. (2016-05-26) [2021-06-25]. http://www.faxin.cn/lib/zyfl/ZyflContent.aspx?gid=A237566&libid=all&userinput= 关于旅游不文明行为记录管理暂行办法.

8. 卢世菊. 旅游法教程[M]. 5 版. 武汉：武汉大学出版社，2014.

9. 杨富斌. 旅游法教程[M]. 北京：中国旅游出版社，2013.

课 后 习 题

一、不定项选择题

1. 从法律角度看，旅游纠纷的类型主要有(　　　)。
   A. 民事纠纷　　　　　B. 行政纠纷　　　　　C. 刑事纠纷　　　　　D. 国际纠纷

2. 旅游纠纷的解决途径主要有(　　　)。
   A. 双方协商　　　　　　　　　　　　B. 申请调解
   C. 提请仲裁机构仲裁　　　　　　　　D. 向人民法院提起诉讼

3. 旅游投诉的管辖地主要有(　　　)。
   A. 合同签订地　　　　　　　　　　　B. 被投诉人所在地
   C. 损害行为发生地　　　　　　　　　D. 上级旅游行政部门所在地

4. 旅游不文明行为包括破坏公共环境卫生、公共设施，损毁、破坏旅游目的地文物古迹，破坏生态环境，违反野生动植物保护规定以及(　　　)等行为。
   A. 扰乱航空器、车船或者其他公共交通工具秩序
   B. 参与赌博、色情、涉毒活动
   C. 违反旅游目的地社会风俗、民族生活习惯
   D. 不顾劝阻、警示从事危及自身以及他人人身财产安全的活动
   E. 违反旅游场所规定，严重扰乱旅游秩序

二、判断题

1. 投诉人与投诉事项有直接利害关系，有明确的被投诉人、具体的投诉请求、事实和理由就可以进行旅游投诉。　　　　　　　　　　　　　　　　　　　　　　(　　　)

2. 旅游投诉处理机构处理旅游投诉，除另有规定外，实行调解制度。　　(　　　)

3. 旅游不文明行为记录信息保存期限一般为两年。　　　　　　　　　　(　　　)

三、思考题

1. 旅游纠纷的主要类型有哪些？
2. 旅游纠纷的解决途径有哪些？
3. 旅游投诉的管辖地有哪些？
4. 国家旅游行政部门对旅游监管采取了哪些措施？
5. 旅游从业人员的旅游不文明行为主要有哪些？

四、案例分析题

林某经朋友介绍，通过电话确定全家将参加某旅行社组织的菲律宾长滩岛 4 日游，并交纳了相应的旅游费用。由于天气及浦东机场流控的原因，飞机延误了 19 个小时方才出发，导致林某全家在机场酒店住宿一晚，并在狭小的飞机舱中等待近 6 个小时，但飞机仍无法起飞。最终，因飞机延误，林某全家在已办理登机手续、飞机起飞前强行下机，未能成行。其他部分参团游客完成了旅游行程。后林某全家要求退还全部旅游费用，但旅行社不同意，故诉至法院。

资料来源：陈静. "游"法可依：看看典型的旅游纠纷小案例[EB/OL]. (2021-5-24)[2022-5-16]. http://app.dy001.cn/?app=article&controller=article&action=show&contentid=40581.

根据案例，分析下列问题：

1. 飞机延误，旅行社是否应承担赔偿责任？
2. 旅行社应否退还全部旅游费用？

第13章 旅游规划与促进法规

知识目标	技能目标
① 了解旅游规划的基本类型； ② 了解旅游规划编制的程序； ③ 了解旅游规划编制的要求； ④ 熟悉旅游发展规划编制的内容； ⑤ 熟悉旅游区总体规划编制的内容； ⑥ 熟悉旅游区控制性详细规划编制的内容； ⑦ 熟悉旅游区修建性详细规划编制的内容	① 能够区分旅游区总体规划、控制性详细规划、修建性详细规划编制的内容差异； ② 能够分析各类旅游专项规划的内容要求； ③ 能够分析税收优惠政策对旅游的促进作用； ④ 能够分析旅游产业政策对旅游的促进作用； ⑤ 能够分析旅游专项资金对旅游的促进作用； ⑥ 能够分析综合协调机制对旅游的促进作用； ⑦ 能够分析旅游人才政策对旅游的促进作用

导入案例

中国开启太空旅游规划：2024年前执行首次平民太空旅游项目

随着科技的进步、航天技术的不断突破，国外一些商业航空公司如蓝色起源、SpaceX等已开始涉足太空旅游项目。在太空旅游热潮之下，国内的企业也看到了商机。

据媒体报道，2018年，随着中国长征火箭有限公司正式组建成立，也开始提出国内太空旅游规划，并有望在2024年之前开启平民太空旅游项目。

根据中国长征火箭有限公司的规划，将在2024年之前执行中国首次平民太空旅游项目，实现短途的亚轨道飞行。最终目标是在2035年之前，打造单次能容纳10～20人的长途旅游团项目。

中国长征火箭有限公司总裁韩庆平表示，针对太空旅游项目，要打造十吨级和百吨级飞行器，十吨级飞行器可以搭载3～5名旅客，旅客能够享受20分钟左右的太空体验。

来自摩根士丹利的数据显示，到2040年，包括太空旅游、太空资源利用及通信卫星等整个太空经济市场，有望突破1万亿美元市值(约合人民币6.4万亿元)。

不过，专家表示，目前国内主要以商业航天活动为主，还没有正式的太空旅游活动。如果中国的太空旅游想取得更大的发展，则需要社会力量和市场资本的共同推动。

太空旅游不仅是一个娱乐项目，还可以改变人的观念。随着人类活动范围的增大，其思维格局也会随之拓展，所以太空旅游并不是一个纯粹的市场或者商业问题，实际上还是人类社会发展的一个必然趋势。

据悉，世界首富贝索斯旗下的商业航天公司蓝色起源的首次太空旅游项目"船票"以竞拍的方式进行出售。在热烈的市场情绪之下，最新竞拍价格已达280万美元(当时约合人民币1800万元)。

资料来源：斌斌. 中国开启太空旅游规划：2024年前执行首次平民太空旅游项目[EB/OL]. (2021-05-30) [2021-10-13]. https://news.mydrivers.com/1/760/760019.htm.

根据案例，思考下列问题：

1. 什么是旅游规划？
2. 一个地区发展旅游业，必须先进行旅游规划吗？
3. 旅游规划编制要注意哪些法律问题？

旅游规划是一个地域综合体内旅游系统的发展目标和实现方式的整体部署过程。经相关政府部门审批后，旅游规划是该区域各部门进行旅游开发、建设的法律依据。《旅游法》对旅游规划编制的主体、内容和规划的衔接作出了规定，从国家法律层面确立了旅游规划的法律地位，体现了对旅游规划的高度重视。同时，为发挥立法对旅游业发展的引导、推动作用，《旅游法》还从资金投入、政策制定等方面规定了促进旅游业发展的主要措施。

13.1 旅游规划法律制度

为规范旅游规划编制工作，提高我国旅游规划工作总体水平，达到旅游规划的科学性、前瞻性和可操作性，促进旅游业可持续性发展，2000 年 10 月 26 日，国家旅游局发布了《旅游发展规划管理暂行办法》；2003 年 2 月 24 日，国家质量监督检验检疫总局发布了《旅游规划通则》(GB/T 18971—2003)；2019 年 5 月 7 日，文化和旅游部印发了《文化和旅游规划管理办法》。

13.1.1 旅游规划的类型

旅游规划分为旅游发展规划、旅游区规划、旅游专项规划。

旅游发展规划是根据旅游业的历史、现状和市场要素的变化所制定的目标体系，以及为实现目标体系在特定的发展条件下对旅游发展的要素所做的安排。旅游发展规划分为全国旅游业发展规划、区域旅游业发展规划和地方旅游业发展规划。地方旅游业发展规划又分为省级旅游业发展规划、地市级旅游业发展规划和县级旅游业发展规划。地方各级旅游业发展规划均依据上一级旅游业发展规划，并结合本地区的实际情况进行编制。旅游发展规划期限一般分为近期、中期和远期。3～5 年的为近期规划，5～10 年的为中期规划，10 年以上的为远期规划。

旅游区规划是指为了保护、开发、利用和经营管理旅游区，使其发挥多种功能和作用而进行的各项旅游要素的统筹部署和具体安排。

旅游专项规划是根据旅游发展规划，对特定区域内旅游项目、设施和服务功能配套提出的专门要求，包括旅游项目规划、旅游交通规划、旅游产品规划等。

13.1.2 旅游规划的编制要求

旅游规划编制要以国家和地区社会经济发展战略为依据，以旅游业发展方针、政策及法规为基础，与城市总体规划、土地利用规划相适应，与其他相关规划相协调；根据国民经济形势，对上述规划提出改进的要求。

旅游规划编制要坚持以旅游市场为导向，以旅游资源为基础，以旅游产品为主体，经济、社会和环境效益可持续发展的指导方针。

旅游规划编制要突出地方特色，注重区域协同，强调空间一体化发展，避免近距离不合理重复建设，加强对旅游资源的保护，减少对旅游资源的浪费。

旅游规划编制鼓励采用先进方法和技术。在编制过程中，应当进行多方案的比较，并征求各有关行政管理部门的意见，尤其是当地居民的意见。

旅游规划编制工作所采用的勘察、测量方法与图件、资料，要符合相关国家标准和技术规范。

旅游规划技术指标应当适应旅游业发展的长远需要，具有适度超前性。

旅游规划编制人员应有比较广泛的专业构成，如旅游、经济、资源、环境、城市规划、建筑等方面。

13.1.3 旅游规划的编制程序

1. 任务确定阶段

1) 委托方确定编制单位

招标通常有公开招标、邀请招标、直接委托等形式。

(1) 公开招标，即委托方以招标公告的方式邀请不特定的旅游规划设计单位投标。

(2) 邀请招标，即委托方以投标邀请书的方式邀请特定的旅游规划设计单位投标。

(3) 直接委托，即委托方直接委托某一特定规划设计单位进行旅游规划的编制工作。

2) 编制项目计划书并签订旅游规划编制合同

委托方应编制项目计划书并与规划编制单位签订旅游规划编制合同。

2. 前期准备阶段

1) 政策法规研究

对国家和本地区旅游及相关政策、法规进行系统研究，全面评估社会、经济、文化、环境及政府行为等方面对规划的影响。

2) 旅游资源调查

对规划区内旅游资源的类别、品位进行全面调查，编制规划区内旅游资源分类明细表，绘制旅游资源分析图，具备条件时可根据需要建立旅游资源数据库，确定其旅游容量，调查方法可参照《旅游资源分类、调查与评价》(GB/T 18972—2017)。

3) 旅游客源市场分析

在对规划区的旅游者数量和结构、地理和季节性分布、旅游方式、旅游目的、旅游偏好、停留时间、消费水平进行全面调查分析的基础上，研究并提出规划区旅游客源市场未来的总量、结构和水平。

4) 周边竞合分析

对规划区旅游业发展进行竞争性分析，确立规划区在交通可进入性、基础设施、景点现状、服务设施、广告宣传等各方面的区域比较优势，综合分析和评价各种制约因素及机遇。

3. 规划编制阶段

(1) 规划区主题确定。在前期准备工作的基础上，确立规划区旅游主题，包括主要功能、主打产品和主题形象。

(2) 确立规划分期及各分期目标。

(3) 提出旅游产品及设施的开发思路和空间布局。

(4) 确立重点旅游开发项目，确定投资规模，进行经济、社会和环境评价。

(5) 形成规划区的旅游发展战略，提出规划实施的措施、方案和步骤，包括政策支持、经营管理体制、宣传促销、融资方式、教育培训等。

(6) 撰写规划文本、说明和附件的草案。

4. 征求意见阶段

规划草案形成后，原则上应广泛征求各方意见，并在此基础上，对规划草案进行修改、充实和完善。

13.1.4　旅游发展规划

旅游发展规划的主要任务是明确旅游业在国民经济和社会发展中的地位与作用，提出旅游业发展目标，优化旅游业发展的要素结构与空间布局，安排旅游业发展优先项目，促进旅游业持续、健康、稳定发展。

1. 旅游发展规划的主要内容

(1) 全面分析规划区旅游业发展历史与现状、优势与制约因素，以及与相关规划的衔接。

(2) 分析规划区的客源市场需求总量、地域结构、消费结构及其他结构，预测规划期内客源市场需求总量、地域结构、消费结构及其他结构。

(3) 提出规划区的旅游主题形象和发展战略。

(4) 提出旅游业发展目标及其依据。

(5) 明确旅游产品开发的方向、特色与主要内容。

(6) 提出旅游发展重点项目，对其空间及时序作出安排。

(7) 提出要素结构、空间布局及供给要素的原则和办法。

(8) 按照可持续发展原则，注重保护开发利用的关系，提出合理的措施。

(9) 提出规划实施的保障措施。

(10) 对规划实施的总体投资分析，主要包括旅游设施建设、配套基础设施建设、旅游市场开发、人力资源开发等方面的投入与产出方面的分析。

2. 旅游发展规划的成果

旅游发展规划的成果包括规划文本、规划图表及附件。规划图表包括区位分析图、旅游资源分析图、旅游客源市场分析图、旅游业发展目标图、旅游产业发展规划图等。附件包括规划说明和基础资料等。

13.1.5 旅游区规划

旅游区规划按规划层次分为总体规划、控制性详细规划、修建性详细规划等。

1. 旅游区总体规划

旅游区在开发、建设之前，原则上应当编制总体规划。小型旅游区可直接编制控制性详细规划。旅游区总体规划的任务是，分析旅游区客源市场，确定旅游区的主题形象，划定旅游区的用地范围及空间布局，安排旅游区基础设施建设内容，提出开发措施。旅游区总体规划的期限一般为10～20年，同时可根据需要对旅游区的远景发展作出轮廓性的规划安排。对于旅游区近期的发展布局和主要建设项目，亦应作出近期规划，期限一般为3～5年。

1) 旅游区总体规划的主要内容

(1) 对旅游区客源市场的需求总量、地域结构、消费结构等进行全面分析与预测。

(2) 界定旅游区范围，进行现状调查和分析，对旅游资源进行科学评价。

(3) 确定旅游区的性质和主题形象。

(4) 确定旅游区的功能分区和土地利用，提出规划期内的旅游容量。

(5) 规划旅游区的对外交通系统的布局和主要交通设施的规模、位置，规划旅游区内部其他道路系统的走向、断面和交叉形式。

(6) 规划旅游区的景观系统和绿地系统的总体布局。

(7) 规划旅游区的其他基础设施、服务设施和附属设施的总体布局。

(8) 规划旅游区的防灾系统和安全系统的总体布局。

(9) 研究并确定旅游区资源的保护范围和保护措施。

(10) 规划旅游区的环境卫生系统布局，提出防止和治理污染的措施。

(11) 提出旅游区近期建设规划，进行重点项目策划。

(12) 提出总体规划的实施步骤、措施和方法，以及规划、建设、运营中的管理意见。

(13) 对旅游区开发建设进行总体投资分析。

2) 旅游区总体规划的成果要求

(1) 规划文本。

(2) 图件，包括旅游区区位图、综合现状图、旅游市场分析图、旅游资源评价图、总体规划图、道路交通规划图、功能分区图等其他专业规划图、近期建设规划图等。

(3) 附件，包括规划说明和其他基础资料等。

(4) 图纸比例，可根据功能需要与可能确定。

2. 旅游区控制性详细规划

在旅游区总体规划的指导下，为了近期建设的需要，可编制旅游区控制性详细规划。旅游区控制性详细规划的任务是，以总体规划为依据，详细规定区内建设用地的各项控制指标和其他规划管理要求，为区内一切开发建设活动提供指导。

1) 旅游区控制性详细规划的主要内容

(1) 详细划定所规划范围内各类不同性质用地的界线，规定各类用地内适建、不适建或

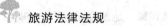

者有条件地允许建设的建筑类型。

(2) 规划分地块规定建筑高度、建筑密度、容积率、绿地率等控制指标，并根据各类用地的性质增加其他必要的控制指标。

(3) 规定交通出入口方位、停车泊位、建筑后退红线、建筑间距等要求。

(4) 提出对各地块的建筑体量、尺度、色彩、风格等要求。

(5) 确定各级道路的红线位置、控制点坐标和标高。

2) 旅游区控制性详细规划的成果要求

(1) 规划文本。

(2) 图件，包括旅游区综合现状图、各地块的控制性详细规划图、各项工程管线规划图等。

(3) 附件，包括规划说明及基础资料。

(4) 图纸比例，一般为 1/2000~1/1000。

3. 旅游区修建性详细规划

对于旅游区当前要建设的地段，应编制修建性详细规划。旅游区修建性详细规划的任务是，在总体规划或控制性详细规划的基础上，进一步深化和细化，用以指导各项建筑和工程设施的设计和施工。

1) 旅游区修建性详细规划的主要内容

(1) 综合现状与建设条件分析。

(2) 用地布局。

(3) 景观系统规划设计。

(4) 道路交通系统规划设计。

(5) 绿地系统规划设计。

(6) 旅游服务设施及附属设施系统规划设计。

(7) 工程管线系统规划设计。

(8) 竖向规划设计。

(9) 环境保护和环境卫生系统规划设计。

2) 旅游区修建性详细规划的成果要求

(1) 规划设计说明书。

(2) 图件，包括综合现状图、修建性详细规划总图、道路及绿地系统规划设计图、工程管网综合规划设计图、竖向规划设计图、鸟瞰或透视等效果图等。

(3) 图纸比例，一般为 1/2000~1/500。

13.1.6　旅游专项规划

旅游区可根据实际需要，编制旅游项目开发规划、旅游线路规划、旅游投融资规划、旅游地建设规划、旅游营销规划、旅游区保护规划、旅游服务设施规划等功能性专项规划。

1. 旅游项目开发规划的一般要求

旅游项目开发规划的编制可参照旅游区总体规划和控制性详细规划的基本要求，重点突出项目开发的可行性和必要性分析，加强客源市场的分析与预测，并根据旅游开发项目的建设需要适当强化规划图纸和规划深度。

2. 旅游线路规划的一般要求

旅游线路规划的编制应在对所在地及周边区域的旅游业发展和景点建设情况进行研究分析的基础上，重点加强客源市场结构分析，并结合线路踩点踏勘，提出合理可行的旅游线路开拓策略。

3. 旅游投融资规划的一般要求

旅游投融资规划的编制应在对所在地及周边区域的投资环境进行比较分析的基础上，重点突出项目开发的可行性和必要性分析以及投资效益分析，适当加强客源市场的分析与预测，提出投融资项目的招商方案和配套政策措施等内容。

4. 旅游地建设规划的一般要求

旅游地建设规划的编制可参照旅游区控制性详细规划和修建性详细规划的基本要求，适当增加旅游区总体规划所要求的资源评价、客源市场分析以及效益分析等内容，并根据旅游开发建设的实际需要适当强化规划图纸和规划深度。

5. 旅游营销规划的一般要求

旅游营销规划的编制应重点突出客源市场的分析与预测，根据目标细分市场的发展潜力提出针对性强的市场营销策略和具体营销方案。

6. 旅游区保护规划的一般要求

旅游区保护规划的编制可参照旅游区总体规划的基本内容要求，重点加强对旅游资源开发利用现状的分析和环境容量分析，划分重点保护对象和范围，提出切实可行的保护措施，同时应加强区内旅游资源单体的保护。

7. 旅游服务设施规划的一般要求

旅游服务设施规划的编制应在对本区域旅游接待服务设施(宾馆饭店、旅游交通、旅游餐馆等)经营现状全面了解和分析的基础上，结合市场需求情况分析，合理确定旅游服务设施的总量、结构、布局和建设时序安排。

13.1.7　文化和旅游规划

文化和旅游规划是指文化和旅游行政部门编制的中长期规划，主要包括文化和旅游部相关司局或单位编制的以文化和旅游部名义发布的总体规划、专项规划、区域规划，地方文化和旅游行政部门编制的地方文化和旅游发展规划。

1. 立项和编制

规划编制单位应对规划立项的必要性进行充分论证。属日常工作或任务实施期限短于 3 年的，原则上不编制规划。

规划编制单位应制定相应工作方案，对规划期、论证情况、编制方式、进度安排、人员保障、经费需求等进行必要说明。

规划编制单位应深化重大问题研究论证，深入研究前瞻性、关键性、深层次重大问题，充分考虑要素支撑条件、资源环境约束和重大风险防范。

文化和旅游部规划立项须报经主要部领导和分管部领导批准。文化和旅游部建立 5 年规划编制目录清单管理制度，政策法规司会同各司局研究规划编制需求后制定 5 年规划编制目录清单，报部批准后实施。未列入目录清单的规划，如因工作需要确需编制的，立项须报主要部领导和分管部领导批准，报批时应会签政策法规司。

拟报请国务院批准的国家级专项规划，由文化和旅游部政策法规司会同相关司局，与国家发展改革部门进行立项衔接。

规划立项后，规划编制单位要认真做好基础调查、资料搜集、课题研究等前期工作，科学测算目标指标，对需要纳入规划的工程和项目进行充分论证。坚持开门编制规划，提高规划编制的透明度和社会参与度。

编制规划应当符合国家相关标准和技术规范要求，保证规划的科学性、规范性和可操作性。

2. 衔接和论证

各级文化和旅游行政部门应当建立健全规划衔接协调机制。总体规划要与国家发展规划进行统筹衔接，落实国家发展规划的要求。地方文化和旅游发展规划要与上级文化和旅游发展规划、本地区经济社会发展规划相衔接。专项规划、区域规划、地方文化和旅游发展规划的目标、任务、布局等要与总体规划保持一致，各类规划的重要目标指标及工程、项目、政策要相互衔接。

文化和旅游规划应当与土地利用总体规划、城乡规划、环境保护规划以及其他相关规划相衔接。

以文化和旅游部名义发布的规划应充分征求相关单位意见。总体规划草案由政策法规司征求各司局和单位意见。各业务领域的专项规划和区域规划草案应征求政策法规司意见。涉及其他司局和单位职能的，规划编制单位应提交规划草案征求相关司局和单位意见，相关司局和单位应及时反馈意见。

规划编制单位应当采取多种形式广泛听取基层群众、基层文化和旅游单位、相关部门、专家学者的意见，必要时公开征询社会公众意见。

规划编制单位应在规划报批前，委托研究机构或组织专家组对规划进行论证，形成论证报告。参与论证的机构和专家应严格遵守相关保密规定。

3. 报批和发布

文化和旅游行政部门应严格履行规划报批程序。以文化和旅游部名义发布的规划原则上须经部党组会议审定，规划报批前应充分征求文化和旅游部各相关司局和单位意见并达成一致，各业务领域的专项规划和区域规划报批时须会签政策法规司。

须报国务院审批的国家级专项规划，经文化和旅游部党组会议审定后，由规划编制单位送国家发展改革部门会签后上报。

规划报批时，除规划文本外还应附下列材料：编制说明，包括编制依据、编制程序、未采纳相关意见的理由等；论证报告；法律法规规定需要报送的其他相关材料。

除法律法规另有规定以及涉及国家秘密的内容外，各类规划应在批准后1个月内向社会公开发布相关内容。

文化和旅游部建立规划信息库。省级文化和旅游行政部门应在省级文化和旅游发展规划印发1个月内，将规划纸质文件和电子文档报送文化和旅游部备案。文化和旅游部各司局和单位在专项规划、区域规划印发后，应及时将规划纸质文件和电子文档送政策法规司入库。

4. 实施和责任

文化和旅游行政部门要健全规划实施机制，加强规划实施评估，提升规划实施效能。

按照"谁牵头编制，谁组织实施"的基本原则，规划编制单位应及时对规划确定的任务进行分解，制定任务分工方案，落实规划实施责任。

规划编制单位应制订年度执行计划，组织开展规划实施年度监测分析，强化监测评估结果应用。文化和旅游行政部门在制定政策、安排项目时，要优先对规划确定的发展重点予以支持。

上级文化和旅游行政部门应加强对下级文化和旅游行政部门规划实施工作的指导和监督。

规划编制单位应组织开展规划实施中期评估和总结评估，积极引入第三方评估。

规划经评估或因其他原因确需要修订的，规划编制单位应按照新形势、新要求调整完善规划内容，将修订后的规划履行原编制审批程序。

文化和旅游行政部门要把规划工作列入重要日程，纳入领导班子、领导干部考核评价体系，切实加强组织领导、监督检查和队伍建设。

规划工作所需经费应在本单位预算中予以保障。

13.1.8　旅游规划的评审、报批与修编

1. 旅游规划的评审

1) 评审方式

旅游规划文本、图件及附件的草案完成后，由规划委托方提出申请，上一级旅游行政主管部门组织评审。

旅游规划的评审采用会议审查方式。规划成果应在会议召开5日前送达评审人员审阅。

旅游规划的评审，需经全体评审人员讨论、表决，并有3/4以上评审人员同意，方为通过。评审意见应形成文字性结论，并经评审小组全体成员签字，评定意见方为有效。

2) 规划评审人员的组成

旅游发展规划的评审人员由规划委托方与上一级旅游行政主管部门商定；旅游区规划

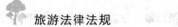

的评审人员由规划委托方与当地旅游行政主管部门确定。旅游规划评审组由 7 人以上组成。其中，行政管理部门代表不超过 1/3，本地专家不少于 1/3。规划评审小组设组长 1 人，根据需要可设副组长 1~2 人。组长、副组长人选由委托方与规划评审小组协商产生。

旅游规划评审人员应由经济分析专家、市场开发专家、旅游资源专家、环境保护专家、城市规划专家、工程建筑专家、旅游规划管理官员、相关部门管理官员等组成。

3）规划评审重点

旅游规划评审应围绕规划的目标、定位、内容、结构和深度等方面进行重点审议，包括：①旅游产业定位和形象定位的科学性、准确性和客观性；②规划目标体系的科学性、前瞻性和可行性；③旅游产业开发、项目策划的可行性和创新性；④旅游产业要素结构与空间布局的科学性、可行性；⑤旅游设施、交通线路空间布局的科学合理性；⑥旅游开发项目投资的经济合理性；⑦规划项目对环境影响评价的客观可靠性；⑧各项技术指标的合理性；⑨规划文本、附件和图件的规范性；⑩规划实施的操作性和充分性。

2. 规划的报批

旅游规划文本、图件及附件，经规划评审会议讨论通过并根据评审意见修改后，由委托方按有关规定程序报批实施。

3. 规划的修编

在规划执行过程中，要根据市场环境等各方面的变化对规划进行进一步的修订和完善。

13.1.9　旅游发展规划实施评估

《旅游法》第二十二条规定："各级人民政府应当组织对本级政府编制的旅游发展规划的执行情况进行评估，并向社会公布。"为保证旅游发展规划有效执行，增强旅游发展规划的权威性，加强旅游发展规划的实施评估工作，2015 年 7 月 27 日，国家旅游局发布了《旅游发展规划实施评估导则》(LB/T 041—2015)。

1. 评估主体

各级人民政府应当组织对本级政府编制的旅游规划的执行情况进行评估，并向社会公布。各级旅游行政主管部门可根据各级人民政府授权具体组织。

全国旅游发展规划、跨省级区域旅游规划、跨省级重点线路旅游规划，由国家旅游行政主管部门负责组织评估，并向社会公布。

跨行政区域的旅游发展规划，应当由相关行政区地方人民政府协商组织，或者上一级旅游行政主管部门组织评估并向社会公布。

2. 评估方式

旅游规划评估工作，按照政府组织、专家评估、公众参与的原则，建立相应的评估工作机制和工作程序。评估工作应由非利益相关的第三方专业机构组织专家进行评估，并广泛征求社会各方意见，建立第三方主导、多方参与的规划实施评估机制。

按照"定量与定性评估相结合，自我评估、专家评审与社会参与相结合，材料审查与实际考察论证相结合"等原则，对规划实施进行综合评估，具体评分可另行制定评分细则。

最终评估主要采用专家评审会的会议审查方式。有特殊情况的，可以采取其他评审方式，并形成统一书面评审意见，经评审专家组全体成员签字。每位评审专家形成独立的专家评估表并签名。

规划实施评估报告内容应包括：规划的基本情况；规划主要目标的落实情况；规划主要内容、重点项目、重点任务的执行进展情况，规划实施的综合影响；总体评价及原因分析；问题与建议等。

3. 评估程序

(1) 评估准备。成立评估领导协调小组，提出评估要求，确定评估工作方案，委托负责评估的单位、组建专家委员会，明确相关责任。

(2) 编写规划实施评估报告。承担评估任务的单位应组织相关领域专家在系统收集资料、实证调查分析、深入比较研究等基础上，负责编制旅游发展规划实施评估报告，并收集准备各种相关内容的证明材料。

(3) 广泛征求各方意见。形成的旅游规划实施评估报告，应书面征求本级人民政府相关部门、行政隶属的下级人民政府、重点旅游企业等相关方意见，承担评估任务的单位应根据各方意见对报告修改完善。

(4) 组织专家进行评阅。对评估报告应进行专家评阅，提高评估报告的专业性、科学性。评阅专家组由相关领域专家组成。评阅专家组设专家组长1人，主持专家评阅会。专家组对规划实施评估报告进行认真审查讨论、检查复核相关材料，形成专家评阅意见。评估报告需经全体评审人员讨论表决，有2/3以上专家同意，方为通过。

(5) 评估结果社会公示并建立反馈机制。评估报告形成后，应通过政府网站、政府公报、新闻发布会以及报刊、广播、电视、网络等，将规划执行和落实情况向社会公示，时间不应少于15天。第三方评估机构汇总公众意见，吸纳合理内容，对评估报告修改完善，形成旅游发展规划评估报告最终成果。

4. 评估内容与标准

(1) 评估旅游发展规划是否按要求编制并采取有效措施推进实施。具体内容包括：规划编制的程序是否完整，是否由政府发布实施或由人大审议后发布实施，实施规划是否采取有效的保障措施，规划修编前是否经过严格评估等。

(2) 评估旅游发展规划主要指标的完成情况。分析主要发展目标的完成情况，重点就旅游接待人数、旅游收入、旅游就业、旅游投资、旅游总收入占国内生产总值比重等指标及其增长速度等指标的完成情况进行评估和分析。

(3) 评估规划中提出的重点项目、重点任务的实施情况。对重点项目、重点任务的实施情况和效果进行总体评估和逐个评估。分析项目和任务是否得以实施，实施的进展情况、实施的效果、相关各方面的反映和评价等。

(4) 评估规划实施带来的影响和综合效果。分析评估规划实施对当地旅游业发展、旅游目的地建设的影响，对当地国民经济社会发展、生态文明建设、文化建设、社会进步等的

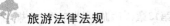
影响，利益相关方的认知度和满意度等。

(5) 根据实施情况对规划成果进行评估。对规划主要内容实施情况，规划提出的发展定位、形象定位、发展目标、空间布局、发展战略、重点项目、主要举措等主要内容的科学性和可操作性，规划成果质量等进行评估。

评估委托方可以根据旅游发展规划实施的需要，提出其他评估内容。

5. 监督落实

旅游发展规划评估成果应当向社会公示，接受公众监督。

评估结果备案。评估报告的最终成果，应按照有关程序，报原发布单位审查、备案，并报上级旅游行政主管部门备案。

对评估成果的落实情况进行监督检查。委托评估方或各级人民政府应根据规划评估报告，改进有关工作或对规划编制工作提出要求。

各省、自治区、直辖市旅游主管部门可根据《旅游发展规划实施评估导则》因地制宜地编制相应的标准、办法等，形成有针对性的实施细则。

13.2 旅游促进法律制度

旅游促进法律制度对于推动我国旅游业持续健康发展具有重要作用。对旅游促进相关制度的确立，是我国旅游法立法中的一大亮点。我国的旅游促进法律制度大体包括旅游综合协调机制、旅游业税收优惠政策、旅游产业促进政策、旅游发展专项资金扶持制度、旅游形象推广制度、旅游公共服务制度、旅游基础设施建设支持制度、旅游人才队伍建设制度等。

13.2.1 旅游综合协调机制

旅游综合协调机制是指各级人民政府协调部门之间、地方之间及地方与部门之间关系以促进旅游业发展的机制，其具体形式为旅游领导小组、旅游发展联席会议、旅游发展大会等。建立上述协调机制，其意在于协调相关部门、地方，以形成促进旅游发展的合力，营造旅游业发展的良好环境。《旅游法》关于旅游综合协调机制的规定有多处。譬如，《旅游法》第七条规定："国务院建立健全旅游综合协调机制，对旅游业发展进行综合协调。"县级以上地方人民政府应当加强对旅游工作的组织和领导，明确相关部门或者机构，对本行政区域的旅游业发展和监督管理进行统筹协调。

13.2.2 旅游业税收优惠政策

税收优惠政策是指税法对某些纳税人和征税对象给予鼓励和照顾的一种特殊规定。例如，免除其应缴的全部或部分税款，或者按照其缴纳税款的一定比例给予返还等，从而减轻其税收负担。税收优惠政策是国家利用税收调节经济的具体手段，国家通过税收优惠政策、可以扶持某些特殊地区、产业、企业和产品的发展，促进产业结构的调整和社会经济的协调发展。

2010 年 11 月 11 日，新疆维吾尔自治区人民政府下发了《关于促进我区旅游业发展的财税政策的通知》(新政发〔2010〕116 号)。该通知规定的税收优惠政策如下。

(1) 自 2011 年起，对自治区境内从事 A 级旅游景区景点基础设施建设及在 A 级旅游景区景点从事旅游服务经营的企业，5 年免征企业所得税地方分享部分、自用房房产税和自用土地的城镇土地使用税。

(2) 自 2011 年起，对自治区境内的旅行社，5 年免征企业所得税地方分享部分、自用房房产税和自用土地的城镇土地使用税。

(3) 自 2011 年起，对自治区境内从事旅游纪念品生产、加工的企业，5 年免征企业所得税地方分享部分、自用房房产税和自用土地的城镇土地使用税。

(4) 对上述 3 项，符合西部大开发税收优惠政策规定的企业，可在享受企业所得税优惠税率的基础上，免征企业所得税地方分享部分。

(5) 对在自治区困难地区新办的属于重点鼓励发展产业目录范围内的旅游企业，可享受企业所得税"两免三减半"政策，在减半征收期间(2011—2015 年)免征地方分享部分。期满后，符合西部大开发税收优惠政策规定的企业，可以继续享受国家西部大开发税收政策。

(6) 自 2011 年起，对自治区境内除市、县地区以外的 A 级景区景点范围内，主要为景区景点服务的宾馆，5 年免征企业所得税地方分享部分、自用房房产税和自用土地的城镇土地使用税。

13.2.3 旅游产业促进政策

政策是政府和政党为了实现一定历史时期的政治、经济、文化目标，通过一定的程序制定的行动方针和行为准则。旅游业无论是作为国民经济的战略性支柱产业还是国家的公共服务性行业，都需要国家的相关政策予以支撑。

《旅游法》第二十三条规定："国务院和县级以上地方人民政府应当制定并组织实施有利于旅游业持续健康发展的产业政策，推进旅游休闲体系建设，采取措施推动区域旅游合作，鼓励跨区域旅游线路和产品开发，促进旅游与工业、农业、商业、文化、卫生、体育、科教等领域的融合，扶持少数民族地区、革命老区、边远地区和贫困地区旅游业发展。"

近年来，国务院和国家旅游行政主管部门制定了一系列有重大影响的旅游政策。譬如，2009 年 12 月 1 日国务院印发的《关于加快发展旅游业的意见》、2014 年 8 月 21 日国务院发布的《国务院关于促进旅游业改革发展的若干意见》、2015 年 8 月 11 日国务院办公厅印发的《关于进一步促进旅游投资和消费的若干意见》等，都促进了我国旅游业的发展。

13.2.4 旅游发展专项资金扶持制度

政府部门为促进旅游发展，划拨一定资金专门用于完善旅游基础设施建设，改善旅游发展的基础条件，这类资金即为旅游发展专项资金。旅游发展专项资金分为国家级、省级、市级、县级等不同级别。另外，交通、文物、林业、环保、经贸、水利等部门有部门资金或专项资金，可直接或者间接地支持旅游项目开发。

《旅游法》第二十四条规定："国务院和县级以上地方人民政府应当根据实际情况安排

资金，加强旅游基础设施建设、旅游公共服务和旅游形象推广。"

毫无疑问，加强旅游基础设施建设、提升旅游公共服务和推广旅游形象既需要以政府财政为引导，又需要积极引进外资和吸引社会资源，多渠道筹集资金。政府安排资金是资金来源的基本和稳定保障，因此《旅游法》将安排旅游发展专项资金规定为国务院和县级以上地方人民政府的法定义务。

13.2.5　旅游形象推广制度

旅游形象是一个国家或地区在旅游者心目中综合积淀形成的独特吸引力，是对一个国家或地区旅游资源、旅游产品、旅游设施、旅游服务功能等总体的、抽象的、概括的认识和评价。

《旅游法》第二十五条规定："国家制定并实施旅游形象推广战略。国务院旅游主管部门统筹组织国家旅游形象的境外推广工作，建立旅游形象推广机构和网络，开展旅游国际合作与交流。县级以上地方人民政府统筹组织本地的旅游形象推广工作。"

《旅游法》明确规定了旅游形象推广的主体和具体方式。国家旅游形象推广的主体由国家来承担，具体工作可以委托国家旅游主管部门负责。只有国家才能将党、政府、社会团体及民众对外进行的旅游形象传播进行整合。地方旅游形象宣传的主体由县级以上地方人民政府承担。在实施国家旅游形象的境外宣传推广工作中，国家要建立旅游形象推广机构和网络，开展旅游国际合作与交流。

13.2.6　旅游公共服务制度

旅游公共服务是指在一定区域和时期内，由政府或其他社会组织提供的、以旅游者为服务对象的、具有明显公共性的一系列产品和服务的总称。《旅游法》第二十六条对旅游公共服务也作出了具体规定："国务院旅游主管部门和县级以上地方人民政府应当根据需要建立旅游公共信息和咨询平台，无偿向旅游者提供旅游景区、线路、交通、气象、住宿、安全、医疗急救等必要信息和咨询服务。设区的市和县级人民政府有关部门应当根据需要在交通枢纽、商业中心和旅游者集中场所设置旅游咨询中心，在景区和通往主要景区的道路设置旅游指示标识。旅游资源丰富的设区的市和县级人民政府可以根据本地的实际情况，建立旅游客运专线或者游客中转站，为旅游者在城市及周边旅游提供服务。"

2012年6月11日，国家旅游局办公室印发了《关于进一步做好旅游公共服务工作的意见》(旅办发〔2012〕281号)。该意见的主要任务是加快旅游公共信息服务体系、旅游安全保障体系、旅游交通便捷服务体系、旅游惠民便民服务体系、旅游行政服务体系的建设。

13.2.7　旅游基础设施建设支持制度

旅游基础设施是为适应旅游者在旅行游览中的需要而建设的各项物质设施的总称。旅游基础设施的建设随着旅游业的发展日趋完善和多样化；同时，各种基础设施的完善会进一步推动旅游业的发展。对旅游业而言，不同发展阶段对基础设施的需求有所不同。当前，各地一般将旅游交通、安全保障、环境卫生、供水供电、通信等基础设施和自然景观、文化遗产的保护设施等作为旅游基础设施的内容。

《旅游法》第二十条规定："各级人民政府编制土地利用总体规划、城乡规划，应当充分考虑相关旅游项目、设施的空间布局和建设用地要求。规划和建设交通、通信、供水、供电、环保等基础设施和公共服务设施，应当兼顾旅游业发展的需要。"可见，旅游基础设施建设要纳入城乡规划、土地利用规划，同时基础设施的建设要能够满足当地旅游业发展的需要。

《旅游法》第二十四条规定："国务院和县级以上地方人民政府应当根据实际情况安排资金，加强旅游基础设施建设、旅游公共服务和旅游形象推广。"可见，旅游基础设施建设资金主要来源于各级政府的旅游发展资金。

13.2.8 旅游人才队伍建设制度

旅游业的繁荣发展离不开高素质的旅游行政管理人才、经营管理人才、专业技术人才、服务技能人才、教学科研人才、乡村旅游人才、导游人才和非遗传承人才等人才队伍。目前，我国旅游教育的现状和旅游业对人才需求的特点，使得旅游职业教育和培训成为提升旅游从业人员素质的重要手段。

《旅游法》第二十七条规定："国家鼓励和支持发展旅游职业教育和培训，提高旅游从业人员素质。"

本 章 小 结

国务院和县级以上地方人民政府应当将旅游业发展纳入国民经济和社会发展规划。

国务院和省、自治区、直辖市人民政府以及旅游资源丰富的设区的市和县级人民政府，应当按照国民经济和社会发展规划的要求，组织编制旅游发展规划。对跨行政区域且适宜进行整体利用的旅游资源进行利用时，应当由上级人民政府组织编制或者由相关地方人民政府协商编制统一的旅游发展规划。

旅游发展规划应当包括旅游业发展的总体要求和发展目标，旅游资源保护和利用的要求和措施，以及旅游产品开发、旅游服务质量提升、旅游文化建设、旅游形象推广、旅游基础设施和公共服务设施建设的要求和促进措施等内容。

根据旅游发展规划，县级以上地方人民政府可以编制重点旅游资源开发利用的专项规划，对特定区域内的旅游项目、设施和服务功能配套提出专门要求。

旅游发展规划应当与土地利用总体规划、城乡规划、环境保护规划，以及其他自然资源和文物等人文资源的保护和利用规划相衔接。

各级人民政府编制土地利用总体规划、城乡规划，应当充分考虑相关旅游项目、设施的空间布局和建设用地要求。规划和建设交通、通信、供水、供电、环保等基础设施和公共服务设施，应当兼顾旅游业发展的需要。

旅游规划的类型主要包括旅游发展规划、旅游区规划和旅游专项规划。

旅游促进法律制度大体包括旅游综合协调机制、旅游业税收优惠政策、旅游产业促进政策、旅游发展专项资金扶持制度、旅游形象推广制度、旅游公共服务制度、旅游基础设施建设支持制度、旅游人才队伍建设制度等。

关键术语

旅游发展规划　旅游区规划　旅游专项规划

知识链接

1. 中国法制出版社. 中华人民共和国旅游法[M]. 北京：中国法制出版社，2018.

2. 国家旅游局. 旅游发展规划实施评估导则：LB/T 041—2015[S]. 北京：中国标准出版社，2015.

3. 全国旅游标准化技术委员会. 旅游规划通则：GB/T 18971—2003[S]. 北京：中国标准出版社，2003.

4. 文化和旅游部. 文化和旅游规划管理办法[EB/OL]. (2019-05-07)[2021-06-25]. http://www.faxin.cn/lib/zyfl/ZyflContent.aspx?gid=A278788&libid=all&userinput=文化和旅游规划管理办法.

5. 卢世菊. 旅游法教程[M]. 5 版. 武汉：武汉大学出版社，2014.

6. 杨富斌. 旅游法教程[M]. 北京：中国旅游出版社，2013.

课 后 习 题

一、多项选择题

1. 旅游规划的类型主要包括(　　　)。
　　A. 旅游发展规划　　　　　　　　　　B. 旅游区规划
　　C. 旅游专项规划　　　　　　　　　　D. 旅游详细规划

2. 旅游促进法律制度，除了旅游业税收优惠政策、旅游人才队伍建设制度、旅游公共服务制度、旅游基础设施建设支持制度，还包括(　　　)。
　　A. 旅游综合协调机制　　　　　　　　B. 旅游产业促进政策
　　C. 旅游发展专项资金扶持制度　　　　D. 旅游形象推广制度

二、思考题

1. 旅游发展规划的内容包括哪些方面？
2. 旅游规划的编制一般要经历哪些程序？
3. 旅游规划的评审一般有哪些规定？
4. 旅游促进相关的法律制度包括哪些？

参 考 文 献

[1] 全国人大常委会办公厅. 中华人民共和国民法典[M]. 北京：中国民主法制出版社，2020.

[2] 中国法制出版社. 中华人民共和国旅游法[M]. 北京：中国法制出版社，2018.

[3] 中国法制出版社. 中华人民共和国消费者权益保护法[M]. 北京：中国法制出版社，2013.

[4] 全国人民代表大会常务委员会. 中华人民共和国出境入境管理法[EB/OL]. (2012-06-30) [2021-06-25]. http://www.faxin.cn/lib/Zyfl/ZyflContent.aspx?gid=A190432&userinput=中华人民共和国出境入境管理法.

[5] 国务院. 中华人民共和国外国人入境出境管理条例[EB/OL]. (2013-07-12)[2021-06-25]. http://www.faxin.cn/lib/zyfl/ZyflContent.aspx?gid=A196170&libid=all&userinput=中华人民共和国外国人入境出境管理条例.

[6] 全国人民代表大会常务委员会. 中华人民共和国食品安全法[EB/OL]. (2021-04-29)[2021-06-25]. https://flk.npc.gov.cn/detail2.html?ZmY4MDgxODE3YWIyMmUwYzAxN2FiZDhkODVhMjA1ZjE%3D.

[7] 全国人民代表大会常务委员会. 中华人民共和国民用航空法[EB/OL]. (2021-04-29)[2021-06-25]. http://www.faxin.cn/lib/Zyfl/ZyflContent.aspx?gid=A301956&userinput=中华人民共和国航空法.

[8] 全国人民代表大会常务委员会. 中华人民共和国铁路法[EB/OL]. (2015-04-24)[2021-06-25]. http://www.faxin.cn/lib/Zyfl/ZyflContent.aspx?gid=A232704&userinput=中华人民共和国铁路法.

[9] 国家旅游局. 导游管理办法[EB/OL]. (2017-11-01)[2021-06-25]. http://www.faxin.cn/lib/Zyfl/ZyflContent.aspx?gid=A262487&userinput=导游管理办法.

[10] 国务院. 导游人员管理条例[EB/OL]. (2017-10-07)[2021-06-25]. http://www.faxin.cn/lib/zyfl/ZyflContent.aspx?gid=A260687&libid=all&userinput=导游人员管理条例.

[11] 国务院. 旅行社条例[EB/OL]. (2020-11-29)[2021-06-25]. http://www.faxin.cn/lib/zyfl/ZyflContent.aspx?gid=A297590&libid=all&userinput=旅行社条例.

[12] 国家旅游局. 旅行社条例实施细则[EB/OL]. (2016-12-12)[2021-06-25]. http://www.faxin.cn/lib/zyfl/ZyflContent.aspx?gid=A262491&libid=all&userinput=旅行社条例实施细则.

[13] 国务院. 旅馆业治安管理办法. [EB/OL]. (2020-11-29)[2021-06-25]. http://www.faxin.cn/lib/zyfl/ZyflContent.aspx?gid=A296122&libid=all&userinput=旅馆业治安管理办法.

[14] 文化和旅游部. 文化和旅游规划管理办法[EB/OL]. (2019-05-07)[2021-06-25]. http://www.faxin.cn/lib/zyfl/ZyflContent.aspx?gid=A278788&libid=all&userinput=文化和旅游规划管理办法.

[15] 国家旅游局. 旅游投诉处理办法[EB/OL]. (2010-05-05)[2021-06-25]. http://www.faxin.cn/lib/zyfl/ZyflContent.aspx?gid=A48626&libid=all&userinput=旅游投诉处理办法.

[16] 国家旅游局. 旅游服务质量社会监督员职责和工作办法(试行)[EB/OL]. (2015-02-17)[2021-06-25]. http://www.faxin.cn/lib/Zyfl/ZyflContent.aspx?gid=A226206&userinput=旅游服务质量社会监督员职责和工作办法.

[17] 国家旅游局. 关于旅游不文明行为记录管理暂行办法[EB/OL]. (2016-05-26)[2021-06-25]. http://www.faxin.cn/lib/zyfl/ZyflContent.aspx?gid=A237566&libid=all&userinput=关于旅游不文明行为记录管理暂行办法.

[18] 文化和旅游部. 文化和旅游市场信用管理规定[EB/OL]. (2021-11-11)[2021-12-20]. http://zwgk.mct.gov.cn/zfxxgkml/zcfg/bmgz/.202111/t20211115_929007.html.

[19] 国务院. 中国公民出国旅游管理办法[EB/OL]. (2017-03-01)[2021-06-25]. http://www.faxin.cn/lib/

zyfl/ZyflContent.aspx?gid=A260772&libid=all&userinput=中国公民出国旅游管理办法.

[20] 国务院. 边境旅游暂行管理办法[EB/OL]. (1996-03-08)[2021-06-25]. http://www.faxin.cn/lib/zyfl/ZyflContent.aspx?gid=A157922&libid=all&userinput=边境旅游暂行管理办法.

[21] 国家旅游局,公安部,国务院台湾事务办公室. 大陆居民赴台湾地区旅游管理办法[EB/OL]. (2017-04-13)[2021-06-25]. http://www.faxin.cn/lib/Zyfl/ZyflContent.aspx?gid=A262488&userinput=大陆居民赴台湾地区旅游管理办法.

[22] 国家旅游局. 旅游安全管理办法[EB/OL]. (2016-09-27)[2021-06-25]. http://www.faxin.cn/lib/zyfl/ZyflContent.aspx?gid=A262492&libid=all&userinput=旅游安全管理办法.

[23] 国家旅游局. 重大旅游安全事故报告制度试行办法[EB/OL]. (1993-04-15)[2021-06-25]. http://www.faxin.cn/lib/zyfl/ZyflContent.aspx?gid=A167282&libid=all&userinput=重大旅游安全事故报告制度试行办法.

[24] 国家旅游局. 重大旅游安全事故处理程序试行办法[EB/OL]. (1993-04-15)[2021-06-25]. http://www.faxin.cn/lib/zyfl/ZyflContent.aspx?gid=A167278&libid=all&userinput=重大旅游安全事故处理程序试行办法.

[25] 国家旅游局. 旅游景区质量等级管理办法[EB/OL]. (2012-04-16)[2021-06-25]. http://www.faxin.cn/lib/zyfl/ZyflContent.aspx?gid=A17471&libid=all&userinput=旅游景区质量等级管理办法.

[26] 国务院. 中华人民共和国道路运输条例[EB/OL]. (2019-03-02)[2021-06-25]. http://www.faxin.cn/lib/zyfl/ZyflContent.aspx?gid=A276363&libid=all&userinput=中华人民共和国道路运输条例.

[27] 交通运输部. 国内水路运输管理规定[EB/OL]. (2020-02-24)[2021-06-25]. http://www.faxin.cn/lib/zyfl/ZyflContent.aspx?gid=A287717&libid=all&userinput=国内水路运输管理规定.

[28] 国家旅游局. 《旅游饭店星级的划分与评定》(GB/T14308—2010)实施办法[EB/OL]. (2010-11-19)[2021-06-25]. http://www.law-lib.com/law/law_view1.asp?id=334017.

[29] 全国旅游标准化技术委员会. 旅游饭店星级的划分与评定：GB/T 14308—2010[S]. 北京：中国标准出版社，2011.

[30] 全国旅游标准化技术委员会. 旅游区(点)质量等级的划分与评定：GB/T 17775—2003[S]. 北京：中国标准出版社，2003.

[31] 全国旅游标准化技术委员会. 旅游资源分类、调查与评价：GB/T 18972—2017[S]. 北京：中国标准出版社，2018.

[32] 全国旅游标准化技术委员会. 旅游规划通则：GB/T 18971—2003[S]. 北京：中国标准出版社，2003.

[33] 全国旅游标准化技术委员会. 旅游民宿基本要求与评价：LB/T 065—2019[S]. 北京：中国标准出版社，2019.

[34] 全国旅游标准化技术委员会. 文化主题旅游饭店基本要求与评价：LB/T 064—2017[S]. 北京：中国标准出版社，2017.

[35] 全国旅游标准化技术委员会. 精品旅游饭店：LB/T 066—2017[S]. 北京：中国标准出版社，2017.

[36] 全国旅游标准化委员会. 绿色旅游饭店：LB/T 007—2015[S]. 北京：中国标准出版社，2016.

[37] 国家旅游局. 旅游发展规划实施评估导则：LB/T 041—2015[S]. 北京：中国标准出版社，2015.

[38] 全国旅游标准化技术委员会. 景区最大承载量核定导则：LB/T 034—2014[S]. 北京：中国标准出版社，2015.

[39] 国家旅游局. 旅行社服务质量赔偿标准. (2011-04-12)[2021-06-25]. http://www.faxin.cn/lib/zyfl/Zyfl

Content.aspx?gid=A34064&libid=all&userinput=旅行社服务质量赔偿标准.

[40] 中国旅游饭店业协会. 中国旅游饭店行业规范 [EB/OL]. (2009-08-31)[2021-06-25]. http://www. faxin.cn/lib/Zyfl/ZyflContent.aspx?gid=A130911&userinput=中国旅游饭店行业规范.

[41] 最高人民法院. 最高人民法院关于审理旅游纠纷案件适用法律若干问题的规定[EB/OL]. (2020-12-23) [2021-06-25]. http://www.faxin.cn/lib/Zyfl/ZyflContent.aspx?gid=A296667&userinput=最高人民法院关于审理旅游纠纷案件适用法律若干问题的规定.

[42] 国家旅游局. 旅游服务质量"万名社会监督员"工作方案[EB/OL]. (2015-02-17)[2021-06-25]. http://www.faxin.cn/lib/Zyfl/ZyflContent.aspx?gid=A226206&userinput=旅游服务质量社会监督员职责和工作办法.

[43] 国家旅游局. 关于旅行社组织内地居民赴香港澳门旅游有关问题的通知[EB/OL]. (2002-09-19) [2021-06-25]. http://www.faxin.cn/lib/Zyfl/ZyflContent.aspx?gid=A128287&userinput=国家旅游局关于内地居民赴香港澳门旅游有关问题的通知.

[44] 国家旅游局. 旅游突发公共事件应急预案[EB/OL]. (2016-03-07)[2021-06-25]. https://www.doc88.com/ p-8159748300843.html?r=1.

[45] 国家旅游局, 外交部. 中国公民出境旅游突发事件应急预案(简本)[EB/OL]. (2006-04-25)[2021-06-25]. http://www.faxin.cn/lib/Zyfl/ZyflContent.aspx?gid=A101121&userinput=中国公民出境旅游突发事件应急预案.

[46] 国务院. 国内航空运输承运人赔偿责任限额规定 [EB/OL]. (2006-02-28)[2021-06-25]. http://www. faxin.cn/lib/Zyfl/ZyflContent.aspx?gid=A102697&userinput=国内航空运输承运人赔偿责任限额规定.

[47] 中共中央办公厅, 国务院办公厅. 关于建立以国家公园为主体的自然保护地体系的指导意见[EB/OL]. (2019-06-26)[2021-06-25]. http://www.faxin.cn/lib/Zyfl/ZyflContent.aspx?gid=A278658&userinput=关于建立以国家公园为主体的自然保护地体系的指导意见.

[48] 韩玉灵. 旅游法教程[M]. 4版. 北京: 高等教育出版社, 2018.

[49] 杨富斌. 旅游法教程[M]. 北京: 中国旅游出版社, 2013.

[50] 卢世菊. 旅游法教程[M]. 5版. 武汉: 武汉大学出版社, 2014.

[51] 伏六明. 旅游法规教程[M]. 长沙: 湖南大学出版社, 2009.

[52] 安徽省旅游局. 旅游政策与法规[M]. 合肥: 安徽人民出版社, 2010.

[53] 李远慧, 郑宇飞. 旅游法规实务[M]. 武汉: 武汉大学出版社, 2008.

[54] 宋才发, 杨富斌. 旅游法教程[M]. 北京: 知识产权出版社, 2006.

[55] 傅云新, 蔡晓梅. 旅游学[M]. 广州: 中山大学出版社, 2007.